Geschichte und Geschehen

Jahrgangsstufe 1 und 2
Berufliche Gymnasien

Herausgeber:
Jürgen Kochendörfer

Autorinnen und Autoren:
Maria Brathe
Jürgen Kochendörfer
Jörg Köchling
Simone Schmidt
Christian Schulz

D1718776

Ernst Klett Verlag
Stuttgart · Leipzig

Umschlagbild: Aufbruch in eine neue Zeit auch in der Mode. Moderne Frauen in den neuesten Ausgehkleidern auf einer Feier. Lithografie des französischen Magazins „Art, Goût, Beauté" 1923.

Bildquellennachweis
Umschlag akg-images (Florilegius), Berlin; **41 re.** Fotolia.com (kartoxjm), New York; **41 li.** Thinkstock (esancai), München; **168** shutterstock (nelelena), New York

Sollte es in einem Einzelfall nicht gelungen sein, den korrekten Rechteinhaber ausfindig zu machen, so werden berechtigte Ansprüche selbstverständlich im Rahmen der üblichen Regelungen abgegolten.

1. Auflage

1 $^{6\ 5\ 4\ 3\ 2}$ | 21 20 19 18

Alle Drucke dieser Auflage sind unverändert und können im Unterricht nebeneinander verwendet werden.
Die letzte Zahl bezeichnet das Jahr des Druckes.

Herausgeber: Dr. Jürgen Kochendörfer, Aichwald
Autorinnen und Autoren: Maria Brathe, Lüdinghausen; Dr. Jürgen Kochendörfer, Aichwald; Jörg Köchling, Nottuln-Appelhülsen; Simone Schmidt, Regensburg; Christian Schulz, Elchingen
Mit Beiträgen von: Sven Christoffer, Rheinberg; Helmut Heimbach (†), Duisburg; Klaus Leinen, Beilingen; Silke Seemann, Freiburg

Redaktion: Dr. Mathias Wiards; Dirk Haupt, Leipzig
Herstellung: Kerstin Wilk

Gestaltung: nach Entwürfen von Petra Michel, Essen
Umschlaggestaltung: Petra Michel, Essen
Satz: Köhler & Köhler GbR, Taucha
Reproduktion: Meyle+Müller GmbH+Co. KG, Pforzheim
Druck: Digitaldruck Tebben GmbH, Biessenhofen

Printed in Germany
ISBN 978-3-12-416831-3

Vorwort

Liebe Lehrerinnen und Lehrer,

für Ihre Unterrichtsplanung und -gestaltung mit dem Schülerbuch „Geschichte und Geschehen Oberstufe Baden-Württemberg" erhalten Sie mit diesem Lehrerband vielfältige Informationen, Anregungen und Materialien.

Was enthält dieser Lehrerband?

Erwartungshorizonte
zu sämtlichen Arbeitsaufträgen im Schülerband – auf den Punkt formuliert und übersichtlich angeordnet

Tafelbilder und Hintergrundinformationen
als weiterführende Angebote zum Einsatz im Unterricht

Vorschlag für einen Unterrichtsverlauf
mit zahlreichen Hinweisen zu Differenzierungsmöglichkeiten und weiteren Zusatzmaterialien

Der **„Minimalfahrplan"** zum Schülerband ist unser Vorschlag für den minimalen Stoff zum Erreichen der Lehrplanziele – gegliedert nach Unterrichtsphasen, z. B. falls die Zeit einmal knapp ist.

Unter **„Ergänzungsangebote"** finden Sie u. a. die Bereiche des Schülerbandes, die über die minimalen Anforderungen hinausgehen, z. B. für Schwerpunktsetzungen oder Differenzierung.

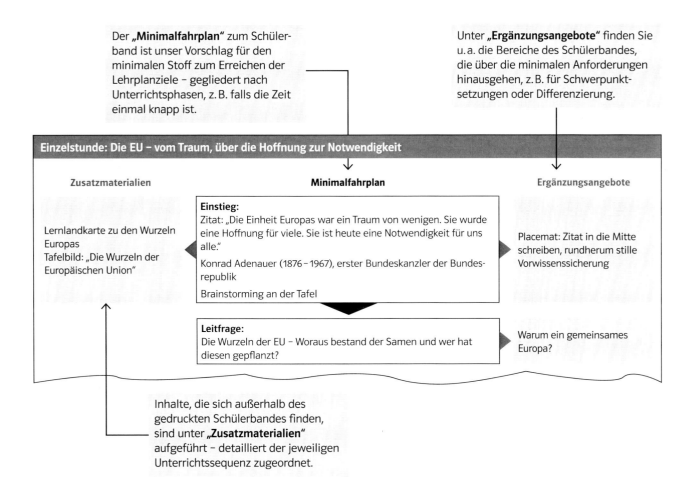

Einzelstunde: Die EU – vom Traum, über die Hoffnung zur Notwendigkeit

Zusatzmaterialien	Minimalfahrplan	Ergänzungsangebote
Lernlandkarte zu den Wurzeln Europas Tafelbild: „Die Wurzeln der Europäischen Union"	**Einstieg:** Zitat: „Die Einheit Europas war ein Traum von wenigen. Sie wurde eine Hoffnung für viele. Sie ist heute eine Notwendigkeit für uns alle." Konrad Adenauer (1876–1967), erster Bundeskanzler der Bundesrepublik Brainstorming an der Tafel	Placemat: Zitat in die Mitte schreiben, rundherum stille Vorwissenssicherung
	Leitfrage: Die Wurzeln der EU – Woraus bestand der Samen und wer hat diesen gepflanzt?	Warum ein gemeinsames Europa?

Inhalte, die sich außerhalb des gedruckten Schülerbandes finden, sind unter **„Zusatzmaterialien"** aufgeführt – detailliert der jeweiligen Unterrichtssequenz zugeordnet.

Viel Erfolg und einen gelungenen Geschichtsunterricht wünschen Ihnen das Autoren-Team und die Redaktion von „Geschichte und Geschehen"!

Die Tafelbilder finden Sie in bearbeitbarer Form (PowerPoint) im Digitalen Unterrichtsassistenten (DUA) 978-3-12-416832-0.

Inhaltsverzeichnis

Partizipation – Teilhabe an der Herrschaft

Demokratie und Diktatur in Deutschland im 20. Jahrhundert

Deutschland und Europa in der Welt nach 1945

Internationale Zusammenarbeit im 21. Jahrhundert

1 Grundrechte in Deutschland – Anspruch und Grenzen

10–19

Vorschlag für einen Unterrichtsverlauf

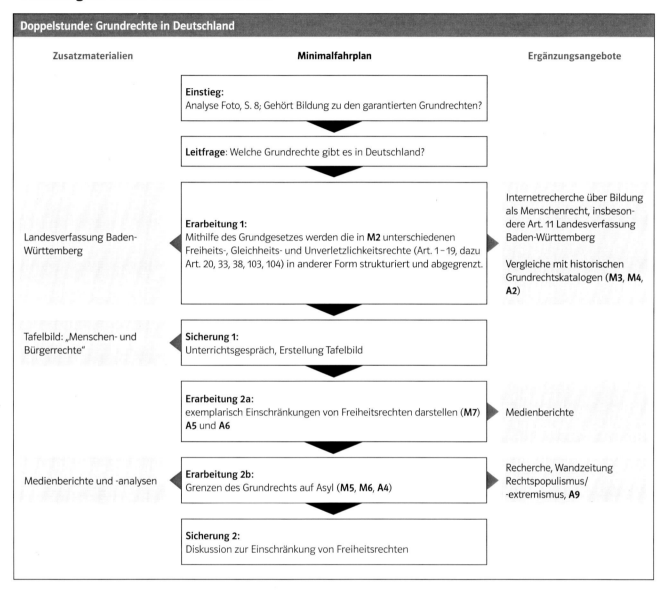

Doppelstunde: Grundrechte in Deutschland

Zusatzmaterialien	Minimalfahrplan	Ergänzungsangebote
	Einstieg: Analyse Foto, S. 8; Gehört Bildung zu den garantierten Grundrechten?	
	Leitfrage: Welche Grundrechte gibt es in Deutschland?	
Landesverfassung Baden-Württemberg	**Erarbeitung 1:** Mithilfe des Grundgesetzes werden die in **M2** unterschiedenen Freiheits-, Gleichheits- und Unverletzlichkeitsrechte (Art. 1–19, dazu Art. 20, 33, 38, 103, 104) in anderer Form strukturiert und abgegrenzt.	Internetrecherche über Bildung als Menschenrecht, insbesondere Art. 11 Landesverfassung Baden-Württemberg · Vergleiche mit historischen Grundrechtskatalogen (**M3**, **M4**, **A2**)
Tafelbild: „Menschen- und Bürgerrechte"	**Sicherung 1:** Unterrichtsgespräch, Erstellung Tafelbild	
	Erarbeitung 2a: exemplarisch Einschränkungen von Freiheitsrechten darstellen (**M7**) **A5** und **A6**	Medienberichte
Medienberichte und -analysen	**Erarbeitung 2b:** Grenzen des Grundrechts auf Asyl (**M5**, **M6**, **A4**)	Recherche, Wandzeitung Rechtspopulismus/ -extremismus, **A9**
	Sicherung 2: Diskussion zur Einschränkung von Freiheitsrechten	

Tafelbild

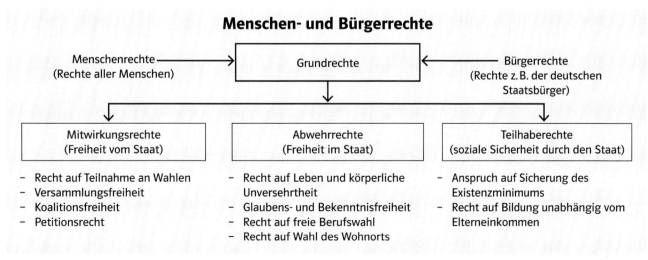

Menschen- und Bürgerrechte

Menschenrechte
(Rechte aller Menschen) → Grundrechte ← Bürgerrechte
(Rechte z. B. der deutschen Staatsbürger)

Mitwirkungsrechte (Freiheit vom Staat)	Abwehrrechte (Freiheit im Staat)	Teilhaberechte (soziale Sicherheit durch den Staat)
– Recht auf Teilnahme an Wahlen – Versammlungsfreiheit – Koalitionsfreiheit – Petitionsrecht	– Recht auf Leben und körperliche Unversehrtheit – Glaubens- und Bekenntnisfreiheit – Recht auf freie Berufswahl – Recht auf Wahl des Wohnorts	– Anspruch auf Sicherung des Existenzminimums – Recht auf Bildung unabhängig vom Elterneinkommen

Das Tafelbild als editierbare PowerPoint-Version finden Sie auf dem Digitalen Unterrichtsassistenten (978-3-12-416832-0).

10–19 **Hintergrundinformationen**

M3, M4

Ihre erste wichtige politische Wirkung zeigten die Menschenrechte in der amerikanischen Unabhängigkeitserklärung und in der französischen „Erklärung der Menschen- und Bürgerrechte". Mit der Französischen Revolution erfolgte erstmals eine gesetzliche Verankerung der Menschen- und Bürgerrechte, die zusammen mit der in der Verfassung festgeschriebenen Gewaltenteilung zum Vorbild späterer Verfassungstexte wurde. Die Schranken des natürlich gegebenen individuellen Rechts waren ab jetzt nur durch die Sicherung derselben Rechte für alle gesetzt. „Man ist nicht frei durch Privilegien, sondern durch Rechte, die allen gehören" (Abbé Siéyès). Die Wege in die Revolution verliefen 1848 und 1918 anders, doch die zentrale Revolutionsursache war in beiden Fällen der Legitimitätsverfall der alten Ordnung.

Die Vertreter der Frankfurter Nationalversammlung hinterließen ein eindrucksvolles Werk freiheitlichen Denkens mit einem Katalog von Grundrechten, auf den die Schöpfer späterer Verfassungen zurückgreifen konnten. Zentrale Punkte des Grundrechtskatalogs waren Rechtsgleichheit, ein einheitliches Staatsbürgerrecht und Gleichheit der Bürger vor dem Gesetz. Sie zielten auf die freie Entfaltung des Einzelnen, gewährleistet durch die Sicherung des Eigentums. Mit dem militärischen Zusammenbruch Deutschlands nach dem Ersten Weltkrieg brach der monarchische Obrigkeitsstaat zusammen. An seine Stelle trat nach der Novemberrevolution eine parlamentarisch-demokratische Republik. Grundlage der Verfassungsberatungen war der Entwurf des Staatsrechtlers Hugo Preuß. Neben Grundrechten gingen in die Weimarer Verfassung auch Grundpflichten ein. Der Hinweis auf die mit den staatsbürgerlichen Rechten verbundenen Pflichten war Ausdruck eines neuen Staatsverständnisses. Die Grundrechte in der Weimarer Verfassung waren nicht aktuelles, bindendes Recht, sondern lediglich Programmsätze, die durch Gesetze aktualisiert, durch Notverordnungen eingeschränkt und auch ganz außer Kraft gesetzt werden konnten.

Erwartungshorizonte

A Grundrechte im Lauf der Geschichte

1. Nennen Sie historische Epochen, in denen Grundrechtskataloge entstanden, die bis heute bedeutsam sind (Darstellungstext). [I]
- Aufgeklärter Absolutismus: Preußisches Landrecht 1794
- Ende des Absolutismus in Frankreich: Erklärung der Menschen- und Bürgerrechte in Frankreich, Verfassung 1791
- Bürgerliche Revolution: Verfassung der Frankfurter Paulskirche 1849
- Soziale Revolution: Weimarer Verfassung 1919
- Grundgesetz 1949

2. Listen Sie in einer Tabelle auf, welche Grundrechte aus der französischen Menschenrechtserklärung von 1789 (M3) und der Weimarer Verfassung von 1919 (M4) jeweils Freiheits-, Gleichheits- und Unverletzlichkeitsrechte sind. [I] ●

	Freiheitsrechte	Gleichheitsrechte	Unverletzlichkeitsrechte
1789	Art. 4, 10, 11	Art. 1, 6	Art. 2, 7, 17
1919	Art. 111, 114, 118, 119, 123, 124, 125, 126, 135, 142, 159	Art. 109, 128, 132, 133, 134	Art. 115, 153, 154

3. Erläutern Sie Gemeinsamkeiten mit bzw. Unterschiede zu den im Grundgesetz garantierten Grundrechten. [II]
- In der Weimarer Reichsverfassung standen die Grundrechte nicht am Anfang des Textes, anders als im Grundgesetz von 1949. Zwischen den Freiheits-, Gleichheits- und Unverletzlichkeitsrechten gibt es zwischen der Menschenrechtserklärung von 1789, der Weimarer Verfassung und dem Grundgesetz viele Parallelen.
- Unterschiede werden vor allem bei den sozialen Grundrechten deutlich, hier ist das Grundgesetz zurückhaltender als die Weimarer Verfassung. Während die Weimarer Verfassung u.a. in Art. 155, 159, 163 und 165 detailliert soziale Rechte festschreibt, übernahm das Grundgesetz im Wesentlichen nur den Satz, dass Eigentum verpflichte (Art. 14 Abs. 2) und definiert die Bundesrepublik als „sozialen Bundesstaat" (Art. 20 Abs. 1 GG). Zwar können nach Art. 14 „Eigentum" und nach Art. 15 „Grund und Boden, Naturschätze und Produktionsmittel" vergesellschaftet werden, doch schreibt die grundsätzliche Anwendung von Art. 14 (3) in diesem Fall eine „gerechte Abwägung der Interessen der Allgemeinheit und der Beteiligten" vor, stellt also jeden Akt unter die Nachprüfung durch die Gerichte.
- Ein Recht auf Arbeit ist, anders als in Art. 163 der Weimarer Verfassung, im Grundgesetz nicht zu finden. Der Hauptgrund für den Verzicht ist darin zu sehen, dass der Grundrechtsteil des Grundgesetzes nur Rechte enthält, die vor ordentlichen Gerichten einklagbar sind.
- Bei der Formulierung des Grundgesetzes 1948 wurde darauf verzichtet, Normen aufzunehmen, die nur moralische Appelle ohne Rechtsverbindlichkeit enthalten. In der Menschenrechtserklärung von 1789 fehlen soziale Grundrechte.

B Asylberechtigter oder Flüchtling?

4. Erläutern Sie den Unterschied zwischen Asylrecht (M5) und dem Bleiberecht für Flüchtlinge (M6). [II]
- Artikel 16 a des Grundgesetzes garantiert politisch Verfolgten Asyl. Dies gilt nach Absatz 2 aber ausdrücklich nicht für diejenigen, die aus einem sogenannten „sicheren Drittstaat" nach Deutschland einreisen.
- Die Anerkennung als Flüchtling mit einem Bleiberecht unterliegt weniger Einschränkungen. So führt die Einreise durch einen sicheren Drittstaat nicht von vornherein zum Ausschluss vom Flüchtlingsstatus.
- Außerdem kann die Verfolgung auch von nichtstaatlichen Akteuren wie Terrorgruppen ausgehen, wenn der Herkunftsstaat nicht in der Lage ist, wirksamen Schutz zu bieten.
- Die Flüchtlingsanerkennung ist ausgeschlossen, wenn es sichere Regionen im Herkunftsland gibt, in denen der Antragsteller internen Schutz finden kann.

5. Stellen Sie die Hauptaussagen der Grafik M7 zusammen. [I]
- Die meisten europäischen und amerikanischen Staaten genießen einen hohen Grad von Freiheitsrechten.
- In vielen afrikanischen und asiatischen Staaten gibt es erhebliche Einschränkungen.

6. Diskutieren Sie, inwieweit die Grafik Ihrer Ansicht nach das Maß an „Freiheit" in den einzelnen Ländern treffend darstellt. Recherchieren Sie dazu unter freedomhouse.org, welche Daten in M7 eingeflossen sind. [III] ○
- Individuelle Schülerlösung, z.B. hinsichtlich Todesstrafe und Guantanamo in den USA, aber auch relative Einschränkungen etwa der Pressefreiheit innerhalb der EU (z.B. Ungarn).

7. Wählen Sie ein Land mit deutlichen Menschenrechtsverletzungen aus und stellen Sie die Hintergründe in einem Kurzreferat vor. [II]
- Individuelle Schülerlösung. Medienkompetenz bedeutet in diesem Fall, dass die Schülerinnen und Schüler seriöse Quellen auswerten, etwa von der Landes- oder der Bundeszentrale für politische Bildung.

8. Bewerten Sie, welche Konsequenzen die Asylrechtsänderung 1993 (Darstellungstext) für politisch Verfolgte auf der Welt hat. [III]
- Die Änderung bezieht sich vor allem auf „die sicheren Drittstaaten". Das bedeutet, dass Flüchtlinge nach Italien und Griechenland kommen und dort bleiben müssen, weil sich die EU-Staaten nicht auf Zuwanderungsquoten einigen können.

9. Verfolgen Sie in den Medien, wie rechtskonservative und -extreme Parteien und Gruppierungen die Zuwanderung für ihre Öffentlichkeitsarbeit nutzen. Fügen Sie Informationen und ihre eigene Kritik zu einer Wandzeitung zusammen. [I] [II] [III]
- Gruppenarbeit. Beispiele rechtspopulistischer Agitationen gibt es fast täglich in den Medien und sozialen Netzwerken.

20–21

2 Die politische Willensbildung

2.1 Wer macht eigentlich Politik?

Vorschlag für einen Unterrichtsverlauf

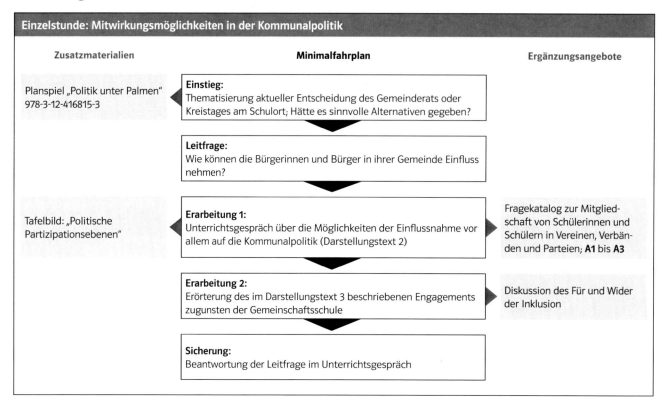

Zusatzmaterialien	Minimalfahrplan	Ergänzungsangebote
Planspiel „Politik unter Palmen" 978-3-12-416815-3	**Einstieg:** Thematisierung aktueller Entscheidung des Gemeinderats oder Kreistages am Schulort; Hätte es sinnvolle Alternativen gegeben?	
	Leitfrage: Wie können die Bürgerinnen und Bürger in ihrer Gemeinde Einfluss nehmen?	
Tafelbild: „Politische Partizipationsebenen"	**Erarbeitung 1:** Unterrichtsgespräch über die Möglichkeiten der Einflussnahme vor allem auf die Kommunalpolitik (Darstellungstext 2)	Fragekatalog zur Mitgliedschaft von Schülerinnen und Schülern in Vereinen, Verbänden und Parteien; **A1** bis **A3**
	Erarbeitung 2: Erörterung des im Darstellungstext 3 beschriebenen Engagements zugunsten der Gemeinschaftsschule	Diskussion des Für und Wider der Inklusion
	Sicherung: Beantwortung der Leitfrage im Unterrichtsgespräch	

Tafelbild

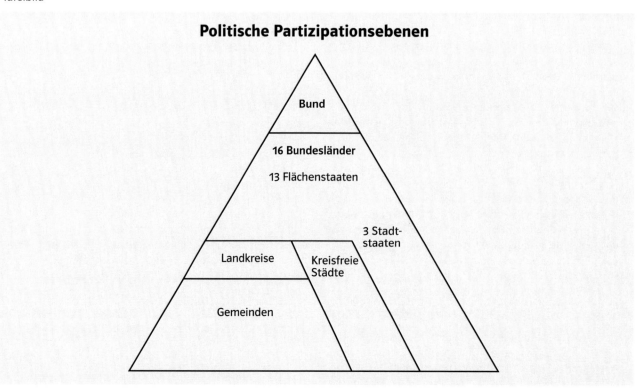

Politische Partizipationsebenen

Bund

16 Bundesländer

13 Flächenstaaten

3 Stadtstaaten

Landkreise

Kreisfreie Städte

Gemeinden

Das Tafelbild als editierbare PowerPoint-Version finden Sie auf dem Digitalen Unterrichtsassistenten (978-3-12-416832-0).

Erwartungshorizonte

1. Nennen Sie Vereine, Verbände, Initiativen usw., in denen Sie Mitglied bzw. wo sie aktiv sind. [I]
individuelle Schülerlösung

2. Informieren Sie sich, ob und wie dort versucht wird, Einfluss auf Entscheidungen in Politik und Verwaltung zu nehmen. [I]
individuelle Schülerlösung

3. Stellen Sie Ihre Ergebnisse aus Aufgabe 1 und 2 grafisch dar. [II]
– z. B. Klasse mit 28 Schülerinnen und Schülern

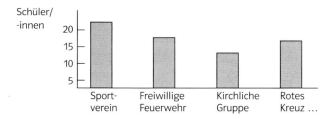

4. Diskutieren Sie, welche Interessenvertreter wohl versuchen würden, auf die zuständigen Abgeordneten einzuwirken – Beispiel: Verkehrsbeschränkung in Ballungszentren wegen hoher Feinstabbelastung. [II]
– Pro Verkehrsbeschränkung: Gruppen von Anwohnern, Umweltverbände, Vertreter von Schulen und Kindergärten
– Kontra Verkehrsbeschränkung: Vertreter des Handwerks wie Handwerkskammer, Transportgewerbe, Automobilclubs wie der ADAC, Autoindustrie

🔖 22–31
2.2 Politische Parteien – was leisten sie?

Vorschlag für einen Unterrichtsverlauf

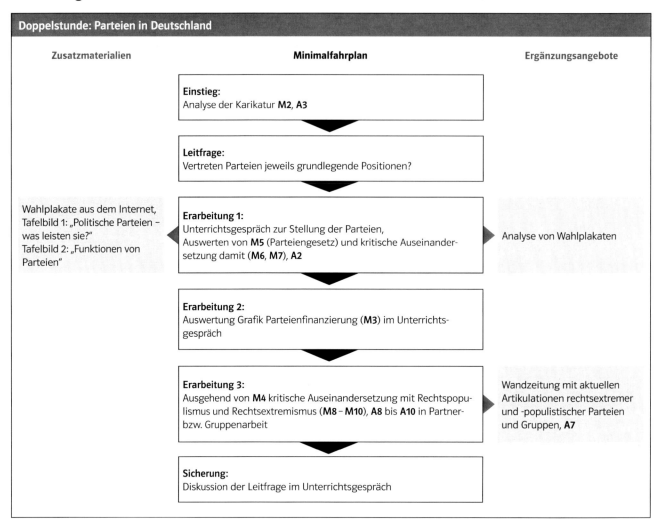

Doppelstunde: Parteien in Deutschland

Zusatzmaterialien	Minimalfahrplan	Ergänzungsangebote

Einstieg:
Analyse der Karikatur **M2**, **A3**

Leitfrage:
Vertreten Parteien jeweils grundlegende Positionen?

Wahlplakate aus dem Internet, Tafelbild 1: „Politische Parteien – was leisten sie?" Tafelbild 2: „Funktionen von Parteien"

Erarbeitung 1:
Unterrichtsgespräch zur Stellung der Parteien, Auswerten von **M5** (Parteiengesetz) und kritische Auseinandersetzung damit (**M6**, **M7**), **A2**

Analyse von Wahlplakaten

Erarbeitung 2:
Auswertung Grafik Parteienfinanzierung (**M3**) im Unterrichtsgespräch

Erarbeitung 3:
Ausgehend von **M4** kritische Auseinandersetzung mit Rechtspopulismus und Rechtsextremismus (**M8 – M10**), **A8** bis **A10** in Partner- bzw. Gruppenarbeit

Wandzeitung mit aktuellen Artikulationen rechtsextremer und -populistischer Parteien und Gruppen, **A7**

Sicherung:
Diskussion der Leitfrage im Unterrichtsgespräch

Tafelbild 1

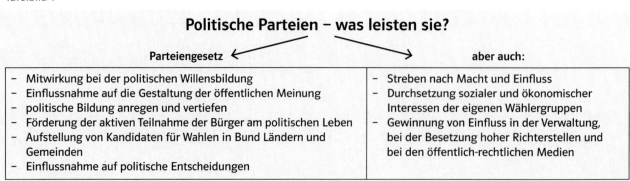

Politische Parteien – was leisten sie?

Parteiengesetz ← → aber auch:

– Mitwirkung bei der politischen Willensbildung – Einflussnahme auf die Gestaltung der öffentlichen Meinung – politische Bildung anregen und vertiefen – Förderung der aktiven Teilnahme der Bürger am politischen Leben – Aufstellung von Kandidaten für Wahlen in Bund Ländern und Gemeinden – Einflussnahme auf politische Entscheidungen	– Streben nach Macht und Einfluss – Durchsetzung sozialer und ökonomischer Interessen der eigenen Wählergruppen – Gewinnung von Einfluss in der Verwaltung, bei der Besetzung hoher Richterstellen und bei den öffentlich-rechtlichen Medien

Funktionen von Parteien

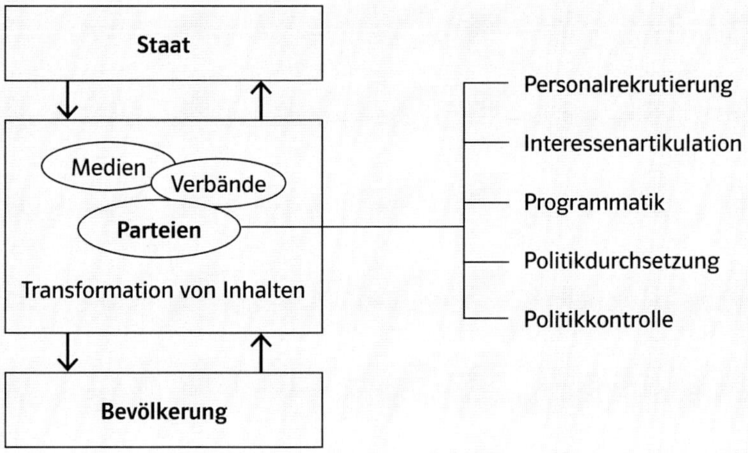

Staat

Medien · Verbände · Parteien

Transformation von Inhalten

Bevölkerung

- Personalrekrutierung
- Interessenartikulation
- Programmatik
- Politikdurchsetzung
- Politikkontrolle

Die Tafelbilder als editierbare PowerPoint-Version finden Sie auf dem Digitalen Unterrichtsassistenten (978-3-12-416832-0).

Hintergrundinformationen

M2

Politikverdrossene Bürger werfen den Akteuren des politischen Systems u. a. vor, sie würden nur an sich und die eigene Karriere denken, selbstbezogen sein, nur im eigenen Interesse bzw. im Interesse der eigenen Partei handeln und ausschließlich auf den nächsten Wahltermin (Wiederwahl) fixiert sein. Zwar wird Politikern durchaus Ehrgeiz, Durchsetzungsvermögen, Sachkunde und auch Sympathie von den Bürgern zuerkannt, auf der anderen Seite attestiert nur eine Minderheit der Bürgerinnen und Bürger, wie Umfragen ergeben haben, Politikern Vertrauenswürdigkeit, politischen Weitblick, Glaubwürdigkeit, Bürgernähe und Ehrlichkeit. Echte und vermeintliche Skandale, Affären und Verfehlungen einzelner Politiker oder Parteien werden gerade durch politikverdrossene Bürger nicht als Ausnahmeerscheinung, sondern häufig als Normalität des politischen Systems eingestuft. Politikverdrossene

Bürger zweifeln zudem an der Handlungs- und Leistungsfähigkeit der Politik in Deutschland. Insbesondere die in den ersten Jahren nach der Deutschen Einheit auftretenden Probleme wie der starke Anstieg der Arbeitslosigkeit, die deutliche Zunahme der öffentlichen Verschuldung sowie die Herausforderungen beim Zusammenwachsen zwischen West- und Ostdeutschland ließen offenbar bei einem zunehmenden Teil der Bevölkerung die Verdrossenheit gegenüber der Politik anwachsen. Die wirtschaftliche Prosperität seit 2009 hat die Stimmung nicht wesentlich aufgehellt. Angesichts der Debatten um die Folgen der Globalisierung, der Krise der Europäischen Union, der Zukunftsfähigkeit der sozialen Sicherungssysteme, vor allem aber der Zuwanderung, kommen offensichtlich zunehmend mehr Bürgern Zweifel an der Handlungs- und Gestaltungsfähigkeit der Politik. Die Volksparteien sind besonders betroffen. Der Anteil derjenigen Bürger, die keiner Partei die Lösung der wichtigsten Probleme im Lande zutrauen, nimmt seit Jahren zu.

31 Erwartungshorizonte

A Welche Aufgaben nehmen Parteien in der parlamentarischen Demokratie wahr?

1. Nennen Sie die Aufgaben von Parteien gemäß dem Grundgesetz und dem Parteiengesetz (Darstellungstext, M5). [I]
- In Art. 21 des GG heißt es: „Die Parteien wirken bei der politischen Willensbildung des Volkes mit".
- Im Parteiengesetz findet sich eine lange Liste von Parteitätigkeiten. Danach wirken Parteien an der politischen Willensbildung des Volkes mit, indem sie „auf die Gestaltung der öffentlichen Meinung Einfluss nehmen, die politische Bildung anregen und vertiefen, die aktive Teilnahme der Bürger am politischen Leben fördern, zur Übernahme öffentlicher Verantwortung befähigte Bürger heranbilden, sich durch Aufstellung von Bewerbern an den Wahlen in Bund, Ländern und Gemeinden beteiligen, auf die politische Entwicklung in Parlament und Regierung Einfluss nehmen, die von ihnen erarbeiteten politischen Ziele in den Prozess der staatlichen Willensbildung einführen und für eine ständige lebendige Verbindung zwischen dem Volk und den Staatsorganen sorgen."

2. Erklären Sie die Kritik Dieter Grimms (M6) und nehmen Sie begründet Stellung. Beziehen Sie die innere Gliederung von Parteien (M1) in Ihre Stellungnahme ein. [II]
- Parteien nehmen über ihre Mandatsträger in den Parlamenten auf Kommunal-, Landes- und Bundesebene Einfluss, und dies vor allem zum eigenen Machterhalt
- Durchsetzung von Überzeugungen zum Gemeinwohl, aber bisweilen auch von Gruppeninteressen
- Parteianhängern berufliche Positionen in Aussicht zu stellen und ein Auffangnetz für abgewählte Politiker ausspannen
- personeller Einfluss aufgrund einer Machtbasis in der Verwaltung, in der Justiz vor allem bei den hohen Richterstellen, bei den öffentlich-rechtlich organisierten Fernsehanstalten, bei staatlichen und kommunalen Wirtschaftsunternehmen

3. Interpretieren Sie die Karikatur M2. [II]
- Beschreiben: Ein Politiker lässt sich, analog zur Krawatte, von einem Bediensteten eine Zunge auswählen. Er fragt ihn: „Welche Zunge, wo sprechen Sie heute? Mittelstand, Industrie, Gewerkschaft, Frauen?"
- Untersuchen: Die Karikatur verweist auf keine bestimmte Partei. Dennoch ist anzunehmen, dass es sich bei dem Herrn um einen Politiker handeln soll, der vielleicht im Wahlkampf ist und Reden hält. Auch die Rede-Themen sind in gewisser Weise beliebig, wiewohl eine breite gesellschaftliche Basis angesprochen wird.
- Deuten: Die Karikatur kritisiert überzeichnend, dass Politiker, je nachdem wo sie auftreten, dem Publikum nach dem Mund reden, Versprechungen abgeben, die sie sobald sie gewählt sind nicht halten. Dass der Politiker einen Bediensteten hat, soll zeigen, dass es sich von Politik gut leben lässt.

4. Erörtern sie, inwieweit Parteien ihre Ziele dem veränderten Wählerwillen anpassen oder selbst den Wählerwillen zu beeinflussen versuchen. Suchen Sie nach aktuellen Beispielen. [III]
- Das Ziel von Parteien ist die Erlangung von Macht, die sie über Wahlen erhalten. Um Wahlen zu gewinnen werden Parteien versuchen, die Wünsche von großen Wählergruppen in ihrer Programmatik aufzugreifen. Verändern sich die Wünsche dieser Wählergruppen, werden die Parteien versuchen diese Veränderungen aufzugreifen oder den Wählerwillen zu beeinflussen.
- Beispiele finden sich hinreichend, etwa in einem Umdenken der Volksparteien in der Flüchtlingspolitik, der Inneren Sicherheit oder der Sozialpolitik.

B Was macht Rechtspopulismus attraktiv?

5. Fassen Sie zusammen, wie in M4 „rechtsextreme" Einstellungen definiert sind. [II]
Zum Nachweis rechtsextremer Einstellungen werden verschiedene Indikatoren abgefragt:
- Befürwortung Diktatur,
- Chauvinismus,
- Ausländerfeindlichkeit,
- Antisemitismus,
- Sozialdarwinismus,
- Verharmlosung Nationalsozialismus.

6. Beschreiben Sie das Phänomen des Rechtspopulismus (Darstellungstext, M9). [I]
- Nationalismus statt Globalisierung und Angst vor dem technologischen Wandel;
- wirtschaftlicher Protektionismus als Waffe gegen vermeintliche ausländische, wirtschaftliche und finanzielle Einflüsse;
- die ethnisch homogene Nation mit straffer autoritärer Führung erweckt die Illusion von Sicherheit und Geborgenheit, deshalb Sympathien für autoritäre Regime;
- Sicherheit wird der Freiheit und Freizügigkeit übergeordnet;
Technologischer Wandel und Globalisierung des Welthandels überfordern bei manchen Menschen das rationale Denken und Handeln. Zukunftsängste sind Beweggründe, auch junger Menschen, sich in rechtslastige Gedankenwelten zu flüchten. Dort ist der Blick rückwärtsgewandt, reaktionäre Utopien werden verherrlicht.

7. Prüfen Sie mithilfe von Veröffentlichungen der Medien, inwieweit Vorschläge und Verhaltensweisen der AfD als „rechtspopulistisch" eingestuft werden können. [II]
individuelle Schülerlösung

8. Erörtern Sie den Zusammenhang der von Ralf Dahrendorf dargestellten Prozesse (M10) und den Wahlerfolgen der AfD. [II] ○
- Dahrendorf: Angst vor Arbeitsplatzverlusten durch die Globalisierung, steigende soziale Ungleichheit der Bevölkerung durch zunehmend ungerechte Einkommensverteilung, sich demnach zunehmend öffnende Schere zwischen Arm und Reich, als Folge der Globalisierung wird „Konkurrenz groß- und Solidarität kleingeschrieben".
- Die AFD ist globalisierungskritisch eingestellt und greift insbesondere die Nachteile der Globalisierung in ihrem politischen Programm auf.

9. Interpretieren Sie die Karikatur M8. [II]
   - Beschreiben: Frauke Petry, eine von zwei Bundessprechern der AfD, schwimmt mit einem Surfbrett mit dem Schriftzug AFD auf einer (Erfolgs-)Welle.
   - Untersuchen: Der Titel der Karikatur „Perfekte Welle" weist auf die kommerziell erfolgreiche Debütsingle der deutschsprachigen Pop-Rock-Band „Juli" aus Gießen von 2004 hin.
   - Deuten: Ohne die Flüchtlingskrise hätte die AfD nur wenig Beachtung gefunden. Deren Ablehnung von EU, Euro und der Energiewende allein hätte nicht zu Umfragewerten von rund 20% geführt. Erst der Zustrom von Flüchtlingen vor allem 2015, die Silvesternacht von Köln 2015/16 mit vielen Übergriffen auf Frauen und mehrere Terroranschläge in Deutschland machten die Partei für größere Teile der deutschen Bevölkerung wählbar.

Übergreifende Aufgaben

⤴ 31

10. Vergleichen Sie die Parteiprogramme von CDU, CSU, Bündnis 90/Die Grünen, FDP, Die Linke, SPD und AfD hinsichtlich Wirtschafts- und Sozialpolitik. Informationen dazu finden Sie im Internet. [II] ○
   - Die CDU setzt sich wirtschaftspolitisch für die soziale Marktwirtschaft ein, die als demokratisch fundierte und sozial gerechte Version des Kapitalismus zu verstehen ist. Das angestrebte Wirtschaftsmodell ist auf Freiheit, Verantwortung, Wettbewerb und Solidarität zwischen den Menschen ausgerichtet. Sie versteht sich als Europapartei und setzt sich für die europäische Integration ein.
   - Die SPD gilt als Partei der sozialen Gerechtigkeit. Ein starker Staat soll die soziale Marktwirtschaft koordinieren. Dabei sollen die Belange jedes Bürgers angemessen berücksichtigt und durch Umverteilung der Erträge gewährleistet werden. Deutlich angekratzt wurde das soziale Verständnis der Partei durch die Umsetzung der Agenda 2010 unter Gerhard Schröder, die zu einem Umbau des Sozialstaats führte.
   - Schwerpunkte von Bündnis90/Die Grünen sind Umwelt, Ökologie und soziale Gerechtigkeit. Die Schaffung von Arbeitsplätzen soll durch eine ökologische Modernisierung erreicht werden.
   - Die FDP will den Mittelstand stärken, Steuern und Lohnnebenkosten senken und den Kündigungsschutz lockern.
   - Das Hauptanliegen der Linken ist soziale Gerechtigkeit und der Kampf gegen Sozialabbau. Hierzu sollen die Lasten der Gesellschaft vermehrt auf die Schultern der Reichen verlagert werden. Hohe Einkommens- und Vermögenssteuern sollen für eine gerechtere Verteilung in der Gesellschaft sorgen. Der Kündigungsschutz soll gestärkt, soziale Dienstleistungen in den Bereichen Kindererziehung, Bildung, Gesundheit, Sozialwesen, Sport und Kultur ausgeweitet werden.
   - Das wirtschaftspolitische Leitbild der AfD ist rechtskonservativ geprägt: mehr Wettbewerb, mehr Eigenverantwortung, weniger Staat, deregulierte Märkte, Steuersenkungen. Die Erbschaftsteuer soll abgeschafft werden, der Staat soll Steuermittel für den Schuldenabbau einsetzen und Ausgaben kürzen.

📄 32–35
2.3 Bürger werden initiativ – eine Alternative zu den Parteien?

Vorschlag für einen Unterrichtsverlauf

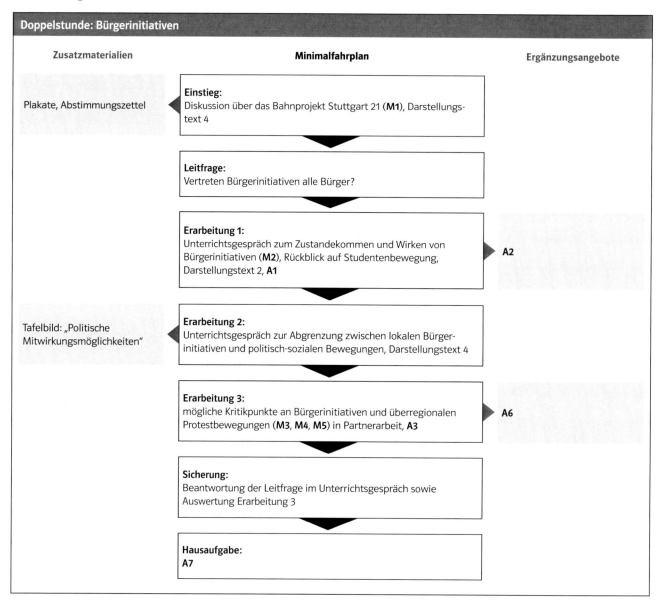

Doppelstunde: Bürgerinitiativen

Zusatzmaterialien	Minimalfahrplan	Ergänzungsangebote
Plakate, Abstimmungszettel	**Einstieg:** Diskussion über das Bahnprojekt Stuttgart 21 (**M1**), Darstellungstext 4	
	Leitfrage: Vertreten Bürgerinitiativen alle Bürger?	
	Erarbeitung 1: Unterrichtsgespräch zum Zustandekommen und Wirken von Bürgerinitiativen (**M2**), Rückblick auf Studentenbewegung, Darstellungstext 2, **A1**	A2
Tafelbild: „Politische Mitwirkungsmöglichkeiten"	**Erarbeitung 2:** Unterrichtsgespräch zur Abgrenzung zwischen lokalen Bürgerinitiativen und politisch-sozialen Bewegungen, Darstellungstext 4	
	Erarbeitung 3: mögliche Kritikpunkte an Bürgerinitiativen und überregionalen Protestbewegungen (**M3, M4, M5**) in Partnerarbeit, **A3**	A6
	Sicherung: Beantwortung der Leitfrage im Unterrichtsgespräch sowie Auswertung Erarbeitung 3	
	Hausaufgabe: A7	

Tafelbild

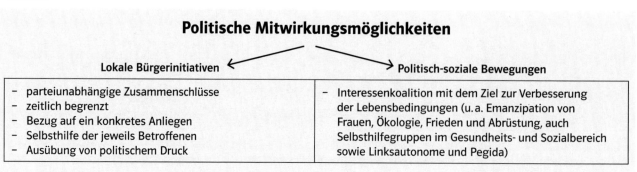

Politische Mitwirkungsmöglichkeiten

Lokale Bürgerinitiativen ← → **Politisch-soziale Bewegungen**

– parteiunabhängige Zusammenschlüsse – zeitlich begrenzt – Bezug auf ein konkretes Anliegen – Selbsthilfe der jeweils Betroffenen – Ausübung von politischem Druck	– Interessenkoalition mit dem Ziel zur Verbesserung der Lebensbedingungen (u. a. Emanzipation von Frauen, Ökologie, Frieden und Abrüstung, auch Selbsthilfegruppen im Gesundheits- und Sozialbereich sowie Linksautonome und Pegida)

Das Tafelbild als editierbare PowerPoint-Version finden Sie auf dem Digitalen Unterrichtsassistenten (978-3-12-416832-0).

Erwartungshorizonte

A Neue Protestformen

1. Erarbeiten Sie arbeitsteilig das Charakteristische an den im Darstellungstext und in M1 und M2 dargestellten Protestformen bzw. -bewegungen. [I]
- Bürgerinitiativen mobilisieren die Öffentlichkeit und üben Druck aus. Meist treten sie als spontane Zusammenschlüsse von Personen auf, die zumeist auf lokaler Ebene tätig werden (Basisdemokratie), um Missstände zu beseitigen (Beispiele: gegen Gefährdung der Umwelt, Abriss von Altbauten, Verkehrsplanungen; für Kindergärten, Spielplätze, kleinere Schulklassen).
- Bürgerinitiativen werden zunehmend überregional aktiv. Charakteristisch wurden koordinierte Massenaktionen gegen Großprojekte (Beispiele: Atomkraftwerke Wyhl). Dabei fanden neue Aktionsformen wie Straßenblockaden, Sit-ins, Go-ins, Mahnwachen Anwendung.
- Umwelt-, Frauen- und Friedensbewegung wie auch andere Bewegungen, die sich zum Beispiel aus Selbsthilfegruppen im Sozial- und Gesundheitsbereich rekrutierten, wurden – ungeachtet ihrer sehr unterschiedlichen Anliegen und Organisationsformen – gemeinsam als „Neue Soziale Bewegungen" bezeichnet. Ihr Entstehen Anfang der 1970er-Jahre war Ausdruck eines Wandels der politischen Kultur und des Bedürfnisses nach alternativen Politikstilen.
- Aus den Reihen der Bürgerinitiativen und dem Umfeld der politisch-sozialen Bewegungen bildeten sich Ende der 1970er-Jahre grüne und alternative Parteien, die sich 1980 zur Partei „Die Grünen" zusammenschlossen.

2. Sie können die Ergebnisse zu Aufgabe 1 durch ein selbstgewähltes Beispiel ergänzen. Recherchieren Sie dafür im Internet. [I] [II] [III]
- Örtliche Initiativen z.B. gegen Mobilfunkmasten oder für den Bau von Schwimmbädern sind vielen Schülerinnen und Schülern bekannt.

3. Stellen Sie eine problematisierende Beziehung her zwischen M3 und M4 und den damals neuen Bewegungen der 1960er-Jahre (Darstellungstext). [II]
- Bürgerinitiativen kommt das Verdienst zu, auch solche politischen und sozialen Probleme in das öffentliche Bewusstsein zu rücken, die von den Parteien und Interessenverbänden vernachlässigt wurden. Manche ihrer Themen (Umweltschutz, Ausstieg aus der Atomkraft) sind zu Programmpunkten der Parteien geworden.
- Problematisch sind die Aktionen von Bürgerinitiativen, wenn sie Minderheitsinteressen gegen Mehrheitsinteressen durchsetzen wollen. Beispiel Pegida: Gerechtigkeit wird oft als soziale Gleichheit z.B. in Form gleichmäßiger Einkommensverteilung missverstanden. Die Proteste (gegen „Lügenpresse", Parlamentarismus, Muslime, Flüchtlinge …) sind u.a. Ergebnis einer vermeintlichen Schlechterstellung gegenüber den Bürgern der alten Bundesländer. Ein wesentlicher Grund besteht darin, dass die DDR-Bürger 1989/90 das marktwirtschaftliche westdeutsche Wirtschafts- und Sozialsystem übergestülpt bekamen, ohne eigene Vorstellungen einbringen zu können. Viele DDR-Bürger fühlen sich bis heute von den ursprünglich westdeutschen Parteien nicht

hinreichend repräsentiert. Die Proteste werden deshalb von einer antiparlamentarischen Grundhaltung getragen. Beispiel TTIP: Oft sind es Informationsdefizite und Unbehagen darüber, dass Entscheidungen nicht mehr im eigenen Land oder innerhalb der EU getroffen werden. Dabei wird übersehen, dass der Abbau von Zöllen und Handelshemmnissen auch für Verbraucher wünschenswert ist.

4. Formulieren Sie die wichtigsten Unterschiede solcher Protestformen zur Funktionsweise von Parteien in der Bundesrepublik. [II]
- Bürgerinitiativen: zeitlich begrenzte, parteiunabhängige Zusammenschlüsse von Bürgerinnen und Bürgern meist in Bezug auf ein konkretes, begrenztes Anliegen, im Sinne von lockeren Interessenkoalitionen. Sie können Selbsthilfe für die jeweiligen Betroffenen sein und sich durch Meinungswerbung mit politischem Druck um Abhilfe bemühen. Beispiel: gegen eine Atommülldeponie in der Umgebung, für mehr Sport- und Freizeitmöglichkeiten.
- Parteien: Organisierte Zusammenschlüsse von politisch gleichgesinnten Personen innerhalb eines Staates, die danach streben, politische Macht zu erlangen um ihre eigenen staatlichen oder ideellen Ziele zu verwirklichen, indem sie eine große Wählerschaft hinter sich versammeln und staatliche Führungspositionen von Parteimitgliedern besetzen.

5. Der Rechtswissenschaftler Herbert von Arnim lehnt Bürgerinitiativen ab, weil dort „selbsternannte Engagierte" zu Wort kämen, ohne Rücksicht darauf, „ob ihre Anliegen wirklich von der Mehrheit der Bürger geteilt werden". Nehmen Sie Stellung zu dieser Behauptung (M2). [III]
- Bei der Diskussion um Stuttgart 21 fehlte es den meisten Bürgerinnen und Bürgern an profundem Fachwissen, um wirklich rational entscheiden zu können. Bei einfacheren Entscheidungen wie dem Bau von Spielplätzen oder der Verhinderung von Einkaufszentren ist dagegen rationales Wissen vorhanden.
- Rechtskonservative Initiativen, wie die Verhinderung von Moscheen, wurden in Deutschland von der Bevölkerungsmehrheit bisher abgelehnt. Ein Volksentscheid gegen Minarette, wie er 2009 in der Schweiz zustande kam, verdeutlicht aber, dass „selbsternannte Engagierte" durchaus Erfolg haben können, auch wenn Entscheidungen gegen jede Vernunft verstoßen.
- In Deutschland hat der Gesetzgeber die Möglichkeiten der unmittelbaren Demokratie eingeschränkt und sie nur in den Ländern und Gemeinden zugelassen.

6. Erläutern Sie die in M5 dargestellte Zweischneidigkeit der Bürgerproteste. [I]
- Der Staat verfügt bei Entscheidungen über einen Wissensvorsprung. Bürgerliches Engagement kann zu Verzögerungen geplanter Projekte führen.
- Oft entscheiden letztlich die Gerichte, was nicht Sinn von politischen Entscheidungsprozessen sein kann.

7. Suchen Sie Kontakt zu Mitgliedern ehemaliger oder bestehender Bürgerinitiativen. Fragen Sie nach Zielen, Problemen und Erfolgen ihrer Arbeit und berichten Sie in Ihrem Kurs. [I] [II] [III] ◯
individuelle Schülerlösung

36 – 39 ## 2.4 Interessenverbände – wie groß ist ihr Einfluss?

Vorschlag für einen Unterrichtsverlauf

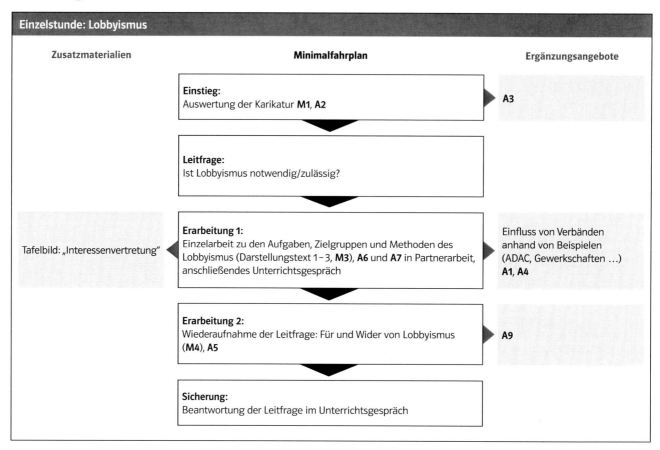

Einzelstunde: Lobbyismus

Zusatzmaterialien	Minimalfahrplan	Ergänzungsangebote
	Einstieg: Auswertung der Karikatur **M1**, **A2**	**A3**
	Leitfrage: Ist Lobbyismus notwendig/zulässig?	
Tafelbild: „Interessenvertretung"	**Erarbeitung 1:** Einzelarbeit zu den Aufgaben, Zielgruppen und Methoden des Lobbyismus (Darstellungstext 1 – 3, **M3**), **A6** und **A7** in Partnerarbeit, anschließendes Unterrichtsgespräch	Einfluss von Verbänden anhand von Beispielen (ADAC, Gewerkschaften …) **A1**, **A4**
	Erarbeitung 2: Wiederaufnahme der Leitfrage: Für und Wider von Lobbyismus (**M4**), **A5**	**A9**
	Sicherung: Beantwortung der Leitfrage im Unterrichtsgespräch	

Tafelbild

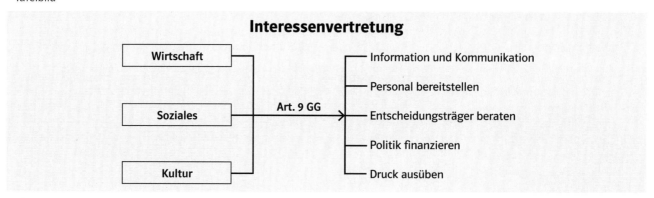

Interessenvertretung

Wirtschaft

Soziales — Art. 9 GG →

Kultur

- Information und Kommunikation
- Personal bereitstellen
- Entscheidungsträger beraten
- Politik finanzieren
- Druck ausüben

Das Tafelbild als editierbare PowerPoint-Version finden Sie auf dem Digitalen Unterrichtsassistenten (978-3-12-416832-0).

Erwartungshorizonte

A Heimliche Herrschaft der Verbände?

1. Fertigen Sie eine Wandzeitung an, auf der Sie über mehrere Wochen Zeitungsausschnitte sammeln, die sich mit Äußerungen von Verbänden beschäftigen. Stellen Sie dar, welche Kritiken und Forderungen an Regierung und Parlament jeweils zum Ausdruck kommen. [I] [II]
individuelle Schülerrecherche

2. Interpretieren Sie die Karikatur M1. [I] [II]
- Beschreiben: Verbandsvertreter (BDI, DIHT, DGB, Krankenversicherungen, Beamtenbund) artikulieren ihre unterschiedlichen Interessen. (Das Kürzel DIHT ist wohl falsch gewählt. Der Deutsche Industrie- und Handelskammertag vertritt die Interessen von Industrie und Handel.)
- Untersuchen: Die Bildlegende „Im Namen des Eigennutzes" verdeutlicht Egoismen.
- Deuten: Unterschiedliche Interessen müssen von Parteien, Regierungen und Parlamentariern zum Ausgleich gebracht werden. Meist müssen schon innerhalb der jeweiligen Verbände unterschiedlich Interessen gebündelt werden. Die wirtschaftspolitische Realität ist – gerade in den Zeiten der Globalisierung – härter geworden. Die sozialen Abfederungen sorgen soweit nur eben möglich für ein menschliches Maß.

3. Formulieren Sie Argumente, die ein Lobbyvertreter dem Karikaturisten entgegenhalten könnte. [II]
Argumente pro Lobbyismus:
- Lobbyisten liefern Politikern einen schnellen Zugang zu Daten und Fachwissen.
- Die Politik ist auf den Sachverstand dieser Experten angewiesen, Verbänden und Vereinen bietet sich die Möglichkeit der politischen Teilhabe. Auch Menschen, die nicht Mitglied in einer Partei sind, können so an politischen Entscheidungen mitwirken.
- Interessengruppen sind Vermittler zwischen Gesellschaft und Staat.
- Verbände repräsentieren die gesellschaftliche Vielfalt. Durch sie ergibt sich ein pluralistischer Wettstreit um die besten Argumente.

4. Stellen Sie dar, wie die Autoren von M2 begründen, dass Mitglieder der Exekutive die wichtigsten Ansprechpartner der Lobbyisten sind. [I]
- Die Legislative hat, vor allem in der europäischen Gesetzgebung, an Einfluss verloren.
- Sie ist auf den Sachverstand der Ministerialbürokratie angewiesen.

5. Versehen Sie jeden Abschnitt der Rede des früheren Präsidenten des Bundesverfassungsgerichts (M4) mit einer eigenen Überschrift. Zählen Sie auf, welche Bedenken der Redner gegen den Lobbyismus nennt. Wo sieht er auch Vorteile dieser Form der Einflussnahme? [I]
- Z 1: Die Geltendmachung partikularer Interessen in der Demokratie
- Z. 8: Unterstützung von Legislative und Exekutive durch den Sachverstand der Lobbyisten
- Z. 26: Wirtschaftliche Potenz entscheidet über Effizienz
- Z. 40: Verlagerung der Entscheidungskompetenzen in Kommissionen

Bedenken: Lobbyismus untergräbt die Autorität des Staates. Interessengruppen mit großen finanziellen Mitteln (z. B. Wirtschaftsverbände, Unternehmen, usw.) können in der Regel mehr Einfluss auf den Politikbetrieb nehmen, als wirtschaftlich schwache Gruppen (Bürgerinitiativen, NGOs usw.). Dies führt zu einem undemokratischen Ungleichgewicht. Mächtige Interessenvertreter z. B. aus der Wirtschaft üben Druck auf die Politiker aus, und setzen ihre Interessen gegen das Allgemeinwohl durch.

Vorteile des Lobbyismus sieht Papier im Sachverstand der Verbände, vor allem bei komplexen Themen, der für politische Entscheidungen hilfreich sein kann.

6. Die Gewerkschaften gehören zu den größten Verbänden in Deutschland. Erläutern Sie Ziele und Kampfmittel des DGB. [II] ○
- Der Streik ist ein Mittel des Arbeitskampfes. Meist geht es um höhere Entgelte, kürzere Arbeitszeiten, in der Zeit der Globalisierung, aber immer häufiger auch um Arbeitsplatzsicherung im Inland.
- Unter Arbeitskampf versteht man die zielgerichtete Ausübung von kollektivem Druck gegen einen Arbeitgeber/ Arbeitgeberverband. Der Arbeitskampf wird ausschließlich zwischen Gewerkschaften und Arbeitgebern geführt – und nicht von einzelnen Arbeitnehmern, Initiativen oder den Betriebsräten. Das Kampfmittel der Gewerkschaften ist hierbei der Streik, das der Arbeitgeber die Aussperrung.
- Gewerkschaften können auf die grundgesetzlich geschützte Koalitionsfreiheit bauen. Zum Betätigungsfeld dieser Koalitionen gehört die Tarifautonomie. Eine wichtige Voraussetzung ist, dass der Streik nicht gegen die Friedenspflicht eines geltenden Tarifvertrags verstößt. Ein Streik darf sich auch nicht als unverhältnismäßig erweisen, er muss also zur Erreichung rechtmäßiger Kampfziele und der nachfolgenden Weiterarbeit im Arbeitsfrieden geeignet und sachlich erforderlich sein.
- Der bestreikte Arbeitgeber darf streikenden Arbeitnehmern nicht kündigen. Nach Ende des Streiks besteht ein Anspruch auf Weiterbeschäftigung. Während des Streiks ruht das Arbeitsverhältnis. Ein Anspruch auf Arbeitsentgelt besteht für die Dauer des Streiks nicht.
- Die Gewerkschaften sind sich meist ihrer Verantwortung bewusst und wissen, dass überzogene Forderungen zu einem Arbeitsplatzabbau entweder durch verstärkte Rationalisierung oder durch eine Verlagerung von Arbeitsplätzen ins Ausland führen können.

39

7. Erörtern Sie, inwieweit sich Ziele und Möglichkeiten der Gewerkschaften im Zeitalter der Globalisierung verändert haben bzw. dies noch weiter tun. [II] ○
   – Gewerkschaften müssen immer mehr darum kämpfen, dass Arbeitsplätze nicht in das Ausland verlagert werden.
   – Vor allem die Umstellung der Automobilindustrie vom Verbrennungsmotor zum technologisch viel einfacheren Elektroantrieb wird in erheblichem Umfang Arbeitsplätze kosten. Die Gewerkschaften kämpfen darum, dass nicht nur die Antriebe, sondern auch Batterien für Elektrofahrzeuge im Inland hergestellt werden.

8. Schlagen Sie in einer Gesetzessammlung nach, welche Aufgaben Innungen (§ 54 HwO) und Handwerkskammern (§ 91 HwO) haben. Inwiefern überlagern sich dabei staatliche und berufsständische Aufgaben? Nennen Sie Interessenkonflikte, die dabei entstehen könnten. [I]
   – Innungen, § 54 HwO: (1) 1. den Gemeingeist und die Berufsehre zu pflegen. 2. ein gutes Verhältnis zwischen Meistern, Gesellen und Lehrlingen anzustreben, 3. entsprechend den Vorschriften der Handwerkskammer die Lehrlingsausbildung zu regeln. […] (2) 1. Tarifverträge abzuschließen […] Handwerkskammern, § 91 HwO (1): 1. die Interessen des Handwerks zu fördern […] 4. die Berufsausbildung zu regeln, Vorschriften hierüber zu erlassen, ihre Durchführung zu überwachen […].
   – Es geht also einerseits um staatliche Aufgaben wie die Lehrlings- und Meisterausbildung einschließlich der Zeugnisgebung in Facharbeiter-, Gesellen- und Meisterbriefen als auch um die Durchsetzung von Arbeitgeberinteressen wie dem Abschluss von Tarifverträgen.

– Die Mitgliedschaft von Handwerksbetrieben bei einer Handwerkskammer ist Pflicht, die Mitgliedschaft in einer Innung freiwillig. Die Beiträge sind recht hoch, bei Innungen z. B. ungefähr 500 Euro pro Jahr und zusätzlich 2 bis 3 % an der Lohnsumme der Beschäftigten. Dafür bekommen die Handwerker u. a. ein breitgefächertes kostenloses Fortbildungsprogramm geboten. Es ist üblich, dass Innungen Preislisten über Richtpreise vereinbaren und auch Empfehlungen über Gemeinkostenzuschläge geben. Wer diese Empfehlungen unterschreitet, macht sich unbeliebt. Derartige Streitigkeiten sind häufig Grund für Austritte. Die Kammern bieten viele Leistungen an, die vor allem für kleinere Unternehmen nicht notwendig sind, zumal wenn sie keine Lehrlinge ausbilden. Sie bieten z. B. Hilfen für Unternehmensgründungen an, also zugunsten der zukünftigen Konkurrenz der Beitragszahler.

9. Wie beurteilen Sie selbst den Lobbyismus? Diskutieren Sie in der Klasse das Für und Wider. [III]
   – Individuelle Schülerlösung. Die politische Arbeit von Unternehmen und Verbänden ist seit Jahrzehnten fester Bestandteil des demokratischen Prozesses. In der Öffentlichkeit wird ihre Arbeit oftmals als anstößig und verwerflich wahrgenommen.

2.5 Medien – Die vierte Gewalt im Staat?

Vorschlag für einen Unterrichtsverlauf

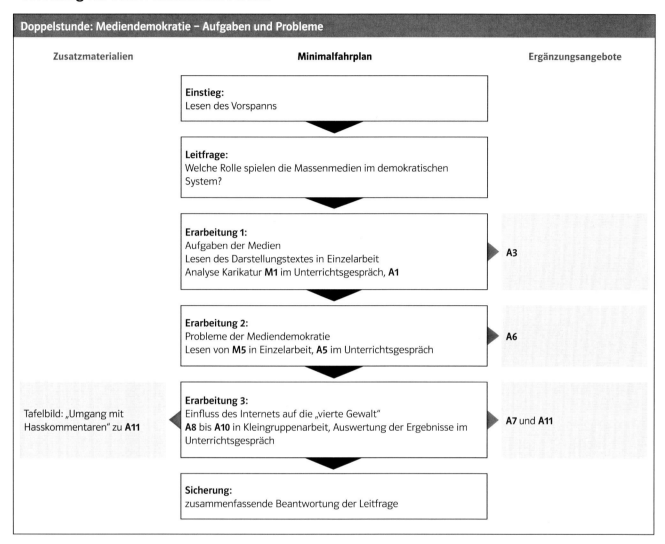

Doppelstunde: Mediendemokratie – Aufgaben und Probleme

Zusatzmaterialien	Minimalfahrplan	Ergänzungsangebote

Einstieg:
Lesen des Vorspanns

Leitfrage:
Welche Rolle spielen die Massenmedien im demokratischen System?

Erarbeitung 1:
Aufgaben der Medien
Lesen des Darstellungstextes in Einzelarbeit
Analyse Karikatur **M1** im Unterrichtsgespräch, **A1**

▶ **A3**

Erarbeitung 2:
Probleme der Mediendemokratie
Lesen von **M5** in Einzelarbeit, **A5** im Unterrichtsgespräch

▶ **A6**

Tafelbild: „Umgang mit Hasskommentaren" zu **A11**

Erarbeitung 3:
Einfluss des Internets auf die „vierte Gewalt"
A8 bis **A10** in Kleingruppenarbeit, Auswertung der Ergebnisse im Unterrichtsgespräch

▶ **A7** und **A11**

Sicherung:
zusammenfassende Beantwortung der Leitfrage

Tafelbild

Umgang mit Hasskommentaren

Bürger	– Diskussion mit dem Verfasser → Gefahr: keine Einsicht – Meldung der Hasskommentare beim Betreiber der Homepage – Anzeigenerstattung
Politiker	– ähnliche Situation wie bei den Bürgern – zusätzlich: neue Gesetzgebung bzgl. Hasskommentaren; evtl. auch Druck auf bestimmte Firmen wie Facebook, Google etc.
Medienvertreter	– Löschung einzelner Hasskommentare (aufwendig, aber durch Computerprogramme möglich) – im Extremfall: Sperrung des Nutzer-Accounts
Andere Personen der Öffentlichkeit	– Sportler, Musiker, Filmstars etc. – öffentliche Distanzierung

Das Tafelbild als editierbare PowerPoint-Version finden Sie auf dem Digitalen Unterrichtsassistenten (978-3-12-416832-0).

🔄 47 **Erwartungshorizonte**

A Aufgaben der Medien in der bundesdeutschen Demokratie

1. Analysieren Sie die Karikatur M1. [II] [III]
- Beschreiben: Karikatur von Burkhard Mohr, Titel „Politiker und Medien"; Zweiteilung, obere Hälfte: Eine Figur mit einem Schild, auf dem „Politiker" steht, wird von einem TV-Gerät, auf dem „Medien" steht, verfolgt. Untere Hälfte: Der Politiker verfolgt das TV-Gerät.
- Deuten: Ambivalenz im Verhältnis von Politik und Medien: Politiker fürchten teilweise die Medien; versuchen, ungünstige Veröffentlichungen (Privates, Skandale) zu vermeiden.
- Politiker wollen Medien aber auch für sich nutzen, um sich zu präsentieren (privat, politische Ziele).

2. Erklären Sie, inwiefern auch die Veröffentlichungen in Online-Medien durch den Artikel 5 GG (M2) geschützt sind, obwohl Sie – im Gegensatz zu Fernsehen, Rundfunk und Printmedien – nicht erwähnt werden. [II]
- Art. 5 Abs. 1: „Recht, seine Meinung in Wort, Schrift und Bild frei zu äußern"
- Abdeckung verschiedenster Formen der Meinungsäußerung auch auf Online-Formate anwendbar: Äußerungen auf Social-Media-Plattformen (Facebook, Twitter) in Blogs, Foren etc.; Videos (z. B. YouTube); Fotos (Instagram, Snapchat)
- stetige Weiterentwicklung der Medienwelt; Presse, Rundfunk und Film als Standard-Massenmedien besonders erwähnt
- Eingangsdefinition als allgemein anwendbare Formulierung

3. Arbeiten Sie aus M3 die Aufgaben der ARD heraus. Bewerten Sie die Darstellung der eigenen Aufgaben. [II] [III]
Aufgaben:
- Beitrag zur individuellen und öffentlichen Meinungsbildung
- Beitrag zum Funktionieren eines demokratischen Gemeinwesens
- Abbilden der föderalistischen Struktur der Bundesrepublik Deutschland
- Programmgestaltung für pluralistische Gesellschaft
- Bereitstellung eines breit aufgestellten, vielfältigen, flächendeckend übertragenen Programms
- Sicherstellung der Teilhabe der einzelnen Bürger an freier demokratischer Meinungsbildung
- Beitrag zur publizistischen Meinungsvielfalt
- Beitrag zum Gemeinwohl
- Sicherstellung der eigenen Unabhängigkeit
- Sicherung einer umfassenden Berichterstattung
Bewertung:
- Formulierung des gesellschaftlichen Auftrags: Stütze für das demokratische System
- Darstellung der „Aufgaben" auch zum Zweck der Profilierung bzw. zum Durchsetzen der eigenen Interessen (Wahrung der Unabhängigkeit/Gewährleistung der Finanzierung etc.)
- Formulierung von idealisierten Zuständen (Unabhängigkeit); aber tatsächlich recht starker Einfluss der Parteien

4. Analysieren Sie M4. Diskutieren Sie, ob diese Zusammensetzung der Zusammensetzung der Gesellschaft entspricht. [II] [III] ○
Kreisdiagramm zur Zusammensetzung des Rundfunkrates des ZDF:
- Rundfunkrat als Kontroll- und Aufsichtsgremium
- einflussreiche Rolle von Parteien/Staat (mit 45,5 % größter Anteil)
- Verbände mit ca. einem Viertel (27,3 %) der Sitze
- ähnlich großer Anteil (20,8 %) der Sitze für Berufsgruppen
- Glaubensgemeinschaften lediglich mit 6,5 % als kleinste Gruppe
Diskussion:
- sehr großer Einfluss von Parteien/Staat ambivalent, denn alle Bürger sind Teil des Staates; aber nur relativ wenige Bürger sind Mitglied in einer Partei
- Verbände: sehr großer Anteil der Bürger in Verbänden; Anteil von 25,8 % könnte also größer sein
- schwierig zu erfassender Anteil: ein großer Teil der Deutschen hat religiöse Überzeugungen, aber nur ein kleiner Teil ist offiziell Mitglied einer Religionsgemeinschaft
- viele Überschneidungen bei den verschiedenen Gruppen, d. h. zahlreiche gesellschaftliche Gruppen mehrfach vertreten, andere werden gar nicht abgebildet

B Probleme der Mediendemokratie

5. Arbeiten Sie aus M5 heraus, mit welchen Vorwürfen die öffentlich-rechtlichen Sender zu kämpfen haben. [I]
Vorwürfe an die öffentlich-rechtlichen Medien:
- Defizite beim Programm (seicht, quotenorientiert, zu kommerziell wie Privatsender)
- hohe Kosten (v. a. für Apparat/Verwaltung/Personal, nicht für die Entwicklung neuer Formate)
- Ausweitung des Rundfunkangebots auf Online-Formate
- Nähe zur Politik (nicht neu, aber besonders aktuell), z. B. von AfD-Politikern: „Staatsfunk" als Ausdruck für von Parteien gelenkte, abhängige Medien
- Rundfunkbeitrag als „Zwangsbeitrag" mit Legitimationsproblem

6. Diskutieren Sie, inwieweit die Entwicklung weg von der Parteiendemokratie hin zur Mediendemokratie negativ zu sehen ist. [III]
- Medien als wichtiges Vermittlungsorgan in der Parteiendemokratie
- Medien auch als Teil der Meinungsbildung der Bürger
Aber:
- Gefahr der Verflachung von Inhalten durch die mediale Präsentation
- Gefahr der Reduzierung auf Personen/Stimmungen statt auf Inhalte
- Schwerpunktsetzung auf Aspekte, die medial leicht zu präsentieren sind
- Gefahr, komplexe Inhalte zu stark zu vereinfachen
- mediale Darstellung kann für manche Politiker zum Selbstzweck werden

C Verändert das Internet die „vierte Gewalt"?

7. Erklären Sie unter Rückgriff auf M7, unter welchen Bedingungen die Petition im Fall Simran Sodhi (M6) erfolgreich war. [II]
Gründe für den Erfolg der Online-Petition:
- Innerhalb einer kurzen Zeit: Ansprechen einer Vielzahl von Menschen per E-Mail, Blog oder sonstigen Social-Media-Kanal (vgl. M7, Z. 1ff.). Auch ist es effektiv, einen Aufruf durch Automatisierung zu starten oder weiterzuleiten (vgl. M7, Z. 14ff.).

Höhere Motivation zur Beteiligung:
- Internet ist beliebtes Medium („hipper" als Stand in der Fußgängerzone);
- Schnelligkeit: man kann die Petition schnell und zu einer passenden Tageszeit ausfüllen (nicht, wenn man evtl. unter Hektik angesprochen wird);
- evtl. spielt auch die Anonymität eine Rolle (manchen Menschen könnte es peinlich sein, an einem Stand zu stehen);
- Benutzerfreundlichkeit der Online-Petition und Werbewirksamkeit (vgl. M7, Z. 4ff.);
- man hat das Gefühl, sich politisch engagiert zu haben (ohne großen Aufwand, vgl. Z. 37ff.).

8. Geben Sie die in M7 genannten Probleme von Online-Petitionen in eigenen Worten wieder. [I]
Probleme von Online-Petitionen
- viele bleiben wirkungslos (vgl. Z. 20ff.), v. a. wenn man sonst nicht aktiv wird (vgl. Z. 42ff.);
- evtl. auch Überfluss an Petitionen (vgl. Z. 14ff.), da es so leicht ist, Online-Petitionen zu erstellen – viele werden überlesen/verlieren Wirkung.

9. Bewerten Sie, ob für Sie selbst Online-Petitionen eine sinnvolle Beteiligungsform darstellen. [III] ○
Diskussion: Online-Petition eine sinnvolle Beteiligungsform?
→ Tabelle 1

↗ 47

10. Analysieren Sie die Grafiken M8a und M8b bezogen auf den Einfluss des Internets. [II]
M8 a) Wenn es darum geht, dass man sich näher mit einem Thema beschäftigen möchte:
- stetiger Anstieg des Einflusses des Internets seit Jahren (seit 2002 mehr als verdoppelt: von 28% auf 66%);
- im Vergleich: alle anderen Medien verlieren Einfluss (etwa 10%; lediglich das Radio bleibt ungefähr gleich);
- Internet ist seit einigen Jahren (2013) Spitzenreiter und hat sogar das Fernsehen überholt.

M8 b) Tagesaktuelle Informationen:
- ebenfalls Anstieg, aber nicht so stark (lediglich knapp 21%)
- alle anderen Medien weiter vorn
- ständiger Spitzenreiter: das Fernsehen mit 67%

11. Fassen Sie die wichtigsten Aussagen aus dem Text M9 zusammen. Diskutieren Sie den sinnvollen Umgang mit Hasskommentaren, sowohl als Bürger, wie auch als Politiker, Medienvertreter oder einer anderen Person der Öffentlichkeit. [I] [II] [III]
Wichtigste Aussagen aus M9:
- Shitstorms gab es auch schon früher (vgl. Z. 1ff.), aber enormer Anstieg im Vergleich zu früher durch die sozialen Medien (vgl. Z. 6ff.);
- Bildung neuer politischer Gruppierungen im Internet;
- Echokammer-Prinzip (vgl. Z. 23ff.): Im Netz umgibt man sich nur mit gleichgesinnten Menschen → permanente Bestätigung der eigenen Meinung → Widerspruch wird immer weniger geduldet;
- der Hass im Netz greift auch in die Realität über;
- Hemmschwelle im Internet geringer als in der Wirklichkeit, aber insgesamt sinkt diese;
- sozialen Medien bringen aber auch positive Aspekte: Diskussion, Anteilnahme.

Zur Diskussion zum Umgang mit Hasskommentaren siehe Tafelbild.

Tabelle 1

Pro	Kontra
Als Initiator: - **Einfache Erstellung und Weiterleitung:** - Man kann schnell eine Vielzahl an Menschen erreichen (Online-Veröffentlichung, automatische E-Mails). - **Bequemlichkeit:** Jederzeit möglich (kein stundenlanges Stehen an einem Infostand, egal, bei welchem Wetter). - **Anonymität:** Man wird nicht angepöbelt (könnte an einem Stand durchaus passieren). **Als Unterzeichner:** - Kein Zeitdruck: Man surft, wenn man gerade Zeit hat. - Schnelligkeit/Hemmschwelle: Man kann nur den Titel überfliegen, ob einem das Thema gefällt. Wenn nicht, bricht man ab (in Gegensatz zu einem Vier-Augen-Gespräch an einem Infostand). - Schnelligkeit: Das Unterzeichnen und Ausfüllen selber dauert nur ein paar Minuten. - Politische Beteiligung: Man hat das Gefühl, etwas getan zu haben.	**Als Initiator:** - Geringe Erfolgsaussichten: Nur die wenigsten können wirklich etwas bewirken. **Als Unterzeichner:** - siehe oben (Erfolgsaussichten)
Abwägung von Pro und Kontra und Entscheidung; Alternativen/Lösungen suchen (z. B. Online-Petition mit weiterem politischen Engagement verknüpfen oder: v. a. Petitionen des Deutschen Bundestages unterstützen oder dort selber erstellen)	

⎚ 50–53 **3   Der politische Entscheidungsprozess**

3.1   Wie entstehen Gesetze?

Vorschlag für einen Unterrichtsverlauf

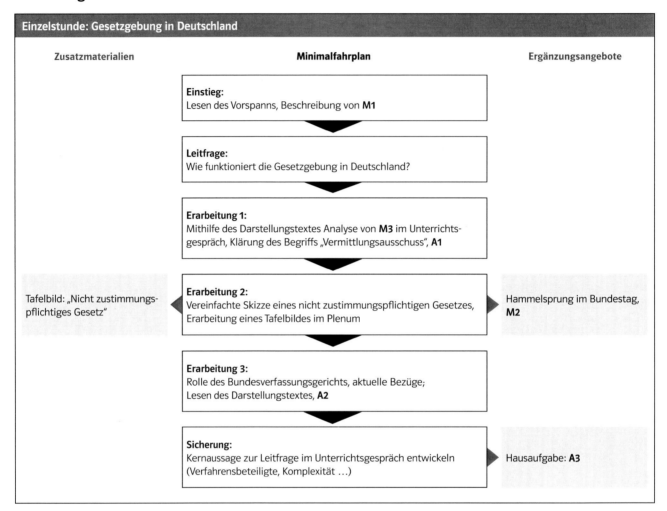

Tafelbild

Das Tafelbild als editierbare PowerPoint-Version finden Sie auf dem Digitalen Unterrichtsassistenten (978-3-12-416832-0).

Hintergrundinformationen

M3

Zustimmungspflichtige Gesetze sind Gesetze, die das Grundgesetz ändern; Gesetze, die Auswirkungen auf die Finanzen der Länder haben (also vor allem Steuergesetze) und Gesetze, die von den Ländern auszuführen sind. In der Bundesrepublik können Bundestag, Bundesrat und Bundesregierung schriftlich ausgearbeitete Gesetzesvorlagen beim Bundestag zur Abstimmung einbringen. Die Bundesregierung muss vorher aber die Gesetzesvorlage dem Bundesrat zur Stellungnahme vorlegen. Umgekehrt muss auch der Bundesrat den Entwurf der Bundesregierung zur Stellungnahme vorlegen. Im Bundestag gibt es dann drei sogenannte Lesungen, also Debatten, über das Gesetz. Bei der ersten Lesung wird die Gesetzesvorlage an den zuständigen Ausschuss überwiesen. Bei politisch wichtigen Gesetzesentwürfen kommt es schon bei der ersten Lesung zu einer Aussprache im Parlament, wobei die Regierung und die Fraktionen vor allem der Öffentlichkeit ihre grundsätzliche Meinung mitteilen. Im Ausschuss wird die Vorlage dann auf eventuelle Mängel oder Schwachstellen überprüft, dementsprechend überarbeitet und verbessert. Aus der Vorlage, die vorher nur der Entwurf eines Gesetzes war, wird so ein solider Gesetzestext. Hat der Ausschuss seine Arbeit beendet, kommt das Gesetz zur zweiten Lesung in den Bundestag. Dort wird jede Bestimmung des Entwurfs einzeln diskutiert und zur Abstimmung aufgerufen, ebenso Änderungsanträge, die häufig von der Opposition gestellt werden. Diese sind zwar selten aussichtsreich, sollen aber vor allem der Öffentlichkeit die abweichenden Standpunkte der Opposition verdeutlichen. Nach der zweiten Lesung gibt es zwei Möglichkeiten: Zum einen kann sich die dritte Lesung mit der Abschlussdiskussion und mit der Abschlussabstimmung direkt an die zweite Lesung anschließen. Zum anderen kann die Gesetzesvorlage ein zweites Mal an den Ausschuss überwiesen werden, wo sie noch einmal überarbeitet und verbessert wird, um dann zur

🔖 50–53

dritten Lesung in den Bundestag zu gelangen. Anschließend muss der Bundesrat gefragt werden. Billigt dieser ein zustimmungspflichtiges Gesetz, dann gilt es als angenommen und gelangt zur „Ausfertigung" zur Bundesregierung und zum Bundespräsidenten. Zunächst unterzeichnet der zuständige Fachminister das Gesetz, anschließend der Bundeskanzler, danach der Bundespräsident. Damit kann es im Bundesgesetzblatt „verkündet" werden und in Kraft treten. Wenn der Bundesrat etwas gegen das Gesetz einzuwenden hat, wird der Vermittlungsausschuss angerufen. Dieser besteht aus 32 Mitgliedern, jeweils 16 aus dem Bundestag – zusammengesetzt nach der Stärke der Fraktionen – und 16 aus dem Bundesrat – für jedes Bundesland ein Vertreter. Die Aufgabe des Vermittlungsausschusses ist es, einen Kompromiss zwischen dem Bundestag und dem Bundesrat auszuarbeiten. Arbeitet der Vermittlungsausschuss einen Kompromiss aus, der die Gesetzesvorlage ändert, kommt dieser geänderte Vorschlag in den Bundestag. Dieser kann den geänderten Vorschlag ablehnen, dann ist der Gesetzentwurf gescheitert. Stimmt der Bundestag zu, dann kommt er zum zweiten Mal in den Bundesrat. Stimmt dieser den Gesetzentwurf zu, dann kommt es zur Ausfertigung. Billigt er es nicht, ist der Entwurf gescheitert.

Bei „nicht zustimmungsbedürftigen Gesetzen" ist der Einfluss des Bundesrates geringer. Er kann seine abweichende Meinung dadurch zum Ausdruck bringen, dass er Einspruch gegen das Gesetz einlegt. Der Einspruch des Bundesrates kann durch den Deutschen Bundestag überstimmt werden. Beschließt der Bundesrat mit der absoluten Mehrheit (Mehrheit der Mitglieder) seiner Stimmen Einspruch einzulegen, kann der Einspruch nur mit der absoluten Mehrheit im Bundestag (Mehrheit der Mitglieder = Kanzlermehrheit) überstimmt werden. Legt der Bundesrat den Einspruch mit einer Zwei-Drittel-Mehrheit ein, müssen für die Zurückweisung des Einspruchs im Bundestag zwei Drittel der abgegebenen Stimmen zusammenkommen, mindestens jedoch die Stimmen der Hälfte aller Mitglieder.

🗐 53 Erwartungshorizonte

1. Beschreiben Sie anhand von M3 das Zustandekommen eines zustimmungspflichtigen Bundesgesetzes. Skizzieren Sie ein ähnliches Schaubild für ein „einfaches" Bundesgesetz. [I] [II]
- Lehnt der Bundesrat ein zustimmungspflichtiges Gesetz ab, wird üblicherweise der Vermittlungsausschuss angerufen. Das Recht dazu haben sowohl der Bundesrat als auch der Bundestag und die Bundesregierung. Hier versuchen die beteiligten Akteure, sich auf einen gemeinsamen Gesetzentwurf zu verständigen. Bei einer endgültigen Ablehnung eines Zustimmungsgesetzes durch den Bundesrat ist der Entwurf in jedem Fall gescheitert.
- vereinfachtes Schaubild eines nicht zustimmungspflichtigen Gesetzes, s. Tafelbild

2. Beurteilen Sie, ob es angemessen ist, dass das Grundgesetz dem Bundesverfassungsgericht eine derart starke Stellung zubilligt. Berücksichtigen Sie geschichtliche Erfahrungen. [III]
- Die Machtfülle des Bundesverfassungsgerichts in Karlsruhe ist größer als in fast allen anderen Staaten. Fast jedes wichtige Gesetz aus dem Steuerrecht, dem Arbeits- und Sozialrecht wird überprüft.
- Der Parlamentarische Rat strebte während der Ausarbeitung des Grundgesetzes aufgrund der negativen Erfahrungen mit dem Missbrauch der Weimarer Verfassung durch die Nationalsozialisten nach einer verbindlichen rechtlichen Kontrolle der Politik.

3. Werten Sie eine Woche lang den politischen Teil einer Tageszeitung aus. Suchen Sie dabei nach einem aktuellen Gesetzesvorhaben und kennzeichnen Sie, an welcher Stelle der Gesetzgebung es sich gerade befindet. [I]
individuelle Schülerlösung

Vorschlag für einen Unterrichtsverlauf

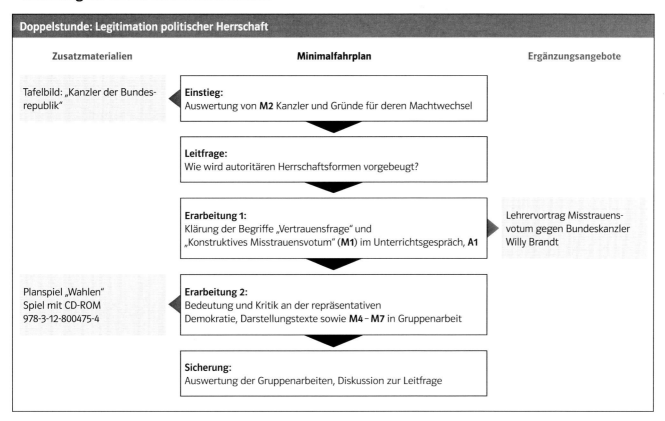

Doppelstunde: Legitimation politischer Herrschaft

Zusatzmaterialien	Minimalfahrplan	Ergänzungsangebote
Tafelbild: „Kanzler der Bundesrepublik"	**Einstieg:** Auswertung von **M2** Kanzler und Gründe für deren Machtwechsel	
	Leitfrage: Wie wird autoritären Herrschaftsformen vorgebeugt?	
	Erarbeitung 1: Klärung der Begriffe „Vertrauensfrage" und „Konstruktives Misstrauensvotum" **(M1)** im Unterrichtsgespräch, **A1**	Lehrervortrag Misstrauensvotum gegen Bundeskanzler Willy Brandt
Planspiel „Wahlen" Spiel mit CD-ROM 978-3-12-800475-4	**Erarbeitung 2:** Bedeutung und Kritik an der repräsentativen Demokratie, Darstellungstexte sowie **M4 – M7** in Gruppenarbeit	
	Sicherung: Auswertung der Gruppenarbeiten, Diskussion zur Leitfrage	

Tafelbild

Kanzler der Bundesrepublik

Konrad Adenauer (CDU, 1949 – 1963)	keine weitere Kandidatur
Ludwig Erhard (CDU, 1963 – 1966)	Rücktritt
Kurt Georg Kiesinger (CDU, 1966 – 1969)	Abwahl
Willy Brandt (SPD, 1969 – 1974)	1972 Vertrauensfrage, Auflösung des Bundestags, 1974 Rücktritt
Helmut Schmidt (SPD, 1972 – 1982)	1982 Konstruktives Misstrauensvotum
Helmut Kohl (CDU, 1982 – 1998)	1982 Vertrauensfrage, Auflösung des Bundestags, 1998 Abwahl
Gerhard Schröder (SPD, 1998 – 2005)	2005 Vertrauensfrage, Auflösung des Bundestags, Abwahl
Angela Merkel (CDU, seit 2005)	

Das Tafelbild als editierbare PowerPoint-Version finden Sie auf dem Digitalen Unterrichtsassistenten (978-3-12-416832-0).

54–63

Hintergrundinformationen

M2

Misstrauensvotum gegen Willy Brandt 1972: Nach Auffassung der sozialliberalen Koalition sollten die neuen Ostverträge die Grundlage für Entspannung zwischen Ost und West darstellen und dem Auseinanderleben der beiden deutschen Staaten entgegenwirken. Aber sie brachten die sozialliberale Koalition im April 1972, etwa ein halbes Jahr nachdem Bundeskanzler Willy Brandt (SPD) mit dem Friedensnobelpreis ausgezeichnet worden war, an den Rand einer Regierungskrise. Die Opposition sprach vom „Ausverkauf deutscher Interessen", eine Auffassung, die auch innerhalb der Koalition Anhänger fand: Die von Beginn an dünne sozialliberale Mehrheit von nur zwölf Stimmen drohte endgültig zu schwinden, als in der Auseinandersetzung um die Ratifizierung der Ostverträge SPD- und FDP-Abgeordnete zur Union übertraten, darunter der ehemalige Minister für gesamtdeutsche Fragen, Erich Mende (FDP), sowie der sozialdemokratische Vorsitzende des Bundes der Vertriebenen, Herbert Hupka.

Am 24. April 1972 brachte Oppositionsführer Rainer Barzel nach Artikel 67 des Grundgesetzes einen Antrag auf ein konstruktives Misstrauensvotum ein: „Der Bundestag spricht Bundeskanzler Willy Brandt das Misstrauen aus und wählt als seinen Nachfolger den Abgeordneten Dr. Rainer Barzel zum Bundeskanzler der Bundesrepublik Deutschland. Der Bundespräsident wird ersucht, Bundeskanzler Willy Brandt zu entlassen". Dies war ein Novum in der Geschichte der Bundesrepublik. Noch nie zuvor hatte im Bundestag die Opposition zum Mittel des Misstrauensvotums gegriffen, um eine Regierung abzulösen.

Am Tag der Abstimmung, am 27. April 1972, schien die Republik den Atem anzuhalten: In der Lobby des Bundestages drängten sich aufgeregte Journalisten, und die Tribünen im Plenarsaal waren bis auf den letzten Platz besetzt, als Dr. Kurt Georg Kiesinger (CDU) gegen 10 Uhr ans Rednerpult trat, um die Beweggründe seiner Fraktion zu diesem Schritt zu erläutern. Es war nicht nur der Auftakt zu einem dreistündigen, bisweilen hitzigen Wortgefecht, sondern auch zu einer Sitzung, deren Ausgang ungewiss, aber möglicherweise folgenschwer war. Würde Brandt stürzen und Barzel neuer Bundeskanzler werden? Altkanzler Kiesinger nutzte seine Rede zu einer grundsätzlichen Abrechnung mit der sozialliberalen Koalition: Sie habe in nur zweieinhalb Jahren die „gesunden Staatsfinanzen zerrüttet", das Volk in „Inflation verstrickt" und die „soziale Marktwirtschaft in ernste Gefahr" gebracht. Hauptgrund für den Misstrauensantrag seien aber die Ostverträge. Sie gefährdeten das „große Anliegen der Wiederherstellung der Einheit des deutschen Volkes", empörte sich Kiesinger.

Gegen Ende der Debatte trat Bundeskanzler Willy Brandt ans Rednerpult. Er verteidigte seine Ostpolitik, bevor um 12.59 Uhr Bundestagspräsident Kai-Uwe von Hassel (CDU) die Aussprache schloss und zur namentlichen Abstimmung aufrief. Von den (verbliebenen) Abgeordneten von SPD und FDP nahmen fast nur die Bundesminister an der Abstimmung teil. Damit sollten einerseits eventuell noch unerkannte „Abweichler" in den Reihen von SPD und FDP von einer Stimmabgabe abgehalten werden, andererseits sollte eventuellen „Abweichlern" innerhalb der CDU/CSU die Gegenstimme insofern erleichtert werden, als sie nicht die einzigen ein oder zwei Gegenstimmen abgaben. Der SPD-Abgeordnete Günther Müller, der gegen die Absprachen ebenfalls eine Stimme abgab, wurde später aus der SPD-Fraktion ausgeschlossen und wechselte zur CDU/CSU. Während der Auszählung durchgeführte Interviews mit Abgeordneten der Koalition wiesen darauf hin, dass selbst diese mit einem Sieg Barzels rechneten. Daher überraschte das Ergebnis allgemein: Rainer Barzel erhielt nur 247 von 260 abgegebenen Stimmen, zur absoluten Mehrheit hätte er die sicher geglaubten 249 Stimmen benötigt. Es gab zehn Neinstimmen und drei Enthaltungen. Damit war das erste konstruktive Misstrauensvotum in der Geschichte der Bundesrepublik gescheitert. „Ich stelle fest", verkündete von Hassel, „dass der von der Fraktion CDU/CSU vorgeschlagene Abgeordnete Barzel die Stimmen der Mehrheit der Mitglieder nicht erreicht hat."

Im Nachhinein erhielt das Gefühl des Sieges aber einen schalen Beigeschmack, als sich herausstellte, dass der CDU-Abgeordnete Julius Steiner gegen die Zahlung von 50 000 DM seine Stimme für Barzel verweigert hatte. (Weil noch eine weitere Stimme fehlte, war dies allein nicht entscheidend.) Die Herkunft des Geldes konnte damals auch ein Untersuchungsausschuss des Bundestages nicht aufklären. Nach dem Zusammenbruch der DDR und der Aufdeckung der Machenschaften ihres Ministeriums für Staatssicherheit wurde klar, dass das Geld von dort gekommen war. Das Ministerium für Staatssicherheit der DDR wollte Brandt im Amt halten und die Ostverträge sichern, an denen nicht nur der DDR, sondern auch der Sowjetunion gelegen war. Wer allerdings der zweite Abgeordnete gewesen war, der Brandt 1972 die Kanzlerschaft gerettet hatte, blieb bis vor wenigen Jahren unklar.

Erst die Auswertung geheimer Stasi-Akten gab darauf 2006 einen neuen Hinweis. Magazine wie Der Spiegel oder Cicero berichteten, dass die sogenannten Rosenholz-Dateien den früheren CSU-Abgeordneten Leo Wagner als Inoffiziellen Mitarbeiter der Stasi geführt hatten. Das erhärtete den bereits bestehenden, aber nie bewiesenen Verdacht, dass Wagner ebenso wie Steiner Geld für seine Stimme erhalten hatte.

Am 22. September 1972 stellte Brandt die Vertrauensfrage. 248 Abgeordnete votierten in einer Vertrauensabstimmung gegen den Kanzler, nur 233 sprechen Brandt ihr Vertrauen aus. Das Ergebnis war gewollt. Brandt hat das Instrument der Vertrauensfrage bewusst eingesetzt, um Neuwahlen herbeizuführen. Er wollte auf diesem Wege die Patt-Situation auflösen, in der sich der Deutsche Bundestag zu diesem Zeitpunkt befand. Die Regierung aus SPD und FDP hatte genauso viele Stimmen wie die Opposition aus der CDU/CSU-Fraktion. Dies hatte zur Folge, dass sich Brandt nun nicht mehr auf eine Regierungsmehrheit im Parlament stützen und die Opposition wichtige Gesetzesvorhaben blockieren konnte.

In der Geschichte der Bundesrepublik ist die Vertrauensfrage viermal gestellt worden: 1982 stellte Kanzler Helmut Schmidt die Vertrauensfrage, die positiv beantwortet wurde. Im gleichen Jahr bereitete der neu gewählte Bundeskanzler Helmut Kohl mit einer Vertrauensfrage, bei der die Regierungsmehrheit Stimmenthaltung übte, den Weg zu den vorzeitigen Neuwahlen von 1983. Auch Gerhard Schröder stellte im Jahr 2005 dem Parlament die Vertrauensfrage, um Neuwahlen zu erwirken.

Erwartungshorizonte

A Der Bundestag – eine demokratische Schaltzentrale?

1. Grenzen Sie auf der Basis des Darstellungstextes die Begriffe Vertrauensfrage und konstruktives Misstrauensvotum (M1) gegeneinander ab. Zeigen Sie, wann es in der Geschichte der Bundesrepublik solche Anträge gab (M2). [II]

- In einer parlamentarischen Demokratie stützt sich die Regierung in der Regel auf eine Mehrheit im Parlament. Falls diese Mehrheit in Gefahr gerät oder verloren geht, hat das Grundgesetz dafür Antworten parat. Die Regelungen zur Vertrauensfrage und zum konstruktiven Misstrauensvotum sollen dafür sorgen, dass Regierungskrisen schnell überwunden werden und kein Zustand eintritt, in dem das Land keine handlungsfähige Regierung besitzt. Das Grundgesetz verbietet eine Selbstauflösung des Parlaments.
- Nach Art. 68 GG kann aber der Bundeskanzler dem Bundestag die Vertrauensfrage stellen. Verweigert der Bundestag ihm das Vertrauen, kann der Bundespräsident auf Vorschlag des Kanzlers innerhalb von 21 Tagen den Bundestag auflösen und Neuwahlen ausschreiben. Im Gegensatz zum konstruktiven Misstrauensvotum ergreift der Bundeskanzler hier selbst die Initiative.
- Das konstruktive Misstrauensvotum ermöglicht es dem Parlament, den amtieren Regierungschef abzuwählen. „Konstruktiv" bedeutet in diesem Fall, dass die Wahl nur durchgeführt werden darf, wenn gleichzeitig ein Nachfolger bestimmt wird. Das unterscheidet das Verfahren vom destruktiven Misstrauensvotum der Weimarer Republik, bei dem der Kanzler lediglich abgewählt und nicht sogleich durch einen Nachfolger ersetzt wurde. Im Bundestag wird das Votum durch einen Antrag eingeleitet, der von mindestens einem Viertel der Abgeordneten unterzeichnet sein muss. Gewinnt der neue Kandidat daraufhin die Wahl, ist der Bundespräsident verpflichtet, die Regierung zu entlassen und den gewählten Nachfolger zum Kanzler zu ernennen.

2. Der Begriff Kanzlerdemokratie unterstellt, dass der Bundeskanzler im politischen System der Bundesrepublik Deutschland über erhebliche Macht verfügt. Erörtern Sie, inwieweit der Begriff gerechtfertigt erscheint. [II] [III]

- Der während der Regierungszeit Konrad Adenauers geprägte Begriff „Kanzlerdemokratie" soll die unangefochtene Machtposition des Kanzlers widerspiegeln.
- Das Schlagwort beruht weniger auf den Bestimmungen des Grundgesetzes, demzufolge der Kanzler die Richtlinien der Politik bestimmt, als vielmehr auf der politischen und persönlichen Konstellation.
- Das Amt des Bundeskanzlers ist häufig mit dem Vorsitz der größten Regierungspartei verbunden. Der Kanzler genießt persönliches Prestige im Regierungslager, verkörpert die Regierungspolitik und steht im Mittelpunkt der Berichterstattung.

↗ 63

3. Herbert von Arnim hinterfragt das Wahlrecht zum Deutschen Bundestag (M3). Welche Kritik übt er? Wie müsste das Wahlrecht beschaffen sein, damit Arnims Forderungen erfüllt werden? [II]

- Arnim kritisiert das Verhältniswahlrecht, demzufolge fast immer Regierungskoalitionen notwendig sind.
- Außerdem muss der Bundesrat mit oft anderen politischen Mehrheitsverhältnissen bei der Gesetzgebung zustimmen.
- Die Landeslisten werden von den Parteien aufgestellt.
- Arnim schlägt die relative Mehrheitswahl vor.

4. Stellen Sie die Gründe dar, die Wolfgang Thierse in M4 für einen von ihm empfundenen Bedeutungsverlust des Parlaments anführt. Nehmen Sie dazu Stellung. [II]

- Vorrang der Ökonomie vor der Politik, vor allem infolge der Globalisierung
- wichtige Debatten finden in Talk-Shows statt
- der Föderalismus zwingt zu einvernehmlichen parteiübergreifenden Lösungen
- wachsender Einfluss der EU-Gesetzgebung
- Machtfülle des Bundesverfassungsgerichts

5. Beziehen Sie in Ihre Überlegungen die Möglichkeiten eines Mehrheitswahlrechtes ein, wie es z. B. in Frankreich besteht. [II] ○

- Das semipräsidentielle Regierungssystem Frankreichs hat einen direkt gewählten Präsidenten, der eine bedeutende Aufgabe bei der Regierungsbildung hat. Andererseits darf aber auch das Parlament über die Regierung mitentscheiden.
- An der Spitze der Exekutive gibt es zwei Personen, den Präsidenten und den Regierungschef. In Frankreich kann der Ministerpräsident vom Präsidenten entlassen werden, aber auch von der Nationalversammlung durch ein Misstrauensvotum gestürzt werden. Starker Präsident mit schwachem Premierminister.
- Getrennte Wahlen für Präsident und Parlament. Risiko der „Cohabitation" (Präsident hat im Parlament keine Mehrheit), dann droht Blockade.

6. Zählen Sie auf, über welche Mitwirkungs- und Kontrollmöglichkeiten die Opposition im Deutschen Bundestag verfügt (M5). [I]

- Parlamentsdebatten
- Anfragen an die Regierung
- Möglichkeit der Einsetzung eines Untersuchungsausschusses
- konstruktives Misstrauensvotum
- Gesetzesinitiative
- Arbeit in Ausschüssen
- Ausschussvorsitze
- notwendige Zweidrittelmehrheit bei Verfassungsänderungen
- Anrufung des Bundesverfassungsgerichts
- Auswirkung des Föderalismus: Mitglieder des Bundesrates haben im Bundestag Rederecht

63 **B Was ist Demokratie?**

7. Erläutern Sie den Begriff „Freiheitliche demokratische Grundordnung" (M6). [II]
- Damit ist die demokratische Ordnung in Deutschland gemeint, in der demokratische Prinzipien und oberste Grundwerte gelten, die unantastbar sind. Allen voran gehört dazu die Würde des einzelnen Menschen (Art. 1 GG).
- In der deutschen Demokratie herrschen Freiheit und Gleichheit vor dem Gesetz.
- In regelmäßigen allgemeinen Wahlen bestimmt das Volk selbst, wer es regieren soll. Dabei hat es die Auswahl zwischen konkurrierenden Parteien. Wer die Mehrheit der Wählerstimmen erhält, regiert anschließend – aber immer nur für einen bestimmten Zeitraum. Denn Demokratie ist nur Herrschaft auf Zeit. Eine Partei, die einmal an der Macht ist, muss auch wieder abgewählt werden können.

8. Stellen Sie wesentliche Unterschiede zwischen demokratischen, totalitären und autoritären politischen Systemen in einer Tabelle dar. [II]

demokratisch	Wahlen, öffentliche Kommunikation, freie mediale Vermittlung, Rechtsgarantie
autoritär	manipulierte Wahlen, einzelne Politikbereiche bleiben der Entscheidungskompetenz der gewählten Repräsentanten entzogen, Machtsicherung steht im Vordergrund
totalitär	nicht durch Wahlen legitimiert, Machtkonzentration in den Händen weniger, mangelnde Kontrolle der Herrschaft, es existiert nur eine einzige Partei; Versuch, das Leben der Menschen umfassend zu bestimmen

9. Beurteilen Sie, inwieweit die Bezeichnung „Volksherrschaft" für das politische System der Bundesrepublik Deutschland angemessen ist. [III] ○
- Die Volksherrschaft (Demokratie) ist ein politisches System, bei dem die Herrschaft vom Volk ausgeht (griechisch demos = Volk, kratein = Herrschaft).
- Dies bedeutet, das Volk darf beispielsweise durch freie Wahlen, dem Mehrheitsprinzip, den Schutz der Grundrechte sowie die Verfassungsmäßigkeit wesentlich die Politik mitbestimmen.
- Dem vermehrten Wunsch nach unmittelbarer Demokratie, also der Möglichkeit von Plebisziten, wurde in den letzten Jahren vor allem in den Bundesländern, den Gemeinden, aber auch in der EU Rechnung getragen.

10. Entwickeln Sie argumentativ einen „eigenen" Begriff von Demokratie und stellen Sie ihn im Kurs vor. [III]
Individuelle Schülerlösungen, die wohl auf breitere Mitwirkungswünsche ausgerichtet sind.

3.3 Wie können die Bürger stärker in politische Entscheidungen einbezogen werden?

64–69

Vorschlag für einen Unterrichtsverlauf

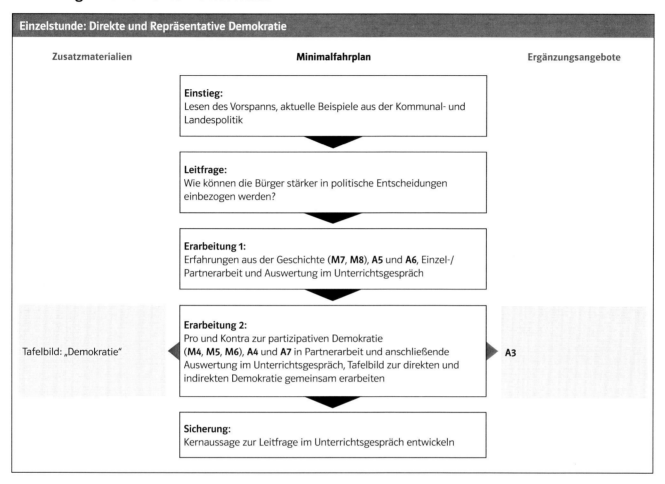

Tafelbild

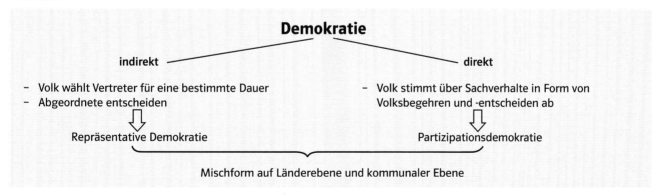

Das Tafelbild als editierbare PowerPoint-Version finden Sie auf dem Digitalen Unterrichtsassistenten (978-3-12-416832-0).

Hintergrundinformationen

M8

Die Nationalsozialisten führten mehrere Volksabstimmungen durch: Über den Austritt Deutschlands aus dem Völkerbund am 12. November 1933, über die Zusammenlegung der Ämter des Reichspräsidenten und des Reichskanzlers in der Person Adolf Hitlers am 19. August 1934 sowie über die Annexion Österreichs am 10. April 1938. Die Volksabstimmungen besaßen ebenso wie die Reichstagswahlen nur scheindemokratischen Charakter und sollten Entscheidungen der Nationalsozialisten legitimieren. In allen Fällen wurde die nachträgliche Zustimmung für bereits zuvor von den Nationalsozialisten geschaffene Tatbestände eingeholt.

Erwartungshorizonte

A Direktwahl des Bundespräsidenten?

1. Wählen Sie einen der in M1 abgebildeten Bundespräsidenten aus und stellen Sie im Kurs vor, wie er sein Amt politisch wahrgenommen hat (strittige Entscheidungen, Amtsführung). [II]
individuelle Schülerrecherche im Internet

2. Erörtern Sie das Für und Wider einer Direktwahl des Bundespräsidenten mithilfe der in M2 genannten Argumente. [III]
- Pro: Mehr Partizipation von unten, allerdings müsste der Präsident dann mehr Kompetenzen bekommen.
- Kontra: Der Bundespräsident hat fast keine Macht, die politische Macht liegt beim Parlament und der Regierung. Volkswahl wäre viel Legitimation für wenige Kompetenzen. Die geschichtlichen Erfahrungen mit einem vom Volk gewählten Präsidenten sprechen gegen Direktwahl (Weimarer Republik und die dortige Notverordnungspraxis).

B Beteiligung auf kommunaler Ebene?

3. Informieren Sie sich, ob es in Ihrer Gemeinde schon Versuche gegeben hat, einen Bürgerentscheid herbeizuführen. Stellen Sie das Ergebnis dar. [I]
individuelle Schülerlösung

4. Diskutieren Sie an einem selbst gewählten Beispiel eines Bürgerentscheids in Baden-Württemberg die in M4 und M5 genannten Argumente. [II] [III]
- Bei Entscheidungen wie dem Bau von Spielplätzen oder Hallenbädern ist bei den Abstimmenden meist genügend Hintergrundwissen vorhanden, um rational entscheiden zu können.
- Trotzdem überwiegen Eigeninteressen gegenüber gesellschaftlichen Notwendigkeiten (z. B. Windräder).

C Offene Fragen der direkten Demokratie

5. Erläutern Sie die Bestimmungen aus M7 und stellen Sie Vermutungen an, warum sie so festgelegt wurden. [II]
- Der Reichspräsident, ein Drittel der Abgeordneten oder ein Volksbegehren können einen Volksentscheid herbeiführen.
- Damit wurde die Verfassung um Elemente einer unmittelbaren (basisdemokratischen) Demokratie ergänzt. Dies kann auch als Zugeständnis an die damaligen Befürworter einer Räterepublik gewertet werden.

6. Beurteilen Sie den Stimmzettel M8 bezogen auf seinen demokratischen bzw. nichtdemokratischen Gehalt. Sie können dafür Bezug nehmen auf Kapitel 6.1. [III]
- Die Reichstagswahl am 10. April 1938 war eine Kombination von Wahl des Reichstags und Volksabstimmung zur Annexion Österreichs.
- Für beide gab es nur einen Stimmzettel. Es konnte nur mit Ja (großer Kreis) oder Nein abgestimmt werden.
- Für die Reichstagswahlen waren nur Kandidaten der NSDAP in Form einer Einheitsliste zugelassen. Volksabstimmungen sollten Entscheidungen der Nationalsozialisten legitimieren.
- In allen Fällen wurde die nachträgliche Zustimmung für bereits zuvor von den Nationalsozialisten geschaffene Tatbestände eingeholt. Wer die Annexion wollte, musste gleichzeitig der NSDAP-Liste zustimmen und umgekehrt.

7. Viele Menschen in Deutschland wünschen, dass auch auf Bundesebene Volksbegehren und Volksentscheide möglich sind. Erörtern Sie diese Frage, ausgehend von M6. [III] ○
- Das Grundgesetz erlaubt den Volksentscheid nur im Fall einer Neugliederung des Bundesgebiets (Art. 29 GG). In anderen Fällen sind Volksentscheide auf Bundesebene nicht zulässig (anders ist es auf den Landes- und Kommunalebenen der meisten Bundesländer).
- Hauptargument der Befürworter: Das Volk als Souverän soll mehr in den politischen Entscheidungsprozess eingebunden werden und mehr Einfluss auf ihn haben als durch die in großen Abständen abgehaltenen Wahlen. Direkte Demokratie fördere auch das politische Interesse in der Bevölkerung.
- Hauptargument der Gegner: Viele politische Fragen sind hochkomplex. Die überwiegende Mehrheit der Bevölkerung ist nicht kompetent genug, um direkt über sie zu entscheiden. Das sollten vom Volk legitimierte Parlamentarier und Regierungen tun, die sich ausgiebig mit der Materie befasst haben. Auch Roman Herzog (M6) befürwortet mit guten Argumenten die Bedeutung der repräsentativen Demokratie.

Handlungsorientiert arbeiten:
Demokratie erfahren – eine Pro-Kontra-Diskussion führen

Erwartungshorizonte

1. Beschreiben Sie die Schaubilder M1 und M2. [I]

– Das politische Interesse war nach der Wiedervereinigung 1991 besonders groß, ging dann zurück und stieg ab 2002 wieder leicht an. Der Anstieg könnte u. a. auf die weltpolitische Lage (ab 2001 Kampf gegen Terrorismus, Kriege im arabischen Raum und Afghanistan, Flüchtlingsströme usw.) und entsprechender innenpolitischer Diskussionen sowie dem Aufkommen rechtspopulistischer Bewegungen zurückzuführen sein.

– Überraschend ist, dass auch die Zufriedenheit mit der Demokratie wieder ansteigt, auch in Ostdeutschland, trotz weiter bestehender erheblicher Unterschiede.

2. Suchen Sie Gründe für das geringe Interesse vieler Jugendlicher am politischen Geschehen und für ihre Zweifel an der demokratischen Staatsform. [II]

– Die geringe Wahlbeteiligung, gerade bei jungen Menschen, und Umfragen wie die Shell-Studie machen deutlich, dass sich viele Jugendliche nicht für (Partei-)Politik interessieren.

– Sie spüren eine Distanz zwischen der eigenen Lebenswelt und dem politischen System. Sie glauben, auf dieses System keinen Einfluss zu haben, und verweigern ihre Beteiligung.

3. Der Philosoph Karl Jaspers (1883 – 1969) meinte „Gleichgültigkeit ist die mildeste Form der Intoleranz". Diskutieren Sie: Was wollte er damit ausdrücken? [III]

– Wer gleichgültig ist, macht sich keine Gedanken. Toleranz heißt aber, sich Gedanken gemacht zu haben.

– Es ist also in keiner Weise eine Form des Tolerierens, wenn ein Thema gleichgültig ist.

72–75   ## 3.4   Demokratische Regierungssysteme im Vergleich – Deutschland und die USA

Vorschlag für einen Unterrichtsverlauf

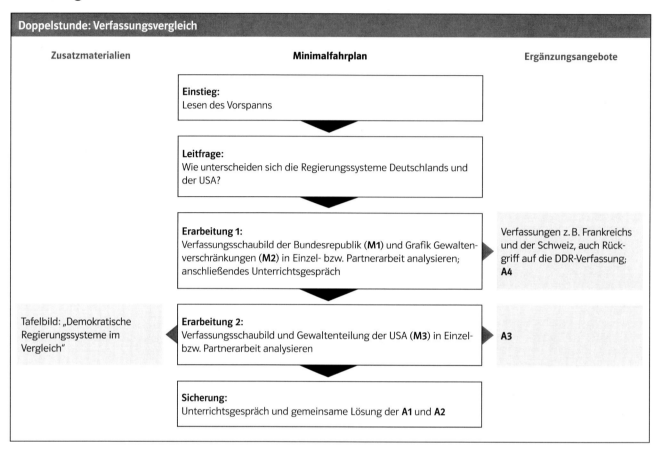

Doppelstunde: Verfassungsvergleich

Zusatzmaterialien	Minimalfahrplan	Ergänzungsangebote
	Einstieg: Lesen des Vorspanns	
	Leitfrage: Wie unterscheiden sich die Regierungssysteme Deutschlands und der USA?	
	Erarbeitung 1: Verfassungsschaubild der Bundesrepublik (**M1**) und Grafik Gewaltenverschränkungen (**M2**) in Einzel- bzw. Partnerarbeit analysieren; anschließendes Unterrichtsgespräch	Verfassungen z. B. Frankreichs und der Schweiz, auch Rückgriff auf die DDR-Verfassung; **A4**
Tafelbild: „Demokratische Regierungssysteme im Vergleich"	**Erarbeitung 2:** Verfassungsschaubild und Gewaltenteilung der USA (**M3**) in Einzel- bzw. Partnerarbeit analysieren	**A3**
	Sicherung: Unterrichtsgespräch und gemeinsame Lösung der **A1** und **A2**	

Tafelbild

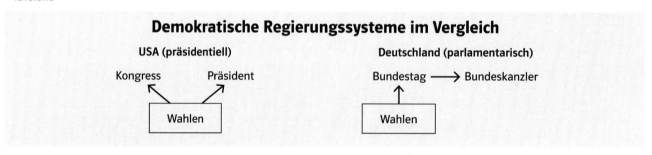

Demokratische Regierungssysteme im Vergleich

USA (präsidentiell)   Deutschland (parlamentarisch)

Kongress   Präsident   Bundestag ⟶ Bundeskanzler

Wahlen   Wahlen

Das Tafelbild als editierbare PowerPoint-Version finden Sie auf dem Digitalen Unterrichtsassistenten (978-3-12-416832-0).

Erwartungshorizonte

1. Beschreiben Sie jeweils die Verfassungsschaubilder des amerikanischen und des deutschen Regierungssystems. [I]
- USA: Präsident wird vom Volk gewählt, ernennt Regierung. Amtsenthebung durch Parlament nur im Extremfall (bei strafbaren Handlungen). Präsident zugleich Staatsoberhaupt und Regierungschef. Getrennte Wahlen für Präsident und Parlament. Die Präsidialdemokratie ist ein Versuch, das Prinzip der Gewaltentrennung und der gegenseitigen Checks and Balances (Kontrolle und Machtgleichgewicht) zwischen Präsident und Parlament möglichst konsequent umzusetzen. Wenn Präsident und Parlamentsmehrheit verschiedenen Parteien angehören, besteht die Gefahr der Blockade.
- Deutschland: Regierung wird aus dem Parlament gewählt, basiert auf Parlamentsmehrheit, kann vom Parlament wegen politischen Meinungsunterschieden gestürzt werden. Die Parlamentarische Demokratie ist ein Versuch, den Wettbewerb zwischen den Parteien fruchtbar zu machen. In Parlamentarischen Demokratien haben kleine Parteien eine Chance, ihre Ideen als Koalitionspartner auf Regierungsebene einzubringen. Staatsoberhaupt repräsentativ.

2. Zeigen Sie auf, inwieweit die Gewaltenteilung in den USA anders gehandhabt wird als in Deutschland (M2, Darstellungstext). [III]
- In einem Präsidialsystem wie in den USA wird der Präsident vom Volk gewählt und darf die Regierung bilden, ohne Rücksicht auf die Zusammensetzung des Parlaments nehmen zu müssen. Dennoch muss der Präsident mit dem Parlament zusammenarbeiten, weil es über Gesetze und vor allem auch den Staatshaushalt entscheidet.
- In einem parlamentarischen System ist das Parlament nicht nur für Gesetze verantwortlich, sondern wählt auch die Regierung. In einem solchen System hat der Präsident meist nur repräsentative Aufgaben. Als Urtyp gilt Großbritannien, auch die Bundesrepublik Deutschland gehört dazu.
- Gewaltenverschränkungen gibt es in beiden Systemen, in den USA aber in geringerem Umfang. Minister und Beamte können dort nicht gleichzeitig Abgeordnete sein.

3. Bewerten Sie: Welches politische System würden Sie als demokratischer bezeichnen? Erläutern Sie ggf. Schwierigkeiten bei der Beantwortung dieser Frage. [III]
- Individuelle Schülerlösung. Die Gewaltenverschränkung in den USA ist weniger ausgeprägt als in Deutschland. Andererseits stehen dem Präsidenten erhebliche Rechte zu, die nicht der parlamentarischen Kontrolle unterliegen, z. B. bei der militärischen Führung.

4. Ziehen Sie das politische System eines weiteren Landes Ihrer Wahl zum Vergleich heran. [I] [II] [III] 72–75
- z. B. Schweiz: Beim direktorialen System der Schweiz ist der Bundesrat (Bundesregierung) oberste Exekutivbehörde. Sie besteht aus sieben Bundesräten (Ministern) und arbeitet als Kollegialorgan ohne Regierungschef. Je einer der Bundesräte wird in jährlichem Turnus Vorsitzender (Bundespräsident), behält zugleich jedoch sein Ressort bei. Die Bundesräte werden alljährlich von der Bundesversammlung (Nationalrat und Ständerat gemeinsam) bestätigt. Die Konsensdemokratie wirkt nach außen hin harmonisch, die fehlende Opposition wird auf Volksentscheide verlagert.
- z. B. DDR: Es gab keine Parteien als Vertreter von Einzelinteressen, die mit anderen Parteien um die Macht bzw. einen Machtanteil konkurrierten. Die SED, die Staatspartei der ehemaligen DDR, war eine die Gesamtgesellschaft erfassende Gruppierung. Sie nannte sich zwar Partei und vertrat ein bestimmtes Programm bzw. eine Ideologie, aber sie stand nicht im freien Wettbewerb mit anderen Parteien, sondern war Monopolistin der Macht. Die sogenannten Blockparteien waren im Regierungssystem der DDR kaum mehr als schmückendes Beiwerk.

  Über die 500 Abgeordneten der Volkskammer wurde alle vier, ab 1971 fünf Jahre durch eine allgemeine, gleiche Wahl abgestimmt. Die Zusammensetzung der Volksvertretung stand bereits vor den Wahlen fest, da die Verteilung der Sitze auf die Parteien und Massenorganisationen des Demokratischen Blocks vorher über eine Einheitsliste festgelegt wurde.

  Formal gab es in der DDR Gewaltenteilung. Es fehlte aber an einer unabhängigen Justiz. Die Führungsinstanzen der SED konnten in das Recht eingreifen. Zudem war es unmöglich, staatliches Handeln auf dem Gerichtsweg anzugreifen, man hätte dazu Verwaltungsgerichte gebraucht. Aber die gab es ebenso wenig wie ein Verfassungsgericht.

76 – 89

4 Willensbildungs- und Entscheidungsprozess in der Europäischen Union

4.1 Wer bestimmt was in der EU?

Vorschlag für einen Unterrichtsverlauf

Einzelstunde: Wer bestimmt was in der Europäischen Union? Der supranationale Willensbildungs- und Entscheidungsprozess		
Zusatzmaterialien	Minimalfahrplan	Ergänzungsangebote
	Einstieg: Brainstorming „Die Europäische Union in meinem Alltag?" Sammlung, ggf. Mind-Map an der Tafel oder/und Karikaturenvergleich **M6**	Abgleich mit **M2**
	Problematisierung: – Woher kommen die Vorgaben der Europäischen Union, die uns alle betreffen? – Was wissen wir über die Entscheidungsprozesse? – In welchem Verhältnis stehen nationale zu übernationalen Entscheidungsprozessen?	ein Europa – verschiedene Rechtsräume **M3**
	Leitfrage: Wer bestimmt was in der Europäischen Union? (Willensbildungs- und Entscheidungsprozesse)	
	Erarbeitung: arbeitsteilige Gruppenarbeit zur Erarbeitung, Teilrecherche und Präsentation der einzelnen Institutionen der Europäischen Union (Darstellungstext, **M7 – M11**) Verortung der Ergebnisse der Gruppenarbeit in der Abbildung **M5** „Das Zusammenwirken der europäischen Institutionen"	
	Vertiefung/Vertiefungsfrage: Wo liegt das Machtzentrum der Europäischen Union? Arbeit und Visualisierung mit **M5** Erweiterung: Gesetzgebungsverfahren in der Europäischen Union	
Tafelbild: „Gesetzgebungsverfahren der EU – Wer hat welche Macht?"	**Sicherung:** siehe Vorschlag Tafelbild	

Zusatzmaterialien	Minimalfahrplan	Ergänzungsangebote

Einstieg:
Karikatur **M4**
Analyse und Interpretation unter Rückbezug auf die Vorkenntnisse der Vorstunde („Wer bestimmt was in der Europäischen Union?")

Problematisierung:
Spannungen zwischen der nationalen und supranationalen Ebene in den Entscheidungsprozessen der Europäischen Union

Leitfrage:
Mehr Europäische Union oder mehr Nationalstaat – was muss/kann sinnvoll und notwendig auf europäischer Ebene entschieden werden?

Erarbeitung:
zentrale Aussagen der Materialien **M12** und **M13** in Thesen herausarbeiten

Sortieren der Thesen/Merkmale der Europäischen Union als Vorteile oder Nachteile in den Prozessen politischer Entscheidungsfindungen (Gruppenarbeit)

Debatte über die Zuordnung (Vor-/Nachteil) im Plenum

Recherche zu und Erläuterung des Subsidiaritätsprinzips; Anwenden des Prinzips auf die politischen Strukturen der Europäischen Union

Vertiefung:
Vergleich der politischen Strukturen der Europäischen Union und der Vereinigten Staaten von Amerika; siehe **A7** (Staatenbund – Bundesstaat; Präsidial- und parlamentarisches System)

🔲 76–89 **Didaktische Hinweise**

Die Materialien dieser Themenseiten verstehen sich als Angebot, die komplexen und vielfach unübersichtlichen institutionellen Strukturen der Europäischen Union zu veranschaulichen. Sie bieten dazu in der komprimierten Form von Steckbriefen die notwendigen Informationen zu den Aufgaben und Funktionsweisen der wichtigsten Organe der Europäischen Union. Diese Steckbriefe könnten sicher das Ergebnis einer eigenständigen Arbeit der Schülerinnen und Schüler sein. Möglich wäre es auch, diese Schaubilder als Kontrollrahmen einer solchen

Erarbeitung anhand der gängigen Informationsmaterialen der Europäischen Union einzusetzen. Die im Schülerbuch gewählte Vorgehensweise legt den Schwerpunkt der Bearbeitung allerdings nicht auf die Informationsbeschaffung und -darstellung, sondern auf die Bewertung der institutionellen Verfasstheit der Europäischen Union. Die Schülerinnen und Schüler sollen durch die Arbeitshinweise motiviert werden, die institutionellen Strukturen mit Blick auf Elemente direkter und indirekter Demokratie oder der Festlegung eines Machtzentrums der Europäischen Union zu hinterfragen.

Tafelbild 1

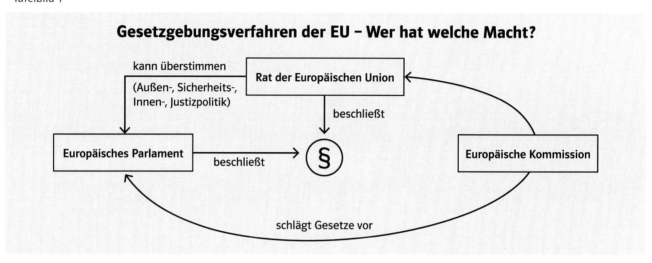

Alternatives Tafelbild 2

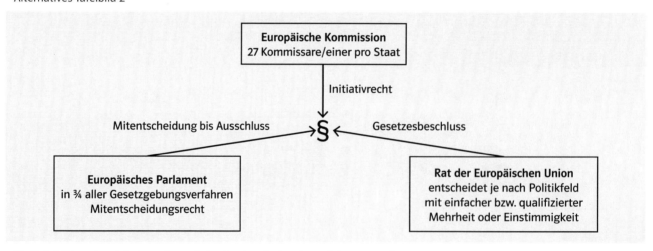

Die Tafelbilder als editierbare PowerPoint-Version finden Sie auf dem Digitalen Unterrichtsassistenten (978-3-12-416832-0).

Erläuterungen zum Tafelbild: Die Kritik, dass die Entscheidungen auf europäischer Ebene nicht ausreichend legitimiert sind, bezieht sich vor allem auf die Tatsache, dass das einzig direkt demokratisch legitimierte Organ der Union, das Europäische Parlament, weder bei allen Gesetzgebungsverfahren die vollkommene Entscheidungsbefugnis noch das Initiativrecht im Gesetzgebungsverfahren besitzt. Vielmehr liegt das Initiativ-

recht bei der Europäischen Kommission, die vom Parlament nicht gewählt, sondern nur als Kollegium bestätigt werden kann. Die volle legislative Kompetenz nimmt der Ministerrat wahr, dessen Mitglieder aus nationalen Exekutivorganen stammen und in der Regel nicht durch direkte Wahlen demokratisch legitimiert werden.

Erwartungshorizonte

Übergreifende Aufgaben

1. Wie viel Europa steckt in Ihrem Alltag? Recherchieren Sie auf Grundlage von M2 in Ihrem persönlichen Umfeld nach Hinweisen auf die Europäische Union. Wählen Sie dabei mindestens drei der folgenden Bereiche: Schule/Ausbildung – Studium/Arbeit – Ernährung – Gesundheit/medizinische Versorgung – Einkaufen/Verbraucherschutz – (Tele-)Kommunikation – Bankgeschäfte/Versicherungen – Reisen/Mobilität – Sport/Freizeit – Medien – kulturelles Angebot. [I] ◯

Im Leben vieler junger Menschen ist die Europäische Union vor allem eins – selbstverständlich. Die Europäische Union durchdringt unser alltägliches Leben weit mehr als uns dies bewusst ist. Einige Beispiele für den Einfluss Europas in ausgewählten Lebensbereichen sind:
- Schule und Ausbildung: die Einrichtung von „Europaschulen", Schüler/-innen-Austausche einzelner Schulen sowie umfassende europäische Austauschprogramme (z. B. Comenius);
- Studium und Arbeit: der sogenannte „Bologna-Prozess" zur Angleichung von Bildungsabschlüssen in der Europäischen Union, Erasmus-Programme, Leonardo da Vinci-Programme,
- Ernährung: Lebensmittel-Richtlinien, Regelungen zur Zulassung gentechnisch veränderter Agrarprodukte auf dem europäischen Binnenmarkt;
- Gesundheit und medizinische Versorgung: Arzneimittelzulassung und -überwachung durch die Europäische Arzneimittelagentur (EMA), Freizügigkeit bei Behandlungen in Mitgliedstaaten der Europäischen Union, europäische Gesundheitsprogramme (z. B. Nichtraucherschutz, Krebsvorsorge);
- Einkaufen und Verbraucherschutz: gemeinsame Währung EURO, gemeinsamer Binnenmarkt, EU-Vorschriften zur Nahrungsmittelkennzeichnung, Harmonisierung von Gewährleistungspflichten und Reklamationsrechten, Europäisches Zentrum für Verbraucherschutz;
- (Tele-)Kommunikation und Medien: Regelung der sogenannten „Roaminggebühren", Förderung des Ausbaus des Hochgeschwindigkeitsinternets durch die Europäische Investitionsbank, Schutz der Persönlichkeits- und Urheberrechte im Internet (ACTA);
- Bankgeschäfte und Versicherungen: Freizügigkeit des Banken- und Versicherungsmarktes, Nutzen von Bank- und Versicherungsangeboten in Mitgliedstaaten der Europäischen Union;
- Reisen und Mobilität: Reisen ohne Grenzkontrollen im Schengen-Raum, Reisen ohne Visapflicht innerhalb der Europäischen Union, volle Freizügigkeit bei der Wahl des Wohnsitzes oder des Arbeitsplatzes innerhalb der Europäischen Union;
- Sport und Freizeit: europäische Fußballturniere (UEFA), europäische Dachorganisationen von Sportverbänden;
- kulturelles Angebot: europäische Filmförderprogramme, europäische Kulturhauptstädte.

↴ 89

Literatur- und Medientipp:
In der vom Europäischen Parlament herausgegebenen Broschüre „Europa – Spuren im Alltag" werden am Tagesablauf einer Familie die Einflüsse der Europäischen Union auf unterschiedliche alltägliche Lebensbereiche dargestellt. Die Broschüre lässt sich leicht im Internet finden.

2. Informieren Sie sich über die Möglichkeiten, im Rahmen Ihres Bildungsgangs ein Praktikum oder einen Studienaufenthalt im europäischen Ausland zu absolvieren und stellen Sie entsprechende Unterstützungsprogramme der EU in Ihrem Kurs vor. [I]
- Die Schülerinnen und Schüler können sich unter anderem im Internet über Praktika oder ein Studienaufenthalt im europäischen Ausland informieren.
- Die Vorteile eines Praktikums oder eines Studienaufenthalts im europäischen Ausland liegen in einem wirtschaftlich zusammenwachsenden Europa auf der Hand. Die Studierenden erhalten auf dem flexibilisierten europäischen Arbeitsmarkt bessere Berufschancen. Ein Praktikum oder ein Studienaufenthalt im europäischen Ausland ermöglicht nicht nur den Erwerb von Fremdsprachenkenntnissen, sondern auch die Verbindung von Sprachpraxis mit interkultureller Kompetenz.
- Als Nachteil kann die aufgebrachte Zeit angeführt werden, die den Studierenden vom Arbeitsmarkt fernhält und sich zunächst einmal konkret in entgangenem Einkommen niederschlägt.

3. Listen Sie die europäischen Staaten auf, in denen der Euro gesetzliches Zahlungsmittel ist. Kennzeichnen Sie, welcher dieser Staaten nicht zur EU gehören. [II]
- Euro-Zone: Von den – nach dem Brexit – 27 Mitgliedstaaten der Europäischen Union haben bislang 19 Mitgliedstaaten den EURO als Zahlungsmittel eingeführt. Dies sind:
Belgien
Deutschland
Estland
Finnland
Frankreich
Griechenland (seit 2001)
Irland
Italien
Luxemburg
Lettland (seit 2014)
Litauen (seit 2015)
Malta (seit 2008)
Niederlande
Österreich
Portugal
Slowakei (seit 2009)
Slowenien (seit 2007)
Spanien
Zypern (seit 2008)
- In folgenden Ländern ist der Euro gesetzliches Zahlungsmittel, obwohl diese Staaten nicht zur Europäischen Union gehören: Andorra (seit 2002), Kosovo (seit 2002), Monaco (2002), Montenegro (seit 2002), San Marino (seit 2002), Vatikan (seit 2002).

🔖 89

4. Interpretieren Sie die Karikatur M4 und gehen Sie dabei auch auf den Begriff der Subsidiarität ein (Darstellungstext S. 77). [II]

- Beschreiben: Die Karikatur „Papier aus Brüssel" von Burkhard Mohr aus dem Jahr 2001 zeigt eine Person, die unter einem umgestürzten Schreibtisch mit der Aufschrift „National" begraben ist. Umgestoßen wurde dieser Schreibtisch von einer Flut an Papierdokumenten, die durch eine geöffnete Tür mit dem Symbol der Europäischen Union herausströmen. Inmitten der Papierflut befindet sich der Schriftzug „Weisungen". Die abgebildete Person hält dabei selbst ein Schriftstück in der Hand und hat einen überraschten bis hilflosen Gesichtsausdruck.

- Analysieren: Der Schreibtisch mit der Aufschrift „National" sowie die begrabene Person stehen für die Bürokratien und Verwaltungen in den einzelnen Mitgliedsländern der Europäischen Union. Sie symbolisieren die exekutiven Institutionen der Mitgliedsstaaten. Die geöffnete Tür mit dem Symbol der Europäischen Union, durch die die Papierflut mit der Aufschrift „Weisungen" strömt, kennzeichnet die Urheberschaft dieser „Weisungen". Dieser Aspekt wird durch den Titel „Papier aus Brüssel" noch unterstrichen. Allein die sich auftürmende Menge erzeugt einen Druck auf den nationalen Schreibtisch, der diesen zum Umstürzen bringt.

- Deuten: Der Karikaturist spielt auf den Kompetenzstreit zwischen den nationalen Regierungen und supranationalen/europäischen Institutionen (z. B. die EU-Kommission als europäisches Exekutivorgan) an. Europakritische oder europaskeptische Stimmen kritisieren häufig die Flut an Weisungen und Verordnungen aus dem „fernen Brüssel", die über nationale oder regionale Eigenheiten und Interessen völlig hinweggeht. Sie verweisen in diesem Zusammenhang gern auf das „Subsidiaritätsprinzip" (lat. subsidium = Hilfe), ein Grundprinzip politischen und gesellschaftlichen Handelns, das Selbstbestimmung und Eigenverantwortung fördern soll. Dem Subsidiaritätsprinzip folgend soll eine größere staatliche oder gesellschaftliche Institution nur dann regulierend oder helfend eingreifen, wenn die kleinere Einheit dazu selbst nicht in der Lage ist. Übertragen auf die Europäische Union bedeutet dies, dass die politischen und gesellschaftlichen Herausforderungen zunächst auf regionaler und nationaler Ebene gelöst werden sollten. Nur wenn dies nicht gelingt, sollten die Institutionen der Europäischen Union helfend und regulierend eingreifen.

A Das Gefüge der EU-Institutionen

5. Interpretieren Sie die Karikaturen M6 und stellen Sie Vermutungen an, warum der gleiche Zeichner zu zwei unterschiedlichen Darstellungen gekommen sein mag. Greifen Sie dafür auf die Steckbriefe M7 und M9 zurück. [II]

- Beschreiben: Die Karikaturen von Gerhard Mester befassen sich beide mit der Verhältnisbestimmung zentraler europäischer Institutionen (Parlament, Kommission, Ministerrat). In der linken Karikatur ist eine Szene in einem Restaurant („Restaurant Europa") dargestellt, in der zwei an einem Tisch sitzende Gäste und ein Koch zu sehen sind. Der Koch hat die Aufschrift „Ministerrat" auf seinem Rücken, hinter dem er einen Kochlöffel versteckt. Er verweist mit seiner linken Hand auf einen Gewürzständer. Den verdutzt aussehenden Gästen sagt er im Befehlston: „Gegessen wird, was auf den Tisch kommt!" und weist dann auf die Möglichkeit des Nachwürzens hin. – In der zweiten Karikatur sieht man einen

Boxring mit zwei Boxern von sehr unterschiedlicher Statur. Links ein sehr korpulenter Boxer, der mit einem blauen Auge auf dem Boden sitzt. Hinter seinem Kopf ist die Fahne der Europäischen Union so angeordnet, als würde der Boxer „Sterne sehen". Auf dem Boden des Boxrings liegt zudem ein ausgeschlagener Zahn. Dieser Boxkämpfer trägt eine schwarze Hose mit der Aufschrift „Kommission". Würde sich der Boxer erheben, wäre er deutlich größer als der gegnerische Boxer. Dieser ist von einer sehr schmächtigen Statur und trägt eine weiße Hose mit der Aufschrift „Parlament". Er hält seine rechte Hand, samt Boxhandschuh leicht erhoben und schaut erstaunt bis verdutzt auf seine eigene Hand. Der Betrachter kann vermuten, dass er den anderen Boxer kurz zuvor mit dieser Faust niedergeschlagen hat.

- Analysieren: In der linken Karikatur macht der Koch den Gästen im Restaurant Europa eine klare Ansage. Sie sollen Essen, was auf den Tisch kommt. Der versteckte Kochlöffel hinter dem Rücken verweist auf die Urheberschaft der Mahlzeit. Die Gäste des Restaurants vertreten die Bürgerinnen und Bürger der Europäischen Union. Sie bekommen Gesetze und Verordnungen vom Ministerrat der Europäischen Union vorgesetzt und dürfen leidglich beim Nachwürzen durch das Europäische Parlament „frei wählen". – Die rechte Karikatur spielt auf das Machtverhältnis zwischen Europäischem Parlament und Europäischer Kommission an. Das Europäische Parlament ist selbst darüber verwundert, was es mit der Europäischen Kommission angerichtet hat. Es hat der Kommission einen „Zahn gezogen" und es die „europäischen Sterne sehen lassen" (Sterne = Ideale der Europäischen Union).

- Deuten: Der Karikaturist Gerhard Mester rückt die Rolle des Europäischen Parlaments als einziges direkt demokratisch gewähltes Organ im Institutionengefüge der Europäischen Union in das Zentrum seiner Betrachtungen. Gegenüber der Europäischen Kommission hat sich das Europäische Parlament in den Augen des Karikaturisten inzwischen emanzipiert. Trotz seiner scheinbaren Schwäche kann es der Europäischen Kommission schwer zusetzen (z. B. durch die Zustimmungspflicht zum EU-Haushalt oder durch die Notwendigkeit der Bestätigung der Kommission und des Kommissionspräsidenten). – Ganz anders beurteilt der Karikaturist die Machtverhältnisse zwischen dem Ministerrat (Rat der Europäischen Union) und dem Europäischen Parlament. Hier ist das Parlament in seinen Augen eher machtlos, es darf etwas „nachwürzen", aber nichts bestimmen. Und dies, obwohl das Parlament das einzige direkt gewählte Organ der Europäischen Union ist. In einem Restaurant bestimmt normalerweise der Gast, was er essen möchte, er hat nicht zu essen, was auf den Tisch kommt. In den Augen des Karikaturisten werden die Gäste (Bürgerinnen und Bürger der Europäischen Union) durch den Ministerrat entmündigt – lediglich beim „Nachwürzen" der Gesetze und Verordnungen innerhalb der Europäischen Union kommt ihre parlamentarische Vertretung in Spiel.

Tabelle 1   ⬎ 89

Vereinigte Staaten von Amerika	Europäische Union

Bundesstaat (Verfassung) 50 Staaten ca. 310 Millionen Menschen **Sprache**: Englisch **Verfassungsprinzipien**: präsidial – föderal – republikanisch **Exekutive**: Präsident **Legislative**: Zwei-Kammer-System mit Repräsentantenhaus (Abgeordnete) und Senat (Vertretung der Bundesstaaten)	**Staatenbund** (Grundlagenverträge) 28/27 Staaten ca. 500 Millionen Menschen **Sprachen**: 24 Sprachen als Amts- und Arbeitssprachen anerkannt – Englisch, Französisch und Deutsch als interne Arbeitssprachen der Institutionen verwendet **Politische Prinzipien**: Rechtstaatlichkeit, Subsidiarität – die Mitgliedstaaten übertragen vertraglich Souveränitätsrechte auf Institutionen der Europäischen Union **Exekutive und Legislative**: aufgeteilt in einem institutionellen Dreieck aus Ministerrat, Kommission und Europäischem Parlament

6. Informieren Sie sich anhand von M7 bis M11 arbeitsteilig über die fünf Hauptinstitutionen der EU. Stellen Sie dann neue Arbeitsgruppen zusammen, in denen ein „Experte" für jede der fünf Institutionen vorhanden ist. Erarbeiten Sie in diesen Fünfergruppen eine erläuternde Präsentation zu der Grafik M5. [II]

– Die Materialien M7 bis M11 verstehen sich als Angebot, die komplexen und vielfach unübersichtlichen institutionellen Strukturen der EU zu veranschaulichen. Sie bieten dazu in der komprimierten Form von Steckbriefen die notwendigen Informationen zu den Aufgaben und Funktionsweisen der wichtigsten Organe der EU.

– Mithilfe dieser Steckbriefe können sich die Schülerinnen und Schüler zu Experten für jeweils eine Institution der Europäischen Union machen. Durch eine neue Zusammensetzung der Gruppen (Gruppenpuzzle) kann sich die Lerngruppe schnell und umfänglich über das Institutionengefüge der Europäischen Union informieren.

– Die im Schülerbuch gewählte Vorgehens- und Darstellungsweise (Steckbriefe) legt den Schwerpunkt der Bearbeitung ausdrücklich nicht auf die Informationsbeschaffung und -darstellung, sondern auf eine Bewertung der institutionellen Verfasstheit der Europäischen Union.

– Die Schülerinnen und Schüler sollen durch weiterführende Arbeitshinweise dazu motiviert werden, die institutionellen Strukturen mit Blick auf Elemente direkter und indirekter Demokratie oder der Festlegung eines Machtzentrums der Europäischen Union zu hinterfragen.

7. Vergleichen Sie die Verfassung der Vereinigten Staaten von Amerika als Bundesstaat [vgl. S. 74] mit der Verfasstheit der Europäischen Union als Staatenbund. [II] ○
→ Tabelle 1

B   Der Netzwerkcharakter der Europäischen Union

8. Erläutern Sie Rifkins Bezeichnung der Europäischen Union als „Netzwerk von Staaten" (M12). [II]
Der US-amerikanische Ökonom Jeremy Rifkin stellt in seinem Text folgende zentrale Analyseaspekte heraus:

– Er beschreibt die EU als ein „Netzwerk von Staaten", das von einer hohen Anzahl an Akteuren, vielfältigen Interessen und komplizierten, auf mehreren Ebenen ablaufenden Entscheidungsprozessen gekennzeichnet sei.

– In diesem Netzwerk lässt sich politische Macht nicht monopolisieren, sondern politische Entscheidungen bedürfen des kompromisshaften Ausgleichs.

– Das Bild des Netzwerkes lässt sich besonders gut an der europäischen Gesetzgebung untersuchen, in der supranational orientierte Organe wie das Parlament und die Kommission mit dem stärker in nationaler Verantwortung agierenden Ministerrat kooperieren müssen, um zu tragfähigen Entscheidungen zu kommen. Dabei müssen auch noch die verschiedenen Stimmengewichte im Ministerrat sowie unterschiedliche Abstimmungsverfahren beachtet werden.

– Am Beispiel des deutschen Vorhabens, eine gesamteuropäische Sparpolitik durchzusetzen, lässt sich ebenfalls erkennen, Top-Down-Entscheidungen sind in Europa nicht durchsetzbar. Es besteht immer der Zwang zur Kooperation, zur Kompromissfindung und zu Abstrichen bei eigenen Zielsetzungen.

– Dieses Verfahren garantiert, dass es zu keiner langfristigen politischen Hegemonie (Vorherrschaft) einzelner Mitgliedstaaten kommen kann.

– Nachteilig wirkt sich aber der langwierige Entscheidungsprozess aus, der auch in verwässerten Lösungen und Formelkompromissen münden kann.

89

9. Vergleichen Sie Rifkins Einschätzung (M12) mit derjenigen Gehlers (M13). [II]

Ähnlich wie der US-amerikanische Ökonom Jeremy Rifkins arbeitet auch Michael Gehler in seinem Artikel aus der Tiroler Volkszeitung vom 9. Mai 2016 die komplexen und komplizierten Entscheidungsprozesse in der Europäischen Union mit ihren vielfältigen Akteuren und Interessen heraus. Er spricht in diesem Zusammenhang von einer ausgewogenen Stärke der Europäischen Union, die einen stetigen Ausgleich zwischen den großen und kleinen Mitgliedstaaten der Europäischen Union schafft. Gehler kommt so zu der positiven Einschätzung, dass die Europäische Union aufgrund dieser Eigenart das Potenzial hat, „das Erfolgsmodell der 21. Jahrhunderts zu bleiben." (Z. 47 f.) Allerdings spart Michael Gehler auch nicht mit Kritik an der Europäischen Union. Seine zentralen Kritikpunkte sind:

- Die Europäische Union sei eine „Entscheidung von oben", ein Projekt politischer und wirtschaftlicher Eliten. Sie sei eine Kopfgeburt, d. h. gegründet auf rationalem Denken und Handeln. Es fehle eine gesamteuropäische Idee, die die Europäische Union zu einer Herzensangelegenheit mache.
- In der Europäischen Union gebe es keine zivilgesellschaftliche Teilhabe. Das Europäische Parlament werde kaum als Legislativorgan wahrgenommen, was sich in einer stets sehr geringen Wahlbeteiligung ausdrückt.
- Michael Gehler bezeichnet viele Dinge in der Europäischen Union als „Etikettenschwindel": Die „Wirtschafts- und Währungsunion" sei nicht mehr als eine Eurozone. Eine „gemeinsame Außen- und Sicherheitspolitik" gäbe es nicht, was sich an nationalen Alleingängen in Krisenzeiten zeige. Zudem gebe es weder eine „politische Union" noch eine „Sozialunion".

- Die Europäische Union sei durch intransparente Entscheidungsprozesse und Kompetenzüberschneidungen gekennzeichnet. Sie habe kein klares Gesicht, sondern viele Repräsentanten (z. B. Präsidenten der Kommission, des Parlaments, des Europäischen Rates).

Zusammenfassend spricht Michael Gehler von einem Geburtsfehler der Europäischen Union, den er darin sieht, dass es nie Ziel des europäischen Integrationsprozesses gewesen sei, eine Einheit Europas zu schaffen. Die nationalstaatliche Idee sei vielmehr stets vertreten und werde dadurch gerettet, dass sich die Staaten als die „Herren der Verträge" betrachten würden (Z. 63). Die Europäische Union sei ein von Nationalstaaten geschaffenes, stark bürokratisiertes, spät demokratisiertes und kaum mehr zu überblickendes Gebilde. So kommt Gehler zu dem Schluss, dass der Nationalstaat die „falsche Hebamme" der Europäischen Union gewesen (Z. 80) und nationalstaatliches Denken zugunsten einer einheitlichen europäischen Idee zu überwinden sei.

10. Diskutieren Sie in Ihrer Lerngruppe, welche der in M12 und M13 genannten Merkmale der Europäischen Union als Nachteil oder Vorteil zu bewerten sind. [III]

Die Materialien M12 und M13 werfen einen kritisch-abwägenden Blick auf die institutionelle Verfasstheit und die Entscheidungsprozesse der Europäischen Union. Die von ihnen herausgearbeiteten charakteristischen Merkmale der Europäischen Union lassen sich als Vor- und Nachteile darstellen und gewichten:

→ Tabelle 2

Tabelle 2

Vorteile	Nachteile
- Zwang zur Kooperation und zur Kompromissfindung auch bei schwierigen Interessenlagen - Ausgleich und Balance zwischen den großen und kleinen Mitgliedstaaten der Europäischen Union - Verhinderung einer politischen Hegemonie innerhalb Europas - Verhinderung von Top-Down-Entscheidungen der großen Mitgliedstaaten der Europäischen Union	- intransparente Entscheidungsprozesse - Kompetenzüberschneidungen der europäischen Institutionen - kein klares Gesicht, sondern viele Repräsentanten auf vielen unterschiedlichen Ebenen - wenig zivilgesellschaftliche Teilhabe - Entscheidungen einer politischen Elite

4.2 Kritik an den politischen Strukturen der Europäischen Union

⊡ 90–97

Vorschlag für einen Unterrichtsverlauf

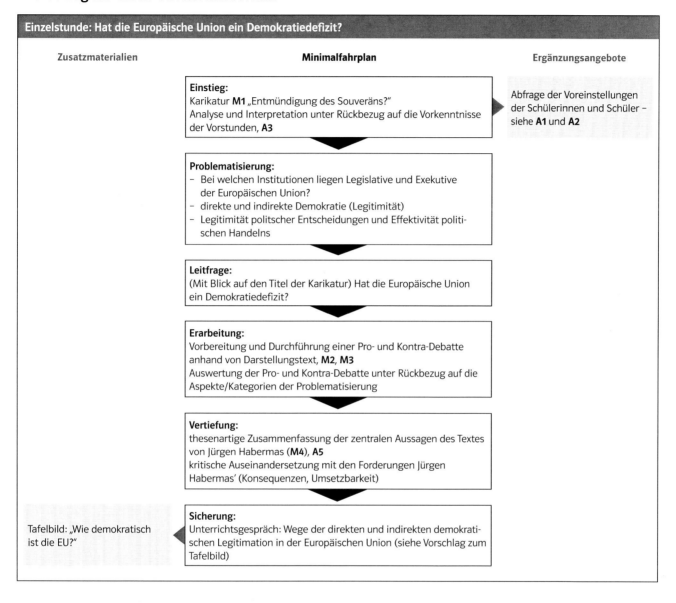

Einzelstunde: Hat die Europäische Union ein Demokratiedefizit?

Zusatzmaterialien	Minimalfahrplan	Ergänzungsangebote
	Einstieg: Karikatur **M1** „Entmündigung des Souveräns?" Analyse und Interpretation unter Rückbezug auf die Vorkenntnisse der Vorstunden, **A3**	Abfrage der Voreinstellungen der Schülerinnen und Schüler – siehe **A1** und **A2**
	Problematisierung: – Bei welchen Institutionen liegen Legislative und Exekutive der Europäischen Union? – direkte und indirekte Demokratie (Legitimität) – Legitimität politscher Entscheidungen und Effektivität politischen Handelns	
	Leitfrage: (Mit Blick auf den Titel der Karikatur) Hat die Europäische Union ein Demokratiedefizit?	
	Erarbeitung: Vorbereitung und Durchführung einer Pro- und Kontra-Debatte anhand von Darstellungstext, **M2**, **M3** Auswertung der Pro- und Kontra-Debatte unter Rückbezug auf die Aspekte/Kategorien der Problematisierung	
	Vertiefung: thesenartige Zusammenfassung der zentralen Aussagen des Textes von Jürgen Habermas (**M4**), **A5** kritische Auseinandersetzung mit den Forderungen Jürgen Habermas' (Konsequenzen, Umsetzbarkeit)	
Tafelbild: „Wie demokratisch ist die EU?"	**Sicherung:** Unterrichtsgespräch: Wege der direkten und indirekten demokratischen Legitimation in der Europäischen Union (siehe Vorschlag zum Tafelbild)	

Tafelbild

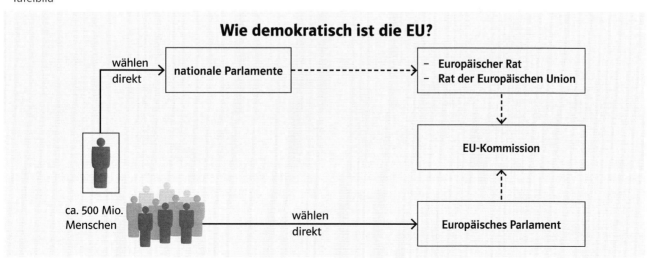

Wie demokratisch ist die EU?

wählen direkt → **nationale Parlamente** - - - - → – **Europäischer Rat** – **Rat der Europäischen Union**

ca. 500 Mio. Menschen

EU-Kommission

wählen direkt → **Europäisches Parlament**

Das Tafelbild als editierbare PowerPoint-Version finden Sie auf dem Digitalen Unterrichtsassistenten (978-3-12-416832-0).

Erwartungshorizonte

A Öffentlichkeit als Grundlage der Demokratie?

1. Ermitteln Sie in Ihrer Lerngruppe mithilfe der unten abgebildeten Skalierung ein Meinungsbild zu der Frage, wie demokratisch die institutionellen Strukturen der Europäischen Union eingeschätzt werden. [I]

sehr demokratisch   wenig demokratisch

Diese Aufgabe kann von den Schülerinnen und Schülern nur individuell gelöst werden. Mit diesem Material besteht die Gelegenheit, zunächst eine Voreinstellung der Schülerinnen und Schüler festzustellen, und dann die Anfrage nach der Bearbeitung der Materalen des Kapitels noch einmal durchzuführen. Eine Auswertung kann dabei sowohl mit Blick auf die individuellen Veränderungen in der Einschätzung wie auch auf das Meinungsbild in der ganzen Lerngruppe erfolgen. Eine anschließende Diskussion kann sowohl über die einzelnen Einschätzungen innerhalb der Lerngruppe als auch auf einer Metaebene über die sich abzeichnenden Lernprozesse geführt werden.

2. Sammeln Sie Argumente, die für eine Einschätzung der EU als sehr bzw. wenig demokratisch sprechen und dokumentieren Sie die Antworten (z. B. als Mindmap). [II]
Die politische Verfasstheit der Europäischen Union lässt sich bewerten als: → Tabelle 1

3. Interpretieren Sie die Karikatur M1. Nennen Sie dabei Beispiele klassischer Souveränitätsrechte nationaler Parlamente. [II]
– Beschreiben: Die Karikatur von Klaus Stuttmann aus dem Jahr 2008 zeigt eine Person mit Zipfelmütze, die gefesselt und geknebelt auf der Besuchertribüne des Deutschen Bundestags sitzt. Er sitzt dort angespannt, schwitzend und mit weit aufgerissenen Augen. Eine Sprechblase macht deutlich, dass im Plenarsaal des Bundestags eine Abstimmung über den „EU-Vertrag" stattfindet. Es ist zu erkennen, dass eine deutliche Mehrheit der Abgeordneten dem Vertrag zustimmt.
– Untersuchen: Die Person mit Zipfelmütze symbolisiert den sogenannten deutschen Michel (eine klassische, stereotype Darstellung „der Deutschen" in Karikaturen). Ihm ist – gefesselt und geknebelt – jede Meinungsäußerung zur Abstimmung über den „EU-Vertrag" unmöglich. Er kann der Debatte nur passiv, aber mit einem deutlich erkennbaren Unbehagen (schwitzend und mit aufgerissenen Augen) beiwohnen. Er ist im wahrsten Sinne der Worte „entmündigt" oder „seiner Stimme beraubt". Das Erscheinungsjahr der Karikatur (2008) legt nahe, dass im Deutschen Bundestag der Vertrag von Lissabon zur Abstimmung steht.
– Deuten: Die Karikatur spielt auf das Spannungsverhältnis einer Kompetenzaufteilung und der demokratischen Legitimation dieser Kompetenzen auf nationaler und supranationaler Ebene innerhalb der Europäischen Union an. Von besonderer Bedeutung ist dabei das Erscheinungsjahr der Karikatur. Nach den gescheiterten Volksabstimmungen zu einem europäischen Verfassungsentwurf wurde im Deutschen Bundestag der Grundlagenvertrag von Lissabon verabschiedet. Dieser Vertrag bedurfte einer Bestätigung (Ratifikation) durch das Parlament, nicht aber einer Zustimmung der Bevölkerung in einer Volksabstimmung. Der Karikaturist kritisiert mit dieser Zeichnung, dass bei der Übertragung von nationalen Souveränitätsrechten auf europäische Institutionen den Bürgerinnen und Bürgern nicht Gelegenheit zur Abstimmung gegeben wird. Der in unserem Grundgesetz benannte Souverän („Alle Macht geht vom Volke aus!") wird bei der Übertragung seiner Souveränitätsrechte auf eine europäische Ebene nicht befragt. Klassische Souveränitätsrechte nationaler Parlamente sind beispielsweise die Gesetzgebungsfunktion (Legislative), die im Rahmen der Gewaltenteilung die wesentliche Hauptfunktion eines Parlaments darstellt oder auch das Recht zur Wahl der Vertreter der Regierung (Exekutive) und der Verfassungsrichter (Judikative). Hier kommt dem Parlament eine Kontrollfunktion der Exekutive und Legislative zu.

Tabelle 1

sehr demokratisch	wenig demokratisch
– Das Europäische Parlament wird von den Bürgerinnen und Bürgern der Europäischen Union in einer direkten Wahl gewählt. – In vielen Politikbereichen hat das Europäische Parlament direkte Mitbestimmungsrechte. – Der Rat der Europäischen Union – als Vertretung der nationalen Regierungen – stimmt in vielen Politikbereichen nach einfacher bzw. qualifizierter Mehrheit ab. – Das Europäische Parlament als einziges direkt gewähltes europäisches Organ verfügt über deutliche Machtmittel im europäischen Institutionengefüge; z. B. das Haushaltsrecht oder das Recht zur Bestätigung oder Ablehnung der Europäischen Kommission. – Neben einer direkten, unmittelbaren politischen Legitimation des Europäischen Parlaments gibt es auch eine indirekte, mittelbare Legitimation der anderen europäischen Organe durch nationale Regierungen, die aus nationalen Wahlen hervorgehen.	– Die Wahlen zum Europäischen Parlament sind stets von einer sehr geringen Wahlbeteiligung geprägt. – Es gibt einige Politikfelder, in denen das Europäische Parlament nur angehört wird und keine Entscheidungsbefugnisse hat. – In vielen Politikfeldern muss der Rat der Europäischen Union mit einer Einstimmigkeit entscheiden. Dies bedeutet ein Vetorecht für einzelne Mitgliedstaaten. – Das eigentliche Machtzentrum der Europäischen Union liegt beim Rat der Europäischen Union und nicht beim Parlament als Volksvertretung. Der Rat der Europäischen Union kann in einigen Politikfeldern das Europäische Parlament überstimmen.

4. Arbeiten Sie aus M2 die Argumentation des Autors heraus. Formulieren Sie anschließend mögliche Gegenargumente. [II]

Der Politologe Gerd Strohmeier spricht in seinem Aufsatz zu einem „Demokratiedefizit" der Europäischen Union folgende strukturelle und institutionelle Schwachstellen hinsichtlich der Verfasstheit der Europäischen Union an:

- Strohmeier greift die Kritik der Europaskeptiker auf, die ein Legitimitätsproblem der Europäischen Union sehen und betonen, dass ein Mehr an supranationalen Kompetenzen der europäischen Institutionen zu einem Verlust an demokratischer Legitimation führe.
- In den Augen dieser Kritiker ist nicht das Europäische Parlament, die Vertretung der europäischen Bürgerinnen und Bürger, das mächtigste Organ der Europäischen Union, sondern der Rat der Europäischen Union als Vertretung der nationalen Regierungen.
- Der Europäische Rat ist allerdings nur „mittelbar" demokratisch legitimiert, und zwar über die Wahlen zu den nationalen Parlamenten. In den Augen der Kritiker erhält die Europäische Union ihre Legitimität primär nicht aus den Wahlen zum Europäischen Parlament, sondern aus den Wahlen zu den nationalen Parlamenten.
- Hinzu kommt, dass das Europäische Parlament, das sich als einziges EU-Organ auf eine direkte demokratische Legitimation stützt, über weniger Kompetenzen verfügt als der Rat.
- Für Gerd Strohmeier ist es jedoch ein Denkfehler, das Kompetenzdefizit des Europäischen Parlaments mit einem Demokratiedefizit der Europäischen Union als Ganzes gleichzusetzen.
- Eine volle Parlamentarisierung der Europäischen Union würde in den Augen Gerd Strohmeiers das Demokratiedefizit nicht mindern, sondern sogar noch verstärken. Es fehle an zwei zentralen Voraussetzungen: an einem europäischen Volk und einer europäischen politischen Öffentlichkeit.
- Das Europäische Parlament sei kein Parlament eines europäischen Volkes, sondern eine Vertretung europäischer Völker. Das Parlament werde in nationalen Wahlen gewählt und setze sich in festgelegten nationalen Mandatskontingenten zusammen.
- Die demokratischen Strukturen auf europäischer Ebene dürfen nach Meinung Gerd Strohmeiers keine pauschale Übertragung nationalstaatlicher Mechanismen auf die Europäische Union sein. Vielmehr müssten demokratische Postulate adäquat auf die Rahmenbedingungen auf europäischer Ebene angepasst werden.

Als Gegenargumente zur Argumentation Gerd Strohmeiers lassen sich folgende Aspekte anführen:

- In deskriptiver Hinsicht ist die Analyse Gerd Strohmeiers sicher nachvollziehbar – in normativer Hinsicht muss man sich der Schlussfolgerungen allerdings nicht anschließen. Beispielsweise bedeutet die Feststellung, dass es keine europäische politische Öffentlichkeit gibt, nicht, dass es diese nicht geben könnte.
  • Denkbar wäre eine strukturelle Weiterentwicklung der Europäischen Union in Richtung einer „Politischen Union", mit gesamteuropäischen Parteien, die nach einem einheitlichen Wahlsystem um die Mandate im Europäischen Parlament kämpfen.
  • Eine Kompetenzerweiterung des Europäischen Parlaments wäre ebenso denkbar, wie die Weiterentwicklung der politischen Strukturen der Europäischen Union in Richtung eines Systems mit zwei gleichberechtigten

Kammern, d. h. einem Europäischen Parlament als Volks- bzw. Völkervertretung sowie einem Rat der Europäischen Union als Art „Länderkammer".

↩ 93

5. Analysieren Sie den Text M4. Beurteilen Sie die Forderung von Jürgen Habermas nach einer europäischen Öffentlichkeit. Begründen Sie, inwieweit Ihrer Ansicht nach eine solche Öffentlichkeit in der Europäischen Union möglich ist. [III]

In einem Vortrag erhob der deutsche Philosoph Jürgen Habermas im Juni 2011 die Forderung zur Herstellung einer gesamteuropäischen politischen Öffentlichkeit. Er leitete diese Forderung wie folgt her:

- Da die Europäische Union bislang von politischen Eliten getragen werde, bestehe eine gefährliche Asymmetrie zwischen dem politischen Engagement der (nationalen) Politiker in Brüssel und der demokratischen Teilhabe der europäischen Staatsvölker. Man könne fast von einer „Teilnahmslosigkeit" der Bürgerinnen und Bürger in Europa reden.
- Diese Entwicklung dürfe aber nicht dazu führen, den „Volkswillen" politisch zu relativieren. Vielmehr müssten die Bürgerinnen und Bürger der Europäischen Union, die das Europäische Parlament wählen, auch in die Lage versetzt werden, sich an einer gemeinsamen und gesamteuropäischen politischen Willensbildung zu beteiligen.
- In einem Lernprozess aller Europäer müssten durch eine gegenseitige Öffnung der nationalen politischen Öffentlichkeit neue zivilgesellschaftliche Kommunikationszusammenhänge entstehen.
- Dazu bräuchte es keine anderen Medien, sondern eine andere Praxis der bestehenden Medien. Sie müssten europäische Themen als solche präsent machen und über die politischen Positionen und Debatten in den anderen Mitgliedstaaten zu diesen Themen berichten. Je mehr den nationalen Bevölkerungen von den Medien bewusstgemacht werde, wie weitreichend die Entscheidungen der Europäischen Union in ihren Alltag eingreifen, umso eher wird ihr Interesse wachsen, sich in die politischen Willensbildungsprozesse einzuschalten.

Die Forderung von Jürgen Habermas nach Herstellung einer europäischen politischen Öffentlichkeit ist idealtypisch gut nachvollziehbar. Mit Blick auf realistische Umsetzungsmöglichkeiten ergeben sich allerdings einige kritische Anmerkungen:

- Es gibt kein europäisches Volk und keinen europäischen Volkswillen, der sich angemessen in einer Gesamtheit greifen und darstellen ließe. Vielmehr gibt es eine Vielfalt an nationalen und/oder regionalen Partikularinteressen, die sich medial kaum in ihrer Gesamtheit darstellen ließen.
- Über welche Medien sollte eine europäische politische Öffentlichkeit hergestellt werden. Öffentlich-rechtliche Medien könnte man noch mit einem solchen politischen Auftrag versehen, aber private Medien?
- Die Vielfalt der europäischen Medienlandschaft dürfte vielmehr dazu führen, dass nationale Medien nationale und regionale Interessen in den Vordergrund stellen. Das von Habermas angesprochene Bewusstwerden der Reichweite europäischer Entscheidungen könnte eher zu national motivierten Abwehrreaktionen führen.
- Neben sprachlichen, spielen in den europäischen politischen Willensbildungsprozessen auch kulturelle, sozioökonomische, ethnische usw. Unterschiede eine Rolle, die in ihrer Tragweite kaum medial vermittelbar sein dürften.

93

6. Interpretieren Sie die Karikatur M3 und bewerten Sie die Aussage des Zeichners begründet. [II]

– Beschreiben: Die Abbildung „Demokratie in Europa" des Karikaturisten Pierre Pauma von 2014 zeigt im Vordergrund zwei Wahlurnen auf einem Tisch, an denen zwei verschiedene Personengruppen zur Stimmabgabe anstehen. Während vor der linken Wahlurne eine lange Menschenschlange steht, um für das Europäische Parlament abzustimmen, steht vor der rechten Wahlurne lediglich eine einzelne Person, die als die deutsche Bundeskanzlerin, Angela Merkel, zu identifizieren ist. Sie geht zügigen Schrittes und gut gelaunt (pfeifend) über einen roten Teppich und einer Absperrung zur linken Menschenschlange auf ihre Wahlurne zu.

– Untersuchen: Die deutsche Bundeskanzlerin steht in dieser Karikatur stellvertretend für alle Staats- und Regierungschefs der Europäischen Union. Sie bestimmen im Europäischen Rat die grundlegenden politischen Richtlinien in der Europäischen Union, wählen den Präsidenten des Europäischen Rats und legen fest, wer Präsident der Europäischen Kommission werden soll.

– Deuten: Die Karikatur spielt auf die Spannung zwischen einer direkten und einer indirekten demokratischen Legitimation von Institutionen und Ämtern innerhalb der Europäischen Union an. Das Europäische Parlament ist das einzige Organ der Europäischen Union, das aus einer direkten Wahl der Bürgerinnen und Bürger hervorgeht. Es hat damit eine hohe demokratische Legitimation, aber eingeschränkte Mitbestimmungsrechte innerhalb der Europäischen Union. Alle weiteren Ämter und Institutionen der Europäischen Union gehen aus Absprachen und Abstimmungen der Staats- und Regierungschefs hervor. Damit sind sie indirekt – über die nationalen Wahlen – politisch legitimiert. Dieses Vorgehen stellt der Karikaturist als privilegiert dar (vgl. roter Teppich, nicht Schlange stehen müssen). Der Titel der Karikatur „Demokratie in Europa" wird durch diese Darstellung doppeldeutig bis ironisch.

Auf einen Blick

Erwartungshorizonte

1. Erläutern Sie Grafik A. Beurteilen Sie den Einfluss von Interessenverbänden auf den politischen Meinungsbildungsprozess. [II]

- Die Grafik A unterscheidet zwischen Interessenbereichen, Methoden der politischen Einflussnahme sowie Adressaten des Einflusses. Als Interessensbereiche werden „Wirtschaft", „Gesellschaft", „Soziales" und „Kultur" benannt. Die Methoden der politischen Einflussnahme erstrecken sich von „Information und Kommunikation" über die „Bereitstellung von Personal" und eine „Parteienfinanzierung" bis hin zu Posten nach der politischen Laufbahn". Adressaten einer politischen Einflussnahme durch Lobbyisten können nach der Auflistung der Grafik A „Parteien", das „Parlament", die „Regierung" oder aber die „Medien" sein.
- Die Grafik bringt nicht zum Ausdruck, welche Gruppierungen und Organisationen Träger einer politischen Einflussnahme sein können. Allein für den Deutschen Bundestag gibt es eine Liste mit über 400 Verbänden, Unternehmen und Organisationen, die offiziell als Lobbyisten beim Deutschen Bundestag registriert sind und somit einen Zugang zum Parlament haben.
- Wie ist das System des Lobbyismus zu beurteilen? Zum einen versorgen die unterschiedlichen Interessengruppen die Abgeordneten der Parlamente sowie die Mitarbeiter von Ministerien und Medien mit aktuellen Informationen. Sie liefern Einblicke in gesellschaftliche Teilbereiche sowie ein Expertenwissen, das sich die Abgeordneten, Ministerialbeamten oder Journalisten sonst nur schwer aneignen könnten. Zum anderen sind diese Informationen aber auch stark von Partikularinteressen geleitet. Den Lobbyisten geht es nicht nur um eine punktgenaue Platzierung von Informationen bei den politischen Entscheidungsträgern, sondern auch um eine Einflussnahme auf ihre Meinungsbildung im Sinne der Lobbyisten. Bei über 400 Lobbyistengruppen, die allein beim Deutschen Bundestag registriert sind, könnten sich Abgeordnete, Ministerialbeamte und Journalisten sicher in der Breite der Partikularinteressen informieren. Allerdings ist die wirtschaftliche Ausstattung der einzelnen Lobbyisten sehr unterschiedlich. Beispielsweise verfügt ein Automobilunternehmen über deutlich mehr finanzielle und personelle Mittel, als ein gemeinnütziger Umweltverband oder eine Nichtregierungsorganisation, was zu einer Verzerrung in der Wahrnehmung der politischen Argumente führen kann. Das System des Lobbyismus kann also „Segen und Fluch" zugleich sein.

2. Stellen Sie anhand von Grafik C dar, wie es zu einem Parteienverbot kommen kann. Recherchieren Sie in den Medien, wie das Bundesverfassungsgericht über den Verbotsantrag der NPD entschieden hat. Wie wurde die Entscheidung begründet? [II]

- In der Bundesrepublik Deutschland können die drei politischen Organe (Bundestag, Bundesrat und die Bundesregierung) beim Bundesverfassungsgericht einen Antrag zu einem Parteienverbot einreichen. Nach Art. 21, Absatz 2 des Grundgesetzes prüft und entscheidet das Bundesverfassungsgericht, ob die betreffende Partei „nach ihren Zielen oder nach dem Verhalten ihrer Anhänger darauf ausgeht,

die freiheitliche demokratische Grundordnung zu beeinträchtigen oder zu beseitigen".
- Im Jahr 2013 hatten die Bundesländer über den Bundesrat – ohne Beteiligung des Bundestages und der Bundesregierung – beim Bundesverfassungsgericht einen Antrag zu einem Verbot der rechtsextremen NPD eingereicht. Das Bundesverfassungsgericht wies 2017 den Antrag des Bundesrates ab. In der Begründung ihres Urteils stellten die Verfassungsrichter fest, dass die NPD zwar verfassungsfeindlich gesinnt und wesensverwandt mit dem Nationalsozialismus sei, sie aber nicht das Potenzial habe, die Demokratie in Deutschland zu gefährden oder zu beseitigen. Die NPD vertritt nach Ansicht der Richter ein auf die Beseitigung der bestehenden freiheitlichen demokratischen Grundordnung gerichtetes politisches Konzept. In ihrer politischen Agitation missachte sie die Menschenwürde und sei in ihren Positionen mit vielen demokratischen Prinzipien unvereinbar. Die Partei arbeite zwar planvoll auf die Erreichung ihrer verfassungsfeindlichen Ziele hin, aber es fehle (derzeit) an konkreten Anhaltspunkten, die es möglich erscheinen lassen, dass dieses Handeln zum Erfolg führt. Der Antrag des Bundesrats auf Feststellung der Verfassungswidrigkeit und Auflösung der NPD wurde vom Verfassungsgericht einstimmig als unbegründet zurückgewiesen. – Allerdings hat der Gerichtspräsident, Andreas Voßkuhle, bei der Urteilsverkündung ausdrücklich auf andere Reaktionsmöglichkeiten der Politik hingewiesen – etwa den Entzug der staatlichen Parteienfinanzierung. Dies habe aber nicht das Verfassungsgericht zu entscheiden, sondern der Gesetzgeber.

3. Beschreiben Sie mithilfe von Grafik D, wie sich Bürger, Parteien und Medien gegenseitig beeinflussen. [II]

- Im politischen System der Bundesrepublik Deutschland haben sowohl die Parteien wie auch die Medien einen großen Einfluss auf den Prozess der politischen Willensbildung.
- Die Abbildung D verdeutlicht auf der linken Seite das Verhältnis zwischen den Medien und den Bürgerinnen und Bürgern im Prozess der politischen Willensbildung. So vermitteln die Medien über ihre Angebote Informationen, Meinungen und Werthaltungen an die Bürgerinnen und Bürger, denen die Medienkonsumenten mit Zustimmung oder Ablehnung begegnen können.
- Ebenso wie die Medien versuchen die Parteien im Prozess politischer Willensbildung Einfluss auf die Bürgerinnen und Bürger zu nehmen, indem sie für ihre Programmatik werben. Die Bürgerinnen und Bürger können über die Parteien und politischen oder gesellschaftlichen Verbände (z. B. Gewerkschaften) ihre Überzeugungen und Werthaltungen in den politischen Diskurs einbringen.
- Von besonderer Bedeutung ist in unserem politischen System das Verhältnis zwischen den Parteien und den Medien: Während die Parteien die Medien mit Informationen versorgen und die Berichterstattung in ihrem Sinne beeinflussen möchten, kontrollieren die Medien die Arbeit der Parteien und Verbände. Sie begleiten sie kritisch und decken nicht selten politische oder wirtschaftliche Skandale auf. Aufgrund dieser Kontrollfunktion werden die Medien nicht selten als vierte demokratische Kraft unseres politischen Systems (neben der Legislativen, Exekutiven und Judikativen) genannt.

97

4. Das Bundestagswahlrecht wird als „personalisiertes Verhältniswahlrecht" bezeichnet. Erklären Sie anhand von Grafik E diesen Begriff. [II]

Die Grafik E kann verdeutlichen, warum mit Blick auf das Wahlrecht der Bundesrepublik Deutschland von einem „personalisierten Verhältniswahlrecht" geredet werden kann:

- Die wahlberechtigten Bürgerinnen und Bürger haben bei einer Bundestagswahl zwei Stimmen.
- Mit der Erststimme wählen sie eine/n Abgeordnete/n über eine relative Mehrheit als Direktkandidat/in in den Deutschen Bundestag. Über dieses Wahlverfahren wird die Hälfte der Sitze des Deutschen Bundestages vergeben.
- Die Zweitstimme der Bürgerinnen und Bürger geht an eine politische Partei. Über die prozentualen Verhältnisse der Parteien wird über sogenannte Landeslisten der Parteien die zweite Hälfte der Sitze des Deutschen Bundestages vergeben.
- Das deutsche Wahlsystem verschränkt also ein Mehrheitswahlrecht mit einem Verhältniswahlrecht. Es werden sowohl Personen direkt gewählt, als auch Parteien in ein Verhältnis gesetzt. Dies will der Begriff des „personalisierten Verhältniswahlrechts" zum Ausdruck bringen.

5. Erläutern Sie anhand von Grafik I die Bedeutung der „vier Freiheiten" für eine exportorientierte Volkswirtschaft wie die deutsche. [II]

Die Grafik I visualisiert die sogenannten „vier Freiheiten" des europäischen Binnenmarktes, die seit dem Vertrag von Maastricht in der Europäischen Union gelten. Es sind dies:

- Der freie Warenverkehr, der sich an einem Wegfall der Zölle und Grenzkontrollen sowie einer Angleichung von Warennormen und Steuersätzen zeigt.
- Der freie Dienstleistungsverkehr, der grenzübergreifende Angebote bei Banken, Versicherungen sowie bei Transport- oder Handwerksleistungen ermöglicht.
- Der freie Kapitalverkehr, der sich in ungehinderten Kapital-, Wertpapier- sowie Finanzdienstleitungsgeschäften zeigt.
- Die Personenfreizügigkeit, die sich in einem Wegfall der Personenkontrollen an den Binnengrenzen bei verstärkter Kontrolle der Außengrenzen, einer Niederlassungs- und Beschäftigungsfreiheit sowie einer Angleichung zahlreicher Rechtsnormen (z. B. im Asylrecht) niederschlägt.

Für eine exportorientierte Volkswirtschaft – wie sie die Wirtschaft der Bundesrepublik Deutschland darstellt – sind diese „vier Freiheiten" von grundlegend positiver Bedeutung. Wie grundlegend förderlich diese Freiheiten wirken, lässt sich veranschaulichen, wenn man einen Wegfall dieser Freiheiten denkt, z. B. Kontrolle von Lkw-Ladungen an den Grenzen oder bürokratische Verfahren bei der Einstellung von Fachkräften aus Mitgliedstaaten der Europäischen Union in deutschen Unternehmen.

5 Die Weimarer Republik zwischen Aufbruch und Scheitern

102–105

5.1 In Europa zerbricht die alte Ordnung

Vorschlag für einen Unterrichtsverlauf

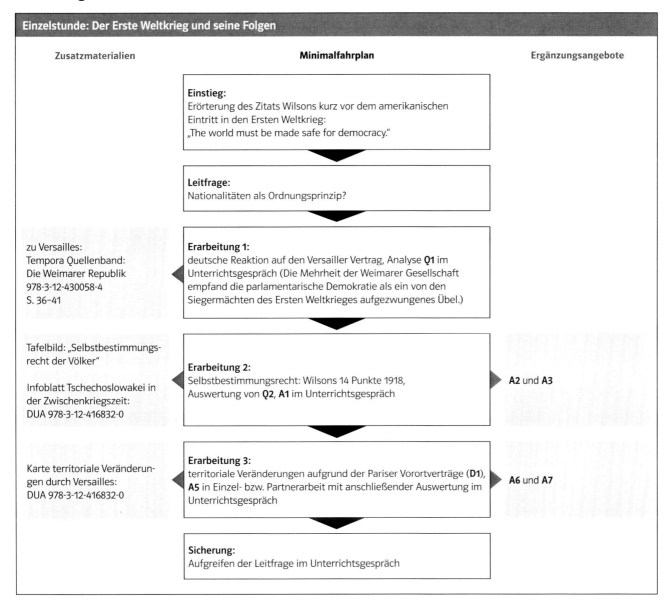

Einzelstunde: Der Erste Weltkrieg und seine Folgen

Zusatzmaterialien	Minimalfahrplan	Ergänzungsangebote
	Einstieg: Erörterung des Zitats Wilsons kurz vor dem amerikanischen Eintritt in den Ersten Weltkrieg: „The world must be made safe for democracy."	
	Leitfrage: Nationalitäten als Ordnungsprinzip?	
zu Versailles: Tempora Quellenband: Die Weimarer Republik 978-3-12-430058-4 S. 36–41	**Erarbeitung 1:** deutsche Reaktion auf den Versailler Vertrag, Analyse **Q1** im Unterrichtsgespräch (Die Mehrheit der Weimarer Gesellschaft empfand die parlamentarische Demokratie als ein von den Siegermächten des Ersten Weltkrieges aufgezwungenes Übel.)	
Tafelbild: „Selbstbestimmungsrecht der Völker" Infoblatt Tschechoslowakei in der Zwischenkriegszeit: DUA 978-3-12-416832-0	**Erarbeitung 2:** Selbstbestimmungsrecht: Wilsons 14 Punkte 1918, Auswertung von **Q2**, **A1** im Unterrichtsgespräch	**A2** und **A3**
Karte territoriale Veränderungen durch Versailles: DUA 978-3-12-416832-0	**Erarbeitung 3:** territoriale Veränderungen aufgrund der Pariser Vorortverträge (**D1**), **A5** in Einzel- bzw. Partnerarbeit mit anschließender Auswertung im Unterrichtsgespräch	**A6** und **A7**
	Sicherung: Aufgreifen der Leitfrage im Unterrichtsgespräch	

Tafelbild

Selbstbestimmungsrecht der Völker

- Recht einer Nation (mit gemeinsamer Sprache, Kultur, Religion, Geschichte), ohne Einmischung von außen ihre politische, wirtschaftliche, soziale und kulturelle Entwicklung zu gestalten.

- Die Errichtung von unabhängigen Staaten kann aufgrund einer heterogenen Bevölkerung scheitern.

Das Tafelbild als editierbare PowerPoint-Version finden Sie auf dem Digitalen Unterrichtsassistenten (978-3-12-416832-0).

102–105

Hintergrundinformationen

Q1

Die Karikatur aus der traditionsreichen satirischen Zeitschrift Simplicissimus stellte die „Entscheidungssituation" Deutschlands vor der Unterzeichnung des Versailler Vertrags dar. Lloyd George (Großbritannien) hält den Vertragstext in beiden Händen. Clemenceau (Frankreich) hält eine Augenbinde bereit, Wilson (USA) lässt resigniert beide Hände sinken, während das durch den Vertrag verurteilte Deutschland mit gebundenen Händen auf die Hinrichtung wartet. Die Guillotine spielt auf die Hinrichtungsmaschine der Französischen Revolution an, der Text verweist auf das in den 14 Punkten Wilsons festgelegte Prinzip des „Selbstbestimmungsrechts". Aus deutscher Sicht wurde dieses Prinzip im Versailler Vertrag als Mittel zur Ausplünderung Deutschlands gesehen.

Erwartungshorizonte

A Nationalitäten als Ordnungsprinzip

1. Erklären Sie, welches Gesellschafts- und Wirtschaftsmodell den 14 Punkten Wilsons zugrunde liegt (Q2). [II]
- Wilson legte dem Kongress ein 14-Punkte-Programm vor, das einen für alle Parteien annehmbaren Friedensschluss vorsah.
- Hierzu gehörten die Forderungen nach Räumung besetzter Gebiete und die generelle Neuordnung Europas nach dem Prinzip des Selbstbestimmungsrechtes der Völker.
- Gemäß Punkt 3 sollten wirtschaftliche Schranken beseitigt werden, um eine Gleichheit der Handelsbedingungen für alle Nationen zu erreichen.

2. Arbeiten Sie heraus, welche Inhalte von Q2 durch den Gebrauch von Modalverben wie „soll" und „muss" für den US-Präsidenten offensichtlich besonders starkes Gewicht hatten. [I]
- Modalverben, u.a. „können", „dürfen", „wollen", modifizieren die Bedeutung des Verbs im Satz.
- Sie bestimmen die Beziehung zur durch das Verb ausgedrückten Tätigkeit im Satz. Das zweite Verb nach dem Modalverb steht immer im Infinitiv am Satzende (Art. 1, 10, 12, 13, 14).

3. Informieren Sie sich im Internet, warum es vor dem Ende des Ersten Weltkriegs 120 Jahre lang keinen polnischen Staat gab. [I] ○
Polen wurde zwischen Deutschland, Österreich und Russland dreimal aufgeteilt (1772, 1793, 1795).

4. Erläutern Sie auf der Grundlage der Ergebnisse zu Aufgabe 3 den Vertrag Q3. [II]
- Alle Einwohner Polens werden ohne Unterschied der Geburt, Staatsangehörigkeit (u.a. Deutsche, Österreicher, Russen), Volkstum, Sprache, Religion als polnische Staatsangehörige mit gleichen Rechten anerkannt.
- Alle Sprachen und religiöse Bekenntnisse sind einander gleichgestellt und dürfen beibehalten werden.

5. Beschreiben Sie mithilfe der Karte (D1), wo es in Ostmitteleuropa besonders große Veränderungen gab. [I]
- Donaumonarchie Österreich-Ungarn wird aufgelöst.
- Deutschland gibt Posen und Westpreußen an Polen ab.
- Polen, Ungarn, Jugoslawien und die Tschechoslowakei werden selbstständige Staaten (Schutzgürtel des Westens vor der Sowjetunion), neue Staaten entstehen auch weiter östlich und ergänzen den Schutzgürtel: Die drei baltischen Staaten Estland, Lettland, Litauen sowie Großbritannien und Frankreich profitieren von der territorialen Aufteilung des früheren Osmanischen Reiches. Frankreich bekommt Syrien, Großbritannien Mesopotamien als Kolonien.
- Deutschland musste umfangreiche Gebietsabtretungen sowohl im Westen als auch im Osten hinnehmen. Das Deutsche Reich musste etwa ein Siebtel seines Territoriums mit einem Zehntel seiner Bevölkerung abtreten. Damit gingen etwa 50% der Eisenerzvorkommen, 25% der Steinkohlereserven und 17% der Kartoffelernte verloren.

6. Erläutern Sie, wo die neuen Grenzziehungen den Vorstellungen Wilsons vom Selbstbestimmungsrecht der Völker entsprachen (Q2, D1). [II]
In den meisten der aufgrund des Versailler Vertrags abzutretenden Gebiete lebte eine mehrheitlich nichtdeutschsprachige Bevölkerung, u.a. in Elsass-Lothringen oder in Westpreußen. Die dortige Bevölkerung wollte nicht zu Deutschland gehören.

7. Stellen Sie dar, wo und warum Grenzziehungen zu Konflikten führen mussten. [II]
- Es bestanden multikulturelle Gebiete mit Mischbevölkerungen, in denen sich kaum Grenzen nach dem Nationalitätenprinzip ziehen ließen. Deshalb entstanden mit Polen, der Tschechoslowakei oder Jugoslawien Staaten, die unterschiedlichen Nationalitäten in sich vereinigten.
- Im Osmanischen Reich und in Österreich-Ungarn ließ sich angesichts der heterogenen Zusammensetzung der Bevölkerung das Nationalstaatsprinzip kaum verwirklichen.
- Ungarn verlor etwa zwei Drittel seines Territoriums, z.B. Siebenbürgen, ein mehrheitlich von Rumänen bewohntes Gebiet im südlichen Karpatenraum, in dem 23% Ungarn und knapp 10% Deutsche die Bevölkerung stellten. Siebenbürgen wurde Rumänien zugesprochen.
- Des Weiteren fielen die heutige Slowakei und die Karpaten-Ukraine an die neu gegründete Tschechoslowakei sowie Kroatien und Slawonien an Jugoslawien, einen multinationalen neuen Staat im Süden.
- Auch im Fall des nahezu ausschließlich von „Deutschösterreichern" bewohnten Südtirol handelte es sich um einen Verstoß gegen das Nationalitätenprinzip.

5.2 Zwischen Räterepublik und parlamentarischer Demokratie

106–119

Vorschlag für einen Unterrichtsverlauf

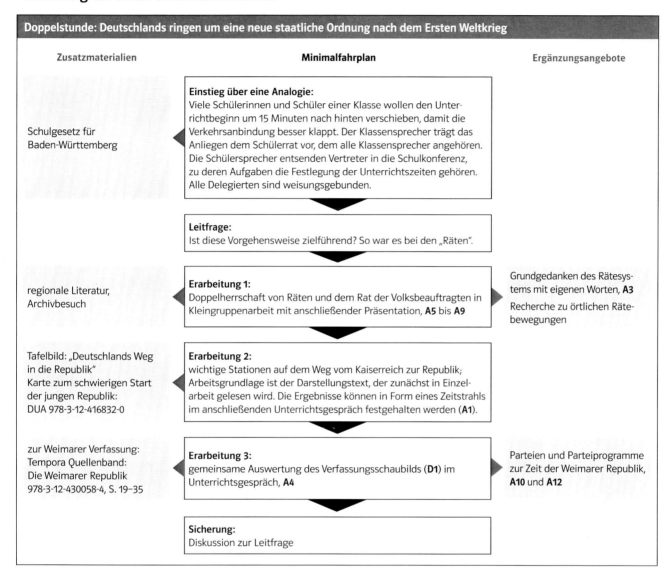

Doppelstunde: Deutschlands ringen um eine neue staatliche Ordnung nach dem Ersten Weltkrieg

Zusatzmaterialien	Minimalfahrplan	Ergänzungsangebote
Schulgesetz für Baden-Württemberg	**Einstieg über eine Analogie:** Viele Schülerinnen und Schüler einer Klasse wollen den Unterrichtbeginn um 15 Minuten nach hinten verschieben, damit die Verkehrsanbindung besser klappt. Der Klassensprecher trägt das Anliegen dem Schülerrat vor, dem alle Klassensprecher angehören. Die Schülersprecher entsenden Vertreter in die Schulkonferenz, zu deren Aufgaben die Festlegung der Unterrichtszeiten gehören. Alle Delegierten sind weisungsgebunden.	
	Leitfrage: Ist diese Vorgehensweise zielführend? So war es bei den „Räten".	
regionale Literatur, Archivbesuch	**Erarbeitung 1:** Doppelherrschaft von Räten und dem Rat der Volksbeauftragten in Kleingruppenarbeit mit anschließender Präsentation, **A5** bis **A9**	Grundgedanken des Rätesystems mit eigenen Worten, **A3** Recherche zu örtlichen Rätebewegungen
Tafelbild: „Deutschlands Weg in die Republik" Karte zum schwierigen Start der jungen Republik: DUA 978-3-12-416832-0	**Erarbeitung 2:** wichtige Stationen auf dem Weg vom Kaiserreich zur Republik; Arbeitsgrundlage ist der Darstellungstext, der zunächst in Einzelarbeit gelesen wird. Die Ergebnisse können in Form eines Zeitstrahls im anschließenden Unterrichtsgespräch festgehalten werden (**A1**).	
zur Weimarer Verfassung: Tempora Quellenband: Die Weimarer Republik 978-3-12-430058-4, S. 19–35	**Erarbeitung 3:** gemeinsame Auswertung des Verfassungsschaubilds (**D1**) im Unterrichtsgespräch, **A4**	Parteien und Parteiprogramme zur Zeit der Weimarer Republik, **A10** und **A12**
	Sicherung: Diskussion zur Leitfrage	

Tafelbild

Deutschlands Weg in die Republik

Ausgangslage: Revolte ⟶ Revolution ⟶ Ende der Monarchie

SPD   Spartakusbund

Alternativen: parlamentarische Demokratie   Räterepublik

- Parlament als oberstes Staatsorgan
- Parteienvielfalt
- Gewaltenteilung

- alle Macht geht von direkt gewählten Arbeiter- und Soldatenräten aus
- die Räte sind Gesetzgeber, Regierung und Gerichte in einem

Entscheidung: Berliner Rätekongress beschloss die Wahl zur Nationalversammlung

erfolgloser Aufstand der KPD

Ergebnis: Weimarer Verfassung

Das Tafelbild als editierbare PowerPoint-Version finden Sie auf dem Digitalen Unterrichtsassistenten (978-3-12-416832-0).

↪ 116 – 117
Hintergrundinformationen

D2

Abgeordnete des pazifistischen linken Flügels der SPD gründeten in Gotha im April 1917 die Unabhängige Sozialdemokratische Partei Deutschlands (USPD). Mit Beginn der Novemberrevolution fand eine kurzfristige Einigung der beiden verfeindeten sozialdemokratischen Parteien statt. Gemeinsam übernahmen sie Regierungsverantwortung. Die SPD verfolgte mit dem Ebert-Groener-Bündnis und dem Stinnes-Legien-Pakt die ihr notwendig erscheinende Realpolitik. Die USPD-Volksbeauftragten verließen das Gremium bereits wieder im Dezember 1918. Gleichzeitig mit dem Bruch zwischen USPD und SPD vollzog sich mit der Gründung der KPD zur Jahreswende 1918/19 die Abspaltung des linksradikalen Spartakusbunds von der USPD unter Führung von Rosa Luxemburg und Karl Liebknecht, die eine Rätediktatur nach sowjetrussischem Vorbild anstrebten. Die Mitglieder der USPD traten entgegen der KPD-Anhängerschaft mit überwältigender Mehrheit für die Wahl der Nationalversammlung am 19. Januar 1919 ein. Eine Mehrheit in der USPD bekannte sich trotz Teilnahme an den Wahlen aber weiterhin nicht zur parlamentarischen Demokratie, sondern zum Rätesystem. 1920 vereinigte sich die USPD-Linke mit der KPD. Die politischen Positionen der USPD und der SPD näherten sich im Laufe der nächsten zwei Jahre zunehmend an, da die USPD-Führung dem sozialistischen Sonderweg der Partei immer weniger Erfolgsaussichten einräumte. Am 24. September 1922 schlossen sich beide Parteien wieder zusammen.

Ebert schob die Sozialisierung zunächst auf, später hatten SPD und KPD zusammen keine Reichstagsmehrheiten, um eine Sozialisierung durchführen zu können. Das Ebert-Groener-Bündnis sicherte dem Militär die Beibehaltung der bisherigen Führungsstrukturen zu, im Stinnes-Legien-Pakt wurden schon früh die Weichen so gestellt, dass die rheinisch-westfälischen Schwerindustriellen – auch sie Säulen des kaiserlichen Obrigkeitsstaates – von Enteignungen verschont blieben.

Erwartungshorizonte

Aufgaben zum Verfassertext

1. Zeichnen Sie einen Zeitstrahl, in den Sie wesentliche Ereignisse zwischen September 1918 und Januar 1919 eintragen. [I]
- 29. September 1918: Die OHL gesteht die militärische Niederlage ein und fordert Waffenstillstandsverhandlungen.
- Ende Oktober 1918: Matrosen meutern gegen den Befehl der Flottenführung, zu einem letzten Gefecht gegen die Engländer auszulaufen.
- Anfang November 1918: Unruhen und Aufstände in den Küstenstädten breiten sich über das gesamte Land aus. Überall werden Arbeiter- und Soldatenräte gegründet.
- 9. November 1918: Zunächst wird der SPD-Vorsitzende Friedrich Ebert neuer Reichskanzler, später rufen sowohl Philipp Scheidemann (SPD) als auch Karl Liebknecht die Republik aus.
- 10. November 1918: Der Rat der Volksbeauftragten mit drei Vertretern der SPD und drei des rechten Flügels der USPD fungiert als Übergangsregierung. Kaiser Wilhelm II. flieht in die Niederlande.
- 11. November 1918: Im französischen Compiègne wird der Waffenstillstand unterschrieben.
- 14. November 1918: Um die Rückführung des Heeres und die Aufrechterhaltung der öffentlichen Ordnung zu gewährleisten, arbeiten Reichsregierung und OHL zusammen (Ebert-Groener-Bündnis).
- 15. November 1918: Die Zentralarbeitsgemeinschaft zwischen Arbeitgebern und Gewerkschaften wird gegründet, wichtige sozialpolitische Grundlagen werden festgelegt (z. B. kollektiver Arbeitsvertrag, Achtstundentag).
- 16. – 20. Dezember 1918: Der Deutsche Rätekongress in Berlin lehnt das Rätesystem als politische Ordnung des Reiches ab und beschließt die Wahl der Nationalversammlung.
- 1. Januar 1919: Die KPD wird unter Führung von Karl Liebknecht und Rosa Luxemburg aus dem bis dahin bestehenden Spartakusbund gegründet.
- 6. – 15. Januar 1919: Spartakusaufstand von Kommunisten und USPD.
- 15. Januar 1919: Luxemburg und Liebknecht werden von Freikorpsoffizieren ermordet.
- 18. Januar 1919: Die Friedenskonferenz in Versailles wird ohne deutsche Vertreter eröffnet.
- 19. Januar 1919: Die Nationalversammlung wird gewählt. Frauen besitzen das aktive und passive Wahlrecht.

2. Stellen Sie dar, wie es zu der „doppelten Ausrufung" der Republik kommen konnte (Q1). [II]
- Die SPD-Führung wollte sich an die Spitze der revolutionären Bewegung stellen und durch Regierungsumbildung ein Blutvergießen verhindern. Einer demokratisch zu wählenden Nationalversammlung sollte die Entscheidung über die zukünftige Staatsform des Deutschen Reiches vorbehalten bleiben. Zutiefst empört zeigte sich Ebert daher, als sein Parteifreund Philipp Scheidemann ohne Rücksprache um 14 Uhr von einem Fenster des Reichstages die Republik ausrief. Mit diesem symbolischen Akt brach Scheidemann demonstrativ mit dem alten Regime, um die wachsende revolutionäre Stimmung der Massen einzudämmen. Gleichzeitig wollte Scheidemann der Ausrufung der „freien sozi-

alistischen Republik Deutschland" durch den Spartakistenführer Karl Liebknecht um 16 Uhr vom Balkon des Berliner Schlosses zuvorkommen.
- Die doppelte Ausrufung der Republik verdeutlichte die zunehmende Polarisierung der Revolutionsbewegung.

3. Erklären Sie Grundgedanken des Rätesystems mit eigenen Worten (Q3, vgl. Aufgabe 5 und 8). [II] ○
- In Betrieben, Militäreinheiten oder von den Bewohnern eines Bezirks werden in Volksversammlungen Vertreter gewählt, die sich dann mit den Delegierten anderer Basisgruppen treffen, um übergeordnete Entscheidungen zu treffen und Delegierte für die nächst höhere Ebene zu wählen.
- Bei den Räten liegt die ungeteilte Macht. Sie üben alle drei Gewalten aus, es gibt keine Gewaltenteilung. Die Gewählten sind ihren Wählern direkt verantwortlich (imperatives Mandat).

4. Der Reichspräsident der Weimarer Republik ist auch als „Ersatzkaiser" bezeichnet worden. Erörtern Sie diesen Begriff mithilfe des Darstellungstextes und D1. [III]
- Der Präsident wurde in der Weimarer Republik direkt vom Volk alle sieben Jahre gewählt. Er war Oberbefehlshaber der Reichswehr und mit umfangreichen Rechten zur Notstandsgesetzgebung ausgestattet, auch konnte er das Parlament auflösen.
- Schon Zeitgenossen sahen im Präsidenten einen „Ersatzkaiser". Der Artikel 48 der Verfassung wies ihm eine Sonderstellung im politischen Gefüge zu, er konnte die Verfassung aushebeln und Gesetze erlassen.
- „Bei elementarer Gefährdung" des Staats sollte der Reichspräsident einschreiten. Die Machtfülle des Präsidenten, die als Korrektiv des Parlaments gedacht war, erwies sich als Schwächung des Reichstags: Die Parteien im Parlament konnten sich aus der Verantwortung stehlen. Sie waren nicht gezwungen, Kompromisse und Koalitionen zu finden, um politische Entscheidungen zu treffen – denn es gab ja den Präsidenten, der im Falle eines Falles entscheiden konnte.

A   Räte oder Parlament?

5. Fassen Sie Forderungen des Ausrufs (Q4) zusammen. [I]
- Vertretung von Interessen der Arbeiter
- Streikmaßnahmen zu deren Durchsetzung
- Wahl von Arbeiter- und Soldatenräten
- Bemächtigung von Waffen und Munition
- Befreiung politischer Gefangener

(Wie die „soziale Revolution" aussehen soll, wird nicht verdeutlicht.)

6. Stellen Sie eine Vermutung an, aus welcher Interessenlage heraus der Aufruf Q4 veröffentlicht worden sein könnte, und begründen Sie. [II]
- Wichtigste Aufgabe der lokalen Räte waren die Aufrechterhaltung der öffentlichen Sicherheit sowie die Bewältigung der katastrophalen Lebensmittelversorgung. Obwohl sie untereinander kein einheitliches Programm verband, traten nahezu alle Räte für die Beseitigung des monarchischen Obrigkeitsstaats und für eine Republik auf parlamentarischer Grundlage ein.

119

– Eine Räteherrschaft nach sowjetrussischem Vorbild strebte nur eine äußerst kleine, mit dem Spartakusbund sympathisierende Minderheit der Räte an. Dieses Ziel ist auch in Q4 nicht erkennbar. Die aus der revolutionären Bewegung hervorgegangenen Räte verloren nach der Wahl am 19. Januar 1919 an Einfluss und nach der Verabschiedung der Weimarer Verfassung ihre Legitimation. Im Spätherbst 1919 lösten sich die letzten Arbeiterräte auf.

7. Stellen Sie die Aufgaben dar, die der Rat der Volksbeauftragten am Ende des Ersten Weltkriegs zu bewältigen hatte (Q6). [III]
– Annahme der als hart empfundenen Waffenstillstandsbedingungen
– Durchführung und Sicherung der sozialistischen Demokratie
– Sicherung des Wirtschaftslebens
– Sicherung des sozialen Friedens

8. Erläutern Sie, wie die reale Gestalt des Rätewesens 1918 von Cohn-Reuss und Däumig (Q7) jeweils beurteilt wird. Beziehen Sie Ihre Ergebnisse zu Aufgabe 3 ein. [II]
– M7a: Starke Zentralgewalt muss durch Wahlen legitimiert sein; Arbeiter- und Soldatenräte drücken nur einen Teilwillen der Bevölkerung aus. Cohen-Reuss lehnt das Rätesystem ab.
– M7b: Das parlamentarisches System ist ein bürgerliches System. Die Gewerkschaften verdrängen die Arbeiterräte. Die russische Rätediktatur muss nicht auf Deutschland übertragen werden. Fehler der Räte während der Zeit ihrer Entstehung („Kinderkrankheiten") müssen sich nicht wiederholen. Das parlamentarische System ist kaum mehr als eine Fortsetzung des politischen Systems des Kaiserreichs. Däumig plädiert für ein modifiziertes Rätesystem.

9. Vergleichen Sie den Weg, den Ebert und die SPD (Q6) zur Erreichung des Sozialismus einschlagen wollten, mit dem Weg der KPD und eines Teils der USPD (Q5). [II]
– Q5: Entwaffnung von nicht linksstehender Polizei und Militär, Volksbewaffnung, Übernahme der Verwaltung und der militärischen Führung durch Räte, Übergabe von Waffen und Munition an die Räte, Kontrolle der Verkehrsmittel durch die Räte, Abschaffung der Militärgerichte, Beseitigung von Reichstag, Länderparlamenten und bestehenden Regierungen, Übergabe von Gesetzgebung und Verwaltung an die Räte, Abschaffung des Adels.
– Q6: Sozialistische Republik hat die Monarchie abgelöst, Exekutive im Reich liegt beim „Rat der Volksbeauftragten", der Beauftragen der Arbeiter und Soldaten, Ziel ist die „sozialistische Demokratie". Die wichtigste Aufgabe ist die Sicherstellung des Friedens und die wirtschaftliche Erholung. Eine andere Möglichkeit, den Frieden herzustellen als die Annahme des Versailler Vertrags gab es nicht. Die Sozialisierung der Industrie ist ein Fernziel, das angesichts der Wirtschaftskrise aber zunächst nicht in Angriff genommen wird.

B Parteien in den ersten Jahren der Weimarer Republik

10. Untersuchen Sie das Verhältnis der Parteien zum Staat von Weimar (Q8). Vergleichen Sie die inhaltlichen Zielsetzungen der Parteien miteinander. [II]
– Die KPD strebte die Errichtung einer bolschewistischen Rätediktatur nach sowjetischem Vorbild an. Sie lehnte das parlamentarische System ab. Die von der KPD entfesselten Hetzkampagnen gegen Demokratie und das „herrschende Finanzkapital" trugen wesentlich zum Untergang der Demokratie bei.
– Die SPD setzte sich während der Revolutionsphase für die Aufrechterhaltung der staatlichen Ordnung ein. Sie bewegte sich später in einem fortwährenden Spagat zwischen pragmatischer Kompromissbereitschaft und Verantwortung sowie sozialistischer Programmatik. Letzteres führte dazu, dass es ihr nicht gelang, ihre Anhängerschaft über das sozialdemokratische Milieu hinaus auszudehnen.
– Die Zentrumspartei verstand sich als politische Interessenvertreterin der katholischen Bevölkerung und als Befürworterin eines starken Föderalismus. Unter der Führung Erzbergers bekannte sie sich zum republikanischen Verfassungsstaat. Danach war ihr Kurs nicht einheitlich: Vertreter des linken Flügels befürworteten den Ausbau des Sozialstaats und die außenpolitische Verständigung, die des rechten Flügels eine obrigkeitsstaatlich orientierte Innen- und eine revisionistische, nationalbetonte Außenpolitik.
– Die DNVP als Repräsentanz des konservativ-monarchistischen Lagers bekämpfte das demokratische System und die mit dem Versailler Vertrag etablierte internationale Ordnung. Sie vertrat die wirtschafts- und sozialpolitischen Interessen von Großgrundbesitzen Großindustriellen. Nach anfänglicher begrenzter Kooperation radikalisierte sie sich unter dem Einfluss ihres Vorsitzenden Hugenberg, der ihre republikfeindliche und antisemitische Ausrichtung intensivierte.
– Die DDP stand auf dem Boden der demokratischen Ordnung. Die in Bildungsbürgertum und Mittelstand verankerte Partei forderte die strikte Trennung von Staat und Kirche und eine Begrenzung des staatlichen Einflusses auf die Wirtschaft Sie strebte einen Ausgleich zwischen Kapital- und Arbeiterinteressen an.
– Die DVP stand dem neuen Staat indifferent bis ablehnend gegenüber. Sie vertrat vornehmlich die Interessen des Großbürgertums und des gewerblichen Mittelstands. Politisch noch stark der Gedankenwelt des Obrigkeitsstaats und der Monarchie verhaftet, befürwortete sie den Aufbau eines starken Zentralstaates. Außenpolitisch strebte sie eine Revision des Versailler Vertrags an. Unter dem Vorsitz Stresemanns arrangierte sich die Partei mit dem demokratischen System und schwenkte auf einen Kurs der Verständigung mit den Siegermächten ein. Nach Stresemanns Tod näherte sich die Partei dem rechten Parteienspektrum an.

11. Vergleichen Sie die in Q9 genannten Rechte der Bürger mit den Grundrechten im bundesdeutschen Grundgesetz. [II]
- Die Grundrechte ähneln sich. Durch Art. 48, dem Notstandsparagraf, war der Reichspräsident an der Gesetzgebung beteiligt („Diktator auf Zeit"). Er konnte den Reichstag auflösen (Art. 25). Er kontrollierte die Regierung (Art. 53) durch Ernennung und Entlassung von Kanzler und Ministern. Er war Oberbefehlshaber aller Streitkräfte (Art. 47). Er wurde direkt vom Volk für sieben Jahre gewählt und konnte beliebig oft wiedergewählt werden.
- Die Reichsregierung hatte eine schwache Stellung, da sie vom Reichstag durch das einfache Misstrauensvotum und vom Reichspräsident durch dessen Vertrauen abhängig war.

12. Analysieren Sie die Abbildungen und Aussagen der Plakate Q10 – Q12. Berücksichtigen Sie die Erläuterungen zu den methodischen Arbeitsschritten auf S. 112 f. [II] [III]
Q10
- Beschreiben: Plakat der KAPD, Ablehnung des Parlamentarismus, aber Forderung nach einer Räterepublik und Wahlboykott. Auffällig ist die vollständige rote Schrift. Politisch ist die Farbe Rot unter anderem ein Symbol des Kommunismus.
- Untersuchen: Das Wahlplakat stammt (siehe unten links) von der Allgemeinen Arbeiter-Union Deutschlands und der Kommunistischen Arbeiterpartei. Das Wahlplakat ist also keines der KPD, sondern von linken Flügeln, auch keines zur Wahl einer Deutschen Nationalversammlung am 19. Januar 1919, sondern zur Reichstagswahl vom 6. Juni 1920.
- Deuten: Die KAPD lehnte unter Berufung auf die russische Oktoberrevolution den Parlamentarismus grundsätzlich ab und befürwortete ein Rätesystem. Ihr Ziel war die Beseitigung der „bürgerlichen" Demokratie und die Herstellung einer „Diktatur des Proletariats". Die Argumente des Plakats sind propagandistisch, mit Pauschalisierungen und übertriebenen Zuspitzungen. Vorherrschend ist in der Weltanschauung der Gegensatz zwischen Arbeiterklasse/Proletariat und Bourgeoisie/Kapitalisten. Der Vorwurf des Mordens der Arbeiterklasse hat einen gewissen Hintergrund in der Niederschlagung von Aufständen im Zeitraum Ende 1918–1920, wobei die eingesetzten Truppen (insbesondere Freikorps) oft brutal gegen linke politische Kräfte vorgingen.

Q11
- Beschreiben: Der in Weiß verfasste Schriftzug „Frauen!" sticht heraus. Die rote Fahne wird von einer Frau in die Höhe gehalten. Sie steht neben einem Mann und wirkt neben ihm durch das Schwingen der Fahne überlegen. Beide Personen schauen nach oben, es sieht aus als ob sie nach vorne in die Zukunft blickten
- Untersuchen: Vom Betrachter wurde zu dieser Zeit erwartet, dass der Mann die Fahne schwingt. Die Frau auf dem Plakat wirkt stark und mitbestimmend, untypisch für die damalige Zeit.
- Deuten: Das Zugeständnis des Wahlrechts (Art. 109 Weimarer Verfassung) bedeutete eine wichtige Etappe der Frauenbewegung im 20. Jahrhundert. Bei der Wahl zur Nationalversammlung 1919 waren Frauen die am stärksten umworbene Zielgruppe. Sie stellten ein riesiges neues Stimmpotenzial dar. Alle politischen Parteien warben um sie mit Plakaten. Die SPD erhoffte sich von ihrem Einsatz für das Frauenwahlrecht einen Vorteil. Tatsächlich wählten die Frauen eher christlich-konservativ, also Parteien, die die traditionelle Frauenrolle fortschrieben. Im Kaiserreich hatten Frauen kaum gesellschaftlichen und politischen Einfluss ausüben und entsprechende Erfahrungen sammeln können. Der Erste Weltkrieg, in dem Frauen massenhaft Männer im öffentlichen und Wirtschaftsleben ersetzen mussten, trug zu einer Stärkung weiblichen Selbstbewusstseins bei. Behindert wurde diese Entwicklung jedoch weiterhin durch die rollenspezifische Erziehung, der Ansicht, Politik sei Männersache.

Q12
- Beschreiben: Wahlplakat der Deutschnationalen Volkspartei (DNVP). Verwendet werden Symbole aus der Kaiserzeit mit den Parolen: „Frei von Versailles! Los von jüdisch-sozialistischer Fron! Für Freiheit und Vaterland! Deine Losung Deutschnational!"
- Untersuchen: Bismarck, der Gründer des (zweiten) Deutschen Kaiserreichs als Symbol einer erneut anzustrebenden Monarchie. Die Fahne in Schwarz-Weiß-Rot als Symbolfarbe des Kaiserreichs statt das Schwarz-Rot-Gold der Republik.
- Deuten: Die DNVP als Repräsentanz des konservativ monarchistischen Lagers bekämpfte das demokratische System und die mit dem Versailler Vertrag etablierte internationale Ordnung. Sie vertrat die wirtschafts- und sozialpolitischen Interessen von Großgrundbesitzern und Großindustriellen. Nach anfänglicher begrenzter Kooperation radikalisierte sie sich unter dem Einfluss ihres Vorsitzenden Alfred Hugenberg, der ihre republikfreundliche und antisemitische Ausrichtung intensivierte.

⊡ 120–127 ## 5.3 Belastungen und Gefahren

Vorschlag für einen Unterrichtsverlauf

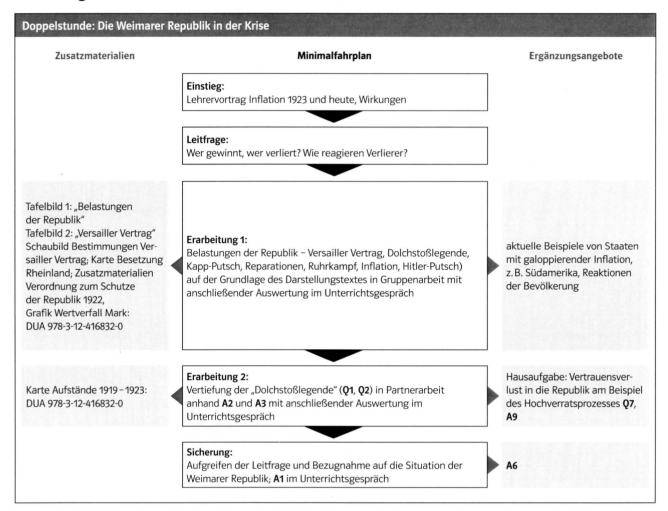

Doppelstunde: Die Weimarer Republik in der Krise

Zusatzmaterialien	Minimalfahrplan	Ergänzungsangebote
	Einstieg: Lehrervortrag Inflation 1923 und heute, Wirkungen	
	Leitfrage: Wer gewinnt, wer verliert? Wie reagieren Verlierer?	
Tafelbild 1: „Belastungen der Republik" Tafelbild 2: „Versailler Vertrag" Schaubild Bestimmungen Versailler Vertrag; Karte Besetzung Rheinland; Zusatzmaterialien Verordnung zum Schutze der Republik 1922, Grafik Wertverfall Mark: DUA 978-3-12-416832-0	**Erarbeitung 1:** Belastungen der Republik – Versailler Vertrag, Dolchstoßlegende, Kapp-Putsch, Reparationen, Ruhrkampf, Inflation, Hitler-Putsch) auf der Grundlage des Darstellungstextes in Gruppenarbeit mit anschließender Auswertung im Unterrichtsgespräch	aktuelle Beispiele von Staaten mit galoppierender Inflation, z.B. Südamerika, Reaktionen der Bevölkerung
Karte Aufstände 1919–1923: DUA 978-3-12-416832-0	**Erarbeitung 2:** Vertiefung der „Dolchstoßlegende" (**Q1**, **Q2**) in Partnerarbeit anhand **A2** und **A3** mit anschließender Auswertung im Unterrichtsgespräch	Hausaufgabe: Vertrauensverlust in die Republik am Beispiel des Hochverratsprozesses **Q7**, **A9**
	Sicherung: Aufgreifen der Leitfrage und Bezugnahme auf die Situation der Weimarer Republik; **A1** im Unterrichtsgespräch	**A6**

Tafelbild 1

Belastungen der Republik

von außen:	Ruhrbesetzung, Reparationen, Gebietsverluste u.a. Verlust von 50% der Eisenerz- und 25% der Steinkohlevorkommen	⎫
von innen:	Dolchstoßlegende, Kapp-Putsch, linke Aufstände, Hitler-Putsch „Passiver Widerstand" gegen Ruhrbesetzung	⎬ Vertrauensverlust in die republikanische Staatsform
Wirtschaft:	Hyperinflation, Verlust von Geldvermögen	⎭

Versailler Vertrag

territoriale Bestimmungen:	Elsass-Lothringen an Frankreich, Eupen-Malmedy an Belgien (nach Abstimmung), Nordschleswig an Dänemark (nach Abstimmung), Freie Stadt Danzig unter Völkerbundverwaltung, Memelgebiet an Litauen, Westpreußen, Posen und Oberschlesien an Polen; Saarland 15 Jahre unter Völkerbundverwaltung, Kohlegruben an Frankreich; Kolonien als Mandatsgebiete an verschiedene alliierte Staaten
Souveränitätsbeschränkungen:	Verbot der Vereinigung mit Österreich, Internationalisierung der Flüsse (Rhein, Donau, Elbe, Oder, Weichsel), Verbot der allgemeinen Wehrpflicht, Heer 100 000 Mann, Marine 15 000 Mann, Besetzung des linken Rheinufers und rechtsrheinischer Brückenköpfe auf 15 Jahre, 50 km entmilitarisierte Zone rechts des Rheins
Reparationen:	umfangreiche Sachlieferungen, Ablieferung der Handelsflotte, Zahlungen in Goldmark, Höhe noch nicht festgelegt
Kriegsschuld:	gemäß „Kriegsschuldparagraf" Artikel 231, Deutschland allein

Die Tafelbilder als editierbare PowerPoint-Version finden Sie auf dem Digitalen Unterrichtsassistenten (978-3-12-416832-0).

Hintergrundinformationen

Q2

Durch die Anerkennung der deutschen Alleinschuld am Krieg mit dem Versailler Vertrag herrschte das Gefühl vor, einem ungerechten Gewaltakt wehrlos ausgeliefert zu sein. Die Machtverhältnisse im Reichstag waren derart instabil, dass die Republik 16 Reichsregierungen erlebte, durchschnittlich alle achteinhalb Monate eine neue. Dies führte fast zwangsläufig zu Vorurteilen gegenüber jeder Form von „Parteienherrschaft". Durch die Schwäche der gemäßigten Regierungen neigten viele Wähler extremen Parteien zu, die autoritäre Machtausübung versprachen. Auch absurde Theorien wie die der Dolchstoßlegende fanden eine breite Anhängerschaft. Dass der Krieg eindeutig, vor allem aufgrund des amerikanischen Kriegseintritts, auf den Schlachtfeld verlorenging, wurde verdrängt.

Die bürgerliche Mittelschicht lehnte den demokratischen Staat weitgehend ab. Viele Menschen, die durch die Inflation faktisch „enteignet" worden waren, lebten in einem permanenten Krisenbewusstsein und öffneten sich gegenüber antidemokratischer Propaganda: Für die wirtschaftliche Katastrophe wurden in aller Regel Demokratie und Republik verantwortlich gemacht. Selbst die Beamtenschaft hatte ihre Schwierigkeiten mit dem Staat: Für eine große Mehrzahl unter ihnen waren Monarchie und konservative Staatsauffassung „selbstverständliche Standeskennzeichen".

D1

Die Ursachen der Inflation in den ersten Jahren der Weimarer Republik waren bereits während des Ersten Weltkriegs begründet worden: Zur Kriegsfinanzierung war die Geldmenge stark aufgebläht worden, gleichzeitig entstand durch die Produktion von Kriegs- statt Zivilgütern eine Warenknappheit. Eine weitere Erhöhung der Staatsschulden war nach dem Krieg notwendig: Kriegsversehrte und Arbeitslose mussten mit Geld unterstützt werden, die Kriegswirtschaft erst mühsam wieder auf die Produktion ziviler Investitions- und insbesondere Konsumgüter zur Überwindung der Warenknappheit umgestellt werden. Ferner mussten die Kriegsanleihen zurückbezahlt werden. Um die Haushaltslücken zu stopfen, musste der Staat Kredite bei der Reichsbank aufnehmen. Alle Dämme brachen schließlich mit dem „Ruhrkampf" seit Januar 1923, als die Industrieproduktion an der Ruhr massiv sank und die Reichsregierung den passiven Widerstand durch eine Ausweitung des Druckes von Papiergeld finanzierte. Da nun jegliches Vertrauen in die Mark verloren war und daher jedermann sein Geld schnellstmöglich in Sachwerte anlegte, stieg die Umschlagshäufigkeit auf eine zuvor unbekannte Höhe. Im Oktober 1923 deckten die Steuereinkünfte des Staates nur noch 1% der Reichsausgaben.

Die Verlierer einer Inflation waren Sparer, alle Gläubiger und die Bezieher von Löhnen und Gehältern oder von Mieteinnahmen, die sich der Inflation nur zeitverzögert anpassten. Teile des Mittelstandes verarmten. Sie wurden zu Gegnern der Republik. Gewinner waren Schuldner, auch der Staat, der nun schuldenfrei war. Gewinner waren auch diejenigen, die die Entwicklung der Inflation voraussahnten und, möglichst auf Kredit, rechtzeitig Sachwerte wie Unternehmen, Grund und Boden oder dauerhafte Konsumgüter kauften oder, wie viele Landwirte, alte Schulden nun mit wertlosem Papiergeld bedienten.

🔲 127 **Erwartungshorizonte**

Übergreifende Aufgaben

1. Die Zeit zwischen 1919 und 1923 wird oft als „Krisenzeit der Weimarer Republik" bezeichnet. Beschreiben Sie anhand des Darstellungstextes zwei dieser Krisen. [I] ○
- 6. – 15. Januar 1919: Spartakusaufstand von Kommunisten und USPD. In Berlin kommt es zum Generalstreik und zu Straßenkämpfen. Der Aufstand wird von Reichswehrtruppen und Freikorps unter dem Oberbefehl des Volksbeauftragten Gustav Noske (SPD) niedergeschlagen.
- März/April 1919: Es kommt zu erneuten Unruhen in vielen großen Städten. Eine in München errichtete Räterepublik wird von Freikorps zerschlagen.
- 13. – 17. März 1920: In Berlin besetzt ein Freikorps unter Wolfgang Kapp und General Walter von Lüttwitz das Regierungsviertel. Der „Kapp-Putsch" scheitert jedoch vor allem am passiven Widerstand der Ministerialbeamten und an einem Generalstreik der Bevölkerung. Danach kommt es zu einer kommunistischen Aufstandsbewegung im Ruhrgebiet. Deswegen besetzt Frankreich u. a. Frankfurt und Darmstadt.
- Januar 1923: Aufgrund nicht erbrachter Reparationsleistungen besetzen französische und belgische Truppen das Ruhrgebiet. Der von der Reichsregierung ausgerufene und finanziell unterstützte passive Widerstand gegen die Besetzung führt in den kommenden Monaten zu einer Hyperinflation.
- 9. November 1923: In München scheitert ein Putschversuch der NSDAP. Hitler hatte im Bündnis mit General Erich Ludendorff die bayerische Regierung wie auch die Reichsregierung für abgesetzt erklärt.

A Die Dolchstoßlegende

2. Untersuchen Sie Q1. Achten Sie auch auf die Farben. Wen wollte der Urheber mit dem Plakat ansprechen? [I]
- Q1 zeigt einen maskierten, in auffallendem rot dargestellten Mann mit Maske, der von hinten einen kämpfenden Soldaten, der die schwarz-weiß-rote Fahne des Kaiserreichs in der Hand hält, erdolcht.
- Die Dolchstoßlegende war eine von früheren Vertretern der OHL initiierte Verschwörungstheorie. Das deutsche Heer sei im Felde unbesiegt, aber von hinten, aus der Heimat heraus, mit „einem Dolchstoß" erledigt worden. Gemeint war damit die angeblich zu geringe Unterstützung der kämpfenden Truppen.
- Der Vorwurf richtet sich vor allem gegen die am 3. Oktober 1918 gebildete parlamentarische Regierung, aber auch gegen Parlamentarismus und Demokratie überhaupt.

3. Arbeiten Sie aus Q2a und Q2b heraus, wen Hindenburg und wen Payer für die Kriegsniederlage verantwortlich machen. Nennen Sie die jeweiligen Argumente und nehmen Sie dazu Stellung. [II]
- Verhängnisvoll war die Aussage des Feldmarschalls Paul von Hindenburg vor einem Untersuchungsausschuss des Parlaments am 18. November 1919 (Q2a). Hindenburg täuschte damit bewusst die Öffentlichkeit, denn er selbst hatte zusammen mit der Obersten Heeresleitung im Oktober 1918 die ultimative Forderung nach einem Waffenstillstandsgesuch erhoben, mit der Feststellung, die mili-

tärische Niederlage sei unabwendbar. Das Ersuchen um Waffenstillstand und später den Friedensschluss zu den als schmachvoll empfundenen Bedingungen des „Diktats von Versailles" überließen die Militärs den Politikern der damaligen Opposition und späteren Regierung der Weimarer Koalition. Die Legende diente als Propagandainstrument gegen die Novemberrevolution, den Versailler Vertrag, die Parteien der Weimarer Koalition und die Weimarer Verfassung. Sie gilt als bewusst konstruierte Geschichtsfälschung und Rechtfertigungsideologie der militärischen und konservativen Eliten des Kaiserreichs und lieferte dem Nationalsozialismus wichtige Propagandaargumente. Die Metapher vom „Dolchstoß von hinten" wurde vermutlich erstmals in einem Artikel in der Neuen Züricher Zeitung vom 17. Dezember 1918 unter Berufung auf den britischen General Frederick Maurice verwendet. Ludendorff erwähnte in seinen Erinnerungen ein angebliches Tischgespräch mit General Neill Malcolm im Juli 1919, bei dem er ihm die Gründe der deutschen Niederlage erläutert habe, worauf Malcolm zurückgefragt habe: „You mean that you were stabbed in the back?" Hindenburg behauptete in seiner Aussage vor dem „Untersuchungsausschuss für Schuldfragen" im Reichstag ebenfalls, ein englischer General habe gesagt: Die deutsche Armee ist von hinten erdolcht worden. Die Verwendung des Ausdrucks wurde jedoch von beiden Briten heftig bestritten.
- Payer (Q2 b) beschreibt die ausschließlich militärische Niederlege (verlustreicher Stellungskrieg, zahlenmäßige Überlegenheit des Gegners, besser ausgerüstete und mit Nahrungsmitteln versorgte gegnerische Truppen, Kriegseintritt der Amerikaner, Scheitern des U-Bootkrieges, keine mit den englischen Panzern vergleichbaren Waffen) und nennt als Gründe der Niederlage aber auch die gedrückte Stimmung in Heer und Bevölkerung, das fehlende Vertrauen in die OHL und das überstürzte durch die OHL bewirkte Ersuchen nach einem Waffenstillstand.

B Krisenzeiten

4. Beschreiben Sie den Verlauf des „Ruhrkampfes". [I]
- Vgl. Arbeitsvorschlag 1. Der Abbruch des „Ruhrkampfes" seitens der Großen Koalition Stresemanns erfolgte aus Vernunftgründen ohne Alternative. Der passive Widerstand war auf Dauer nicht zu finanzieren. Das Beenden dieses passiven Widerstandes wurde von rechten Kreisen als Einknicken vor dem Feind bewertet und propagandistisch ausgeschlachtet. Führende Politiker wurden als Verräter und Feiglinge denunziert.
- Die Hyperinflation, die auch mit den Folgen des „Ruhrkampfes" zu tun hat, bereitete insofern auch der NS-Bewegung den Weg, da vor allem weite Teile des Mittelstandes finanziell ruiniert, politisch haltlos und für radikale Lösungen anfällig wurden.

5. Diskutieren Sie das Verhalten der Reichsregierung und der Bevölkerung während des Ruhrkampfes. Nehmen Sie dabei Stellung zu Aussageabsicht und Wirkung des Plakates Q4. [II] [III]

– Das Plakat soll zum Widerstand aufrufen oder ihn aufrechterhalten. Es zeigte einen Arbeiter, der – ohne Waffen – mit den Händen in den Hosentaschen sein Werkzeug niedergelegt hat und Widerstand gegen die bewaffneten französischen Soldaten leistet.

– Im Hintergrund sind die Bergwerke zu sehen, auf deren Kohle es die Soldaten abgesehen hatten, um die französischen Reparationsforderungen zu erfüllen.

– Die trotzige Haltung des Arbeiters macht den Widerstandswillen, der sich in ähnlicher Form auch in weiten Teilen der Bevölkerung manifestier hatte, deutlich.

6. Erklären Sie Ursachen und Wirkungen der Inflation in Deutschland nach 1919 (Q5, D1). [I]

– Ursachen: Kriegsfinanzierung durch Kredite, Gütermenge geringer als Geldmenge, Ruhrkampf

– Wirkungen: Enteignung der Sparer, Begünstigung der Gläubiger

7. Sie sind Journalist einer Berliner Tageszeitung. Schreiben Sei ausgehend von dem Foto Q5 eine kurze Reportage zum Thema „Folgen der Inflation". [II]

– Der Wertverlust der Deutschen Mark war nach Kriegsende sichtbar geworden und hatte sich danach fortgesetzt. Seit dem Ruhrkampf stürzte der Wert der Mark ins Bodenlose. Im Mai 1923 waren 50 000 Mark noch ein Dollar wert, im August 4,6 Millionen Mark.

– Die Reichsbank konnte den Papiergeldbedarf bei weitem nicht decken. Hunderte von privaten Druckereien stellten im Auftrag der Reichsbahn, der Reichspost, von Gemeinden, Wirtschaftsverbänden und von Unternehmen Geldscheine her. Es gab zehntausende unterschiedliche Motive. Manche Scheine wurden auf den Rathäusern mit Schreibmaschine geschrieben. Heute sind sie zum Teil begehrte Sammelobjekte, die u. a. bei eBay gehandelt werden. Oft wurden die Scheine mit höheren Wertangaben überdruckt oder überstempelt. Auch Münzen wurden mit Werttaufdrucken von einer Million Mark und mehr geprägt. Aufgrund der Knappheit von Metallen stellten auch Porzellanmanufakturen wie Meißen oder Ludwigsburg Münzen her.

C Ein Prozess wegen Hochverrats

8. Welchen Eindruck machen die Angeklagten vor Prozessbeginn auf Sie? Beachten Sie Kleidung, Haltung und Mimik (Q6). [II]

– Das Foto zeigt die Hauptangeklagten des Hitlerputschprozesses.

– Haltung und Kleidung der Angeklagten – unter ihnen der ehemalige General der OHL Erich Ludendorff – machten deutlich, dass sie den Putsch als einen legitimen Akt betrachten.

– Das ausgesprochen milde Urteil offenkundig „befangener" Münchener Richter trug dieser Auffassung Rechnung.

9. Charakterisieren Sie die Haltung des anklagenden Staatsanwalts gegenüber dem wegen Hochverrats angeklagten Adolf Hitler (Q7). Stellen Sie dabei eine Verbindung her zur Haltung der Angeklagten auf dem Foto (Q6). [II] [III]

– Auch die bürgerliche Mittelschicht lehnte den demokratischen Staat weitgehend ab. Viele Menschen, die durch die Inflation faktisch enteignet worden waren, lebten in einem permanenten Krisenbewusstsein und öffneten sich gegenüber antidemokratischer Propaganda.

– Für die wirtschaftliche Katastrophe wurden in allem Demokratie und Republik verantwortlich gemacht.

– Selbst Beamte und Richter hatten ihre Schwierigkeiten mit dem Staat. Für eine große Mehrheit unter ihnen waren Monarchie und konservative Staatsauffassung selbstverständliche Standeskennzeichen.

– Der Staatsanwalt zeigt Sympathien (Z. 6 ff.) für die gegen Marxismus, „Judentum" und „Novemberverbrecher" gerichtete Programmatik der NSDAP. Er unterstellt Hitler das „ehrliche Streben", einem „unterdrückten" (Z. 12) Volk zu helfen, lobt die Rednergabe und „uneigennützige Hingabe" (Z. 20) und bezeichnet ihn als „hochbegabt" (Z. 21).

⇥ 128–133

5.4 Die „goldenen" Jahre der Republik

Vorschlag für einen Unterrichtsverlauf

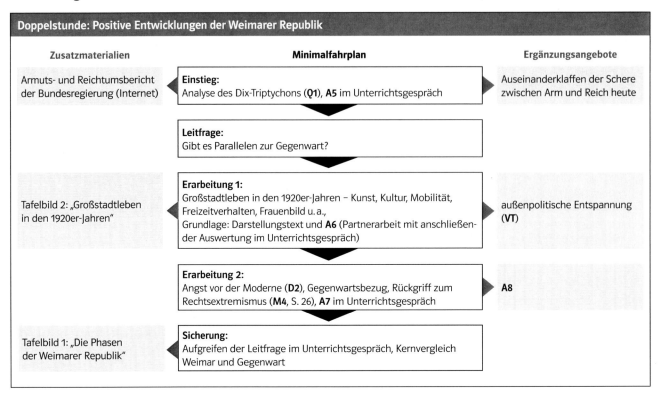

Doppelstunde: Positive Entwicklungen der Weimarer Republik

Zusatzmaterialien	Minimalfahrplan	Ergänzungsangebote
Armuts- und Reichtumsbericht der Bundesregierung (Internet)	**Einstieg:** Analyse des Dix-Triptychons (**Q1**), **A5** im Unterrichtsgespräch	Auseinanderklaffen der Schere zwischen Arm und Reich heute
	Leitfrage: Gibt es Parallelen zur Gegenwart?	
Tafelbild 2: „Großstadtleben in den 1920er-Jahren"	**Erarbeitung 1:** Großstadtleben in den 1920er-Jahren – Kunst, Kultur, Mobilität, Freizeitverhalten, Frauenbild u. a., Grundlage: Darstellungstext und **A6** (Partnerarbeit mit anschließender Auswertung im Unterrichtsgespräch)	außenpolitische Entspannung (**VT**)
	Erarbeitung 2: Angst vor der Moderne (**D2**), Gegenwartsbezug, Rückgriff zum Rechtsextremismus (**M4**, S. 26), **A7** im Unterrichtsgespräch	**A8**
Tafelbild 1: „Die Phasen der Weimarer Republik"	**Sicherung:** Aufgreifen der Leitfrage im Unterrichtsgespräch, Kernvergleich Weimar und Gegenwart	

Tafelbild 1

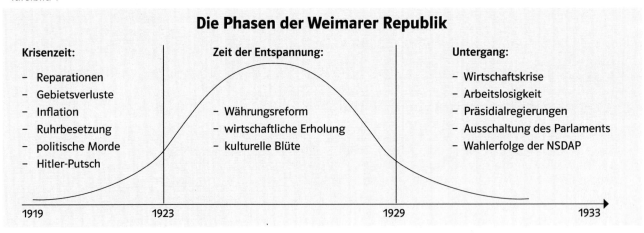

Die Phasen der Weimarer Republik

Krisenzeit:

- Reparationen
- Gebietsverluste
- Inflation
- Ruhrbesetzung
- politische Morde
- Hitler-Putsch

Zeit der Entspannung:

- Währungsreform
- wirtschaftliche Erholung
- kulturelle Blüte

Untergang:

- Wirtschaftskrise
- Arbeitslosigkeit
- Präsidialregierungen
- Ausschaltung des Parlaments
- Wahlerfolge der NSDAP

1919   1923   1929   1933

Tafelbild 2

Großstadtleben in den 1920er-Jahren

- optimistisches Lebensgefühl
- blühendes Nacht- und Kulturleben
- neue Stilrichtungen in Literatur, Musik und Kunst
- Entstehung einer Massenkultur, Rundfunk, Kino, Illustrierte, Trivialliteratur
- Mobilität durch Pkw und öffentliche Verkehrsmittel
- neue Freizeitangebote
- neues Frauenbild: selbstbewusst, finanziell unabhängig, emanzipiert

aber: Inflationsopfer, Kriegsinvaliden, wachsende Kluft zwischen den Bevölkerungsschichten, Überforderung durch den schnellen Fortschritt

Die Tafelbilder als editierbare PowerPoint-Version finden Sie auf dem Digitalen Unterrichtsassistenten (978-3-12-416832-0).

Hintergrundinformationen

Q1

Neue Sachlichkeit: Für eine Kunstausstellung moderner Malerei in Mannheim 1925 verwendete der Museumsdirektor erstmals den Begriff der Neuen Sachlichkeit. Bald wurde der Terminus auf das Bemühen aller Kunstrichtungen um eine Darstellung der sozialen und ökonomischen Wirklichkeit angewandt. In der nach der Inflation begonnenen Stabilisierungsphase der Weimarer Republik setzte sich eine allgemeine „Versachlichung" der ästhetischen Ausdrucksform durch. Das Arbeits- und Alltagsleben der Menschen in den Großstädten waren Schwerpunkte der Neuen Sachlichkeit in Darstellender Kunst und Literatur.

In der Malerei zeichnete sich der neue Stil durch die Abbildung der nüchternen Wirklichkeit aus. In bewusster Abgrenzung vom Expressionismus ließ die Präzision der Wiedergabe die Menschen oft in einer eingefrorenen Haltung erstarren. Eine politisch links orientierte Strömung repräsentierten vor allem George Grosz und Otto Dix. Mit ihren zum Teil karikierenden Bildern, in denen die „Halbwelten" aus Verbrechen und Prostitution nicht ausgenommen blieben, übten sie scharfe Kritik an den sozialen Zuständen der 1920er-Jahre. Nach Ausbruch der Weltwirtschaftskrise verlor der neusachliche Malstil aufgrund der kulturpessimistischen Anklage gegen die immer deutlicher sich manifestierende Technisierung und Vermassung der Gesellschaft zunehmend an Bedeutung. Unwiderruflich zu Ende war er nach der Machtübernahme der Nationalsozialisten 1933.

Erwartungshorizonte

A Die wirtschaftliche und soziale Situation

1. Beschreiben Sie die wirtschaftliche Situation und die Lage auf dem Arbeitsmarkt in Deutschland zwischen 1924 und 1929 (D1). [I]
- Die ersten Nachkriegsjahre waren durch den Übergang von der Kriegswirtschaft auf die Friedensproduktion gekennzeichnet. Von zentralem Interesse war dabei die Wiedereingliederung der zurückkehrenden Soldaten in den Wirtschaftsprozess. Neben der Einführung des Achtstundentags gelang das vor allem durch die Inflation, die vorgezogene Investitionen und Konsumgüterkäufe begünstigte. Durch sinkende Wechselkurse konnten deutsche Produkte zu Dumpingpreisen ins Ausland exportiert werden. Während die Produktionszahlen von Landwirtschaft und Industrie anzogen, herrschte bei den Arbeitnehmern nahezu Vollbeschäftigung.
- Dieser inflationsbedingte Nachkriegseffekt wirkte nicht lange. Der völlige Zusammenbruch der Währung 1923 und der Rückgang der Produktion stürzten Deutschland erneut in eine schwere wirtschaftliche Krise.
- Durch die Besetzung des Ruhrgebiets war die Wirtschaft im übrigen Deutschland von ihren wichtigsten Energie- und Rohstoffquellen abgeschnitten. Der Wirtschaftskrise folgte nach der Währungsreform und der Verabschiedung des Dawes-Plans 1924 eine Phase des Aufschwungs. Ausländische Kredite und Investitionen ermöglichten die Einführung moderner Technologien. Technischer Fortschritt und Rationalisierung des Arbeitsprozesses begünstigten die internationale Wettbewerbsfähigkeit. Sie erhöhten aber die Arbeitslosigkeit. Die Weltwirtschaftskrise beendete die wirtschaftliche Erholung.

2. Versetzen Sie sich in die Lage der Arbeiterin aus Q3. Erläutern Sie, wie Sie einen solchen Alltag empfinden würden. [II]
- Individuelle Schülerlösung. Einerseits Überforderung durch Haushalt und Beruf, andererseits aber doch Engagement in Arbeiterversammlungen, Partei (vermutlich SPD) und Arbeiterwohlfahrt. Keine Resignation, sondern Drang, etwas zu verändern.

3. Arbeiten Sie heraus, welche Einflussfaktoren den Alltag der Arbeiterin so „dicht" machen (Q3). [II]
- Arbeitszeit von 6.00 Uhr bis 14.15 Uhr an sechs Tagen in der Woche. Der Rat der Volksbeauftragten hatte mit der Arbeitszeitverordnung vom November 1918 den Achtstundentag eingeführt, der zuvor im Stinnes-Legien-Abkommen zwischen Unternehmerverbänden und Gewerkschaften ausgehandelt worden war.
- Seit 1927 gibt es in Deutschland die Arbeitslosenversicherung, freilich waren die Leistungen anfangs bescheiden. Da die Arbeiterin zum Haushalt „beiträgt", ist ein solches Einkommen zu vermuten (der Text stammt von 1928).
- Die Arbeiterin berichtet über die Arbeitslosigkeit des Ehemanns, von drei Kindern, dem sehr langen Arbeitsweg, der zusätzlichen Hausarbeit, die sie offenbar (ohne die heutigen Haushaltsgeräte wie Waschmaschinen) weitgehend allein leistet, den Einkauf samstags bei Konsum und dennoch der Mitarbeit in Partei- und Arbeiterwohlfahrtversammlungen.

⤶ 133

4. Erläutern Sie den Begriff „Rationalisierung" in seinen Bedingungsfaktoren und Auswirkungen (Q4). [II] ○
- Als Rationalisierung bezeichnet man alle Maßnahmen, die dazu dienen, eine bestimmte Leistung mit einem geringeren Zeit- und Kostenaufwand zu erzielen.
- Die durch Rationalisierungsmaßnahmen erzielten Kosteneinsparungen können Unternehmer zur Erhöhung ihres Gewinns, zur Senkung der Warenverkaufspreise oder der Erhöhung des Arbeitsentgelts verwenden.

B   Eine Zeit der Modernisierung?

5. Beschreiben Sie die Gemälde von Otto Dix. Erläutern Sie, welche gesellschaftlichen Entwicklungen dargestellt werden. [I]
- Im Stil der dem Expressionismus folgenden „Neuen Sachlichkeit" ist das Nachtleben in einer Großstadt dargestellt. Auf der Mitteltafel ist das Innere einer Tanzbar zu sehen.
- Auf der linken Seite spielt eine Jazz-Band.
- Auf der rechten Seite sitzen und stehen die Wohlhabenden, zwischen beiden Gruppen ein tanzendes Paar.
- Auf dem linken Flügel sieht man mehrere Frauen auf einer Straße unter einer Brücke vor dem rot erleuchteten Eingang der Bar. Sie sehen über zwei Männer, einer auf dem Boden liegend, der andere ein Kriegskrüppel, verächtlich hinweg. Die Männer werden von einem Hund bedrängt.
- Der rechte Flügel wird beherrscht von einer Gruppe von Frauen, die an einem weiteren Kriegsversehrten achtlos vorbeigehen. Das Bild verdeutlicht das neuerwachte Lebensgefühl der „goldenen Zwanziger Jahre", aber auch den Egoismus der Wohlhabenden und die Ignoranz gegenüber sozialen Problemen.

6. Erläutern Sie, in welchen gesellschaftlichen Bereichen es nach 1919 ihrer Ansicht nach die wichtigsten sozialen Fortschritte gab (Q2). [II]
- U.a. Architektur des Bauhauses, Wissenschaft, Forschung.
- Dem auch während der „Goldenen Zwanziger" grassierenden Elend stand eine Kunst- und Kulturszene mit einem avantgardistischen Lebensstil gegenüber.
- Ebenso wie der Freizeit- und Vergnügungsbereich zunahm, wuchsen in einer durch Technikbegeisterung geprägten Zeit die Möglichkeiten der Kommunikation und der Motorisierung.
- Mit dem Automobil oder dem Motorrad unterwegs zu sein, bedeutete Unabhängigkeit und Flexibilität.

7. Erläutern Sie Kolbs These von der „Gespaltenheit" zwischen Wille zur Modernität und Angst vor der Modernität (D2). [II]
- Die Durchbrechung zahlreicher althergebrachter Tabus galt manchen als „Kulturverfall" der dem politischen und gesellschaftlichen System der Weimarer Republik angelastet wurde.
- So bestand zwischen dem künstlerischen Schaffen der Avantgarde und dem Kunstgeschmack und dem allgemein Bewusstsein eines großen Teils der bürgerlichen Kulturkonsumenten eine kaum überbrückbare Diskrepanz.

8. Diskutieren Sie die Frage, ob man während der „goldenen Zwanzigerjahre" von einem Ankommen der Bevölkerung in der Republik sprechen kann (D2). [III]
- Nach wie vor dominierte in Militär und Beamtenschaft der demokratiefeindliche Geist des Kaiserreichs. Die alten Machteliten aus der Kaiserzeit konnten an vielen Stellen ihre Machtposition wahren. Dies zeigt nicht zuletzt die Wahl des ehemaligen Generalfeldmarschalls Hindenburg 1925 zum neuen Reichspräsidenten der Republik.
- Kolbs These, dass viele Menschen mit der Moderne in Kunst, Wissenschaft und Technik überfordert waren, wird heute auch als Begründung für das Aufkommen des Nationalsozialismus diskutiert, der nicht nur „entartete" Kunst bekämpfte, sondern u.a. auch traditionelles Handwerk und Landwirtschaft in der gesellschaftlichen Wahrnehmung überhöhte.

5.5 Die Zerstörung der Republik

134–145

Vorschlag für einen Unterrichtsverlauf

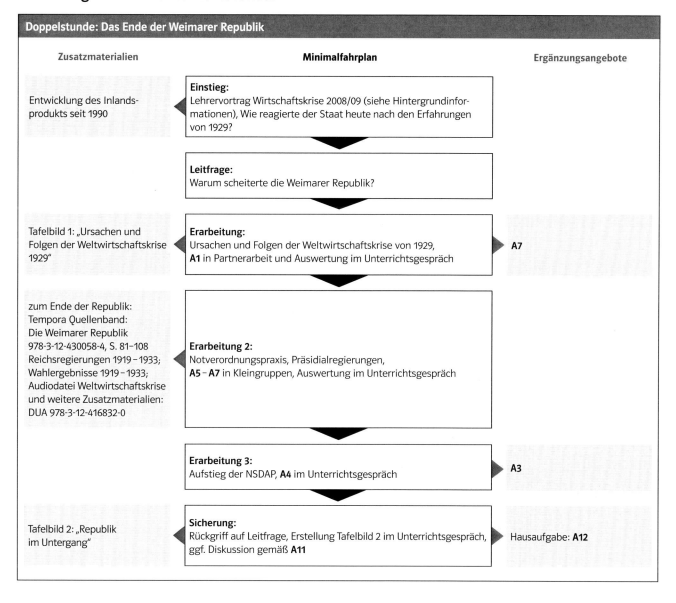

Doppelstunde: Das Ende der Weimarer Republik

Zusatzmaterialien	Minimalfahrplan	Ergänzungsangebote
Entwicklung des Inlandsprodukts seit 1990	**Einstieg:** Lehrervortrag Wirtschaftskrise 2008/09 (siehe Hintergrundinformationen), Wie reagierte der Staat heute nach den Erfahrungen von 1929?	
	Leitfrage: Warum scheiterte die Weimarer Republik?	
Tafelbild 1: „Ursachen und Folgen der Weltwirtschaftskrise 1929"	**Erarbeitung:** Ursachen und Folgen der Weltwirtschaftskrise von 1929, **A1** in Partnerarbeit und Auswertung im Unterrichtsgespräch	**A7**
zum Ende der Republik: Tempora Quellenband: Die Weimarer Republik 978-3-12-430058-4, S. 81–108 Reichsregierungen 1919–1933; Wahlergebnisse 1919–1933; Audiodatei Weltwirtschaftskrise und weitere Zusatzmaterialien: DUA 978-3-12-416832-0	**Erarbeitung 2:** Notverordnungspraxis, Präsidialregierungen, **A5 – A7** in Kleingruppen, Auswertung im Unterrichtsgespräch	
	Erarbeitung 3: Aufstieg der NSDAP, **A4** im Unterrichtsgespräch	**A3**
Tafelbild 2: „Republik im Untergang"	**Sicherung:** Rückgriff auf Leitfrage, Erstellung Tafelbild 2 im Unterrichtsgespräch, ggf. Diskussion gemäß **A11**	Hausaufgabe: **A12**

134–145   Tafelbild 1

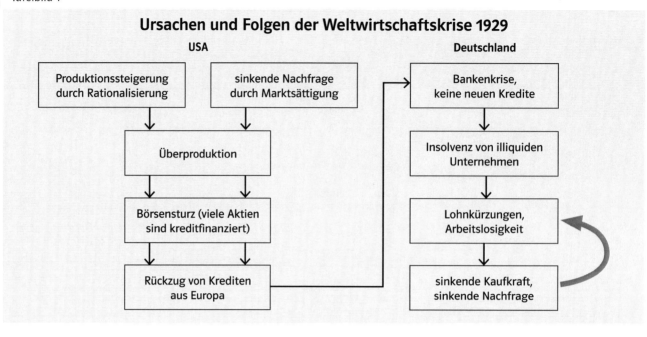

Tafelbild 2

Die Tafelbilder als editierbare PowerPoint-Version finden Sie auf dem Digitalen Unterrichtsassistenten (978-3-12-416832-0).

Hintergrundinformationen

VT
Wirtschafts- und Finanzkrise 2008/09: Als Auslöser gilt eine Immobilienkrise in den USA. Immer mehr Amerikaner mit geringem Einkommen erhielten einen Kredit zum Kauf eines Hauses. Solange die Häuserpreise stiegen, konnten die Menschen auch mit neuen Krediten ihre alten Hypotheken abbezahlen. Oft nahmen sie nicht wahr, dass im Vertrag ein flexibler Zinssatz vereinbart war. Als die amerikanischen Zinsen stiegen, fielen die Häuserpreise und der Traum vom eigenen Haus löste sich in Luft auf. Die amerikanischen Kreditgeber fassten Immobilienkredite zu verzinsenden Wertpapieren zusammen und verkauften sie weltweit. Nachdem die Häuserpreise fielen und viele Immobilien zwangsversteigert werden mussten, erlitten die Käufer der Immobilienkredite, darunter viele Banken, Verluste in Milliardenhöhe.

Nachdem 2008 die Investmentbank „Lehman Brothers" Insolvenz angemeldet hatte, überschlugen sich die Ereignisse. Die Börsenwerte gingen weltweit auf Talfahrt. Auch deutsche Banken waren tief in den Strudel der Finanzkrise hineingeraten. Bereits Ende 2008 war klar, dass Deutschland, die USA und viele andere Industrieländer in eine Rezession, die größte nach dem Zweiten Weltkrieg, rutschten. Banken waren kaum mehr bereit, Kredite zu gewähren. Der Konsum ging stark zurück. Autos und andere Konsumgüter wurden nicht mehr gekauft, die Industrieproduktion brach massiv ein. Da die deutsche Wirtschaft extrem exportorientiert ist, traf es sie besonders hart, vor allem die Bereiche Automobilindustrie und Maschinenbau. Mit Konjunkturprogrammen versuchten die Staaten weltweit die Folgen der Wirtschaftskrise einzudämmen. In Deutschland waren es die „Abwrackprämie" und die Senkung von Sozialversicherungsbeiträgen.

Erwartungshorizonte

A Triumphe der Systemgegner

1. Beschreiben Sie Ursachen und Verlauf der Weltwirtschaftskrise in den USA und in Deutschland (D2, D3). [I]
- Die Phase des konjunkturellen Aufschwungs endete 1929/30 abrupt mit dem Beginn der Weltwirtschaftskrise. Der Abzug amerikanischer Kredite aus Deutschland, die den Aufschwung seit 1924 begünstigt hatten, führte überall im Deutschen Reich zu Firmenzusammenbrüchen. Die dadurch steigende Arbeitslosigkeit reduzierte die Kaufkraft der Bevölkerung drastisch.
- Die Industrieproduktion sank von 1929 bis 1932 um 40 % und fiel auf den Stand von 1904.
- Auch der Außenhandel ging vehement zurück, da auch das Ausland massive Finanzprobleme hatte und so die Importe zurückfuhr.
- 1931 führte zudem der Zerfall des internationalen Währungssystems zum Bankrott der Darmstädter- und Nationalbank (Danat-Bank) und beinahe auch der Dresdner Bank. Sparer stürmten Banken und Sparkassen, um ihr Geld zu retten.
- Die Bankenkrise verschärfte die wirtschaftliche Rezession. Massenarbeitslosigkeit und die sprunghafte Zunahme von Armut waren die Folge.
- Für die NS-Propaganda war die soziale Not ein ergiebiger Nährboden. Die NSDAP stieg zur Massenpartei auf.

2. Analysieren Sie die Wahlplakate Q3. Erläutern Sie, welche Probleme die einzelnen Parteien wie thematisieren. [II]
- Das Jahr 1932 war geprägt von der Entlassung zweier Reichskanzler (Heinrich Brüning und Franz von Papen). Innerhalb eines Jahres fanden zwei Reichstagswahlen und eine Reichspräsidentenwahl statt. Immer wieder kam es während der Wahlkämpfe zu bürgerkriegsähnlichen Zuständen auf den Straßen.
- KPD: In weiten Teilen der deutschen Bevölkerung, insbesondere aber in der Arbeiterschaft herrschte 1932 Unzufriedenheit mit dem konservativen, reaktionären „Herrenklub" des Präsidialkabinetts, an dessen Tisch neben Industriellen, Bürokraten und Militärs nun auch Adolf Hitler und die SA Platz nehmen wollten. Die KPD empfahl sich als tatkräftige Alternative, die durchzugreifen wüsste.
- SPD: Das Plakat zeigt die politischen Gegner der SPD: NSDAP (zuschlagend), KPD, DNVP gegenüber dem seriös wirkenden übergroßen Arbeiter, der Muskeln zeigt. Die SPD wirbt mit dem Schutz der Bürger und ihrer Reche durch die Abwehr radikaler Kräfte.
- NSDAP: Die Menschen auf dem Plakat aus unterschiedlichen Bevölkerungsschichten sind dem Betrachter zugewandt. Die Botschaft ist offen, undeutlich, aber massenwirksam.

3. Beschreiben Sie die Abbildung Q2. Stellen Sie begründete Vermutungen an, warum die Nationalsozialisten solche Fotos veröffentlichten. [I]/[II]
- Im Frühjahr 1930 wiegte man sich noch in der Sicherheit, dass die Weimarer Republik gefestigt sei: trotz Dolchstoßlegende und polemischen Hetzereien gegen die „Novemberverbrecher" war es den Nationalsozialisten, reaktionären Anhängern der Monarchie und zahlreichen Freikorps, nicht gelungen, eine Massenbewegung auszulösen, die die Wei-

marer Republik stürzen könnte. Dieses Sicherheitsgefühl trog. Die Misserfolge der Rechten führten zu einer Radikalisierung und auch zu Zusammenschlüssen.
- Weltwirtschaftskrise und Massenarbeitslosigkeit trieben der SA zu Scharen Neumitglieder zu. 1932 zählte die SA 400 000 Mitglieder und übertraf damit bei weitem die Stärke der Reichwehr. Versammlungen linkseingestufter Verbände wurden überfallen, Menschen auf brutalste Art zusammengeschlagen.
- Die Sozialdemokraten versuchten ihre Veranstaltungen mit dem „Reichsbanner Schwarz-Rot-Gold" zu schützen, die Kommunisten mit dem „Rotfrontkämpferbund". Zahlen- und waffenmäßig waren sie jedoch unterlegen. Immer wieder eskalierte zwischen SA und linken Kampfverbänden die Gewalt in Form von Saalschlachten bis zu bürgerkriegsähnlichen Straßenkämpfen.
- Die SA organisierte bei ihren Überfällen ärztliche und pflegerische Unterstützung. Das Foto stellt die verletzten SA-Kämpfer als Opfer dar, nicht als Täter. Offenbar sollen die Betrachter getäuscht werden.

4. Listen Sie Gründe für den Aufstieg der NSDAP in der Endphase der Weimarer Republik auf (Darstellungstext, Q4). Versuchen Sie eine begründete Gewichtung dieser Gründe. [II]
- Die Reichstagswahl vom 14. September 1930, die mit 82 % eine hohe Wahlbeteiligung verzeichnete, endete mit einer Katastrophe für die Demokratie. Die NSDAP, noch 1928 mit 2,6 % (12 Mandate) eine Splitterpartei, erhielt 18,3 %. Mit 107 Abgeordneten stellte sie die zweitstärkste Fraktion (hinter der SPD, vor der KPD). Einen derartigen Wahlerfolg hatte es in der Geschichte des deutschen Parlamentarismus noch nicht gegeben. Die SPD erlitt erhebliche Verluste, die KPD registriert starke Gewinne. In der Arbeiterschaft hatte es einen Linksruck gegeben, zusammengenommen waren die Arbeiterparteien ungefähr gleich stark geblieben. Die bürgerlichen Parteien DDP und DVP mussten schwere Verluste hinnehmen, auch die rechtskonservative DNVP büßte Stimmen ein.
- Die Wählerwanderungen lassen vermuten, dass vor allem nationalkonservative und liberale, oft protestantische Mittel- und auch Oberschichtenwähler zur NSDAP gewandert waren. Besonders stark wurde Hitlers Partei offenbar vom „alten Mittelstrand" (selbstständige Handwerker, Einzelhändler, kleine und mittlere Unternehmer, freie Berufe und Bauern) und vom „neuen Mittelstand" (Beamte und vor allem Angestellte) gewählt.
- Q4: Nicht die Arbeitslosigkeit selbst ist der Hauptgrund (Arbeitslose haben im September 1930 vor allem die KPD gewählt), wohl aber die Wirtschaftskrise. Die NSDAP hat keine nennenswerte Stammwählerschaft, sie profitiert hauptsächlich von Wechsel- und Protestwählern. Gewählt wurde Hitler unterproportional von Industriearbeitern, wesentlich mehr aber von Landarbeitern, die von den ostelbischen Gutsbesitzern dazu „kommandiert" wurden. Gewählt wurde Hitler vor allem von der Masse der Angestellten („Stehkragenproletarier") mit ihrem Standesdünkel, von Studenten und junge Akademikern, die die Juden als Konkurrenz empfanden und von Beamten, die immer noch dem monarchischen Denken verfallen waren. Weitere Wählerschichten rekrutieren sich aus dem selbstständigen Mittelstand (Handwerker, Gewerbetreibende, Kleinkaufleute). Sie sahen ihre Existenz durch die Moderne (vor allem die Industrialisierung) gefährdet.

▣ 145   **B Versuche einer wirtschaftlichen Stabilisierung**

C Vor dem Ende der Republik

5. Erörtern Sie Wege und Ziele der Deflationspolitik Brünings (Q5, Q6). [II]

– Die Reichsregierung betrachtete die Wirtschaftskrise als ein Ungleichgewicht des Staatshaushaltes (Q6). Brüning wollte mit seiner Deflationspolitik die Preise heimischer Produkte senken und dadurch den Export wiederbeleben. Er wollte dadurch genügend Devisenreserven für die Reparationszahlungen erwirtschaften, aber auch Arbeitsplätze schaffen.

– Mithilfe von Notverordnungen (Q5) versuchte er die öffentlichen Ausgaben und vor allem den Staatshaushalt den sinkenden Preisen und fallenden Steuereinnahmen anzupassen – ein Rennen, das er nicht gewinnen konnte, weil seine Maßnahmen dazu beitrugen, dass Preise und Steuereinnahmen immer weiter sanken. Brüning wollte den Gläubigern der Reparationsforderungen Deutschlands den ehrlichen Willen nachweisen, den Young-Plan erfüllen zu wollen, brachte das Land aber dadurch in ein wirtschaftliches Ungleichgewicht.

6. Fassen Sie die Bewertung von Arnold Brecht (Q7) zur Deflationspolitik zusammen. [I]

– Es gab keine Reichstagsmehrheiten, um die Brüning'schen Notverordnungen aufzuheben. Die SPD enthielt sich meist der Stimme. Durch Preissenkungen sollte der Export belebt werden. Da aber u. a. England seine Währung abwertete und Schutzzölle einführte, blieb der erhoffte Effekt aus.

– Die von Keynes geforderten staatlichen und in den USA umgesetzten Investitionsprogramme zur Konjunkturbelebung waren in Europa noch wenig populär. In Deutschland fürchtete man eine erneute Inflation in Folge der dann zu erwartenden Staatsverschuldung.

7. Erklären Sie die Reaktion der Sozialdemokraten auf Brünings Politik (Q8). [II]

– Ab 1930 tolerierte die SPD die Politik von Reichskanzler Brüning (Zentrum), um eine sich abzeichnende Übernahme der politischen Macht durch die Nationalsozialisten zu verhindern.

– Die Tolerierungspolitik der SPD-Reichstagsfraktion führte beim linken Parteiflügel zu wachsender Kritik und führte 1931 zu einer Abspaltung eines Teils der Parteilinken zur Sozialistischen Arbeiterpartei Deutschlands (SAP).

8. Untersuchen und deuten Sie die Collage von John Heartfield (Q9). Was hat mit der Zahl 1848 auf sich? [II]

– Beschreiben: Der Reichstag, also das Parlament, wird eingesargt.

– Untersuchen: Die Zahl 48 steht im Zentrum der Collage. Art. 48 der Weimarer Verfassung ermöglichte es dem Reichspräsidenten ohne Parlament Gesetze zu erlassen. Die SPD schickt als einzige Partei einen Kranz. Es gibt zwar noch andere demokratische Parteien, aber die SPD war immer die stärkste Stütze der Demokratie in der Weimarer Republik und nur sie stimmte 1933 gegen das Ermächtigungsgesetz.

– Deuten: Ab 1930 wurde es immer schwieriger, im Reichstag Mehrheiten für die Regierung zu finden. Die extremen Parteien – vor allem NSDAP und KPD – konnten angesichts der Zahl ihrer Mandate parlamentarische Mehrheitsentscheidungen und damit die Regierungstätigkeit weitgehend blockieren. Die Brüning-Regierung und ihre Nachfolger nutzen daher das Notverordnungsrecht als Ersatzgesetzgebungsverfahren. Das politische Gewicht verlagerte sich mehr und mehr von den Parteien und dem Parlament auf den Reichspräsidenten und seine rechtskonservativen Berater. Das Notverordnungsrecht ermöglichte die Bildung von Präsidialregierungen, die ohne Vertrauen des Reichstags regierten. Mit seiner Collage kritisierte John Heartfield die Präsidialkabinette: Sie umgingen mit Artikel 48 die Kontroll- und Gestaltungsmöglichkeiten des Parlaments.
[Heartfield (1891 – 1968), eigentlich Helmut Herzfeld, war ein deutscher Maler, Graphiker und Bühnenbildner. Er gilt als der Erfinder der politischen Fotomontage.]

9. Fassen Sie die Argumente zusammen, mit den Unternehmer in Q10 die Kanzlerschaft Hitlers forderten. [I]

– Die Unternehmer fordern eine „vom parlamentarischen Parteiwesen" (Z. 2) unabhängige Regierung. Sie sehen sich darin mit den Zielen des Reichspräsidenten einig. Die gewählte Regierung besäße kein ausreichendes Vertrauen der Bevölkerung. Gegen das „parlamentarische Parteiregime" (Z. 13) seien nicht nur DVP und andere (bürgerliche) Parteien eingestellt, sondern auch die NSDAP.

– Die häufigen Wahlkämpfe behinderten auch eine wirtschaftliche Erholung. Hitler könne als Führer der größten nationalen Gruppe zur Beruhigung beitragen. Als Reichskanzler seien ihm die fähigsten Minister (anderer Parteien) zur Seite zu stellen. Die „Fehler, die jeder Massenbewegung notgedrungen anhaften" (Z. 43 f.) würden ausgemerzt und Millionen würden sich der NSDAP anschließen.

– Der Reichspräsident kam der Eingabe der Unternehmer (noch) nicht nach, sondern berief am 2. Dezember 1932 Kurt von Schleicher zum Reichskanzler.

Diagramm
(%)

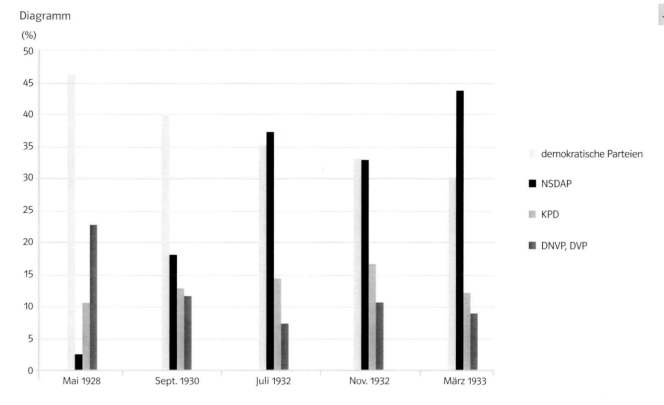

Legende:
- demokratische Parteien
- NSDAP
- KPD
- DNVP, DVP

x-Achse: Mai 1928 · Sept. 1930 · Juli 1932 · Nov. 1932 · März 1933

10. Zeichnen Sie mithilfe von D4 ein Diagramm, in dem zu den Reichstagswahlen vom Mai 1928 bis zum November 1932 jeweils in einer Säule die Stimmanteile der demokratischen Parteien (SPD, Zentrum, DDP, bzw. seit 1930 DStP), in einer zweiten Säule die Anteile der NSDAP, in einer dritten Säule die der KPD und in einer vierten Säule die Anteile der konservativ-autoritär-monarchischen Parteien (DNVP, DVP) aufgezeigt werden. Stellen Sie einen Bezug zu D5 her. [II] ○

→ Diagramm oben

Bei der Aufgabenstellung ist zu beachten, dass die DVP im Laufe der Weimarer Republik ihren Charakter verändert hat. Während Mitte der 1920er Jahre der liberale Flügel die Partei dominierte, setzte sich v.a. nach Stresemanns Tod 1929 der konservative Flügel durch, der die DVP in eine enge Verbindung mit der DNVP bringen wollte.

D Übergreifende Arbeitsvorschläge

11. Erörtern Sie die These, „Weimar sei eine Republik ohne Republikaner" gewesen. [II] [III] ○

- Es geht dabei um die Beschreibung und Bewertung der Demokratiefeindlichkeit von Militär und Beamtenschaft, um die Kumulation unterschiedlicher Krisenerscheinungen, die die Republik von Anfang an begleiteten bis hin zur Erklärung der politischen Entwicklung vor allem nach rechts einschließlich des bewusst systemzerstörenden Handelns der rechten Eliten.
- Der Historiker Karl Dietrich Bracher spricht von einer unvollendeten Revolution aufgrund der Kontinuität vordemokratischer Kräfte (u.a. Beamte, Militär). Die deutsche Demokratie sei als Ergebnis der unerwarteten Kriegsniederlage empfunden worden und deshalb unpopulär geblieben. Der Versailler Vertrag hätte breite Ablehnung gefunden. Zunehmende Unterstützung hätten sowohl die extremen Linken

als auch die Rechten bekommen, die beide die Republik bekämpften. Die „Kapitalistenklasse" hätte bei den Linken, die „Novemberverbrecher" bei den Rechten als Schuldige am deutschen Elend gegolten. Bracher spricht von einer „Einkreisung der Demokratie".

- Der Historiker Hagen Schulze argumentiert ähnlich. Die Bevölkerungsmehrheit hätte das politische System der Weimarer Republik abgelehnt. Parteien und Verbände zeigten sich den Anforderungen des Parlamentarismus nicht gewachsen, der Einfluss des Reichspräsidenten war zu groß. Dazu kämen ökonomische Krisen. Auch die preußisch-deutsche Traditionen belasteten das Demokratieverständnis. Außerdem: außenpolitische Belastungen, das Verhältniswahlrecht, antirepublikanische Tendenzen in Armee, Bürokratie und Justiz, Inflation, Weltwirtschaftskrise, Präsidialdemokratie, keine 5%-Klausel bei den Reichstagswahlen, kein konstruktives Misstrauensvotum, verfassungsfeindliche rechte und linke Parteien, zu geringe Bereitschaft der SPD, Regierungsverantwortung zu übernehmen, Demokratiefeindlichkeit von Militär und Beamtenschaft u.a.

12. Recherchieren Sie Forschungsergebnisse des Historikers Jürgen W. Falter zu Wählerwanderungen im Jahr 1932/33 und berichten Sie in Ihrem Kurs. [II]

- Individuelle Schülerlösung. Im Internet lassen sich die Forschungsergebnisse Jürgen W. Falters leicht finden.
- Die NSDAP hatte ihren Stimmenanteil bei den Reichstagswahlen von 2,6% im Jahr 1928 auf 37,4% im Juli bzw. 33,1% im November 1932 gesteigert. Die Wählerwanderungen sind vor allem in dynamischen Erklärungsfaktoren zu suchen, die sich über die Zeit veränderten: Anstieg der Arbeitslosigkeit, zunehmende Verschuldung in Landwirtschaft und Gewerbe, Organisationswachstum der NSDAP und die Wirkung von Veränderungen der Presselandschaft.

146–155

6 Aufstieg und Gewaltherrschaft des Nationalsozialismus

6.1 Machtübernahme und Etablierung der nationalsozialistischen Herrschaft

Der GGk-Lehrplan für das Berufliche Gymnasium stellt für die Lehrplaneinheit 4 „Demokratie und Diktatur in Deutschland im 20. Jahrhundert" einen Zeitrichtwert von 25 Unterrichtsstunden fest. Das Thema „Aufstieg und Gewaltherrschaft des National-sozialismus" kann in etwa 12 Unterrichtsstunden [ohne Zusatz-referate oder Klausur] behandelt werden. Die nachfolgenden Unterrichtsvorschläge gehen von diesen 12 Stunden aus, wobei bzgl. der Zusatzmaterialien bzw. Ergänzungsangebote durch-aus mehr Zeit zu veranschlagen ist.

Das Kapitel 6.7 „Umgang mit Geschichte: Schuld und Verantwor-tung" kann fächerübergreifend (mit Deutsch, Ethik, Religion) und je nach lokalen oder regionalen (Stichwort: Stolpersteine) bzw. aktuellen Ereignissen (Stichwort: 27. Januar – Tag des Gedenkens an die Opfer des Nationalsozialismus) behandelt werden; das Zeitbudget kann zwischen einer und mehreren Stunden umfassen.

Vorschlag für einen Unterrichtsverlauf

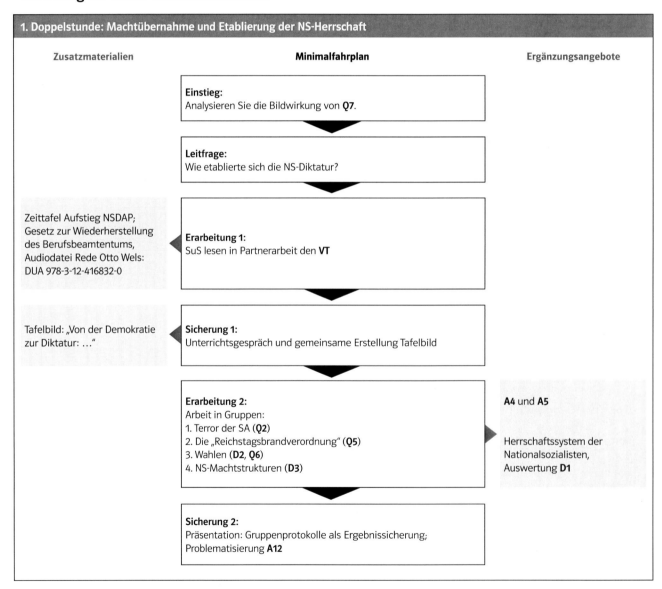

1. Doppelstunde: Machtübernahme und Etablierung der NS-Herrschaft

Zusatzmaterialien	Minimalfahrplan	Ergänzungsangebote
	Einstig: Analysieren Sie die Bildwirkung von **Q7**.	
	Leitfrage: Wie etablierte sich die NS-Diktatur?	
Zeittafel Aufstieg NSDAP; Gesetz zur Wiederherstellung des Berufsbeamtentums, Audiodatei Rede Otto Wels: DUA 978-3-12-416832-0	**Erarbeitung 1:** SuS lesen in Partnerarbeit den **VT**	
Tafelbild: „Von der Demokratie zur Diktatur: …"	**Sicherung 1:** Unterrichtsgespräch und gemeinsame Erstellung Tafelbild	
	Erarbeitung 2: Arbeit in Gruppen: 1. Terror der SA (**Q2**) 2. Die „Reichstagsbrandverordnung" (**Q5**) 3. Wahlen (**D2, Q6**) 4. NS-Machtstrukturen (**D3**)	**A4** und **A5** Herrschaftssystem der Nationalsozialisten, Auswertung **D1**
	Sicherung 2: Präsentation: Gruppenprotokolle als Ergebnissicherung; Problematisierung **A12**	

Von der Demokratie zur Diktatur:
Etappen der Machtübernahme 30. Januar 1933 – 19. August 1934

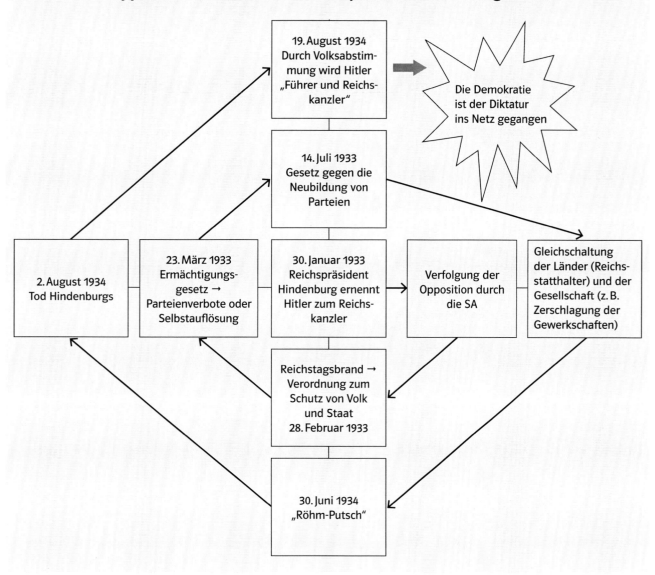

Das Tafelbild als editierbare PowerPoint-Version finden Sie auf dem Digitalen Unterrichtsassistenten (978-3-12-416832-0).

155

Erwartungshorizonte

Arbeitsaufträge zum Verfassertext

1. Stellen Sie auf der Basis des Darstellungstextes die wesentlichen Phasen der nationalsozialistischen Machtübernahme in tabellarischer Form dar. [I]
→ Tabelle 1

2. Skizzieren Sie die Funktionen des „Ermächtigungsgesetzes" für die Festigung von Hitlers Macht. [II]
– Mit dem Gesetz erlangte die Regierung die Macht, ohne Zustimmung von Reichstag und Reichsrat sowie ohne Gegenzeichnung des Reichspräsidenten Gesetze zu erlassen.
– Die Trennung von Legislative und Exekutive war damit aufgehoben. Das zunächst auf vier Jahre verabschiedete Ermächtigungsgesetz wurde 1937, 1939 sowie 1943 verlängert und blieb bis zum Ende des NS-Regimes im Mai 1945 rechtliche Grundlage deutscher Gesetzgebung.

A Direkte Gewaltanwendung

3. Analysieren Sie, inwieweit schon in den ersten Monaten der nationalsozialistischen Herrschaft der Rechtsstaat außer Kraft gesetzt war (Q2 – Q4). [II]
– Mit der „Reichstagsbrandverordnung" (Q5), die bereits einen Tag nach dem Reichstagsbrand (27. Februar 1933) in Kraft trat, wurden die Grundrechte massiv eingeschränkt, die Polizei weitgehend der Kontrolle der Reichsregierung unterstellt und damit der Verfolgung und Ausschaltung von politischen Gegnern alle Möglichkeiten eröffnet, von denen die sogenannte Hilfspolizei aus SA und SS (Q2) ausgiebig Gebrauch machte.
– In einem nächsten Schritt wurden die parlamentarische Demokratie und der Rechtsstaat abgeschafft. Obwohl die Regierung unter Führung der NSDAP über eine stabile Mehrheit im Reichstag verfügte, strebten die Nationalsozialisten danach, ihre Herrschaft zu etablieren. Der Zerstörung der Demokratie sollte jedoch ein legaler Anschein gegeben werden.
– Mit dem „Gesetz zur Bekämpfung der Not von Volk und Reich" („Ermächtigungsgesetz") vom 23. März 1933 wurden der Reichsregierung nahezu unbeschränkte Befugnisse zum

Erlass von Gesetzen ohne parlamentarische Zustimmung übertragen. Da das Gesetz weitgehende Änderungen der Weimarer Verfassung vorsah, war zu seiner Verabschiedung eine Zweidrittelmehrheit im Parlament als auch die Anwesenheit von mindestens zwei Dritteln der Reichstagsabgeordneten nötig. Um dieses Quorum zu erreichen, wurden die Mandate der 81 KPD-Abgeordneten annulliert. Zudem war eine Reihe von Abgeordneten bereits geflohen, verhaftet oder ermordet worden. Trotzdem war die Regierung auf die Unterstützung des Zentrums angewiesen. Dessen Zustimmung wurde u. a. mit dem Versprechen eines Konkordats mit dem Vatikan erreicht.

4. Betrachten Sie das Foto Q1 und erläutern Sie, welche Einstellung der Nationalsozialisten zum Rechtsstaat hier zum Ausdruck kommt. [II]
– Innerhalb weniger Monate nach seiner Machtübernahme zerstörte Hitler die grundlegenden Rechtsstaatsprinzipien der Weimarer Verfassung. Durch das Außerkraftsetzen von Grundrechten („Reichstagsbrandverordnung"), die Absetzung der Gewaltenteilung („Ermächtigungsgesetz") und den routinemäßigen Erlass von rückwirkenden Gesetzen gewann er die uneingeschränkte Staatsmacht und ernannte sich selbst zum „obersten Gerichtsherrn" des deutschen Volkes. Mit der Unterwerfung der Justiz wurde Hitlers Wille zum Gesetz.
– Das Foto veranschaulicht die allgemeine Verachtung, welche die NS-Führung dem Rechtsstaat entgegenbrachte. Auf ihm ist der preußische Justizminister Hanns Kerrl (1887 – 1941) in SA-Uniform zu sehen. Am Galgen hängt als Symbol für Recht und Ordnung das Zeichen für Gesetzesparagrafen. Alle Abgebildeten sind in Uniform und lachen über diesen makabren „Scherz", obwohl dieses Zeichen doch geschriebenes Recht versinnbildlicht, an dem sich gerade die Vertreter der Justiz orientieren und es vertreten bzw. verteidigen soll.

5. Erklären Sie, worin Haffner sein „Versagen" sieht. Diskutieren Sie, wie Sie sich an seiner Stelle verhalten hätten (Q4). [II] [III]
– Haffner sieht sein Versagen in einer widerstandslosen Bejahung der Frage, ob er Arier sei. Er bereut, dass er gegen die Situation nicht aufbegehrt hat, nicht irgendetwas gegen diese antisemitische Aktion der SA versucht hat – natürlich tat er es auch intuitiv aus Angst vor körperlicher Gewalt und darüberhinausgehenden Konsequenzen.

Tabelle 1

Phasen der nationalsozialistischen Machtübernahme	
1932	Bei den Reichstagswahlen im Juli wird die NSDAP mit 230 Mandaten stärkste Fraktion und bleibt dies auch trotz des Rückgangs ihrer Mandate (196) nach der erneuten Wahl im November. Wirtschaftsvertreter plädieren beim Reichspräsidenten für die Ernennung Hitlers zum Reichskanzler.
1933	Hitler wird am 30. Januar zum Reichskanzler ernannt. Der Reichstagsbrand löst eine Verhaftungswelle gegen die Kommunisten aus. Unter legalistischem Anschein wird das Staatswesen durch eine Reihe administrativer Maßnahmen („Verordnung zum Schutz von Volk und Staat", „Ermächtigungsgesetz", „Gesetz zur Wiederherstellung des Berufsbeamtentums", Auflösung der Gewerkschaften, Verbot der SPD, „Gesetz gegen die Neubildung von Parteien", „Gesetz zur Sicherung der Einheit von Partei und Staat") gleichgeschaltet.
1934	Mit dem Tod Paul von Hindenburgs am 2. August vereinigt Hitler das Amt des Reichspräsidenten und Reichskanzlers in seiner Person und nennt sich „Führer und Reichskanzler". Mit dem Gesetz über den Neuaufbau des Reiches wird die Länderhoheit aufgehoben.

- Im Anschluss an eine eindringliche und gemeinsame Erläuterung des autobiografischen Textes von Sebastian Haffner können sich die Überlegungen nur an den individuellen Schülerantworten orientieren.

6. Skizzieren Sie, wie die verschiedenen in der Episode auftauchenden Personen sich verhalten. Welche Rückschlüsse lässt das auf die Akzeptanz und die Einstellung verschiedener Bevölkerungsgruppen gegenüber dem Nationalsozialismus zu (Q4)? [II] ○

- Die SA wird als grobschlächtig, ungehobelt beschrieben, ein Anwalt wird verprügelt. Mehrere Referendare erweisen sich als Sympathisanten (zustimmendes Lachen), Mitläufer gibt es u. a. bei den Wachtmeistern, keinerlei Widerstand bei der Mehrheit. Selbst Haffner passt sich an.
- Neben offenkundigen Nationalsozialisten ist das gesamte (männliche) gesellschaftliche Spektrum vertreten: vom Mitläufer, Opportunisten bis hin zum schweigenden „Widerständler im Geiste". Das heißt, dass die unterschiedlichen Einstellungen gänzlich unterschiedliche Formen von Akzeptanz implizierten.

B Die Einrichtung des nationalsozialistischen Herrschaftssystems

7. Beschreiben Sie, welches Bedrohungsszenario die Verordnung „zum Schutz von Volk und Staat" zum Ausdruck zu bringen versucht (Q5). Analysieren Sie, welche machtpolitische Funktion diese Verordnung für die Nationalsozialisten hatte. [II]

- Die auf Grundlage von Art. 48 der Weimarer Verfassung erlassene „Reichstagsbrandverordnung" (Q5) ging über ihren angegebenen Zweck der „Abwehr kommunistischer staatsgefährdender Gewaltakte" weit hinaus. Sie setzte Grundrechte außer Kraft und begründete einen permanenten Ausnahmezustand, der es dem nationalsozialistischen Regime ermöglichte, Unterdrückungsmaßnahmen gegen Oppositionelle mit dem Schein von Legalität zu umgeben. Politische Gegner konnten ohne Anklage und Beweise in gerichtlich nicht kontrollierbare „Schutzhaft" genommen und kritische Zeitungen verboten werden.
- Drei Tage nach der Reichstagswahl am 5. März 1933 erfolgte auf Grundlage der „Reichstagsbrandverordnung" die Annullierung aller politischen Mandate von Mitgliedern der KPD. Auch bei dem im Juni 1933 verhängten Verbot der SPD und der Errichtung des Einparteienstaats war die Verordnung von entscheidender Bedeutung. Sie erlaubte der Reichsregierung Eingriffe in die Länderrechte. Damit erhielten die Beseitigung bundesstaatlicher Strukturen und die einsetzende Gleichschaltung der Länder eine rechtliche Grundlage. Zusammen mit dem „Ermächtigungsgesetz" höhlte die Verordnung die formal bis 1945 existierende Weimarer Verfassung aus und zementierte die NS-Herrschaft.

8. Die Verordnung (Q5) ist unter anderem von Reichspräsident Hindenburg und Justizminister Gürtner unterschrieben, die beide nicht Mitglieder der NSDAP waren. Erläutern Sie, welche Gründe konservative Politiker gehabt haben könnten, dieser Verordnung zuzustimmen. [II]

- Neben die Verunsicherung durch den Reichstagsbrand, der als Versuch eines kommunistischen Aufstands gegen die Republik gedeutet wurde, sind die folgenden Aspekte zu nennen: das Ziel, die Arbeiterbewegung zu bekämpfen, die

prinzipielle Ablehnung der parlamentarischen Republik, die Rückbesinnung auf monarchische Traditionen sowie der Glaube, Hitler kontrollieren zu können.

9. Beschreiben Sie die Bildwirkung von Q7. Erklären Sie, was die Nationalsozialisten vermutlich zu dieser Inszenierung veranlasst hat. [II]

- Am Jahrestag der ersten Reichstagssitzung 1871 im Kaiserreich wurde am 21. März 1933 der erste Reichstag nach der Machtübernahme eröffnet. Potsdam wurde als Traditionsort preußischer Geschichte für die feierliche Konstituierung ausgewählt.
- Der eine Woche zuvor zum Propagandaminister ernannte Joseph Goebbels inszenierte diesen „Tag von Potsdam" als symbolische Verbindung von konservativem Traditionsbewusstsein und nationalsozialistischem Erneuerungswillen.
- Einerseits noch Demutsgeste gegenüber den alten Eliten, präsentiert sich Hitler als legitimer Erbe des 1871 gegründeten und im November 1918 untergegangenen „Zweiten Reichs".

10. Erläutern Sie zusammenfassend die Rolle der Gewalt im NS-Staat. [II]

- Die Gewalt hatte in der Anfangsphase der NS-Diktatur verschiedene Funktionen. Sie diente der Ausschaltung der Opposition ebenso wie dem Aufbau eines gewaltigen Drohpotenzials gegenüber der übrigen Bevölkerung.
- Der Terror der SA, die schon bald als „Hilfspolizisten" brutal gegen Andersdenkende vorgingen, führte dazu, dass Oppositionelle emigrierten, in den Untergrund abtauchten oder verhaftet wurden und somit kaum mehr öffentlich andere Meinungen bekundet werden konnten.
- Das gewaltsame Vorgehen wirkte einschüchternd auf die Bevölkerung. Zudem mögen die brutalen Auftritte der gewaltbereiten SA-Horden manchen Bevölkerungsteilen auch imponiert haben.

11. Schildern Sie wesentliche Charakteristika der nationalsozialistischen Herrschaft. [II] ○

- Der nationalsozialistische Staat war kein perfekt von oben nach unten durchorganisierter zentralistischer Staat. Es herrschten meist ein Kompetenzgerangel und eine Konkurrenzsituation um Macht und Einfluss zwischen Ressortministern, „Beauftragten des Führers" oder Sonderbehörden für bestimmte Aufgaben sowie höheren NSDAP- und SS-Funktionären.
- In dieser „Polykratie" (einer Herrschaft vieler), die selbst untergeordneten Personen Einfluss bescherte, resultierte Hitlers diktatorische Stellung vor allem aus seiner Rolle als ein von allen akzeptierter Führer und Schiedsrichter. Das „Dritte Reich" war ein Doppelstaat (so der Jurist Ernst Fraenkel): Um die Funktionsfähigkeit des Wirtschaftssystems zu erhalten, bewahrte der „Normenstaat" in den meisten Bereichen mit ökonomischem Bezug eine gewisse Vorhersehbarkeit des Staatshandelns durch die eingeschränkte Anwendung von Normen insbesondere des Zivil-, Wirtschafts-, Gewerbe- und Steuerrechts. Im Bereich der Herrschaftssicherung des Regimes und der Bekämpfung seiner politischen Gegner erkannte der Nationalsozialismus jedoch keine Bindung durch Normen an, sondern handelte nur nach Zweckmäßigkeit. Diesen Teil der Staatstätigkeit nannte Fraenkel „Maßnahmenstaat".

⤴ 155 Übergreifende Arbeitsaufträge

12. Vor allem angesichts islamistischer Terroranschläge gibt es in den demokratischen Gesellschaften Diskussionen darüber, ob man bestimmte Grundrechte zugunsten der inneren Sicherheit zumindest zeitweilig aufheben sollte. Diskutieren Sie, welche Gefahren auftreten können, wenn Grundrechte zeitweilig außer Kraft gesetzt werden. Gehen Sie dabei auch auf den Aspekt ein, ob die beiden historischen Situationen überhaupt vergleichbar sind. [III]

- Immer, wenn ein Staat sich einer Bedrohung ausgesetzt sieht, die seine Herrschafts- und Lebensform angreift, stellt sich die Frage nach den geeigneten Mitteln zur Gegenwehr.

- Die Bundesrepublik Deutschland hat sich mit solchen Angriffen bislang mehrfach auseinandersetzen müssen; im „Deutschen Herbst" der 1970er-Jahre und aktuell durch diverse Formen des Terrorismus. Beide Male waren/sind die Herausforderer Terroristen, die den Rechtsstaat und seine Schwächung zum Ziel hatten/haben.

- Die jeweiligen Regierungen reagierten schnell durch umfangreiche Gesetze. Seit dem 11. September 2001 wurden mehrere Sicherheitspakete geschnürt und auf den Weg gebracht, Ergänzungsgesetze werden diskutiert. Ausländer- und Abschieberechte wurden verschärft und die Befugnisse der Geheimdienste erweitert.

- Die temporäre Aushebelung von Grundrechten bedeutet aber einen Machtzuwachs der Vollzugsorgane und die Gefahr eines Machtmissbrauchs.

6.2 Ideologie und Propaganda

Vorschlag für einen Unterrichtsverlauf

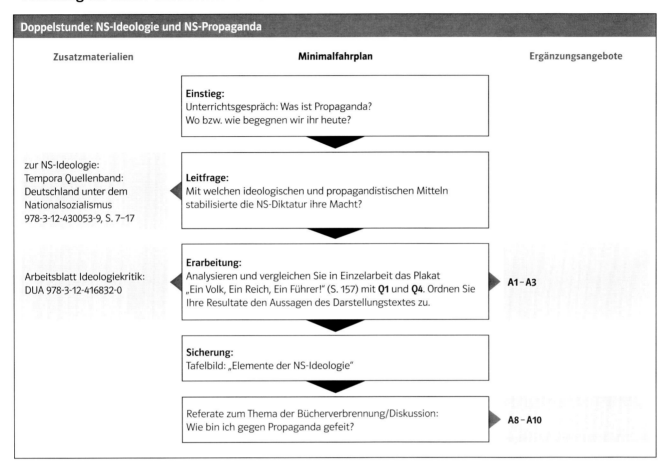

Doppelstunde: NS-Ideologie und NS-Propaganda   73

Zusatzmaterialien	Minimalfahrplan	Ergänzungsangebote

Einstig:
Unterrichtsgespräch: Was ist Propaganda?
Wo bzw. wie begegnen wir ihr heute?

zur NS-Ideologie:
Tempora Quellenband:
Deutschland unter dem
Nationalsozialismus
978-3-12-430053-9, S. 7–17

Leitfrage:
Mit welchen ideologischen und propagandistischen Mitteln
stabilisierte die NS-Diktatur ihre Macht?

Arbeitsblatt Ideologiekritik:
DUA 978-3-12-416832-0

Erarbeitung:
Analysieren und vergleichen Sie in Einzelarbeit das Plakat
„Ein Volk, Ein Reich, Ein Führer!" (S. 157) mit **Q1** und **Q4**. Ordnen Sie
Ihre Resultate den Aussagen des Darstellungstextes zu.

A1 – A3

Sicherung:
Tafelbild: „Elemente der NS-Ideologie"

Referate zum Thema der Bücherverbrennung/Diskussion:
Wie bin ich gegen Propaganda gefeit?

A8 – A10

Tafelbild

Antiparlamentarismus + Führerkult	Nationalismus + Volksgemeinschaft	Lebensraumideologie
Sozialdarwinismus + Rassismus	**Elemente der NS-Ideologie**	Antisemitismus
Antimarxismus	**← Propaganda →**	Antikapitalismus

Das Tafelbild als editierbare PowerPoint-Version finden Sie auf dem Digitalen Unterrichtsassistenten (978-3-12-416832-0).

⤵ 161
Erwartungshorizonte

A Rassismus als Grundlage des Vernichtungskrieges

1. Lesen Sie die Auszüge aus „Mein Kampf" (Q2) und den Monologen Hitlers (Q3). Diskutieren Sie die Wirkung dieser Textpassagen mit Ihrem Banknachbarn und danach in der Klasse. [II]
In den Zweierdiskussionen sollen folgende Aspekte aus beiden Quellen erläutert und angesprochen werden:
- für Q2 sind daraufhin geklärt: Rassismus; Sozialdarwinismus: durch Blutvermischung „Senken des Rassenniveaus"; Antisemitismus; Antibolschewismus: Internationalisierung wird gleichgesetzt mit Bolschewismus und „Jüdische[r] Weltfinanz"; Frankreich gilt als Unterstützer der „jüdischen Welteroberungstendenz".
- Q3 wiederholt und ergänzt diese Themen: a) Antibolschewismus; Lebensraumideologie: deutsche Grenze am Ural, Ausrottung des Bolschewismus; b) Lebensraumideologie: Um der „Zukunft des Volkes willen" müssen Kriege geführt werden. c) Kolonialismus; Rassismus: Keinerlei Verpflichtung gegenüber den Menschen in den eroberten osteuropäischen Gebieten. Deutsche Herrenmenschen vs. Einheimische als „Indianer". Sozialdarwinismus: Hitler „als Vollstrecker des geschichtlichen Willens". d) Sozialdarwinismus auch bezüglich der Deutschen, wenn sie der ihnen zugedachten Rolle nicht gerecht werden.

2. Ordnen Sie die einzelnen Textpassagen mithilfe der folgenden Begriffe: Antibolschewismus, Sozialdarwinismus, Antisemitismus, Rassismus, Kolonialismus, Lebensraumideologie. Ergänzen Sie ggf. diese Begriffe als Zwischenüberschriften und stellen Sie den Inhalt so neu angeordnet stichwortartig dar. [II]
In sechs gebildeten Gruppen werden im Anschluss an den Gedankenaustausch zu zweit die genannten Begriffe (Antibolschewismus, Sozialdarwinismus, Antisemitismus, Rassismus, Kolonialismus und Lebensraumideologie) zu einer je abschließenden Formulierung gebracht, die jedoch durch die deutliche Kritik an jedem Aspekt dieser Hitleraussagen ergänzt werden muss.

3. Arbeiten Sie heraus, welche Elemente der NS-Ideologie in der Rede Himmlers (Q5) identifiziert werden können. Schildern Sie in eigenen Worten, was sich hier als „Moral" abzeichnet. Gehen Sie insbesondere darauf ein, was Himmler unter „gut" versteht. Erarbeiten Sie eine Gegenargumentation zu diesem Text. [I] [II]
- Menschen mit nordisch-germanischem Blutsteil werden innerhalb der SS aus der „in ihren Erbanlagen gemischten" Bevölkerung bewusst „ausgelesen" (Sozialdarwinismus). Dies geschieht u. a. nach dem äußeren Erscheinungsbild.
- Im Dezember 1931 erließ Himmler den „Verlobungs- und Heiratsbefehl der SS". Dieser verlangt von allen unverheirateten Angehörigen der SS vor einer beabsichtigten Eheschließung die Erlaubnis des Reichsführers SS einzuholen. Mittels eines Abstammungsnachweises und einer rassischen sowie einer gesundheitlichen Untersuchung hatten der SS-Mann und seine Braut den Nachweis ihrer rassischen und erbbiologischen Wertigkeit zu erbringen. Es zeigt sich, dass die Aussagen von „Moral" und „gut", wie

Himmler sie versteht, mit heutigen demokratisch geprägten Vorstellungen keinesfalls übereinstimmen, diesen sogar krass entgegenstehen.

4. Erklären Sie, inwieweit es sich bei Q6 um einen ideologischen und nicht um einen wissenschaftlichen Text handelt. Gehen Sie dabei auf die Argumentationstechniken eines wissenschaftlichen Textes im Unterschied zu einem ideologischen Text ein. [II] ○
- Die „großen naturwissenschaftlichen Entdeckungen und Erkenntnisse" werden „germanische[n] Forscher[n]" und ihrer „geduldigen, fleißigen und aufbauenden Naturbeobachtung" zugesprochen. Die theoretische Physik, wie sie Einstein vertritt, wird als jüdische, von der Wirklichkeit losgelöste Theorie („geschicktes Jonglieren mit mathematischen Formeln") diffamiert.
- Der Text bleibt bei seinen radikalen Thesen, ohne sachlich zu argumentieren. Es handelt sich daher auch hier, wie so oft in der NS-Ideologie um eine Abkehr von der Moderne. Beschleunigte Veränderungen in Technik, Wirtschaft und Gesellschaft überforderten die Fähigkeit vieler Zeitgenossen, die Veränderungen mental zu verarbeiten. Die NSDAP lehnte wesentliche Errungenschaften der Modernisierung ab. Sie verwarf die Menschenrechte, Frauenemanzipation und parlamentarische Demokratie, lehnte Völkerfriede und Gewaltlosigkeit, Urbanität, Liberalismus und moderne Kunst ab. Sie setzte dagegen auf Rassismus, Antisemitismus und die Höherwertigkeit des eigenen Volkes, vor allem gegenüber den Völkern Osteuropas, auf das „Führerprinzip" und damit auf die Diktatur in allen Bereichen des öffentlichen und privaten Lebens, auf Männerherrschaft, Gewalt und Krieg, auf eine einheitliche „Volksgemeinschaft", auf Verklärung des Landlebens und des Bauerntums und auf eine Kunst eigener Art, die nicht provozieren, kritisieren und nachdenklich machen durfte. Gerade jüdische Intellektuelle galten als verhasste Symbolfiguren der Moderne.

5. Recherchieren Sie die Biografie eines deutschen Wissenschaftlers, der nach 1933 ins Exil getrieben wurde, und präsentieren Sie Ihre Ergebnisse der Klasse. [I]
individuelle Schülerlösung

6. Beschreiben Sie die Bilder Q1 und Q4 und erläutern Sie deren ideologischen Gehalt. [I] [II]
- Q1: Tarantel mit Totenkopf und Stahlhelm, auf dem ein roter Sowjetstern prangt, symbolisiert den Bolschewismus, der die Erdkugel umfasst bzw. erobern will. Die NS-Propaganda-Ausstellung „Große antibolschewistische Schau" in Dortmund (1937) ging als Wanderausstellung in viele Städte. Der Antibolschewismus richtete sich insbesondere gegen die Festsetzung und Ausbreitung von Verhältnissen, wie sie in der Sowjetunion nach der Oktoberrevolution 1917 herrschten und war vor allem antisemitisch motiviert. Der Nationalsozialismus bildete ein bewusstes Gegenkonzept zum internationalen marxistischen Sozialismus. Durch das Führerprinzip sollten Staat und Gesellschaft innerhalb der Volksgemeinschaft konsequent hierarchisch aufgebaut sein. Im Gegensatz dazu standen der Marxismus bzw. Bolschewismus, aber auch die Sozialdemokratie bis hin zu den Gewerkschaften, die sich für die gesellschaftliche Gleichheit einsetzten.

- Q4: 1933 bestimmte Hitler Nürnberg zur „Stadt der Reichs-
parteitage". Propagandistisch sollte damit die Verbindung
zwischen der NS-Bewegung und der großen Vergangenheit
der Reichsstadt als Ort der Kaiserherrlichkeit und mittelal-
terlichen Reichstage rekonstruiert werden. Deshalb hielt
man hier bis 1938 alljährlich im September die Reichspar-
teitage der NSDAP ab. Mit einer „Zentralstelle" wurde die
Stadt in die von Jahr zu Jahr aufwendigere Veranstaltungs-
organisation eingebunden. Rund eine Million Besucher und
Teilnehmer aus ganz Deutschland kamen zu dem Ereignis;
sie mussten transportiert, versorgt und untergebracht werden. Schauplatz der spektakulären Masseninszenierungen
war das Reichsparteitagsgelände, ein elf Quadratkilometer
großes Areal im Südosten der Stadt. Hier sollte nach Planun-
gen Hitlers und seines Architekten Albert Speer eine „Tem-
pelstadt der Bewegung" mit riesenhaften Versammlungs-
bauten und Aufmarschanlagen entstehen; diese wurde aber
bis zum Kriegende 1945 nicht fertiggestellt.

7. Informieren Sie sich durch Recherchen im Internet und unter
Zuhilfenahme von Lexikonartikeln über die Begriffe „Bolschewismus" und „Oktoberrevolution" (von 1917). Stellen Sie Ihre
Rechercheergebnisse in einer Präsentation dar. Visualisieren Sie
Ihre zentralen Aspekte auf zwei bis drei Folien am Overheadpro-
jektor bzw. in einem Präsentationsprogramm. [II]
individuelle Schülerlösung

8. Berichten Sie, welche Erfahrungen Sie selber schon mit Massenveranstaltungen (z.B. einem Fußballspiel, einem Konzert)
gemacht haben, und beschreiben Sie die emotionalen Wirkungen solcher Massenveranstaltungen. Erarbeiten Sie dann aus
D1 die Funktionen der Propaganda für die Umsetzung der NS-
Ideologie. [II]
Der Historiker Winfried Ranke erläutert, wie die NS-Propaganda emotionale Ergriffenheit von Glaubensbereitschaft bis
hin zum ekstatischen Gemeinschaftserlebnis erzeugt: Mani-
pulation des Massenverhaltens durch Ausbeutung christlicher
Gewohnheiten; Ausschaltung kritischen Urteilens, stattdessen
Eingliedern in ein System von Befehl und Gehorsam; Durch-
dringung und Indoktrination der deutschen Gesellschaft in
allen Lebensbereichen – sei es die Erwachsenen in der Freizeit
und in der Arbeitswelt, in den parteinahen Organisationen
oder die Jugend in den Jugendorganisationen und der Schule.

↩ 161

9. Recherchieren Sie, welche Autoren in den Bücherverbren-
nungen vom 11. Mai 1933 symbolisch verbrannt wurden. Wählen
Sie eines der Werke aus und stellen Sie das Buch in der Klasse
vor. [II]
- Verbrannt wurden vor allem Werke jüdischer, pazifistischer
und politisch andersdenkender Schriftsteller.
- Initiiert wurde die Aktion von der Deutschen Studenten-
schaft.
- Verbrannt wurden Bücher u.a. von Ernst Bloch, Bertolt
Brecht, Lion Feuchtwanger, Sigmund Freud, Heinrich Heine,
Franz Kafka, Erich Kästner, Karl Liebknecht, Thomas Mann,
Heinrich Mann, Robert Musil, Erich-Maria Remarque, Nelly
Sachs, Bertha von Suttner, Kurt Tucholsky, Franz Werfel oder
Stefan Zweig. [Referate am sinnvollsten in Absprache mit
dem/r DeutschfachlehrerIn]

10. Diskutieren Sie, warum die Nationalsozialisten Bücher verbrannten. [III]
- Die Bücherverbrennung ist eine öffentlich inszenierte Zerstörung von unliebsamen oder indizierten Schriften durch
Feuer. Sie demonstriert Macht über das geschriebene Wort.
- Die zumeist öffentlich veranstalteten Verbrennungen erfolgten wegen moralischer, politischer oder religiöser Ein-
wände gegen den Inhalt der Schriften: Die von der staatlichen Gewalt symbolisch oder tatsächlich – so am 10. Mai
1933 – verbrannten Texte wurden meist als blasphemisch,
häretisch, ketzerisch, unmoralisch, obszön, aufrührerisch
und/oder hochverräterisch disqualifiziert.

162–169

6.3 „Volksgemeinschaft" und Terror – das NS-Herrschaftssystem

Vorschlag für einen Unterrichtsverlauf

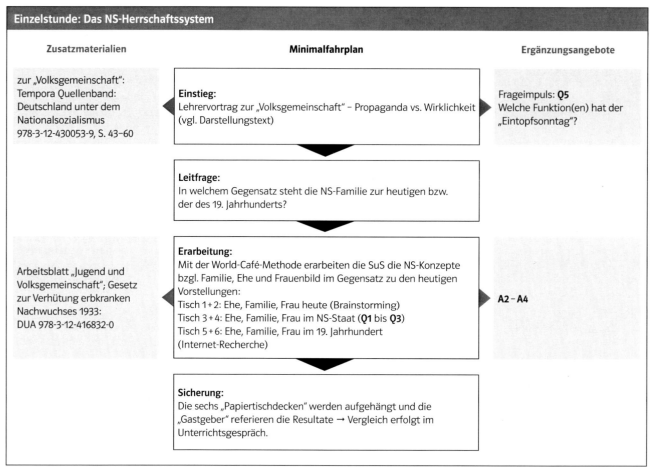

Einzelstunde: Das NS-Herrschaftssystem

Zusatzmaterialien	Minimalfahrplan	Ergänzungsangebote
zur „Volksgemeinschaft": Tempora Quellenband: Deutschland unter dem Nationalsozialismus 978-3-12-430053-9, S. 43–60	**Einstieg:** Lehrervortrag zur „Volksgemeinschaft" – Propaganda vs. Wirklichkeit (vgl. Darstellungstext)	**Frageimpuls: Q5** Welche Funktion(en) hat der „Eintopfsonntag"?
	Leitfrage: In welchem Gegensatz steht die NS-Familie zur heutigen bzw. der des 19. Jahrhunderts?	
Arbeitsblatt „Jugend und Volksgemeinschaft"; Gesetz zur Verhütung erbkranken Nachwuchses 1933: DUA 978-3-12-416832-0	**Erarbeitung:** Mit der World-Café-Methode erarbeiten die SuS die NS-Konzepte bzgl. Familie, Ehe und Frauenbild im Gegensatz zu den heutigen Vorstellungen: Tisch 1+2: Ehe, Familie, Frau heute (Brainstorming) Tisch 3+4: Ehe, Familie, Frau im NS-Staat (Q1 bis Q3) Tisch 5+6: Ehe, Familie, Frau im 19. Jahrhundert (Internet-Recherche)	**A2–A4**
	Sicherung: Die sechs „Papiertischdecken" werden aufgehängt und die „Gastgeber" referieren die Resultate → Vergleich erfolgt im Unterrichtsgespräch.	

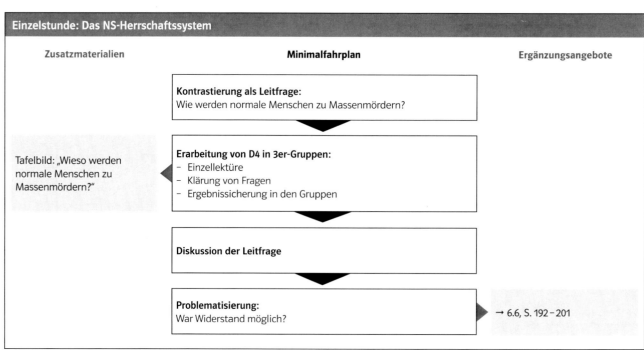

Einzelstunde: Das NS-Herrschaftssystem

Zusatzmaterialien	Minimalfahrplan	Ergänzungsangebote
	Kontrastierung als Leitfrage: Wie werden normale Menschen zu Massenmördern?	
Tafelbild: „Wieso werden normale Menschen zu Massenmördern?"	**Erarbeitung von D4 in 3er-Gruppen:** − Einzellektüre − Klärung von Fragen − Ergebnissicherung in den Gruppen	
	Diskussion der Leitfrage	
	Problematisierung: War Widerstand möglich?	→ 6.6, S. 192–201

Wieso werden normale Menschen zu Massenmördern?

Sozialpsychologische Grundlagen nach D4

Einfluss der von außen kommenden ideologischen Grundhaltung: Radikale Ausgrenzung von Anderen wird zunehmend als positiv betrachtet. Tötungsverbot verwandelt sich in ein Tötungsgebot.

Einfluss der gesellschaftlichen Ebene: situative Gruppennormen, soziale Werthaltungen, religiöse Überzeugungen, vorangegangene Erfahrungen, Wissen, Kompetenz, Gefühle

Einfluss der individuellen Ebene: Einschätzung des eigenen Handlungsspielraums

Das Tafelbild als editierbare PowerPoint-Version finden Sie auf dem Digitalen Unterrichtsassistenten (978-3-12-416832-0).

Erwartungshorizonte

A Die Kehrseite der „Volksgemeinschaft"

1. Analysieren Sie das Säulendiagramm (D1) und die Tabellen D2 und D3 unter Berücksichtigung des Darstellungstextes. Gehen Sie danach kritisch auf die „Erfolge" der nationalsozialistischen wirtschafts- und sozialpolitischen Maßnahmen ein. [II] [III]
- D1: Beseitigung der Arbeitslosigkeit durch Staatsaufträge, vor allem im Bereich der Rüstung. Weitere Maßnahmen zur Arbeitsbeschaffung: Einführung der Wehrpflicht, Arbeitsdienst, Entlassung von Frauen aus dem Berufsleben.
- D2: Die Lohnsenkungen seit der Deflationspolitik von Brüning bleiben bestehen bzw. setzen sich fort. Die staatliche Wirtschaftsförderung und der Arbeitsdienst schönten die Arbeitslosenstatistik. Die Staatsverschuldung stieg: Eine Konjunktur auf Pump wurde propagandistisch angekurbelt. Die Kosten dieser Wirtschafts- und Sozialpolitik: Niedriglöhne, Arbeitszeitverlängerung, Ausschaltung der Gewerkschaften.
- D3: Auch die Konsumausgaben (Nahrungsmittel) von 1937 sind gegenüber 1928 deutlich rückläufig (abgesehen von Kartoffeln) und entsprechen dem geringen Lohnniveau.

B Die NS-Ideologie im Alltag

2. Erläutern Sie, welches Konzept von Ehe bzw. Familie und welches Frauenbild in Q1 bis Q3 zum Ausdruck kommt. [II]
- Die Nationalsozialisten sahen die „natürliche" Hauptaufgabe der Frauen darin, möglichst viele Kinder zur Welt zu bringen, um somit die Ausbreitung der „arischen Rasse" zu gewährleisten.
- Das rassistische Gedankengut der Nationalsozialisten drückt sich auch in deren Vorstellungen von der Eheschließung aus. Eine Ehe galt nur zwischen „arischen" Partnern als legitim. Als Ideal galt die Großfamilie.

3. Suchen Sie in Zeitungen oder Zeitschriften einige Heirats- und Bekanntschaftsanzeigen, die Ihnen für heutige Verhältnisse typisch zu sein scheinen, und sammeln Sie Eigenschaften und Merkmale, die Ihr zukünftiger Partner haben sollte. Vergleichen Sie diese dann mit Q2 und Q3. Welche Gemeinsamkeiten und Unterschiede stellen Sie fest? [II]
Individuelle Schülerlösung. Interessant wäre nicht nur der Merkmalsvergleich, sondern auch die Frage, wovon die heutigen Wunschvorstellungen geprägt werden.

4. Informieren Sie sich über die Rolle von Ehe und Familie in unterschiedlichen gegenwärtigen und historischen Gesellschaften, indem Sie im Internet mithilfe der Suchbegriffe „Ehe" und „Familie" recherchieren. Berücksichtigen Sie vor allem Treffer, die die historische Entwicklung dieser beiden Institutionen nachzeichnen. Arbeiten Sie arbeitsteilig. Fassen Sie die verschiedenen Funktionen von Ehe und Familie schriftlich zusammen und präsentieren Sie Ihre Ergebnisse. [II] ○
individuelle Schülerlösung

5. Geben Sie die Hauptaussagen von Q4 grafisch wieder und arbeiten Sie den Sinn einer solchen Darstellung für die Nationalsozialisten heraus. [I] [II]
- Zwar proklamierte die NS-Propaganda mit dem Begriff der „Volksgemeinschaft" die angebliche Auflösung der Klassengesellschaft, also eine Gesellschaft ohne Standesunterschiede, in der alle sozial gleichgestellt sein sollten.
- Doch die Wirklichkeit sah anders aus: Die Nationalsozialisten unterschieden nämlich sehr wohl und sehr deutlich. Kriterien für eine Zugehörigkeit zur „Volksgemeinschaft" waren die rassistischen Vorstellungen der NS-Ideologie. All jene, die nicht ins Weltbild der Nationalsozialisten passten, wurden ausgegrenzt. Dies waren neben politischen Gegnern jene, die nicht dem NS-Rasseideal entsprachen, also u. a. Juden, Sinti und Roma oder Menschen mit Behinderung, aber auch Obdachlose oder Homosexuelle.

169

6. Erklären Sie die Funktion von „Eintopfsonntagen" (Q5). [II]

- Seit dem 1. Oktober 1933 wurden in größeren Städten Gemeinschaftsessen auf öffentlichen Plätzen, sog. „Eintopfsonntage" veranstaltet. Vordergründig dienten sie dazu, ärmeren Bevölkerungsschichten zu einer billigen warmen Mahlzeit zu verhelfen.
- Um die Bedeutung dieser „Eintopfsonntage" zu unterstreichen, waren stets Repräsentanten der NSDAP zugegen. Aber hauptsächlich sollte die solidarische Volksgemeinschaft im Sinne eines „Sozialismus der Tat" zur Schau gestellt und gefördert werden.

7. Definieren Sie den Begriff einer „nationalsozialistischen Moral" und diskutieren Sie Ihre Definitionen im Kurs. [III] ○

- Wolfgang Bialas hat 2014 eine Publikation zum Thema „Moralische Ordnungen des Nationalsozialismus" herausgegeben.
- Er weist in seiner Einleitung darauf hin, dass Forschungen zur „Moral der Unmoral" erst am Anfang stünden. Aber schon die Schwierigkeit, sich irgendeiner moralischen Dimension des Holocaust zu nähern, legt den Schluss nahe, dass „ja kontemplatives Schweigen die angemessene Haltung der moralischen Katastrophe des Holocaust gegenüber" sei.

C Sozialpsychologische Grundlagen

8. Recherchieren Sie Grundzüge a) der Beeinflussung der Jugend im Nationalsozialismus und b) des NS-Frauenbildes. Ausgangspunkt kann neben dem Darstellungstext auf S. 162 f. die Website des Deutschen Historischen Museums sein („Lebendiges Museum online" – LeMO). Präsentieren Sie Ihre Ergebnisse in Ihrem Kurs. [II]

Die SuS fassen den Darstellungstext auf S. 162 f. zusammen bzw. finden auf LeMO relevante Rechercheresultate. Folgende Aspekte sollten dabei unbedingt Erwähnung finden:
- Zu a) Die Erziehung der Jugend spielte eine entscheidende Rolle. Die Indoktrination begann schon im Kinderzimmer (Spielzeug) und fand in der Hitler-Jugend bzw. in seinem weiblichen Zweig, dem Bund deutscher Mädel, ihre entscheidende Vertiefung. Die Jungen wurden zur Volksgemeinschaft, zur Aufopferungsbereitschaft und zur Wehrhaftigkeit erzogen; die Schulungskurse der Mädchen beinhalteten Volkstänze, Lieder, Hauswirtschaft und körperliche Ertüchtigung.
- Zu b) Entsprechend der Vorstellung der Nationalsozialisten war die wichtigste Rolle der Frau die Mutterrolle; in der Politik habe sie nichts zu suchen. An den Muttertagen wurde die „deutsche Mutter" verehrt; wenn mindestens vier Kinder vorzuweisen waren, erhielt sie das sogenannte Mutterkreuz.
  Zu den typisch weiblichen Berufen zählten die Krankenschwester, die Erzieherin oder Verkäuferin. Die Wirklichkeit, besonders in der Zeit des Krieges, sah anders aus: Viele Frauen mussten in Munitionsfabriken o. Ä. arbeiten und waren allein für ihre Familie verantwortlich.

Übergreifende Arbeitsaufträge

9. Erklären Sie den Zusammenhang von nationalsozialistischer Ideologie und Staatsterror. [II]

- Unmittelbar nach der „Machtergreifung" errichtete das NS-Regime einen Terrorapparat, der die gesamte Gesellschaft seinem totalitären Anspruch unterwerfen sollte. Der Rechtsstaat wurde systematisch zerstört: Politische Gegner kamen zu Tausenden in sogenannte Schutzhaft. Konzentrationslager wurden errichtet, die Justiz gleichgeschaltet und die Gesetzgebung neu ausgerichtet. Da große Teile der Bevölkerung diese Entwicklung mittrugen, waren Misstrauen, Angst und Denunziation allgegenwärtig.
- Seit Kriegsbeginn 1939 verdrängten die systematischen Verfolgungsmaßnahmen den willkürlichen Terror. Die Strafen verschärften sich drastisch. Eine unvorsichtige Bemerkung konnte nun eine jahrelange Zuchthausstrafe nach sich ziehen, aktive Regimegegner mussten mit einem Todesurteil rechnen. Ziel war es, bei der Bevölkerung und allen Meinungsbildnern kritisches Denken und Handeln zu unterbinden und alle dem System von Befehl und Gehorsam zu unterwerfen. Die Ideologie des Nationalsozialismus schuf dazu verbindliche Leitbilder der Politik und band die „Volksgemeinschaft" ins System.

6.4 NS-Außenpolitik und Zweiter Weltkrieg

170–179

Vorschlag für einen Unterrichtsverlauf

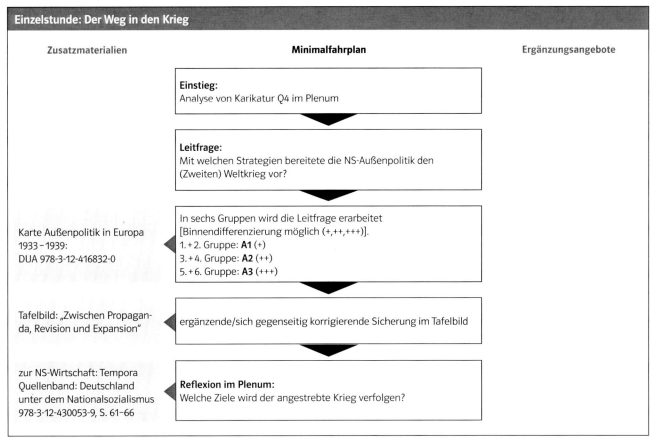

Einzelstunde: Der Weg in den Krieg

Zusatzmaterialien	Minimalfahrplan	Ergänzungsangebote
	Einstieg: Analyse von Karikatur Q4 im Plenum	
	Leitfrage: Mit welchen Strategien bereitete die NS-Außenpolitik den (Zweiten) Weltkrieg vor?	
Karte Außenpolitik in Europa 1933–1939: DUA 978-3-12-416832-0	In sechs Gruppen wird die Leitfrage erarbeitet [Binnendifferenzierung möglich (+,++,+++)]. 1.+2. Gruppe: **A1** (+) 3.+4. Gruppe: **A2** (++) 5.+6. Gruppe: **A3** (+++)	
Tafelbild: „Zwischen Propaganda, Revision und Expansion"	ergänzende/sich gegenseitig korrigierende Sicherung im Tafelbild	
zur NS-Wirtschaft: Tempora Quellenband: Deutschland unter dem Nationalsozialismus 978-3-12-430053-9, S. 61–66	**Reflexion im Plenum:** Welche Ziele wird der angestrebte Krieg verfolgen?	

Einzelstunde: Die deutsche Kriegsführung im Osten

Zusatzmaterialien	Minimalfahrplan	Ergänzungsangebote
	Einstieg: Überblick „Europa im Zweiten Weltkrieg" mittels Kartenarbeit (**D2**)	
	Leitfrage: Welche Merkmale kennzeichnete die deutsche Kriegsführung im Osten?	
Karten Kriegsverlauf in Europa, Zweiter Weltkrieg global; Probeklausur zu einer Hitlerrede 1942; Audio-Datei Goebbels-Rede Sportpalast 1942: DUA 978-3-12-416832-0	**Erarbeitung:** 1. Vorlesen zweier Briefquellen (**Q5**) mit Kurzanalyse derselben im Unterrichtsgespräch (Plenum) 2. Einzelarbeit (50% der Klasse) **Q6**: Wie sahen die Befehle aus? 3. Einzelarbeit (50% der Klasse) **Q7**: Welche Konsequenzen hatten die Befehle?	
	Diskussion: Informationsaustausch und anschließend Diskurs über die Merkmale der deutschen Kriegsführung im Osten	Frage nach der (individuellen) Schuld?
	Reflexion: Krieg und seine Ausformung in der heutigen Welt – Haben die Menschen aus der Geschichte nichts gelernt?	**A9**

170 – 179 Tafelbild

Zwischen Propaganda, Revision und Expansion – die NS-Außenpolitik 1933–1939

Hitlers Aufruf an das deutsche Volk, 10. Februar 1933	Austritt aus dem Völkerbund, 14. Oktober 1933	„Anschluss Österreichs", 13. März 1938
Nichtangriffspakt mit Polen, 26. Januar 1934	Angliederung des Saarlandes, Januar 1935	Eingliederung des Sudetenlandes, 30. September 1938
Flottenabkommen mit Großbritannien, 18. Juni 1935	Einführung der Allgemeinen Wehrpflicht, 16. März 1935	„Zerschlagung der Rest-Tschechei", 15. März 1939
Olympische Spiele in Berlin, August 1936	Einmarsch ins entmilitarisierte Rheinland, 7. März 1936	Überfall auf Polen, 1. September 1939 (nach Hitler-Stalin-Pakt, 23. August 1939)
= *Propaganda*	= *Revision*	= *Expansion*

Das Tafelbild als editierbare PowerPoint-Version finden Sie auf dem Digitalen Unterrichtsassistenten (978-3-12-416832-0).

Erwartungshorizonte

A Vorbereitung auf den Krieg

1. Erarbeiten Sie aus dem Darstellungstext, Q2 und Q3 ein Phasenmodell für die nationalsozialistische Außenpolitik bis 1939. [I] [II]

– 1. Phase 1933/1934: Abschirmung der inneren Machtergreifung, Konsolidierung des Regimes, illegaler Ausbau der bewaffneten Macht. Friedensversprechungen aber gleichzeitig Revisionsforderungen des Versailler Vertrags. (14.10.1933: Das Deutsche Reich tritt aus dem Völkerbund aus.)

– 2. Phase 1935/1936: Ausbruch aus der Isolation, Bruch von Versailles, Beginn der britischen Appeasement-Politik. (Januar 1935: Angliederung des Saarlandes; 16. März 1935: Einführung der Allgemeinen Wehrpflicht; 7. März 1936: Deutsche Truppen marschieren in das entmilitarisierte Rheinland ein.)

– 3. Phase 1938/1939: Vorbereitung des Eroberungskrieges (überproportionale Aufwendungen für Aufrüstung; Vierjahresplan; Achse Berlin-Rom. (13. März 1938: „Anschluss Österreichs"; 29. September 1938: Die „Münchner Konferenz" akzeptiert den Einmarsch ins Sudetenland; 15. März 1939 „Zerschlagung der Rest-Tschechei"; 1. September 1939: Im Anschluss an den Nichtangriffspakt zwischen Deutschland und der Sowjetunion – mit einem geheimen Zusatzabkommen – marschieren deutsche Truppen in Polen ein.)

2. Analysieren Sie die ideologischen Grundlagen der Außenpolitik des Nationalsozialismus (Q2, Q3). [II]

– Hitler strebte eine expansive deutsche Außenpolitik an, die weit über die Revision des Versailler Vertrags hinausging. Er wollte die deutsche Vormachtstellung in Europa und Deutschland als Weltmacht etablieren.

– Um Hitlers rassistischen Anspruch vom „Lebensraum" im Osten umzusetzen und eine rücksichtslose Germanisierung Osteuropas zu erzwingen, sollte das Deutsche Reich militärisch aufgerüstet und wirtschaftlich autark werden.

3. Schildern Sie in eigenen Worten die Gründe für die Dynamik der NS-Außenpolitik (D1). [II]

– Die Dynamik nahm an Fahrt auf, und zwar aus folgenden Gründen: Die raschere Aufrüstung der anderen europäischen Großmächte hätte für Deutschland zum Nachteil werden können; die wirtschaftliche Vernachlässigung elementarer Faktoren – etwa von Wohnungsbau und Konsum – zu Lasten der Rüstung konnte nicht unbegrenzt fortgesetzt werden; ideologische Überlegungen hinsichtlich eines Vorgehens gegen den Bolschewismus gewannen an Einfluss; Angst, dass jeder Stillstand Rückschritt bedeuten würde.

4. Analysieren Sie die Karikatur Q4, stellen Sie dabei auch das Verhältnis von kurzfristigen und langfristigen Interessen der dargestellten Beteiligten dar. [II]

– Beschreiben: Die Karikatur, deren Untertitel im Deutschen lautet „Fragt sich, wie lange die Flitterwochen dauern werden?", erschien am 9. Oktober 1939 – also mehr als einen Monat nach Beginn des Zweiten Weltkrieges – im „Washington Star".

Die Karikatur zeigt Stalin als Braut und Hitler als Bräutigam. Das „Paar" steht vor einer blumen- und blätterreichen Kulisse. Die jeweiligen Staatssymbole – Hakenkreuz sowie Hammer mit Sichel – finden wir dekorativ als Motive auf einem Pokal oder als Schmuck (z. B. Krawattennadel, Halskette, Ohrring).

Aktiver Part des „Paares" ist der mit Frack bekleidete Hitler; er hält die Hand der im weißen Hochzeitskleid auftretenden und mit Schleier und Blumenstrauß ausstaffierten „Braut" Stalin und führt diese anscheinend zum Traualtar.

– Untersuchen: Der Zeichner Clifford K. Berryman nimmt darin Bezug auf die deutsch-sowjetischen Verhandlungen bzw. Abkommen des Herbstes 1939: Am 23. August 1939 war der deutsch-sowjetische Nichtangriffspakt unterzeichnet worden, am 28. September 1939 der deutsch-sowjetische Grenz- und Freundschaftspakt.

– Deuten: Dass die „Braut" Stalin den „Bräutigam" Hitler verliebt anzulächeln scheint, lässt vermuten, dass der Karikaturist dem sowjetischen Diktator eine gewisse Naivität unterstellt. Dass die Karikatur Recht behalten sollte, beweist der knapp zwei Jahre später stattfindende Überfall des Deutschen Reiches auf die Sowjetunion, womit der auf zehn Jahre befristete deutsch-russische Nichtangriffspakt gebrochen wurde. Die Karikatur macht aber auch deutlich, dass sich das Ausland nach dem Angriff auf Polen fragte, welche weiteren Kriegsabsichten Hitler wohl verfolgte.

B Die deutsche Kriegsführung im Osten

5. Rekonstruieren Sie die Einstellung des Offiziers Hellmuth Stieff, die in dem Brief an seine Frau (Q5) zum Ausdruck kommt. Arbeiten Sie die Widersprüchlichkeit seiner Haltung heraus und versuchen Sie diese zu erklären. Beschreiben Sie die Gefühlswelt des Majors und beurteilen Sie seine Argumentation. Welche Erscheinungsformen der deutschen Kriegsführung in Osteuropa spricht Stieff an (Q5a, Q5b)? [II] ○

- Major Hellmuth Stieff schildert nahezu fassungslos den grausamen Krieg in Polen und dessen Auswirkungen. Er distanziert sich dabei vom brutalen Vorgehen gegen die Bevölkerung. Die Widersprüchlichkeit liegt darin, dass Stieff zwar diesen Krieg und dessen Folgen als abscheulich kennzeichnet, er aber als Offizier der Wehrmacht an diesem Krieg teilnimmt, diesen quasi mit führt und verantwortet.
- Eine Verweigerung des Waffendienstes war für ihn kaum möglich, denn seit Beginn des Krieges stand darauf die Todesstrafe. Hitler galt der Wehrdienst als „Ehrendienst am deutschen Volk". Eine Ausnahmeregelung für Kriegsdienstverweigerer aus religiösen oder anderen Gewissensgründen war nicht nur nicht vorgesehen, sondern galt sogar als Defätismus und Widerstand. Irgendeine Möglichkeit, den Wehrdienst zu verweigern, lag demnach dem nationalsozialistischen Denken vollkommen fern.
- Die Militärgesetzgebung richtete sich diesbezüglich „insbesondere gegen Sekten und Pazifisten" und räumte der militärischen Gehorsamspflicht den „unbedingten Vorrang" vor einer „Gewissenspflicht" ein.
- Erscheinungsformen der deutschen Kriegsführung: Stieff spricht den Charakter des Vernichtungsfeldzugs im Osten an, weist immer wieder auf das brutale Vorgehen gegen die einheimische Bevölkerung und die Ermordung der Juden hin.

6. Diskutieren Sie, warum Stieff trotz seiner Zweifel seine Tätigkeit weiter ausgeübt haben könnte. [III]
- Die unter Aufgabe 5 genannten militärstrafrechtlichen Rahmenbedingungen müssen den SuS vor einer Diskussion erläutert werden; deutliches Beispiel für das radikale Vorgehen gegen Verweigerer sind die Zeugen Jehovas.
- Insofern blieben einem Offizier nur wenige bzw. keine Möglichkeiten, sich eindeutig und offen gegen die deutsche Kriegsführung in Osteuropa zu stellen, es sei denn, er ginge – mit den potenziellen Konsequenzen – in den Widerstand [vgl. Hans Scholl].

⤴ 170–179

7. Beschreiben Sie in eigenen Worten, welches Vorgehen der deutschen Soldaten von der Armeeführung erwartet wurde (Q6). Arbeiten Sie heraus, inwieweit in diesem Befehl eine nationalsozialistisch geprägte Weltanschauung zum Ausdruck kommt. [I] [II]
Aufgaben, die über das „Soldatentum" hinausgehen:
- Ausrottung der Juden;
- Partisanen, deren Aktionen „erfahrungsgemäß von Juden angezettelt werden", dürfen nicht gefangengenommen, sondern müssen ermordet werden;
- Vergeltungsakte sind auf die unbeteiligte männliche Bevölkerung auszudehnen;
- erbarmungslose Ausrottung „artfremder Heimtücke".

Begründet wird das Vorgehen mit Antisemitismus, Antibolschewismus und der „völkischen Idee" – also mit den rassistischen Grundprinzipien der NS-Ideologie.

8. Charakterisieren Sie typische Merkmale der deutschen Kriegsführung in der Sowjetunion (Q6, Q7). [II]
- Die deutsche Kriegsführung in der Sowjetunion orientierte sich an der NS-Ideologie. Das einigende Band dieser NS-Politik ist zum einen der Rassismus, zum anderen die Lebensraumpolitik mit dem damit verbundenen „Vernichtungskrieg im Osten".
- Diese Eroberung von „Lebensraum im Osten" beinhaltete die konsequente „germanische" oder „arische" Besiedlung von Gebieten, die ursprünglich außerhalb der deutschen Grenzen gelegen hatten.
- Deshalb war der Krieg in Osteuropa ganz offensichtlich, anders als die Feldzüge in Westeuropa, ein Vernichtungskrieg.
- Die Genfer Konvention wurde zwar auf die Gefangenen der westlichen Alliierten, nicht aber auf die sowjetischen Kriegsgefangenen angewendet, die zu Millionen erschossen wurden oder in Lagern zugrunde gingen.
- Die Zivilbevölkerung wurde ebenso massenhaft getötet, um „Lebensraum" zu gewinnen.
- Auch die „Partisanenbekämpfung" betraf zunehmend mit wirklicher Partisanentätigkeit in keinem Zusammenhang stehende Personen, Ortschaften, und Bevölkerungsgruppen. Es wurden häufig nicht nur Partisanen, sondern auch vorgebliche „Partisanenhelfer" und „Partisanenverdächtige" ungeprüft und relativ wahllos getötet.

170–179

C „Nie gewollt"?

9. Erarbeiten Sie nach der Lektüre von Q8 eine Gegenargumentation unter Berücksichtigung der Geschichte der nationalsozialistischen Außenpolitik und Kriegsführung. [III]

Zum Abschluss der Bearbeitung des Kapitels 6.4 sollen die SuS eine Gegenargumentation zu Adolf Hitlers Aussagen in seinem politischen Testament erarbeiten; alle in dieser Quelle aufgeführten Behauptungen sind Lügen, sodass die Abfassung des Kontrasttextes eine gute Überprüfung des Unterrichtsstoffes ist. Der Text könnte wie folgt aussehen:

- Hitler hat den Krieg selbstverständlich gewollt: Um die bereits in der Weimarer Republik geheim begonnene Aufrüstung zu verstärken, entschloss sich Hitler 1933 zum Verlassen der Genfer Abrüstungskonferenz und zum Austritt aus dem Völkerbund.
- Da das deutsche Rüstungskonzept mit dem bestehenden Berufsheer schnell an personelle Grenzen stieß, bestimmte das „Gesetz für den Aufbau der Wehrmacht" vom 16. März 1935 die Einführung der allgemeinen Wehrpflicht.
- Oberster Befehlshaber der Wehrmacht war Hitler.
- Mit der Namensänderung von Reichswehr in Wehrmacht änderte sich 1935 auch offen die während der Weimarer Republik entwickelte Defensivstrategie der Armee.
- Die zeitgleichen Umbenennungen von Reichswehrminister in Reichskriegsminister und Reichsmarine in Kriegsmarine deuteten bereits auf Strukturen einer Angriffsarmee sowie auf den Beginn von umfassender Aufrüstung und Kriegsvorbereitungen hin, die Hitler schließlich ein Jahr später schriftlich umriss.
- In einer geheimen Denkschrift zum Vierjahresplan erklärte er im August 1936, die Wehrmacht müsse in „vier Jahren einsatzfähig, die deutsche Wirtschaft in vier Jahren kriegsfähig sein".
- Zwischen 1933 und Ende 1936 verfünffachte sich die Heeresstärke der Wehrmacht auf 550 000 Mann. 1939 erreichte das Heer eine Stärke von knapp 2,75 Millionen Soldaten.
- Am deutlichsten werden Hitlers Absichten in der Hoßbach-Niederschrift. Oberst Friedrich Hoßbach fertigte nach seinen Notizen eine Niederschrift über eine Besprechung am 5. November 1937 in Berlin an, während Hitler in einem mehrstündigen Monolog den wichtigsten Vertretern der Wehrmacht und dem Außenminister erstmals die Grundzüge seiner auf gewaltsame Expansion ausgerichteten Außenpolitik darstellte.

6.5 Verfolgung und Vernichtung der europäischen Juden 1933 bis 1945

180–191

Vorschlag für einen Unterrichtsverlauf

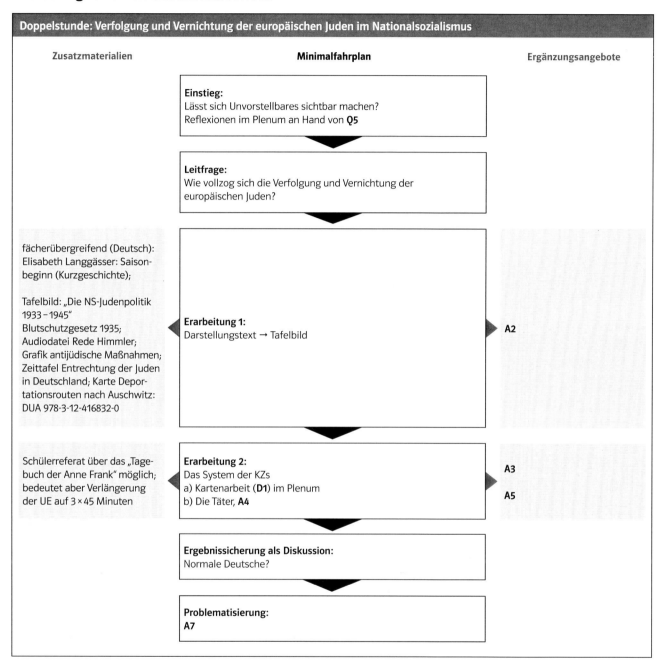

Doppelstunde: Verfolgung und Vernichtung der europäischen Juden im Nationalsozialismus

Zusatzmaterialien	Minimalfahrplan	Ergänzungsangebote
	Einstieg: Lässt sich Unvorstellbares sichtbar machen? Reflexionen im Plenum an Hand von **Q5**	
	Leitfrage: Wie vollzog sich die Verfolgung und Vernichtung der europäischen Juden?	
fächerübergreifend (Deutsch): Elisabeth Langgässer: Saisonbeginn (Kurzgeschichte); Tafelbild: „Die NS-Judenpolitik 1933 – 1945" Blutschutzgesetz 1935; Audiodatei Rede Himmler; Grafik antijüdische Maßnahmen; Zeittafel Entrechtung der Juden in Deutschland; Karte Deportationsrouten nach Auschwitz: DUA 978-3-12-416832-0	**Erarbeitung 1:** Darstellungstext → Tafelbild	A2
Schülerreferat über das „Tagebuch der Anne Frank" möglich; bedeutet aber Verlängerung der UE auf 3 × 45 Minuten	**Erarbeitung 2:** Das System der KZs a) Kartenarbeit (**D1**) im Plenum b) Die Täter, **A4**	A3 A5
	Ergebnissicherung als Diskussion: Normale Deutsche?	
	Problematisierung: A7	

Tafelbild

Die NS-Judenpolitik 1933 – 1945

1933	1934	1935	1938	1941	ab 1942
Boykott jüdischer Geschäfte	„Juden unerwünscht" – Aktionen	Nürnberger Gesetze	Reichspogromnacht	Tragen des Judensterns	Wannseekonferenz organisiert sog. „Endlösung"
Ausgrenzung und Isolierung		Entrechtung	Plünderung und systematische Verfolgung		Deportation und Vernichtung

Das Tafelbild als editierbare PowerPoint-Version finden Sie auf dem Digitalen Unterrichtsassistenten (978-3-12-416832-0).

⤴ 191 Erwartungshorizonte

A Juden werden systematisch ausgegrenzt

1. Analysieren Sie die Überlegungen und Zielsetzungen der an der Beratung Beteiligten in Q1. Diskutieren Sie, welche Bedeutung solchen antijüdischen Maßnahmen im Kontext der nationalsozialistischen Judenverfolgung zukommt. Berücksichtigen Sie auch Q2. [II]
   - Q1: Verbot der Benutzung öffentlicher Einrichtungen, vor allem von Schwimmbädern durch Juden. Außenpolitische Bedenken gab es nur während der Zeit der Olympischen Spiele, aber auch danach gab es in vielen Schwimmbädern keine öffentlichen Verbotsregeln. Die beteiligten Ratsherren und Kommunalpolitiker werden hier auf eigenen Antrieb hin aktiv und versuchen, die generelle antisemitische Ideologie der Nationalsozialisten in dem von ihnen zu verantwortenden Bereich selbst umzusetzen. Sie stehen somit exemplarisch für das Handeln vieler Regierungsbeamter und Parteigenossen, die „dem Führer entgegenarbeiten" wollten.
   - Q2 zeigt ein dementsprechendes Ortsschild aus Oberbayern mit dem Zusatz „Juden sind hier unerwünscht".

B Vernichtung in Deutschland und den besetzten Gebieten

2. Interpretieren Sie die in der Quelle Q3 mit [A] bis [F] gekennzeichneten Passagen. [II]
   - Für den 20. Januar 1942 lud der von der NS-Führung mit der „Endlösung der Judenfrage" beauftragte Reinhard Heydrich Staatssekretäre verschiedener Ministerien sowie hohe Partei- und SS-Funktionäre zu einer Besprechung in eine Villa am Wannsee ein. Thema der Konferenz war die Koordinierung der Zusammenarbeit aller an der „Endlösung" beteiligten Dienststellen. Das Protokoll der Besprechung führte Adolf Eichmann, zuständig für die zentrale Organisation der Deportationen. Durch dieses Protokoll sind die wesentlichen Ziele und Ergebnisse der Besprechung überliefert. Ein vorrangiges Ziel der Zusammenkunft war die Einbindung der vertretenen Institutionen in die Planung und technisch-organisatorische Umsetzung des Völkermords. Dieser war zum Zeitpunkt der Konferenz bereits in vollem Gang. Einsatzgruppen hatten bis Mitte April 1942 schon über 500 000 sowjetische Juden ermordet. Nun aber setzte der NS-Staat alle Mittel ein, um den Völkermord europaweit zu koordinieren und systematisch durchzuführen. Laut Q3 ging es um die „Parallelisierung der Linienführung": A: Den Völkermord organisiert die SS. / B: Statt Vertreibung „Evakuierung nach Osten", also Ermordung / C: Tötung der unterernährten Menschen durch brutale Überlastung beim Arbeitseinsatz. / D: Überlebende der oben erwähnten Maßnahmen werden ebenfalls ermordet. / E: Auch sogenannte „Halbjuden" werden ermordet. / F: Einrichtung von Vernichtungslagern, ohne die Bevölkerung zu beunruhigen.

3. Stellen Sie dar, welches Selbstverständnis von der Ermordung der europäischen Juden in den Reden Hitlers (Q4) und Himmlers (Q6) zum Ausdruck kommt. [I]
   - Gemäß der nationalsozialistischen Ideologie wird die Vernichtung der jüdischen Rasse – laut Q4 im Januar 1939 durch Hitler selbst, laut Q6 im Oktober 1943 durch Himmler – als „zwingende Notwendigkeit" dargestellt.
   - Bei der Realisierung der Ermordung der Juden flossen viele unterschiedliche Motive und Initiativen zusammen. Als die vergleichsweise stärkste Motivationskraft erwies sich der Hass auf die Juden, denn für Hitler verkörperten sie „alle unbegriffenen, tödlichen Gefahren der Moderne" (Hans-Ulrich Wehler).

C Normale Deutsche?

4.
a) Analysieren Sie Q7 und charakterisieren Sie Molls eigene Wahrnehmung seiner Rolle in Auschwitz. [II]
   - Bei der Vernehmung durch die Alliierten wurden Otto Moll und Rudolf Höß befragt. Moll sieht sich – laut Q7 – als Handlanger bzw. Befehlsempfänger, der seine Arbeit „korrekt" und „wie ein vorbildlicher Soldat" verrichtet habe.
   - Er will sich keine Gedanken mehr gemacht haben, warum „diese Dinge getan werden müssten", nachdem ihm Höß geantwortet habe, dass er „strenge Befehle" habe und „man nichts daran ändern könne".
   - Angesprochen auf seine Verantwortlichkeit an der Anzahl der von ihm verschuldeten Opfer, weist er dieses Wort bzgl. der Tötung der Menschen vehement zurück.
   - Ein Schuldbewusstsein ist gar nicht vorhanden, erst recht kein Schuldeingeständnis.
   - Zum Tode verurteilt, wird Moll im Mai 1946 im Kriegsverbrechergefängnis Landsberg hingerichtet.

b) Vergleichen Sie dieses Selbstbild mit Molls Rolle in der Schilderung Q8. [II]
   - In scharfem Gegensatz zu Otto Moll nennt Shlomo Venezia diesen in seinen autobiografischen Erinnerungen – vgl. Q8 – einen furchtbaren „Todesengel", ein „wütendes Tier".
   - Moll ist hier eindeutig aktiv Täter.
   - Beispielhaft wird diese Aussage im Text in den Zeilen 14 bis 40 verdeutlicht und belegt.

5. Analysieren Sie, welche Personengruppen in der Schilderung Broads (Q9) an den Massenmorden der Juden in Auschwitz direkt oder indirekt beteiligt waren bzw. davon Kenntnis hatten. [II]
Q9: Waffen-SS, deutsche Bau-Unternehmen, deutsche und polnische Zivilarbeiter vor Ort, Bewohner von Auschwitz und Umgebung, Eisenbahnpersonal, Polizisten vor Ort, Angehörige der Ordnungspolizei, Reisende in der Region.

6. Beurteilen Sie den Quellenwert der Aussagen von Akteuren, die an Mordaktionen beteiligt waren (Q7, Q9). [III] ○
Aussagen von an Mordaktionen Beteiligten (vgl. Q7 und 9) muss insofern mit Vorsicht begegnet werden, weil zu vermuten ist, dass die Beteiligten ihren Anteil an den Mordaktionen „beschönigen", d. h. als gering oder nicht vorhanden darstellen werden.

Übergreifende Aufgaben

7. Erörtern Sie, in welchem Maße die Vergasungen der Juden in Auschwitz bei den Deutschen bekannt gewesen sein könnten. [III]

- Mitteilungen über Massenmorde hinter der Ostfront und in den Vernichtungslagern waren den Beteiligten zwar untersagt, dennoch gab es die Erzählungen und Berichte der unmittelbar Beteiligten oder von Soldaten auf Heimaturlaub.
- Neben den Tätern selbst gab es viele beteiligte Tatzeugen: Lokpersonal und andere Bahnbedienstete, Ingenieure, Verwaltungsbeamte, Polizisten oder Soldaten, die Wissen von Mordaktionen haben mussten und dieses mitunter auch weitergaben.
- So kursierten bald Gerüchte in der Bevölkerung über die Mordtaten und Vernichtungslager.
- Von offizieller Seite war das Vorgehen widersprüchlich. Vernichtungslager wurden aus Sorge vor dem Bekanntwerden in der deutschen Öffentlichkeit außerhalb der Reichsgrenzen im Osten angesiedelt.
- Andererseits proklamierte Hitler in Reden öffentlich die „Vernichtung der jüdischen Rasse in Europa" (vgl. Q4).
- Wer also wissen wollte, was mit den Juden geschah, konnte sich ein ungefähres Bild davon machen. Zumal die im Oktober 1941 begonnenen Deportationen aus den deutschen Großstädten sich öffentlich auf Versammlungsplätzen und Bahnhöfen vollzogen und vielfach von großen Mengen Schaulustiger begleitet wurden.
- Plötzlich leerstehende Wohnungen jüdischer Familien nach ihrer Deportation können den benachbarten Familien nicht verborgen geblieben sein. Auch die Zwangsversteigerungen und Zwangsverkäufe jüdischen Hausrats oder anderen Besitzes fanden in der Öffentlichkeit statt – und hatten ihre offensichtlichen Profiteure.

⊟ 192–201

6.6 Widerstand gegen den Nationalsozialismus

Vorschlag für einen Unterrichtsverlauf

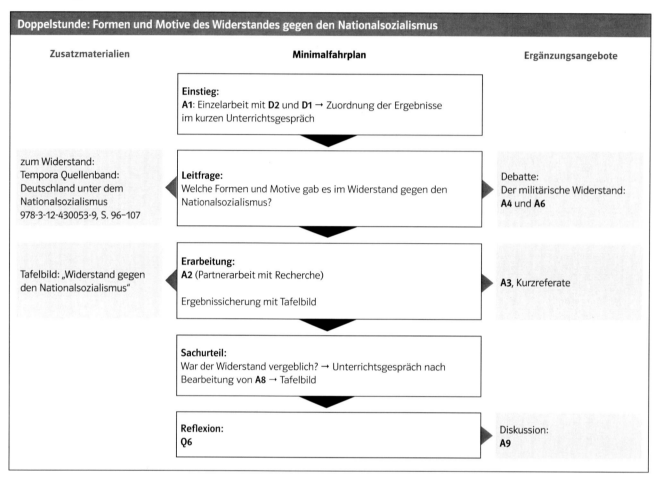

Doppelstunde: Formen und Motive des Widerstandes gegen den Nationalsozialismus

Zusatzmaterialien	Minimalfahrplan	Ergänzungsangebote
	Einstieg: **A1**: Einzelarbeit mit **D2** und **D1** → Zuordnung der Ergebnisse im kurzen Unterrichtsgespräch	
zum Widerstand: Tempora Quellenband: Deutschland unter dem Nationalsozialismus 978-3-12-430053-9, S. 96–107	**Leitfrage:** Welche Formen und Motive gab es im Widerstand gegen den Nationalsozialismus?	Debatte: Der militärische Widerstand: **A4** und **A6**
Tafelbild: „Widerstand gegen den Nationalsozialismus"	**Erarbeitung:** **A2** (Partnerarbeit mit Recherche) Ergebnissicherung mit Tafelbild	**A3**, Kurzreferate
	Sachurteil: War der Widerstand vergeblich? → Unterrichtsgespräch nach Bearbeitung von **A8** → Tafelbild	
	Reflexion: Q6	Diskussion: **A9**

Tafelbild

Widerstand gegen den Nationalsozialismus

Personengruppe	Motive	Erfolg
die „Weiße Rose"	*Schülerlösungen*	*Schülerlösungen*
die „Edelweißpiraten"	*Schülerlösungen*	*Schülerlösungen*
der militärische Widerstand	*Schülerlösungen*	*Schülerlösungen*
War der Widerstand vergeblich?		
Stichworte auf Zuruf im Anschluss an Unterrichtsgespräch notieren		

Das Tafelbild als editierbare PowerPoint-Version finden Sie auf dem Digitalen Unterrichtsassistenten (978-3-12-416832-0).

Erwartungshorizonte

A Was ist Widerstand?

1. Ordnen Sie die in D2 erwähnten Fälle in das Stufenmodell von Detlev Peukert ein (D1). Diskutieren Sie, inwieweit sich das Schema eignet, verschiedene Formen von „Widerstand" zu unterscheiden. [II] [III]
- Die innere Emigration von Künstlern und Schriftstellern kann als Ausdruck von Resistenz und Nonkonformität bezeichnet werden.
- Das Verhalten des Münchner Staatsanwalts Wintersberger kann als Übergang von der Nonkonformität zur Verweigerungshaltung charakterisiert werden. Er agierte im öffentlichen Raum und verweigerte sich der Erwartungshaltung seiner Vorgesetzten.
- Die Frauen von der Berliner Rosenstraße, die im Februar 1943 für die Freilassung ihrer jüdischen Männer demonstrierten, haben durch ihr mutiges Verhalten ihren Protest gegen eine Maßnahme der Regierung öffentlich bekundet.
- Die Mitglieder des Nationalkomitees für Deutschland oder der Roten Kapelle beispielsweise waren aktive Widerstandskämpfer, die im Rahmen ihrer Möglichkeiten das NS-Regime bekämpften und auf einen Systemwechsel hinwirkten.
- Das Verhalten der Brettheimer Bürger lässt einen großen Interpretationsspielraum offen und kann als Beispiel für die fließenden Übergänge in Peukerts Schema gesehen werden. Um zu einer abschließenden Beurteilung zu kommen, müsste die Motivlage zumindest des Bauern Hanselmann näher bekannt sein. Auf jeden Fall liegt in allen drei Fällen eine Verweigerungshaltung gegenüber den geltenden Normen des Unrechtsstaates vor.
- Problematisch am Peukert'schen Schema bleibt die starre Struktur, die zu unflexibel für manche Aktionen erscheint.

B Widerstand aus unterschiedlichen Bevölkerungsgruppen

⤴ 201

2. Analysieren Sie die Vorstellungen vom nationalsozialistischen Deutschland, die in Q3 und Q5 zum Ausdruck kommen. [II]
- Q3: Warnung vor Kriegsniederlage; Deutsche folgen dem Führer ins Verderben und ziehen die Verachtung der ganzen Welt auf sich; Warnung vor der antibolschewistischen Propaganda; imperialistische Machtgedanken und preußischer Militarismus sollen beendet werden; Deutschland soll föderalistisch sein, die Zusammenarbeit mit anderen europäischen Völkern suchen, nicht mehr nach einer autarken Wirtschaft streben, soziale Arbeitsbedingungen schaffen und Grundrechte verwirklichen.
- Q5: Geltung der Grundrechte gewährleisten; Auflösung von Konzentrationslagern; Ende der Judenverfolgung.

3. Informieren Sie sich über das Leben und Wirken einer der abgebildeten Personen (S. 192–195). Recherchieren Sie dazu im Internet und in Fachlexika. Präsentieren Sie Ihre Ergebnisse der Klasse. [I]
individuelle Schülerlösung

C Eine Debatte: Der militärische Widerstand

4. Fassen Sie die Argumentation von Christian Gerlach und Winfried Heinemann (D3, D4) zusammen und erläutern Sie das jeweilige Argumentationsziel. [I] [II]
→ Tabelle 1

Tabelle 1

Der militärische Widerstand – zwei Beurteilungen im Kontrast	
Argumentation Gerlach	**Argumentation Heinemann**
- Es ist die Tendenz erkennbar, dass die Wehrmacht Verbrechen gegen den politischen und militärischen Gegner mitgetragen hat. - Genuine NS-Verbrechen (z. B. gegen Juden, die Zivilbevölkerung, Kriegsgefangene) lehnte sie ab. - Tresckow unterstütze 1942/43 summarische Gewaltaktionen; es lässt sich nachweisen, dass er auch über die Morde der Einsatztruppen informiert war. - Tresckows Entwicklung vom Attentatsversuch (im März 1943) zum Initiator von Besatzungsverbrechen passt nicht zum Bild eines Helden.	- Tresckow war nur einer von 3100 Generalen der Wehrmacht daher für das Regime nur ein Rädchen im Getriebe. - Tresckow hatte nur begrenzten Handlungsspielraum, aber die Frage ist, ob bzw. wie er ihn genutzt hat. - Tresckow wusste um das begangene Unrecht. - Tresckow reagierte politisch-verantwortungsethisch und erkannte, dass Hitler und das NS-Regime ausgeschaltet werden müssen.
Ziel dieser Argumentation	**Ziel dieser Argumentation**
Der Historiker Gerlach relativiert das Bild vom Widerstandshelden Tresckow und verweist negativ auf dessen (in)direkte Zustimmung zu Gewaltaktionen.	Der Historiker Heinemann beabsichtigt positiv zu verdeutlichen, dass Tresckow den schwierigeren, gefährlicheren, überindividualistischen Weg des Widerstands wählte.

201

5. Nehmen Sie, unter kritischer Erörterung der verschiedenen Argumente und unter Rückgriff auf den Darstellungstext und D5, Stellung zu der Frage, wie man die militärischen Verschwörer gegen Hitler beurteilen sollte. [III]

Folgende Aspekte müssen im Anschluss an die Textvorlage in einer Diskussion berücksichtigt werden:

- Widerstand leistete während (der ersten Jahre) des NS nur eine absolute Minderheit (z. B. Teile der SPD und KPD – sofern nicht verhaftet, in der Emigration oder tot –, bestimmte religiöse Gruppierungen oder die bündische Jugend);
- viele hatten sich in eine politikferne „innere Emigration" zurückgezogen;
- trotzdem soll und kann der militärische Widerstand, selbst wenn er nur einen Mikrokosmos innerhalb der NS-Gesellschaft bildete und nicht erfolgreich war, nicht disqualifiziert werden, müssen doch der Mut und die Moral hervorgehoben werden;
- und eine kritische Würdigung ist schon deshalb sinnvoll und wichtig, weil sie zur positiven Identifikation mit dem demokratischen Rechtsstaat dient.

6. Informieren Sie sich, was der Titel „Gerechter unter den Völkern" besagt, und welche Bedingungen erfüllt sein müssen, damit jemandem ein solcher Titel zugestanden wird. Interpretieren Sie den Satz in Q6. [II]

- „Gerechter unter den Völkern" ist ein in Israel nach der Staatsgründung 1948 eingeführter Ehrentitel für nichtjüdische Einzelpersonen, die unter nationalsozialistischer Herrschaft während des Zweiten Weltkriegs ihr Leben einsetzten, um Juden vor der Ermordung zu retten.

D War der Widerstand vergeblich?

7. Skizzieren Sie die Argumentation des Verfassers von D6. Diskutieren Sie dann unter Berücksichtigung des Darstellungstextes, welche historische Bedeutung der Widerstand gegen den Nationalsozialismus für die politische Kultur der Bundesrepublik Deutschland heute hat. [I] [II] ○

- vgl. 5 und: Lammert verdeutlicht, dass uns das Motiv der freien Gewissensentscheidung schließlich zum Geist unseres Grundgesetzes führt. Das Gedenken an den Mut derer, die im Widerstand gegen den Nationalsozialismus ihr Leben eingesetzt und die Würde unseres Landes in der erbärmlichsten Phase seiner Geschichte gerettet haben, verpflichtet uns, derartige politisch-geistige Orientierungen lebendig zu halten.
- Abgeleitet von Aufgabe 7 und dem dort im Fokus stehenden Text des Bundestagspräsidenten Norbert Lammert können und sollen die SuS in der Diskussion die weitergehende Bedeutung einer immerwährenden Aufgabe, gegen alle antidemokratische Bestrebungen Widerstand zu leisten, erkennen.

8. Diskutieren Sie, welche Bedeutung der deutsche Widerstand gegen den Nationalsozialismus innerhalb der Gesamtgeschichte des Dritten Reiches hat (D5, D6). [III]

- In der Gesamtschau ist der Widerstand gegen Hitler und sein Regime zwar sehr vielfältig, aber es ist letztlich nur eine verschwindende Minderheit gewesen, die dem Regime offen die Stirn bot.
- Gerade deshalb zeugt dieser Widerstand Deutscher von Anstand und hohem Mut. Diese Menschen verweigerten sich dem NS-System und fanden jenseits von Anpassung oder politischer Resignation und trotz der Gefahr um Leib und Leben zum (tätigen) Aufstand ihres Gewissens.

Übergreifende Aufgaben

9. Führen Sie zum Abschluss der Unterrichtseinheit über den Nationalsozialismus eine Fishbowldiskussion durch. Dabei diskutiert eine kleine Gruppe von Schülerinnen und Schülern in einem Innenkreis (im „Goldfisch-Glas") das Thema, während die übrigen in einem Außenkreis die Diskussion beobachten. Diskutieren Sie folgende Fragen:

a) Welche Bedeutung hat die Auseinandersetzung mit der Geschichte des Nationalsozialismus für die heutige deutsche Gesellschaft? [II] [III]

b) Was können wir in Auseinandersetzung mit der Geschichte des nationalsozialistischen Deutschlands lernen? [II] [III]

- Zum Abschluss der Unterrichtseinheit bietet sich eine derartige Fishbowldiskussion durchaus an; natürlich kann eine vergleichbare Abschlussreflexion auch im Kontext bzw. Anschluss von Kapitel 6.7: Umgang mit Geschichte: Schuld und Verantwortung (S. 204 – 211) realisiert werden.

6.7 Umgang mit Geschichte: Schuld und Verantwortung

204–211

Vorschlag für einen Unterrichtsverlauf

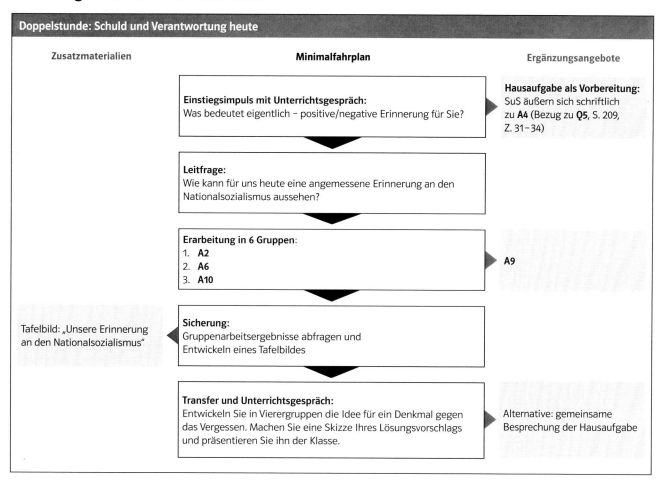

Zusatzmaterialien	Minimalfahrplan	Ergänzungsangebote

Doppelstunde: Schuld und Verantwortung heute

Einstiegsimpuls mit Unterrichtsgespräch:
Was bedeutet eigentlich – positive/negative Erinnerung für Sie?

Hausaufgabe als Vorbereitung:
SuS äußern sich schriftlich zu **A4** (Bezug zu **Q5**, S. 209, Z. 31–34)

Leitfrage:
Wie kann für uns heute eine angemessene Erinnerung an den Nationalsozialismus aussehen?

Erarbeitung in 6 Gruppen:
1. **A2**
2. **A6**
3. **A10**

A9

Tafelbild: „Unsere Erinnerung an den Nationalsozialismus"

Sicherung:
Gruppenarbeitsergebnisse abfragen und Entwickeln eines Tafelbildes

Transfer und Unterrichtsgespräch:
Entwickeln Sie in Vierergruppen die Idee für ein Denkmal gegen das Vergessen. Machen Sie eine Skizze Ihres Lösungsvorschlags und präsentieren Sie ihn der Klasse.

Alternative: gemeinsame Besprechung der Hausaufgabe

Tafelbild

Unsere Erinnerung an den Nationalsozialismus

Ernst Benda, 1965 (Q2):	Theodor Adorno, 1966 (Q6):
- kein Schlussstrich wegen der Ehre der Nation - Befreiung von den NS-Mördern - schuldig sind sicherlich nicht alle, aber wir hätten mehr tun müssen, um die Täter zur Rechenschaft zu ziehen - Erlösung kann nur Erinnerung sein	- nie wieder Auschwitz - Auschwitz war Barbarei - es muss deutlich werden, wie diese Barbarei möglich war Aus dem Genannten ergibt sich die Forderung nach richtiger Erziehung, d. h. Aufklärung, die ein geistiges, kulturelles und gesellschaftliches Klima schafft, damit sich solche Verbrechen nicht wiederholen: - Aufklärung über die Gefahren des Nationalismus - Notwendigkeit von Widerstand
Nea Matzen, 2007 (Q9): Gedenkstättenarbeit heißt: - Besuche von Konzentrationslagern organisieren - Erinnerung an die Opfer wachhalten - Verpflichtung gegenüber den Nachgeborenen - Appell: Nie wieder!	**Unser Denkmal, . . . :**

Das Tafelbild als editierbare PowerPoint-Version finden Sie auf dem Digitalen Unterrichtsassistenten (978-3-12-416832-0).

⬰ 211 # Erwartungshorizonte

A Aufgabe zum Verfassertext

1. Interpretieren Sie die Karikatur. Bewerten Sie aufgrund des Darstellungstextes und ergänzender Recherchen, ob Sie die Karikatur Q1 für angemessen oder für überzogen halten. [II]
Generell ist die Einordnung dieser Karikatur in das Kapitel „Umgang mit Geschichte: Schuld und Verantwortung" herausfordernd und kann ohne dezidiertes Vorwissen zu Fehlern führen.
- Beschreiben: Die von Heiko Sakurai 2016 gezeichnete Karikatur „Evolution in den Schlamm" zeigt drei Mitglieder des (damaligen) Vorstands der „Alternative für Deutschland" (AfD), die jede/r ein inhaltlich anderes Plakat vor sich hertragen. „Gegen den Euro!", „Gegen die Flüchtlingspolitik!" und „Gegen den Islam!" lauten die jeweiligen Aufschriften. Von links nach rechts voranschreitend geraten diese drei AfD-Mitglieder vom Festland in schwarz-braunen, Blasen werfenden Schlamm, in dem sie selbst (und ihre Parolen) versinken (werden).
- Untersuchen: Heiko Sakurai nennt dieses – zeitlich verstandene – Voranschreiten satirisch „Evolution", obwohl er in diesen Parolen wohl einen Rückschritt in eine „braune Vergangenheit" sieht. Dass mit „Schlamm" auch „rechter Sumpf" gemeint sein könnte und weshalb/ob der Widerstand gegen den Euro, die Flüchtlingspolitik und den Islam im Einzelnen rechtsradikales Gedankengut beinhaltet, diese Überlegungen/Fragen müssen zunächst detailliert geklärt werden.
- Deuten: Die – jeweils auch aktuelle – Politik der AfD (in den Parlamenten) sollte im Unterricht daraufhin untersucht werden, ob sie in ihrem Programm bzw. in ihren Stellungnahmen (auch einzelner Mitglieder) konkret Aussagen macht, die den verantwortungsvollen Umgang mit der NS-Vergangenheit infrage stellen und/oder einer Politik Vorschub leisten, die mit dem Grundgesetz nicht in Einklang steht.
  Erst nach solchen Recherchen und einer Zusammenführung ihrer Resultate kann eine argumentativ angemessene Bewertung geleistet werden.

B Erinnerung im geteilten Deutschland

2. Geben Sie die Argumente Ernst Bendas (Q2) zur Aufhebung der Verjährung für nationalsozialistische Verbrechen wieder und bewerten Sie seine Argumentation. [I] [III]
Ernst Benda formuliert in seiner Rede vom 10. März 1965 folgende Argumente:
- kein Schlussstrich wegen der Ehre der Nation;
- Befreiung von den NS-Mördern;
- schuldig sind sicherlich nicht alle, aber wir hätten mehr tun müssen, um die Täter zur Rechenschaft zu ziehen;
- Erlösung kann nur Erinnerung sein.
Ergebnis einer Bewertung kann nur – gerade auch angesichts der bis heute fortdauernden Aufarbeitung des NS-Unrechts – eine Zustimmung sein.

3. Erläutern Sie die Argumente von Joachim Fest und Eberhardt Jäckel (Q3) zu der Position Ernst Noltes. [II]
- Der „Historikerstreit" – ausgelöst durch Ernst Noltes Vergleich/Gleichsetzung der NS-Verbrechen mit denen Stalins – initiierte eine heftige Debatte.
- Joachim Fest (Q3a) stellt – wie Nolte – die Singularität (vgl. Jürgen Habermas) der NS-Verbrechen infrage und akzeptiert einen Zusammenhang „zwischen den Gräuelmeldungen von Osten und Hitlers Bereitschaft zum Exzess".
- Demgegenüber behauptet Eberhard Jäckel (Q3b), dass der nationalsozialistische Mord an den Juden einzigartig gewesen sei, weil nie zuvor ein Staat beschlossen und angekündigt habe, eine bestimmte Menschengruppe „restlos zu töten" und diesen Beschluss mit allen Machtmitteln realisieren wollte. Jäckel widerspricht also vehement der Nolte-These, dass es einen ursächlichen Zusammenhang zwischen den bolschewistischen und nationalsozialistischen Morden gebe.

4. Erklären Sie die von Christa Wolf angesprochenen Probleme des in der DDR gepflegten Dogmas von den „Siegern der Geschichte" (Q4). [II]
- Im Dogma von den „Siegern der Geschichte" wurde ein Siegesbewusstsein auf die Gesamtbevölkerung der DDR übertragen.
- Diese sogenannten „Sieger" brauchten sich nicht mehr mit der Zeit des Nationalsozialismus auseinanderzusetzen, und das machte sie unfähig, sich dem Stalinismus zu widersetzen.
- Es erübrigte sich, den eigenen Kindern von der NS-Vergangenheit zu erzählen, die – dadurch „entmündigt" – ihrerseits ihren Kindern keine Orientierungswerte vermitteln konnten.

5. Erörtern Sie die Äußerungen des früheren Bundespräsidenten Richard von Weizsäcker „Wer aber vor der Vergangenheit die Augen verschließt, wird blind für die Gegenwart" (Q5). [II] [III]
- Am Ende von Q5 spricht der Bundespräsident Richard von Weizsäcker in seiner Ansprache vom 8. Mai 1985 davon, dass der, welcher vor der Vergangenheit die Augen verschließe, blind für die Gegenwart werde.
- In der Erörterung zu dieser Aussage muss deutlich werden, dass es nicht darum gehen kann, die Vergangenheit zu bewältigen oder dafür Schuld(-gefühle) zu übernehmen, weil man das – erst recht als (Ur-)Enkel der sogenannten „Täter-Generation" – weder kann noch muss. Nichts lässt sich nachträglich ungeschehen machen, aber in der Gegenwart geht es darum, dafür sensibel, hellsichtig und -hörig zu werden, wo und wie sich Anzeichen für Unmenschlichkeit zeigen.
- Möglich auch als individuelle Schülerlösung (z. B. als Hausaufgabe) oder Impulsfrage ans Plenum im Anschluss an die gemeinsame Lektüre.

C Was muss Erinnerung an den Nationalsozialismus leisten?

6. Fassen Sie Theodor Adornos Argumentation (Q6) in eigenen Worten zusammen. [I]
Stichwortartig sollten folgende Gedanken Adornos Erwähnung finden:
- nie wieder Auschwitz
- Auschwitz war Barbarei
- es muss deutlich werden, wie diese Barbarei möglich war

Aus dem Genannten ergibt sich die Forderung nach richtiger Erziehung, d. h.
- Aufklärung, die ein geistiges, kulturelles und gesellschaftliches Klima schafft, damit sich solche Verbrechen nicht wiederholen;
- Aufklärung über die Gefahren des Nationalismus;
- Notwendigkeit von Widerstand.

7. Erörtern Sie, inwieweit Q1 und Q7 mit den Ausführungen von Adorno in einem Zusammenhang stehen. [II] ○
- Die Karikatur „Evolution in den Schlamm" von Heiko Sakurai (Q1) sowie der Leitartikel in der Stuttgarter Zeitung über das antidemokratische Denken in der AfD (Q7) stehen konträr zum (Erziehungs-)Appell von Theodor Adorno.
- Die von Bild und Text scharf kritisierten Aussagen und Intentionen der AfD zeigen einen erstarkenden Nationalismus, demgegenüber – so Adorno – Widerstand angezeigt ist.

8. Diskutieren Sie die Bedeutung des Antifaschismus in der DDR für ihren Umgang mit der NS-Diktatur und die auch heute vorhandene Anfälligkeit vieler Menschen in Ostdeutschland für rechte Ideologien. [III]
- Für die DDR war der Antifaschismus ein zentrales Element des nationalen Selbstbildes und fester Bestandteil des politischen Alltags. Als Gründungsmythos bestimmte er die politische Legitimation des Staates, obwohl die damit propagierte Aufarbeitung des Nationalsozialismus realiter weit hinter ihrem Anspruch zurückblieb.
- Seit der Wende hat die rechtsradikale Szene in den neuen Bundesländern einen Aufschwung zu verzeichnen. Aber weiterführende Aussagen müssen mit aktuellen und seriösen Zeitungsberichten unterlegt werden.
- Ob und wie sich der frühere Mythos vom Antifaschismus daher als Basis für den (aktuellen) Rechtsradikalismus – wie Christa Wolf das 1989 vermutete – ausmachen lässt, sei dahingestellt, insofern als diese Entwicklung seither auch durch andere Ursachen befördert wurde.
- Um zielführend im Unterricht über dieses Thema eine Diskussion führen zu können, bedarf es gut recherchierten Materials.

⤴ 211

9. Suchen Sie in der Nähe Ihres Wohnorts nach Kriegerdenkmälern. Beurteilen Sie jeweils, ob es sich dabei eher um Orte der Heldenverehrung oder um Mahnmale handelt (Q8). [II]
- Auf der Basis einer Fotoexkursion können die vor Ort vorhandenen Kriegerdenkmäler gesichtet, dokumentiert und im Klassenraum vorgeführt werden.
- Die sich anschließende Diskussion, ob es sich dabei um Orte der Heldenverehrung oder um Mahnmale handelt, sollte keinesfalls außer Acht lassen, dass es sich für ansässige SuS durchaus um Erinnerungsorte oder sogar solche der Trauer handelt, wenn auf diesen Denkmälern die Namen gefallener Familienmitglieder zu finden sein sollten.
- Andererseits wird klar, dass aus ehemaligen Orten der Heldenverehrung heutzutage mahnende Gedenkorte geworden sind.
- Bei der Differenzierung zwischen Mahn-, Denk-, Heldendenk- bzw. Gefallenendenkmal ist zu berücksichtigen, dass der Begriff „Mahnmal" bzw. die Formulierung „Zur Mahnung" einem Begriffswandel ausgesetzt ist: Bedeutet er heute eine mahnende Erinnerung in der kritischen Auseinandersetzung mit dem Nationalsozialismus, so finden sich Kriegerdenkmäler aus den 1930er-Jahren, die das „mahnende" Gedenken an die Gefallenen des Ersten Weltkrieges als militaristische Ideologisierung im Sinne des Nationalsozialismus instrumentalisierten.

10. Erläutern Sie, worin sich die Aufgabe von Gedenkstätten und die Aufgabe von Museen unterscheidet (Q9). [II]
- Die Besucher eines Konzentrationslagers lernen konkret etwas über die dorthin verbrachten Menschen sowie die historischen Zusammenhänge. Nur so kann die Erinnerung an die Opfer wachgehalten werden.
- Im Gegensatz zu herkömmlichen (Kunst-)Museen sind solche Gedenkstätten Orte, die meist auf Betreiben der Überlebenden entstanden sind und deshalb eine direkte Verpflichtung den Nachgeborenen gegenüber haben. Die Intentionen sind appellativ („Nie wieder!") und nicht der Kunst verpflichtet.

11. Besuchen Sie eine Gedenkstätte für Verbrechen des Nationalsozialismus und stellen Sie ihn in ihrer Klasse vor. [I] [II] ○
- Im Anschluss an eine Recherche, ob bzw. wo ortsnah Gedenkorte für Verbrechen des Nationalsozialismus aufzusuchen sind, kann in Absprache mit dieser Institution sowie den SuS ein Besuch organisiert werden; niemand sollte aber zu einem solchen Besuch gedrängt werden.
- Beispielhaft für viele andere steht das DZOK (=Dokumentationszentrum Oberer Kuhberg) in Ulm.

⊟ 212 – 215 **Auf einen Blick**

Erwartungshorizonte

1. Erläutern Sie auf der Basis von Schaubild A, welche Hoffnungen verschiedene Bevölkerungsgruppen in Deutschland im Winter 1918/19 mit Blick auf das Ende des Deutschen Kaiserreiches verbanden.

Ablösung der konstitutionellen Monarchie durch eine bürgerliche parlamentarische Demokratie oder alternativ durch eine Räterepublik nach sowjetischem Vorbild.

2. Erläutern Sie beispielhaft an einem politischen Ereignis aus den frühen 1930er-Jahren, wie die vier in Grafik B aufgeführten Problembereiche am Ende der Weimarer Republik ineinanderwirkten.

– Z. B. Präsidialregierungen: Dem Reichspräsidenten war mit dem Artikel 48 eine Ausnahmegewalt in die Hand gegeben. Er besaß ein Notverordnungsrecht und konnte Gesetze ohne Parlament in Kraft setzen.

– Die Urheber dieses Artikels hatten nicht vorausgesehen, dass er in Kombination mit dem Recht des Präsidenten, den Kanzler zu ernennen und zu entlassen (Artikel 53), und dem Recht, den Reichstag aufzulösen (Artikel 25), einmal zum Instrument einer präsidialen Reichsführung werden könnte.

Was für den Notfall vorgesehen war, wurde zur Regel. Politische Krisen schufen einen Nährboden für die latente Demokratiefeindlichkeit weiter Bevölkerungskreise und für ein Parteiensystem, das sich langfristig tragfähigen Koalitionen verweigerte, dem Präsidenten im Zusammenwirken mit dem Reichskanzler die Gesetzgebungsbefugnis überließ und schließlich das parlamentarische System zum Einsturz brachte.

3. Versuchen Sie im Schaubild C den Punkt zu identifizieren, an dem Deutschland aufhörte, eine Demokratie zu sein.

– Mit der Notverordnung zum Schutz von Volk und Staat vom 28. Februar 1933 gelang es zwar, wichtige Teile der politischen Kräfte (insbesondere die Kommunisten) auszuschließen, aber erst mit dem Ermächtigungsgesetz vom 23. März 1933 wurde es uneingeschränkt möglich, nur noch mit Verordnungen zu regieren und permanent die Verfassung zu brechen: Die vornehmste Aufgabe eines Parlaments, nämlich Gesetze zu verabschieden, war damit außer Kraft gesetzt.

– Mit dem Ermächtigungsgesetz wurde demnach die erste deutsche Demokratie zu Grabe getragen.

4. Verdeutlichen Sie an einem Beispiel, warum der Politikwissenschaftler Ernst Fraenkel (1898 – 1975) in Bezug auf den NS von einem „Doppelstaat" sprach (Schaubild D).

– Einen Schlüssel zum Verständnis der NS-Herrschaftsordnung entwickelte Ernst Fraenkel in seiner Theorie vom Nebeneinander des die eigenen Gesetze achtenden „Normenstaates" und des die gleichen Gesetze missachtenden „Maßnahmestaates".

– Damit bildete der politische Sektor ein rechtliches Vakuum. Die Einstufung einer Handlung entschied letztlich darüber, ob sie nach den Rechtsnormen oder willkürlich beurteilt wurde.

– Fraenkel erwähnt in seinem Werk den Fall eines Postschaffners, der Bibelforscher war und seine lebenslange berufliche Stellung deshalb verlor, weil er nicht den Gruß „Heil Hitler", sondern nur „Heil" äußerte.

5. Bewerten Sie ausgehend von Grafik E das Münchner Abkommen von 1938.

– Im Vergleich zwischen friedlichen und unfriedlichen Maßnahmen der NS-Außenpolitik zeigt sich (bis 1938) rein quantitativ ein offenkundiges Ungleichgewicht zuungunsten friedfertigen Agierens.

– Insofern konnte eine von den Westmächten in München verfolgte Politik des Appeasement eben keinesfalls „beschwichtigend" wirken: Indem Großbritannien und Frankreich Hitlers Forderung nach dem „Anschluss" des Sudentenlandes an Deutschland nachkamen, sah dieser sich in seinem Expansionsdrang ermutigt, besetzte die „Rest-Tschechei" und richtete das Reichsprotektorat Böhmen und Mähren ein, was das Aus für den Staat Tschechoslowakei bedeutete.

6. Ergänzen Sie in Ihrer Mitschrift Grafik F um weitere Schritte in der Entrechtung und Verfolgung von Juden.

– 20. Mai 1933 Mitglieder der deutschen Turnerschaft, die „jüdischer Abstammung" sind, müssen aus der Turnerschaft ausscheiden.

– 30. September 1935 Alle jüdischen Beamten werden beurlaubt.

– 7. März 1936 Jüdischen Deutschen wird das Reichstagswahlrecht aberkannt.

– 17. August 1938 Jüdische Deutsche dürfen ab dem 01. 01. 1939 nur noch „jüdische Vornamen" haben.

– 5. Oktober 1938 Reisepässe von jüdischen Deutschen werden mit einem „J" versehen.

– 15. November 1938 Alle jüdischen Kinder werden aus „deutschen" Schulen entfernt.

– 23. November 1938 Alle jüdischen Betriebe werden aufgelöst.

– 3. Dezember 1938 Jüdischen Deutschen werden Führerscheine und Kfz-Papiere entzogen.

– (Weitere Schritte in der Entrechtung und Verfolgung von Juden können recherchiert werden.)

7. Erläutern Sie die in Grafik G genannten Probleme an einem konkreten Widerstandsbeispiel.

– Mehr als 40 gescheiterte Versuche oder Pläne, Hitler zu beseitigen, sind überliefert. Am bekanntesten sind das missglückte Attentat vom 20. Juli 1944 und jenes von Georg Elser im Münchner Bürgerbräukeller vom 9. November 1939.

– Aber schon 1935 plante eine oppositionelle Gruppe um den Zeitungsverleger Helmuth Mylius, die SS gezielt zu unterwandern. Sie wollte Hitler verhaften oder töten. Doch die Gestapo hatte ihrerseits Spitzel eingeschleust, und das Vorhaben platzte.

– Alle genannten Beispiele belegen zentrale, in der Grafik G aufgelistete Probleme eines effektiven Widerstandes: Einzelkämpfer waren ohnmächtig, Gruppierungen oft uneins, Hitlers Tagesablauf war unkalkulierbar, Denunzianten verunmöglichten oftmals einen Erfolg und die Gestapo schien allgegenwärtig.

7 Der Ost-West-Konflikt

7.1 Ein „Kalter Krieg" entwickelt sich

Vorschlag für einen Unterrichtsverlauf

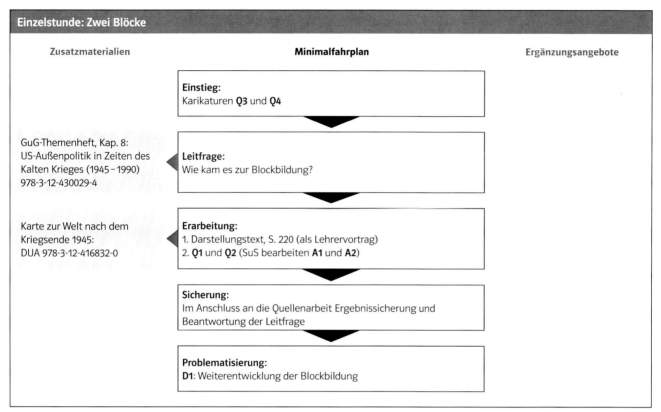

Einzelstunde: Zwei Blöcke

Zusatzmaterialien / Minimalfahrplan / Ergänzungsangebote

Einstieg:
Karikaturen **Q3** und **Q4**

GuG-Themenheft, Kap. 8:
US-Außenpolitik in Zeiten des
Kalten Krieges (1945 – 1990)
978-3-12-430029-4

Leitfrage:
Wie kam es zur Blockbildung?

Karte zur Welt nach dem
Kriegsende 1945:
DUA 978-3-12-416832-0

Erarbeitung:
1. Darstellungstext, S. 220 (als Lehrervortrag)
2. **Q1** und **Q2** (SuS bearbeiten **A1** und **A2**)

Sicherung:
Im Anschluss an die Quellenarbeit Ergebnissicherung und
Beantwortung der Leitfrage

Problematisierung:
D1: Weiterentwicklung der Blockbildung

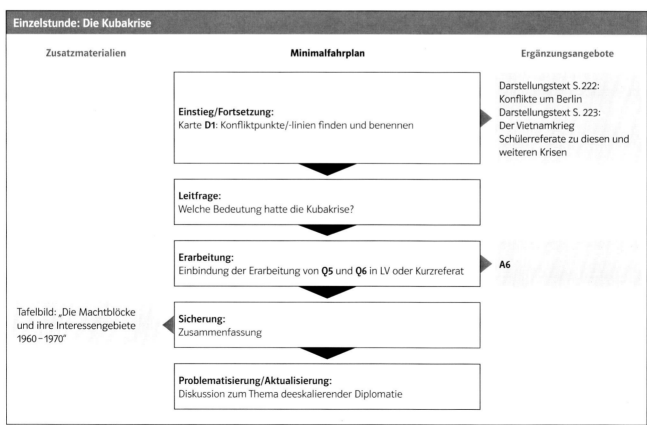

Einzelstunde: Die Kubakrise

Zusatzmaterialien / Minimalfahrplan / Ergänzungsangebote

Einstieg/Fortsetzung:
Karte **D1**: Konfliktpunkte/-linien finden und benennen

Darstellungstext S. 222:
Konflikte um Berlin
Darstellungstext S. 223:
Der Vietnamkrieg
Schülerreferate zu diesen und
weiteren Krisen

Leitfrage:
Welche Bedeutung hatte die Kubakrise?

Erarbeitung:
Einbindung der Erarbeitung von **Q5** und **Q6** in LV oder Kurzreferat

A6

Tafelbild: „Die Machtblöcke
und ihre Interessengebiete
1960 – 1970"

Sicherung:
Zusammenfassung

Problematisierung/Aktualisierung:
Diskussion zum Thema deeskalierender Diplomatie

220 – 225
Tafelbild

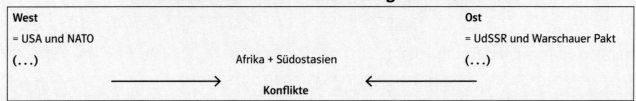

Die Machtblöcke und ihre Interessengebiete 1960 – 1970

West		Ost
= USA und NATO		= UdSSR und Warschauer Pakt
(…)	Afrika + Südostasien	(…)
⟶	Konflikte	⟵

Das Tafelbild als editierbare PowerPoint-Version finden Sie auf dem Digitalen Unterrichtsassistenten (978-3-12-416832-0).

Erwartungshorizonte

A Zwei Blöcke

1. Erarbeiten Sie zentrale Grundsätze der amerikanischen Außenpolitik unter Truman und leiten Sie daraus den Begriff „containment" ab (Q1). [I]
– Nach 1945 war die amerikanische Außenpolitik stark von den angespannten Beziehungen zur UdSSR geprägt; die Allianz zwischen den beiden Staaten zerbrach wegen den immer häufiger werdenden Unstimmigkeiten.
– Schon während der Potsdamer Konferenz fühlte sich die amerikanische Regierung vor vollendete Tatsachen gestellt, weil sie der Besetzung Ostpolens und Ostdeutschlands durch die UdSSR zustimmen musste. Truman selbst war über diese Tatsache sehr verärgert und schrieb 1946 in einem Brief an seinen Außenminister James F. Byrnes, dass er glaube, man müsse den Russen mit deutlicher Sprache und eiserner Faust entgegentreten; er habe es satt, auf Kompromisse einzugehen und die Sowjets zu hätscheln. So entwickelt sich ein „Eiserner Vorhang" zwischen den USA und der UdSSR.
– Ab 1947 kündigte die US-Regierung an, sie wolle gefährdeten Staaten wirtschaftliche Hilfe zukommen lassen und verabschiedet den Marshallplan.
– Am 12. März 1947 verkündete der US-Präsident vor dem US-Kongress die nach ihm benannte Truman-Doktrin; sie kennzeichnet einen Wendepunkt in der amerikanischen Außenpolitik. In dieser Rede betonte er, dass es der außenpolitische Grundsatz der Vereinigten Staaten werden müsse, allen Völkern, welche durch militante Minderheiten oder durch Druck von außen ihrer Freiheit beraubt wurden, beizustehen. Es sei auch wichtig, Völkern zu helfen, ihre Geschichte selbst zu bestimmen. Laut Truman gebe es zwei große Regierungsrichtungen in dieser Zeit: Eine, die sich auf den Willen der Mehrheit gründe und durch freiheitliche Einrichtungen gekennzeichnet sei, und eine andere, welche sich auf dem gewaltsam aufgezwungenen Willen einer Minderheit begründe. Truman entwickelte in seiner Rede das Szenario eines schicksalhaften Kampfes zwischen den freiheitlichen Demokratien und den totalitären Diktaturen; damit fand das durch die US-Regierung entwickelte Konzept des „containment" seine erste Anwendung.
– Mit dieser Rede war der Trennungsstrich zwischen den USA und der UdSSR endgültig gezogen. Von jetzt an musste jede Nation zwischen den zwei großen Regierungsrichtungen wählen.

– Der Begriff „containment" bedeutet konkret die Eindämmung des Kommunismus, d.h. die Eindämmung all jener totalitären Regierungen, die sich auf Terror, Unterdrückung, vorgeschriebene Wahlen und Entzug der persönlichen Freiheit stützen.

2. Beurteilen Sie, weshalb Schdanows Rede (Q2) als Theorie der „Zwei Lager" galt und ob sie als „Kriegserklärung" der UdSSR verstanden werden kann. [II]
– Als Reaktion auf die Truman-Doktrin und den Marshallplan erklärt Schdanow, dass sich zwei Lager unversöhnlich gegenüberstünden: das „imperialistische und antidemokratische" unter Vorherrschaft der USA und das „antiimperialistische und demokratische" unter Führung der Sowjetunion.
– Die Vereinigten Staaten, so Schdanow, seien bestrebt, alle kapitalistischen Länder in einem Block zu organisieren, um aggressive, gegen die Sowjetunion gerichtete Pläne zu verfolgen. Deshalb sei es die Pflicht der „demokratischen" Länder, sich auf einen Kampf für den Sieg des Kommunismus vorzubereiten. Ihr Ziel sei es, den Kampf gegen die Gefahr neuer Kriege und gegen die imperialistische Expansion zu führen, die „Demokratie" zu festigen sowie die Überbleibsel des Faschismus auszurotten.
– Dabei falle der Sowjetunion und ihrer Außenpolitik „die führende Rolle" zu. Damit diagnostiziert Schdanow eine Zweiteilung der Welt, eine ideologische und politische Spaltung, mit den Hauptgegnern USA und Sowjetunion, die jeweils ihr „Lager" anführten.
– Im September 1947 wurde das „Kommunistische Informationsbüro" (Kominform) gegründet. Damit schuf sich die Sowjetunion eine Organisation, die es ihr ermöglichte, nicht nur auf der diplomatischen Ebene, sondern auch auf der Ebene der kommunistischen Parteien außenpolitisch zu agieren. Wie die Auflösung der Komintern 1943 als Zeichen für die Zusammenarbeit mit dem Westen im Rahmen der Anti-Hitler-Koalition zu verstehen ist, so kann die Neugründung des Kominform als Demonstration und Kampfansage im Kalten Krieg verstanden werden.

3. Kennzeichnen Sie die Interessengebiete sowie die möglichen Konfliktherde der Machtblöcke USA und UdSSR (D1). [I]
einfache Kartenarbeit zu zweit, deren Resultat ein kurzer Hefteintrag sein könnte: siehe Tafelbild

4. Interpretieren Sie die Karikaturen Q3 und Q4. [II]
→ Tabelle 1

Tabelle 1

Q3 Karikatur aus der sowjetischen Zeitschrift „Krokodil" von 1950: „Westeuropa"	Q4 Karikatur aus der Zeitung „New York Herald Tribune" von 1949: „Today Germany ..."
Beschreibung der Bildelemente	
Eine Tarantel kriecht über Hügel und Dörfer. Ihre Beine ähneln Raketen. Sie trägt Sonnenbrille und Cowboyhut (mit stars and stripes).	Drei Männer, gekleidet wie sowjetische Partisanen und als „Kremlin Gang" gekennzeichnet, marschieren mit Schildern über zerstörtes Gebiet. Auf ihren Schildern steht: „Today Germany", „Tomorrow Europe", „Next week the World". Auf dem Boden liegen Steine und auf einer an den Rändern geborstenen Steinplatte steht: „Today Germany, tomorrow the world".
Deutung der Bildelemente und der Gesamtaussage	
Die sowjetische Zeitschrift will die tödliche Gefährlichkeit des amerikanischen Einflusses auf Europa verdeutlichen.	Die US-Zeitung verweist auf den sowjet-imperialistischen Anspruch, die ganze Welt zu erobern; gleichzeitig wird an die gleichgeartete, aber besiegte NS-Propaganda erinnert.
Beurteilung und Stellungnahme	
Diskurs und SuS-Aussagen	Diskurs und SuS-Aussagen
Vergleich	
propagandistische Art, Europa und Deutschland auf die jeweilige Gefährlichkeit des Systemgegners hinzuweisen und ihn zu diffamieren	

B Die Kubakrise 1962

5. Stellen Sie die Interessen der USA und der UdSSR in der Kubakrise dar und nehmen Sie eine Bewertung vor: Waren diese Interessen Ihrer Ansicht nach legitim? [II] [III] ○
- Nachdem die USA Raketenbasen in der Türkei aufgebaut hatten, erhielt die Sowjetunion vom kubanischen Revolutionsführer Fidel Castro die Zustimmung zum Bau von Raketenabschussrampen auf Kuba. Die USA verstanden diese Aktion als direkte Bedrohung und verhängten über Kuba ein Einfuhrembargo: Kein Schiff sollte unkontrolliert nach Kuba gelangen. Damit setzten sie Kuba und indirekt der Sowjetunion ein Ultimatum, die Abschussrampen zu demontieren, sonst würden die USA militärische Maßnahmen einleiten. Nach einer Woche qualvoller Ungewissheit und zäher Verhandlungen zog Nikita Chruschtschow die Raketenanlagen aus Kuba ab.
- Als Gegenleistung bauten die USA ihre in der Türkei stationierten Raketen ab.
- Beide Seiten erkannten, dass niemand diesen „Kalten Krieg" durch Waffengewalt gewinnen konnte: Die Atombombe machte beide Supermächte unangreifbar für den anderen.

6. Erörtern Sie, inwiefern die Kubakrise beispielhaft dafür ist, dass aus dem „Kalten Krieg" kein „heißer Krieg" wurde (Q5, Q6). [II]
- Im Oktober äußerten sich Kennedy (öffentlich) und Chruschtschow (brieflich) zur Kubakrise. Kennedy kritisiert das heimliche Vorgehen der UdSSR scharf und warnt eindringlich vor dem Risiko eines Kernwaffenkrieges.
- Chruschtschow reagiert auf die Kuba betreffenden Zusicherungen Kennedys und verweist darauf, nüchterne und vernünftige Schritte zu unternehmen, damit keine anderen Konflikte, die zu einer thermonuklearen Weltkatastrophe führen könnten, ausbrechen.
- Aufgrund dieser Erfahrungen wurde zwischen der UdSSR und den USA ein Rotes Telefon (der sog. „Heiße Draht") eingerichtet. Diese Verbindung soll die Möglichkeit geben, jegliche Friedensgefährdung schon im Vorfeld zu verhindern.
- Die Bewältigung der Kubakrise und die aus ihr gezogenen Schlussfolgerungen machen sie deshalb innerhalb des „Kalten Krieges" beispielhaft.

226 – 231

7.2 Zwischen Spannung und Entspannung

Vorschlag für einen Unterrichtsverlauf

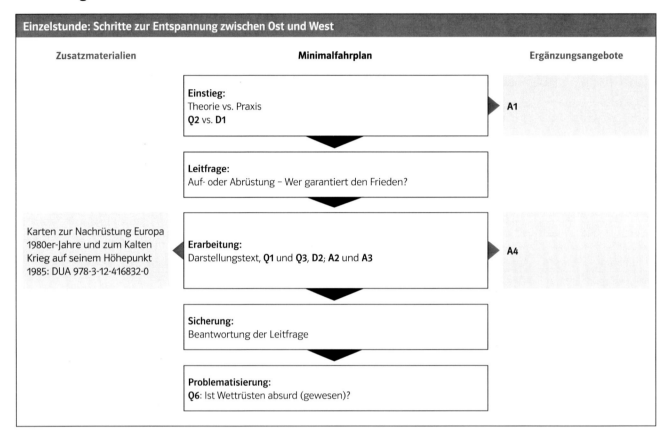

Einzelstunde: Schritte zur Entspannung zwischen Ost und West

Zusatzmaterialien — Minimalfahrplan — Ergänzungsangebote

Einstieg:
Theorie vs. Praxis
Q2 vs. **D1**

A1

Leitfrage:
Auf- oder Abrüstung – Wer garantiert den Frieden?

Karten zur Nachrüstung Europa 1980er-Jahre und zum Kalten Krieg auf seinem Höhepunkt 1985: DUA 978-3-12-416832-0

Erarbeitung:
Darstellungstext, **Q1** und **Q3**, **D2**; **A2** und **A3**

A4

Sicherung:
Beantwortung der Leitfrage

Problematisierung:
Q6: Ist Wettrüsten absurd (gewesen)?

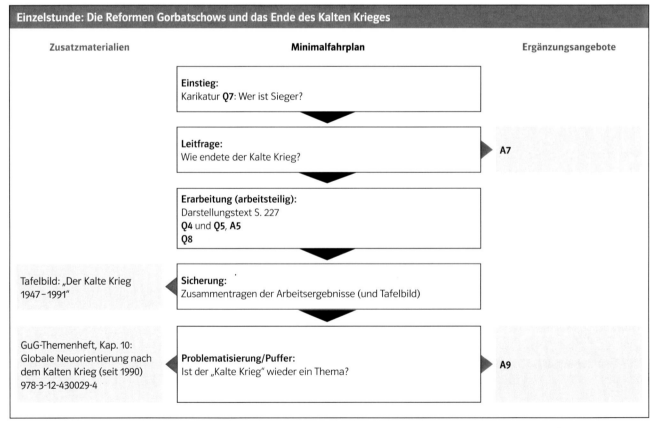

Einzelstunde: Die Reformen Gorbatschows und das Ende des Kalten Krieges

Zusatzmaterialien — Minimalfahrplan — Ergänzungsangebote

Einstieg:
Karikatur **Q7**: Wer ist Sieger?

Leitfrage:
Wie endete der Kalte Krieg?

A7

Erarbeitung (arbeitsteilig):
Darstellungstext S. 227
Q4 und **Q5**, **A5**
Q8

Tafelbild: „Der Kalte Krieg 1947–1991"

Sicherung:
Zusammentragen der Arbeitsergebnisse (und Tafelbild)

GuG-Themenheft, Kap. 10: Globale Neuorientierung nach dem Kalten Krieg (seit 1990) 978-3-12-430029-4

Problematisierung/Puffer:
Ist der „Kalte Krieg" wieder ein Thema?

A9

Der Kalte Krieg (1947–1991)

Die Blöcke	USA und Verbündete (NATO)	UdSSR und Verbündete (Warschauer Pakt)
Konfrontation durch	Wettrüsten Stellvertreterkriege	
Entspannung durch	Abrüstungsinitiativen Friedens- und Demokratiebewegungen	
Folge	Auflösung der UdSSR	

Das Tafelbild als editierbare PowerPoint-Version finden Sie auf dem Digitalen Unterrichtsassistenten (978-3-12-416832-0).

Erwartungshorizonte

Abschnittübergreifende Aufgaben

1. Recherchieren Sie eines der folgenden Themen: 17. Juni 1953; Ungarnaufstand 1956; Prager Frühling; Streikbewegung in Polen. Präsentieren Sie Ihre Ergebnisse in einem Vortrag. [II]
- Voraussetzung ist eine Einführung in Recherche- und Präsentationstechniken (vgl. S. 18 f. und S. 48 f.) sowie eine umfänglichere Vorplanung dieses Themenbereichs.
- Eine interessante Zusatzfrage ist, wie die einzelnen Ereignisse von der Geschichtswissenschaft in Ost und West vor/nach 1989 beurteilt wurden. Ausgangspunkt für die Präsentationen sind die im VT gemachten Überlegungen und Aussagen, die durch die Referate ergänzt, erweitert und/oder sogar korrigiert werden könn(t)en.

A Schritte zur Entspannung zwischen Ost und West

2. Erläutern Sie Zweck und Problematik der atomaren Aufrüstung in den 1970er- und 1980er-Jahren. [II]
- Während des Ost-West-Konfliktes wechselten sich Phasen der Aufrüstung mit Phasen der Entspannung ab. Dabei war das Wettrüsten fester Bestandteil des Kalten Krieges und hielt bis zum Ende an. Schon im Zuge des Koreakrieges hatte das Wettrüsten zwischen den beiden Blöcken wei-

ter zugenommen. Die Konfliktparteien versuchten durch eine gezielte Ausweitung ihrer militärischen Stärke, den Gegner zu schwächen bzw. einzuschüchtern. Um dieses Ziel zu erreichen, wurden die Ausgaben für militärische Forschung insbesondere in den USA und der Sowjetunion massiv aufgestockt.
- In erster Linie spielt dabei die militärische Nutzung der Atomkraft eine sehr große Rolle. Durch die Entwicklung neuer atomarer Sprengsätze und Waffen wurde eine nukleare Katastrophe zur dauerhaften Gefahr. Gleichzeitig wurden in der Sowjetunion (und in einem geringeren Umfang in den USA und dem Westen) Maßnahmen zum Schutz der Bevölkerung bei einem Einsatz von biologischen, chemischen oder nuklearen Waffen getroffen.
- Doch die UdSSR konnte auf Dauer nicht mit der Aufrüstung der USA mithalten. Zudem gab es diverse Abkommen (siehe [3]), die zur Folge hatten, dass die nukleare Aufrüstung nicht weiter vorangetrieben wurde. Die andauernde Aufrüstung war, unter anderem, ein Faktor, der zum Niedergang der UdSSR beigetragen hat.
- Durch diesen Zusammenbruch und die nachfolgende Auflösung der UdSSR im Dezember 1991 wurde der Kalte Krieg beendet.

3. Stellen Sie die Schritte der Entspannung zwischen Ost und West dar (Q1–Q3, D2). [I]
→ Tabelle 1

Tabelle 1

1956	Nikita Chruschtschow. Mit seiner Ansprache über eine mögliche friedliche Koexistenz von Kapitalisten und Kommunisten legt Chruschtschow den Grundstein für eine Entspannung zwischen Ost und West. Er erklärt, dass es nicht Absicht der UdSSR sei, den Kommunismus zu verbreiten oder ihn gar mit Waffengewalt durchzusetzen.
1963	John F. Kennedy: In seiner „Friedensrede" sagt Kennedy, dass er den Kommunismus zwar ablehne, dem russischen Volk aber mit großem Respekt begegne. Kennedy weist darauf hin, dass beide Länder Unsummen in die Rüstungspolitik steckten und in einem unheilvollen Kreislauf des Argwohns gefangen seien. Deshalb erklärt er sein tiefes Interesse an einem echten Waffenstillstand und damit an einem Stopp des Wettrüstens.
1975	KSZE-Schlussakte von Helsinki: Die Unterzeichnerstaaten bekennen sich zu territorialer Integrität, politischer Unabhängigkeit sowie dazu, dass Streitfälle nur mit friedlichen Mitteln gelöst werden sollen.

🔲 231
- Neben diese drei genannten Ereignisse treten die in D2 aufgelisteten Vertragsabschlüsse. Sie dokumentieren eine kontinuierliche Reduzierung, Begrenzung oder sogar Abschaffung nuklearer Rüstung über fast 50 Jahre hinweg.
- Im Februar 2017 verkündet der US-Präsident Donald Trump, dass die USA ihr Atomwaffenarsenal ausbauen wolle. Es sei „ein Traum, wenn kein Staat Atomwaffen hätte"; solange das aber nicht der Fall sei, „werden wir im Rudel ganz oben stehen".

(vgl. www.tagesschau.de/ausland/trump-atomwaffen-103.html, Zugriff: 23.05.2017)

4. Formulieren Sie mithilfe der Grafiken eine Zeitungsmeldung zum Thema Rüstungskontrolle (D1, D2). [II]
Beispiel:
2017. Fast 50 Jahre nach dem Atomwaffensperrvertrag von 1968 sind die Atomwaffenbestände der Großmächte USA und Russland immer noch so groß, dass jeder Atomkrieg verheerende Konsequenzen hätte. Der Rüstungswettlauf zwischen dem vormaligen Warschauer Pakt und der NATO ging zu lange und er war beispiellos. Nach 1945 wurde vor allem auf Atomwaffen gesetzt, die den Gegner abschrecken sollten. Doch als die beiden Supermächte 1962 in der Kubakrise unmittelbar aufeinandertrafen, war allen klar, dass eine Rüstungskontrolle zur Verhinderung eines Atomkrieges notwendig war. Zudem mussten die ungeheuren Kosten dieses Wettrüstens eingedämmt werden. In den beiden SALT-Abkommen 1972 und 1979 legten die Sowjetunion und die USA zwar eine Obergrenze für Raketensysteme fest, jedoch nicht den Abbau bereits vorhandener Waffenbestände. Von Abrüstung konnte daher nicht die Rede sein. Die drei START-Abkommen 1991, 1993 und 2010 haben eine weitere Reduzierung und Begrenzung der nuklearen Gefechtsköpfe vorgesehen. Gleichzeitig hat aber derzeit die Anzahl konventioneller Kriege global zugenommen, dass durchaus eine nukleare Gefährdung durch andere Staaten einkalkuliert werden muss. Aufgrund von US-Präsident Donald Trumps Aussage vom Februar 2017, dass die Vereinigten Staaten weiter atomar aufrüsten müssten, wird es eine Rüstungskontrolle schwer haben.

B Die Reformen Gorbatschows

5. Erklären Sie, vor welchen innen- und außenpolitischen Problemen Michail Gorbatschow nach seinem Machtantritt stand (Q4, Q5). [II]
- Die in den beiden Quellentexten genannten Reformvorschläge benennen implizit die innen- und außenpolitischen Probleme, vor denen Michael Gorbatschow stand.
- Seit Ende der 1970er-Jahre stagnierte die sowjetische Wirtschaft: An die Stelle forcierter Konsumgüterproduktion wurde zu viel für die Rüstung ausgegeben, um Erster im Wettrüsten mit den USA zu sein. Gleichzeitig lag der Lebensstandard der russischen Bevölkerung weit unter dem westlicher Industriestaaten. Der politische Unterdrückungsapparat der KPdSU schickte Oppositionelle nach wie vor in die Verbannung.
- So machte die UdSSR nach außen den Anschein einer Supermacht, im Innern hingegen war sie „ein Koloss auf tönernen Füssen." An diesem Zustand änderte sich auch in den Jahren 1982 bis 1985 nichts.

- Am 11. März 1985 wählte das Zentralkomitee der KPdSU den 54-jährigen Michail Gorbatschow zum neuen Generalsekretär der Partei. Mit ihm kam ein Mann an die Spitze der UdSSR, der verstanden hatte, dass sich das Land am Rande eines Abgrunds befand und der einzige Ausweg über energische und unkonventionelle Reformen in der Innenpolitik sowie eine Wende in der Außenpolitik führen würde.

6. Stellen Sie die Hauptgedanken Gorbatschows (Q4 – Q6) dar. Bewerten Sie seine Politik aus heutiger Sicht. [III]
Hauptgedanken Gorbatschows
- Perestroika = Initiative der Massen, Entwicklung der Demokratie, Stärkung von Ordnung und Disziplin, Kritik und Selbstkritik, Intensivierung der gesamten sowjetischen Wirtschaft, vorrangige Entwicklung des sozialen Bereichs;
- Glasnost = Demokratie ist die Luft, ohne die wir ersticken;
- Neues Denken = Der einzige Weg zur Sicherheit ist der von politischen Entscheidungen und Abrüstung;
- Betonung der Eigenverantwortlichkeit der einzelnen sozialistischen Länder.

Gorbatschows Politik aus heutiger Sicht
- 1990 erhielt Gorbatschow für seine Reformpolitik den Friedensnobelpreis. In seiner Zeit an der Spitze der Sowjetunion ist er zweifellos eine der bedeutendsten Personen der jüngeren Geschichte. In der Bundesrepublik ist er immer noch ein großer Sympathieträger.
- Aber es gibt auch das Gorbatschow-Missverständnis: Als Michail Gorbatschow am 25. Dezember 1991 als Staatschef zurücktrat, wurde über dem Moskauer Kreml die rote Fahne eingeholt und die blau-weiß-rote Trikolore des neuen Russlands gehisst. Das kommunistische Weltreich war damit Geschichte. Seither gilt Gorbatschow als der Mann, der die Sowjetunion beerdigt hat. In Russland schlägt ihm deshalb zum Teil offener Hass entgegen, während er im Westen auch dafür verehrt wird. Doch beides ist – Ressentiments daheim, „Gorbi"-Kult im Ausland – Teil eines Missverständnisses. Denn den Kalten Krieg wollte Gorbatschow beenden, auch das Wettrüsten und die Gefahr eines Nuklearkrieges beseitigen, aber nicht die Sowjetunion.

C Das Ende des Kalten Krieges

7. Nehmen Sie Stellung zur Deutung der Ursachen des Kalten Krieges (D3). [II]
- Bis heute wird die Frage nach den Ursachen des Kalten Krieges kontrovers diskutiert. Während eine „traditionalistische" Sichtweise den Osten dafür verantwortlich macht (Welteroberungsstrategie der UdSSR) und die Reaktionen des Westens (Truman-Doktrin) als unabdingbar sieht, widerspricht dem eine „revisionistische" Perspektive, nach der sich osteuropäische Sicherheitsbestrebungen aus den westlichen Wirtschaftsinteressen ableiten ließen; „postrevisionistisch" bezeichnen sich Erklärungen, die wechselseitige Fehlinterpretationen dafür verantwortlich machen, dass sich zwei Lager gebildet hätten.
- Der Historiker Edgar Wolfrum (D3) positioniert sich wie folgt: Die vielen Gegensätze zwischen Demokratie und Kommunismus hätten den Kalten Krieg nur wahrscheinlich gemacht; erst Furcht und Fehldeutungen hätten ihn unvermeidbar gemacht. Damit steht dieser Historiker auf der „postrevisionistischen" Seite.

8. Analysieren Sie die Zeichnung Q7. [II]

- Beschreiben: Dargestellt ist ein Boxring, in dem der Schiedsrichter – die Welt – paradoxerweise zwei Sieger eines Boxkampfes kürt, die Sowjetunion in Person von Michail Gorbatschow sowie die Vereinigten Staaten in Person des damaligen US-Präsidenten George Bush. K. o. am Boden liegt eine hässlich graue und ihren letzten Atemzug aushauchende Gestalt, es ist der „Kalte Krieg".

- Deuten: Die sowjetische Karikatur will damit aufzeigen, dass die Welt (der Kopf des Schiedsrichters ist ein Globus) die UdSSR und die USA dafür auszeichnet, dass diese einen gemeinsamen Feind überwunden haben. Aus der Rivalität der beiden Weltmächte ist ein gemeinsamer Sieg geworden. Mit dieser Aussage steht die Karikatur im Widerspruch zur Deutung, dass der Westen den „Kalten Krieg" gewonnen habe.

9. Überlegen Sie aufbauend auf Aufgabe 7, welche politische Rolle die Angst in der politischen Öffentlichkeit heutzutage hat. ○

- Diese Aufgabe verlangt einen hohen Grad an reflektiertem und argumentativ unterfüttertem Denken und Diskutieren.

- Wenn der 90-jährige Historiker Fritz Stern mit seiner Auffassung recht haben sollte, nach der wir vor einem Zeitalter der Angst stehen, die weit verbreitet ist und politisch auch ausgenutzt wird, dann haben die Schule, die Medien und nicht zuletzt die Politik eine Pflicht, dem deutlich und überzeugend entgegenzutreten. Es muss hinsichtlich von Ängsten die Bereitschaft und die Fähigkeit zu differenzierten Betrachtungsweisen geben.

- Angst hat eine Doppelnatur von durchdachter Vorsicht einerseits und kopfloser Panik andererseits. Aber nur die Vorsicht hat den Vorteil der Reflexivität, denn sie warnt gleichermaßen vor denjenigen, die Angst verbreiten, indem sie z. B. Terroranschläge verüben, wie vor denjenigen, die bestimmte Bevölkerungsgruppen oder gar Ethnien zu Sündenböcken sozialer, ökonomischer oder politischer Missstände erklären und sie deshalb schlecht behandeln wollen.

- Gerade für das instinktunsichere „Mängelwesen" Mensch kann Angst niemals ein brauchbarer Ratgeber sein, zumal man sowohl aus Angst vor dem Krieg den Frieden bewahren kann, als auch aus Angst vor Feinden einen Krieg beginnen kann. Angst ist daher keine politische Tugend und kann es niemals werden.

⤴ 231

10. Überprüfen Sie die aktuellen Medien danach, ob der Kalte Krieg wieder ein Thema ist. [II]

- Wer im Internet die Frage eingibt: „Ist der Kalte Krieg wieder ein Thema?", der wird nicht nur eine Unzahl von Ergebnissen erhalten (fast 4 Mio.), sondern schon die ersten Links sprechen von Anzeichen, Aktualität, Aufrüstung und Rückkehr eines neuen Kalten Krieges zwischen den USA und Russland.

- Es ist zweifellos eine lohnenswerte Aufgabe, diesen Hinweisen auf den Grund zu gehen und zu (sicherlich zeitgebundenen) Aussagen zu kommen, welche die Materialien kritisch überprüft haben.

231 – 241

8 Deutschland im Zeitalter der Blockkonfrontation

8.1 Deutschland unter alliierter Besatzung

Vorschlag für einen Unterrichtsverlauf

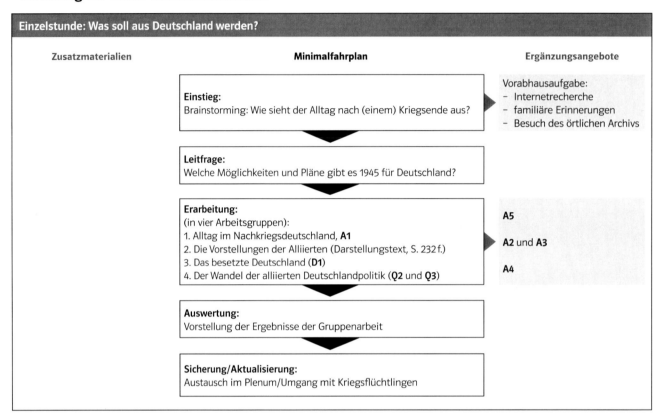

Einzelstunde: Was soll aus Deutschland werden?

Zusatzmaterialien	Minimalfahrplan	Ergänzungsangebote
	Einstieg: Brainstorming: Wie sieht der Alltag nach (einem) Kriegsende aus?	Vorabhausaufgabe: – Internetrecherche – familiäre Erinnerungen – Besuch des örtlichen Archivs
	Leitfrage: Welche Möglichkeiten und Pläne gibt es 1945 für Deutschland?	
	Erarbeitung: (in vier Arbeitsgruppen): 1. Alltag im Nachkriegsdeutschland, **A1** 2. Die Vorstellungen der Alliierten (Darstellungstext, S. 232 f.) 3. Das besetzte Deutschland (**D1**) 4. Der Wandel der alliierten Deutschlandpolitik (**Q2** und **Q3**)	**A5** **A2** und **A3** **A4**
	Auswertung: Vorstellung der Ergebnisse der Gruppenarbeit	
	Sicherung/Aktualisierung: Austausch im Plenum/Umgang mit Kriegsflüchtlingen	

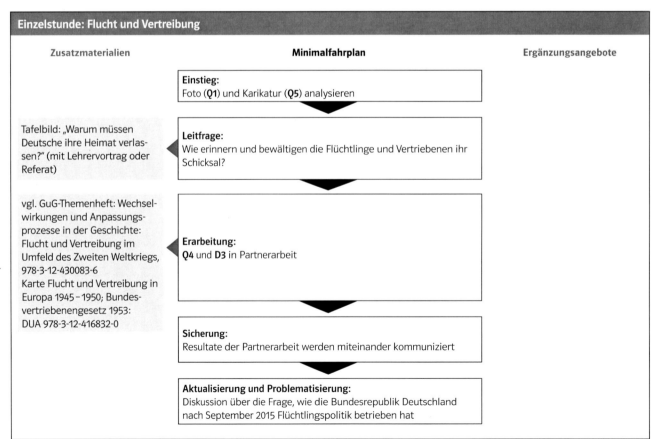

Einzelstunde: Flucht und Vertreibung

Zusatzmaterialien	Minimalfahrplan	Ergänzungsangebote
	Einstieg: Foto (**Q1**) und Karikatur (**Q5**) analysieren	
Tafelbild: „Warum müssen Deutsche ihre Heimat verlassen?" (mit Lehrervortrag oder Referat)	**Leitfrage:** Wie erinnern und bewältigen die Flüchtlinge und Vertriebenen ihr Schicksal?	
vgl. GuG-Themenheft: Wechselwirkungen und Anpassungsprozesse in der Geschichte: Flucht und Vertreibung im Umfeld des Zweiten Weltkriegs, 978-3-12-430083-6 Karte Flucht und Vertreibung in Europa 1945 – 1950; Bundesvertriebenengesetz 1953: DUA 978-3-12-416832-0	**Erarbeitung:** Q4 und **D3** in Partnerarbeit	
	Sicherung: Resultate der Partnerarbeit werden miteinander kommuniziert	
	Aktualisierung und Problematisierung: Diskussion über die Frage, wie die Bundesrepublik Deutschland nach September 2015 Flüchtlingspolitik betrieben hat	

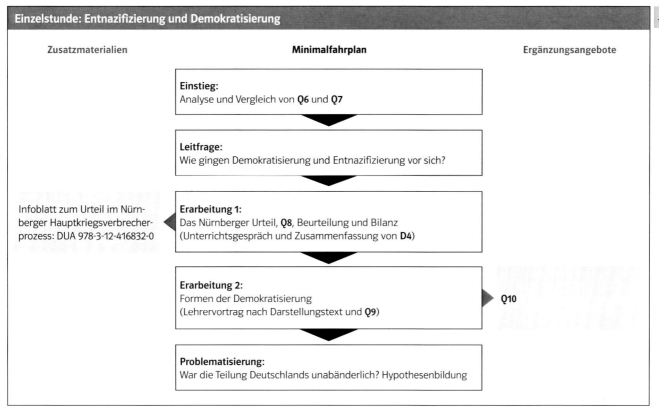

Einzelstunde: Entnazifizierung und Demokratisierung

| Zusatzmaterialien | Minimalfahrplan | Ergänzungsangebote |

Einstig:
Analyse und Vergleich von **Q6** und **Q7**

Leitfrage:
Wie gingen Demokratisierung und Entnazifizierung vor sich?

Infoblatt zum Urteil im Nürnberger Hauptkriegsverbrecherprozess: DUA 978-3-12-416832-0

Erarbeitung 1:
Das Nürnberger Urteil, **Q8**, Beurteilung und Bilanz
(Unterrichtsgespräch und Zusammenfassung von **D4**)

Erarbeitung 2:
Formen der Demokratisierung
(Lehrervortrag nach Darstellungstext und **Q9**)

Q10

Problematisierung:
War die Teilung Deutschlands unabänderlich? Hypothesenbildung

Tafelbild

Warum müssen Deutsche ihre Heimat verlassen?

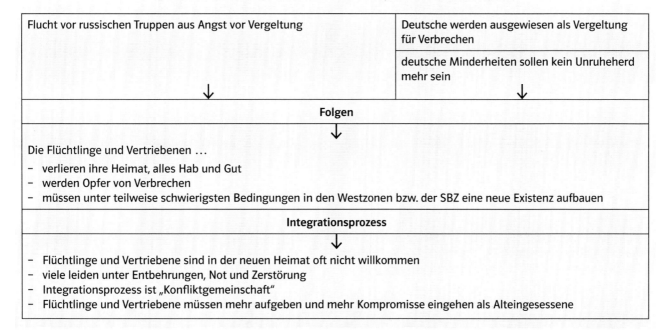

Flucht vor russischen Truppen aus Angst vor Vergeltung	Deutsche werden ausgewiesen als Vergeltung für Verbrechen
	deutsche Minderheiten sollen kein Unruheherd mehr sein
↓	↓

Folgen
↓

Die Flüchtlinge und Vertriebenen ...
- verlieren ihre Heimat, alles Hab und Gut
- werden Opfer von Verbrechen
- müssen unter teilweise schwierigsten Bedingungen in den Westzonen bzw. der SBZ eine neue Existenz aufbauen

Integrationsprozess
↓

- Flüchtlinge und Vertriebene sind in der neuen Heimat oft nicht willkommen
- viele leiden unter Entbehrungen, Not und Zerstörung
- Integrationsprozess ist „Konfliktgemeinschaft"
- Flüchtlinge und Vertriebene müssen mehr aufgeben und mehr Kompromisse eingehen als Alteingesessene

Das Tafelbild als editierbare PowerPoint-Version finden Sie auf dem Digitalen Unterrichtsassistenten (978-3-12-416832-0).

⤴ 241 **Erwartungshorizonte**

A Was soll aus Deutschland werden?

1. Recherchieren Sie mithilfe von Bibliothek, Internet, Erinnerungen der Zeitzeugen, wie der „Alltag" im Nachkriegsdeutschland aussah (D2). [I]
- Natürlich stehen hier die individuellen Resultate der Recherche im Vordergrund, aber bevorzugt sollten familiäre, lokale und regionale Hinweise in Augenschein genommen werden.
- Dafür bietet sich z. B. auch ein (vorbereiteter) Besuch im Stadtarchiv an.

2. Das Ende des Zweiten Weltkrieges wird oft mit dem Begriff der „Stunde Null" gekennzeichnet: Überlegen Sie, was damit gemeint sein könnte. Vergleichen Sie Ihre Überlegungen mit den Aussagen von Wolfgang Benz (D2). [II]
- Die Formulierung von der „Stunde Null" wird kontrovers diskutiert. Allgemein lässt sich dazu sagen, dass diese These als zu extrem angesehen werden muss. Von den meisten Experten wird diese Behauptung als widerlegt angesehen. Denn das besetzte Deutschland und die spätere Bundesrepublik knüpften sehr wohl an vielfältige Voraussetzungen und Traditionen an, von denen viele auch nach 1945 fortbestanden.
- Andererseits erlangte die Bundesrepublik Deutschland im Laufe der 1950er-Jahre eine neue eigenständige Ordnung, die keinesfalls als bloße Kontinuität anzusehen ist.

3. Diskutieren Sie, ob der Begriff „Stunde Null" historisch sinnvoll ist. [III] ○
- Bis heute steht der 8. Mai 1945 für viele im Zeichen von Kriegsende und Befreiung. Deshalb wird dieser Tag oft auch als „Stunde Null" bezeichnet.
- Doch diese Formulierung gilt nur für eine sehr westdeutsche, sehr enge Perspektive. Daher ist sie sowohl einsichtig als auch ignorant. Denn an diesem Datum endete weder der Zweite Weltkrieg, noch erlebten diesen Tag viele Millionen Menschen in Osteuropa, dem Baltikum und der bald darauf sowjetisch besetzten Zone als Befreiung.
- Diese Impulse könnten von Seiten der Lehrkraft in die Diskussion eingebracht werden.

4. Erstellen Sie eine Übersicht über die jeweiligen Nachkriegspläne der vier Siegermächte und erläutern Sie diese vor dem historischen Hintergrund (Darstellungstext, Q2). Beschreiben Sie dabei die Gemeinsamkeiten und Unterschiede bei den jeweiligen Besatzungszielen. [II]
- USA: schnelle Abkehr vom Morgenthau-Plan (das hätte eine Umwandlung Deutschlands in einen reinen Agrarstaat bedeutet); Demokratisierung von „unten", d. h. Aufbau einer demokratischen Selbstverwaltung, Zulassung demokratischer Parteien; Entmilitarisierung und Abrüstung Deutschlands, Entnazifizierung und Bestrafung der NS-Verbrecher; schneller Wiederaufbau des Landes
- Großbritannien: ähnliche Ziele wie USA, demokratisches Deutschland soll als „Bollwerk" gegen den Kommunismus fungieren

- Frankreich: Verhinderung eines deutschen Zentralstaates aus Angst vor einem Wiedererwachen des deutschen Nationalismus (→ Dezentralisierung); internationale Kontrolle des Ruhrgebietes, Annexion des Saarlandes, dauerhafte Schwächung des Nachbarlandes
- UdSSR: Reparationen, Westverschiebung Polens und Abtretung des nördlichen Ostpreußens an die UdSSR; Umgestaltung der Besatzungszone nach sozialistischen Vorstellungen in wirtschaftlicher und gesellschaftlicher Hinsicht

5. Schreiben Sie eine Schilderung, wie das Leben an Ihrem Schulort im Anschluss an die Potsdamer Konferenz ausgesehen haben mag (D1). Als freiwilliger Zusatz: Informieren Sie sich darüber im örtlichen Stadtarchiv. [II]
- Nach einer eingehenden Besprechung der Resultate der Potsdamer Konferenz sowie einer spezifischen lokalen Situationsbeschreibung (vgl. Archivbesuch sowie Arbeitsvorschlag 1) entwerfen die SuS in Gruppen mögliche Zukunftsbilder.
- Die recherchierten Daten werden mit Einschätzungen und Meinungen verknüpft, sodass letztendlich drei Grundtypen von wahrscheinlichen Szenarien möglich sind. Dabei nimmt einmal die aktuelle Situation vor Ort durchaus stark Einfluss, während weitere Sichtweisen zu der aktuellen in Kontrast stehen oder diese überhöhen.
- Insofern sind keine rein auf die Zukunft hin ausgerichteten Szenarien möglich, sondern nur Variationen dessen, was sich nach 1945/49 vor Ort (nicht) ereignet hat oder hätte ereignen können.

6. Beschreiben Sie den Wandel der amerikanischen Deutschlandpolitik in den Jahren 1945/1946 anhand der Stuttgarter Byrnes-Rede (Q3). Überlegen Sie, welches Echo diese Rede bei den deutschen Politikern und der deutschen Öffentlichkeit gehabt haben könnte. [II]
- Mit der Byrnes-Rede 1946 wird die Abkehr von der Direktive JCS 1067 (= Direktive der Joint Chiefs of Staff zur Besatzungspolitik an den Vereinigten Anglo-Amerikanischen Generalstab in Deutschland) besiegelt.
- Es ist das Signal, dass die USA die Gründung eines westdeutschen Teilstaates anstreben.
- Deutschland soll sich wieder selbst regieren dürfen und wird nicht länger als Feindstaat betrachtet.
- Die Reaktion der deutschen Politiker und der Öffentlichkeit waren große Freude und Erleichterung über den Kurswechsel der Amerikaner sowie die Hoffnung auf eine baldige Bildung einer deutschen Regierung.

B Flucht und Vertreibung

7. Formulieren Sie in eigenen Worten, wie die Flucht und Vertreibung aus den ehemaligen deutschen Ostgebieten im Nachkriegsdeutschland erzählt bzw. debattiert wurde (Q4, D3). [II] ○
- Da das Thema „Flucht und Vertreibung" in Deutschland weiterhin ein Gegenstand des öffentlichen Interesses ist, muss auch der GGk-Unterricht dem entsprechen.
- Entsprechende Spielfilme und Dokumentationen in den Medien haben hohe Einschaltquoten erzielt; erinnert werden darf an die Novelle „Im Krebsgang" (2002) von Günter Grass.
- In mehreren europäischen Ländern, z. B. Polen, wurden die Zwangsmigrationen nach 1945 sogar zu einem Objekt des Wahlkampfes.

- Dieses öffentliche Interesse sowie auch der Missbrauch des Themas für politische Zwecke bedeuten eine Herausforderung.
- Die massenhaften Bevölkerungsverschiebungen der Nachkriegszeit sind in ihren leidvollen Abläufen sehr detailliert erforscht worden (vgl. D3). Bisherige Versuche, das Thema zu musealisieren, fokussieren die gewaltsamen Bevölkerungsverschiebungen zwischen 1938 und 1948 oft allein auf Deutschland, statt es auch als ein europäisches Problem zu betrachten. Dabei muss Ursache und Wirkung im Hinblick auf die deutsche Verantwortung für den Zweiten Weltkrieg ihre historische Berücksichtigung finden.
- Unter diesem Vorzeichen müssen auch die beiden Textvorlagen behandelt werden, die rein subjektive Erinnerung (Q4) sowie Kosserts kritische Publikation mit dem sprechenden Titel „Kalte Heimat" (D3).

8. Schildern Sie die Alltagsprobleme der Deutschen nach dem Kriegsende. Halten Sie Ihre Ergebnisse in einer Mindmap fest (Q5).
- Alltagsprobleme der Deutschen nach dem Krieg: Hunger, mangelhafte Versorgung mit Lebensmitteln, Kleidung, Brennstoffen etc., zerstörte Wohnungen und mangelnder Wohnraum (auch für die vielen Flüchtlinge), oft schwierige Suche nach Familienangehörigen, traumatisierte und körperliche versehrte Kriegsheimkehrer, zerrüttete Familien.

9. Recherchieren Sie, welche Landsmannschaften bzw. Vertriebenenverbände es in der Bundesrepublik gibt, und erkundigen Sie sich über deren Programme und Aktivitäten. Diskutieren Sie in der Klasse, ob es heute noch Sinn hat, dass es solche Verbände gibt (D3). [II]
- Die Geschichte der deutschen Vertriebenen zeigt, dass die Deutschen alles andere als eine „Volksgemeinschaft" waren. Nur rückblickend wird behauptet, dass damals Deutsche zu Deutschen kamen. Wenn wir genau hinschauen, woher diese Menschen alle stammten, dann stellen wir fest, dass dies nicht nur sogenannte „Reichsdeutsche" aus Ostpreußen, Schlesien oder Pommern waren, sondern auch Deutsche von der russischen Wolga, aus dem Baltikum, aus Böhmen oder Rumänien, Donauschwaben aus Jugoslawien.
- Es waren Menschen, die der Heimatverlust verband und ihre Nähe zur deutschen Sprache und Kultur. Aufgrund ihrer Bräuche und der konfessionellen Zugehörigkeit waren sie sehr unterschiedlich.
- Ab 1948 bildeten sich überregionale Vertriebenenverbände, allein in der Bundesrepublik waren es 25 Verbände.
- In der Ära Adenauer nahmen die Vertriebenen durch ihre parlamentarische Präsenz großen Einfluss auf die westdeutsche Außenpolitik; ebenso wurden wesentliche wirtschaftliche und soziale Forderungen der Vertriebenenverbände erfüllt. Der Lastenausgleich (1952) versuchte, die Schäden und Verluste der Vertriebenen auszugleichen.
- Heute sinken die Mitgliederzahlen der Vertriebenenverbände und ihr Einfluss.

C Entnazifizierung und Demokratisierung

⤷ 241

10. Erklären Sie, welche Ziele die Besatzer mit der Entnazifizierung verfolgten und wie diese verlief, und beurteilen Sie den Erfolg der Entnazifizierung (D4, Q6, Q8). [II]
- Ziele der Entnazifizierung: Verfolgung und Bestrafung der NS-Kriegsverbrecher und weiterer NS-Täter; Umerziehung des gesamten deutschen Volkes zur Demokratie im Westen bzw. zum Sozialismus in der SBZ
- Verlauf in der britischen und amerikanischen Zone: zunächst per Fragebogen (auszufüllen von jedem Deutschen) und ab 1947 Übernahme der Entnazifizierung durch Spruchkammern, die mit deutschen Laienrichtern besetzt waren
- Beurteilung: einerseits Scheitern der Entnazifizierung, da Belastete mit sogenannten „Persilscheinen" eine schnelle Rehabilitierung erreichen konnten, und keine wirkliche Aufarbeitung der NS-Vergangenheit; andererseits Erfolg der Umerziehungsmaßnahmen, da kein Wiederaufleben nationalsozialistischer Parteien

11. Fassen Sie zusammen, welche Parteien in der Nachkriegszeit gegründet wurden. Gehen Sie dabei auch auf die Entwicklung in der Sowjetischen Besatzungszone ein (Q9, Q10). [I]
- in den westlichen Zonen: Wiedergründung der SPD, Neugründung der CDU (Sammelbecken christlich-konservativer Menschen, darunter viele ehemalige katholische Zentrumspolitiker) sowie der CSU (in Bayern) und der FDP (aus DDP und DVP), KPD in der BRD 1956 verboten
- in der SBZ nach der Gründung der Parteien Zusammenschluss von KPD und SPD zur SED (1946) unter Pieck und Grotewohl; SED erhebt rasch und eindeutig ihren Führungsanspruch

12. Schildern Sie, wie es im April 1946 zur Gründung der SED kam (Darstellungstext, Q10). Welche Folgen hatte diese Parteigründung in der SBZ? Wie wurde diese im Westen wahrgenommen? [II]
- Da die KPD befürchtete, dass die SPD bei Wahlen größeren Zulauf haben würde, forcierte sie die Zwangsvereinigung von KPD und SPD im April 1946. SPD-Mitglieder wurden z. T. verhaftet und unter Druck gesetzt, damit sie der Vereinigung zustimmten.
- In der SED übernahmen die moskautreuen Kommunisten bald zentrale Schlüsselpositionen, eine demokratische Entwicklung wurde verhindert, sodass die Auseinanderentwicklung Deutschlands voranschritt.
- Im Westen wurde diese Entwicklung mit Sorge betrachtet; antikommunistische Tendenzen verstärkten sich; 1956 kam das Verbot der KPD.

13. Befragen Sie ältere Menschen in ihrer Stadt bzw. Gemeinde nach deren Erinnerungen an die Nachkriegszeit. Berichten Sie in der Klasse darüber. [III]
individuelle Schülerlösung

📖 242–251

8.2   Die doppelte Staatsgründung

Vorschlag für einen Unterrichtsverlauf

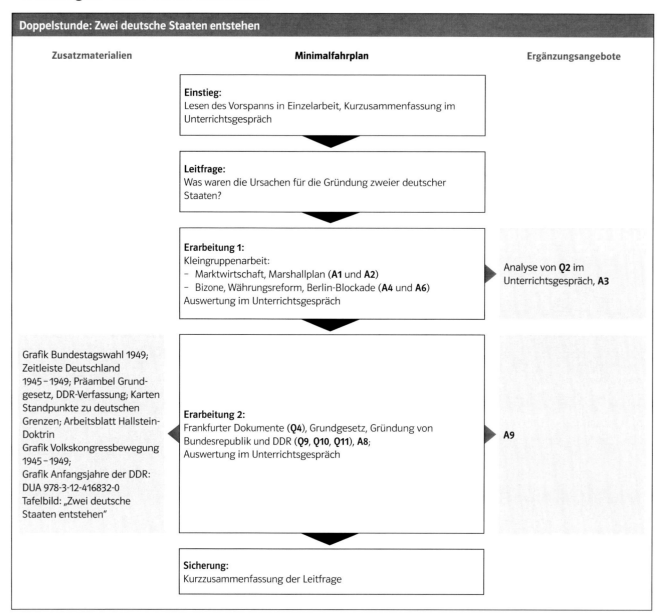

Doppelstunde: Zwei deutsche Staaten entstehen		
Zusatzmaterialien	**Minimalfahrplan**	**Ergänzungsangebote**

Einstieg:
Lesen des Vorspanns in Einzelarbeit, Kurzzusammenfassung im Unterrichtsgespräch

Leitfrage:
Was waren die Ursachen für die Gründung zweier deutscher Staaten?

Erarbeitung 1:
Kleingruppenarbeit:
– Marktwirtschaft, Marshallplan (**A1** und **A2**)
– Bizone, Währungsreform, Berlin-Blockade (**A4** und **A6**)
Auswertung im Unterrichtsgespräch

Analyse von **Q2** im Unterrichtsgespräch, **A3**

Grafik Bundestagswahl 1949; Zeitleiste Deutschland 1945–1949; Präambel Grundgesetz, DDR-Verfassung; Karten Standpunkte zu deutschen Grenzen; Arbeitsblatt Hallstein-Doktrin
Grafik Volkskongressbewegung 1945–1949;
Grafik Anfangsjahre der DDR: DUA 978-3-12-416832-0
Tafelbild: „Zwei deutsche Staaten entstehen"

Erarbeitung 2:
Frankfurter Dokumente (**Q4**), Grundgesetz, Gründung von Bundesrepublik und DDR (**Q9, Q10, Q11**), **A8**;
Auswertung im Unterrichtsgespräch

A9

Sicherung:
Kurzzusammenfassung der Leitfrage

Tafelbild

Zwei deutsche Staaten entstehen

Bundesrepublik	DDR
20. Juni 1948: Währungsreform	23. Juni 1948: Währungsreform
Juni 1948 bis Mai 1949 Berlin-Blockade	
23. Mai 1949: Mit der Verabschiedung des Grundgesetzes wird die Bundesrepublik gegründet.	März 1949: Volksrat der SBZ verabschiedet Verfassung
August 1949: Erste freie Wahlen seit 1932 Mehrheit von CDU/CSU, Bundeskanzler Konrad Adenauer	7. Oktober 1959: Volksrat erklärt sich zur Volkskammer und wählt Otto Grotewohl zum Ministerpräsidenten, damit Gründung der DDR

Das Tafelbild als editierbare PowerPoint-Version finden Sie auf dem Digitalen Unterrichtsassistenten (978-3-12-416832-0).

Hintergrundinformationen

Q1

Das Plakat von 1945 wurde in der Magistratsdruckerei von Berlin im Auftrag des Zentralkomitees der KPD hergestellt. Die Botschaft ist irreführend: Die Aufteilung der effizienten Groß- in Kleinbetriebe teilweise unter Landarbeitern ohne Erfahrungen in der Betriebsführung „sicherte" nicht, sondern gefährdete die Ernährung der Städter. Bereits im Sommer 1945 waren unter der Losung „Junkerland in Bauernhand" Agitatoren der KPD durch die Dörfer gezogen, um die entschädigungslose Enteignung von Grundbesitz über 100 Hektar zu propagieren. Anfang September wurden dann von den Landes- und Provinzialverwaltungen übereinstimmende Verordnungen über die Durchführung der Bodenreform erlassen. Das enteignete Land wurde in Parzellen von durchschnittlich 5 Hektar aufgeteilt und an Landarbeiter, Umsiedler aus den Ostgebieten und Kleinbauern übergeben. Ungefähr ein Drittel der landwirtschaftlichen Nutzfläche der SBZ fiel unter die Bestimmungen der Bodenreform. Parallel zur Enteignung der Großgrundbesitzer wurden aufgrund des Gesetzes zur „Enteignung der Naziaktivisten und Kriegsverbrecher" weitere Umverteilungen vorgenommen. Das Plakat überhöht den wirtschaftlichen Erfolg der Kleinbauern.

Q2

Links: Der Entwurf stammt von dem Niederländer Reijn Dirksen. Er gewann mit diesem Staatsschiff den ersten Preis eines europaweiten Plakatwettbewerbs zur „Intereuropäischen Zusammenarbeit für bessere Lebensbedingungen" in Höhe von 1500 Dollar. Den Wettbewerb ausgelobt hatte die amerikanische Marshallplan-Behörde – also die OEEC in Paris, heute zur OECD geworden – für ihr „Europäisches Wiederaufbauprogramm" (ERP). Die Unterschrift lautet: „Alle unsere Farben (Flaggen) auf die Masten". Die Grafik entstand etwa acht Monate vor der Gründung der Montanunion (EGKS) im April 1951. Der französische Außenminister Robert Schuman hatte eine EGKS erstmals im Mai 1950 in einer Rede öffentlich vorgeschlagen. Das Schiffsbild von Dirksen lässt unterschiedliche Deutungen zu. Betrachtet man Europa vom Schiffskörper her, ergibt sich die Metapher vom „Staatsschiff" und man erkennt einen im Werden begriffenen Bundesstaat. In der zweiten Deutung versteht man Europa von den Fahnen her. Dann sieht man das Gebilde als Staatenbund.

Rechts: Propagandaplakat der Sowjetischen Besatzungszone. Die UdSSR befürchtete, dass die US-Wirtschaft mithilfe des Marshallplans die Kontrolle über das Wirtschaftssystem der europäischen Staaten übernehmen könnte. Aus sowjetischer Sicht verknüpfte sich damit auch die Übernahme von wirtschaftlicher Freiheit und Freihandel und stand deshalb im Widerspruch zur zentralen Steuerung der Planwirtschaft. Tatsächlich finanzierten die USA mit ihren Steuergeldern den Wiederaufbau Westeuropas. Die Sowjetunion dagegen hatte außer ihrer Ablehnung und ihrer Propaganda ökonomisch wenig zu bieten.

Erwartungshorizonte

⤴ 242–251

A Der Marshallplan

1. Erläutern Sie die politische Aussage des Plakats Q1. Mit welchen Gefühlen wird ganz bewusst gearbeitet? [II]
- Propaganda für die Bodenreform, Aufwertung und Überhöhung der Kleinbauern

2. Erläutern Sie die politischen Ziele des amerikanischen Wiederaufbauprogramms für Europa (Marshallplan). Nennen Sie Gründe dafür, dass die osteuropäischen Staaten nicht an diesem Programm teilnahmen (D1, Q5, Q6). [II]
- Ziel des Marshallplanes: Wirtschaftlicher Wiederaufbau und Stabilisierung Westeuropas. Ein wirtschaftlich gesundes Westeuropa galt als Bollwerk gegen den Kommunismus (Containment-Politik). Wichtiger Bestandteil der Containment-Politik war es, die europäischen Länder zu stärken und somit eine handstreichartige Übernahme Westeuropas durch die Sowjetunion zu verhindern. Gleichzeitig wurde mit dem Marshallplan das Ziel einer nachhaltigen wirtschaftlichen Zusammenarbeit zwischen den europäischen Staaten verfolgt.
- Einzige Vorbedingung der Amerikaner für die Teilnahme am ERP-Programm war die Verständigung der beteiligten Staaten auf eine gemeinsame Wirtschaftspolitik. Die Zahlungsempfänger gründeten 1948 die „Organisation für wirtschaftliche Zusammenarbeit in Europa" (OEEC), die eine europäische Freihandelszone anstrebte.
- Keine Teilnahme der osteuropäischen Länder am ERP: Stalin fürchtete die wirtschaftliche und politische Einflussnahme der Amerikaner. Das westliche Wirtschaftssystem widersprach den sozialistischen Vorstellungen einer Planwirtschaft (Zentralverwaltungswirtschaft).

3. Analysieren Sie die Plakate Q2 und erklären Sie den Gegensatz in der Aussageabsicht. [II]
- Links: Ahnungsvolles Werbeplakat für den Marshallplan: Der Schiffskörper „Europa", mit fünfzehn Nationalflaggen als geblähten Segeln versehen, taucht langsam aus dem Nebel auf und pflügt durch die stürmische See.
- Rechts: Ein US-Kapitalist mit dickem Bauch, Zigarette und Zylinder greift nach der westeuropäischen Wirtschaft. Das $-Zeichen erinnert an den „Dollarimperialismus".
- siehe auch die Hintergrundinformationen zu Q2

B Währungsreform und die Blockade Berlins

4. Erklären Sie,
a) warum die D-Mark ein „Kind des Kalten Krieges" war (Darstellungstext, D2). [II] ○
b) warum sie eine wichtige Grundlage für eine stabile Demokratie bildete. [II]
c) wer zu den Gewinnern und wer zu den Verlierern der Währungsreform zählte. [II] ○

a) Die D-Mark wurde in den westlichen Besatzungszonen auf Betreiben der Amerikaner eingeführt. Die Deutsche Mark war ein Kind des Kalten Krieges. Ihre Einführung folgte dem Umstand zweier gegensätzlicher Wirtschaftsordnungen in Ost und West. Die Deutsche Mark trat als Verkörperung der Marktwirtschaft und Absage an die Planwirtschaft ins Leben.

🔲 251

b) Die Währungsreform war Voraussetzung für ein Gelingen des wirtschaftlichen Wiederaufbaus, des westlichen Wirtschaftssystems und des Aufbaus einer Demokratie nach westlichem Muster. In der Weimarer Republik hatten Inflation und Weltwirtschaftskrise wesentlich zur Destabilisierung des demokratischen Systems beigetragen.

c) Verlierer waren Menschen mit Sparguthaben, und Gläubiger von Krediten, aber auch Flüchtlinge und Vertriebene ohne Sachwerte. Gewinner waren Eigentümer von Sachwerten und Kreditnehmer.

5. Sie sind als Reporter unter den Zuschauern.
Verfassen Sie zu Q5 einen kurzen Zeitungsbericht über das Geschehen. [II]
– Mögliche Schwerpunkte: „Endlich gibt es alles wieder, aber es ist sehr teuer", „Wo war das alles nur, als es die D-Mark noch nicht gab?", „Verbraucher müssen sparsam sein und nicht das ganze neue Geld gleich ausgeben", „Endlich brauchen die Kunden keine Lebensmittelkarten und Bezugsscheine mehr".

6. Beschreiben Sie, wie sich die Berliner Luftbrücke auf das Verhältnis zwischen den Westdeutschen und den amerikanischen Besatzern auswirkte (Darstellungstext, Q7, D3). [II]
– Die Amerikaner wurden als Verbündete und Freunde wahrgenommen, nicht länger als Besatzer.
– Der Kommunismus wurde zum neuen, gemeinsamen Feindbild.

C Die Gründung der Bundesrepublik Deutschland

7. Erklären Sie anhand des Besatzungsstatuts, warum die junge Bundesrepublik zunächst ein „Staat auf Probe" war (Q8, Q9). [II]
– Die westlichen Besatzungsmächte behielten sich Zuständigkeiten im Rahmen der Besatzung vor und das Recht, im Falle eines die Sicherheit bedrohenden Notstandes (Q8) die Regierungsgewalt wieder zu übernehmen.
– In zentralen Bereichen (Q9) Abrüstung, Entmilitarisierung, Beschränkungen der Industrie, Kontrolle der Kohle- und Stahlerzeugung im Ruhrgebiet, Reparationen, Dekartellisierung, auswärtige Angelegenheiten u. a. war die Bundesrepublik laut Besatzungsstatut auf die Zustimmung der Alliierten angewiesen, die Bundesrepublik war demnach nur bedingt souverän.

8. Erläutern Sie den Gegensatz von Q10 und Q11 im historischen Kontext. [II]
– Adenauers Alleinvertretungsanspruch (Q10) beruht auf der Überzeugung, dass die Bundesrepublik aufgrund freier Wahlen legitimiert sei, ganz Deutschland zu vertreten. Am 14. August 1949 hatte die erste Bundestagswahl stattgefunden.
– Auch Wilhelm Pieck (Q11) nimmt für die DDR in Anspruch, ganz Deutschland zu vertreten. In der Nationalen Front, also der Vereinigung aller Parteien und Massenorganisationen, die unter der Führung der SED Kandidaten für die Wahlen stellte, sah er die legitime Vertretung der „fortschrittlichen demokratischen Kräfte". Er spricht von „der nationalen Einheit Deutschlands" mit einer Hauptstadt Berlin. Die „militärische Besetzung Westdeutschlands" und das Saarstatut sind für ihn entscheidende Ursachen der deutschen Teilung. Am 7. Oktober 1949, also wenige Tage vor der der Ansprache, hatte SED-Mitbegründer Wilhelm Pieck im Festsaal des früheren Reichsluftfahrtministeriums in Berlin die Gründung der DDR verkündet. Damit war die staatliche Teilung Deutschlands endgültig zementiert.

9. Erstellen Sie gemeinsam in der Klasse eine Zeitleiste mit den wichtigsten Stationen der Gründung der Bundesrepublik. Suchen Sie in Büchern oder im Internet nach Fotos zu den einzelnen Ereignissen und fertigen Sie zu jedem Ereignis eine Wandzeitung an. [I] [II]
Wichtige Stationen auf dem Weg zur Gründung der Bundesrepublik:
– Byrnes-Rede (September 1946)
– Marshallplan und Gründung der Bizone am 1. Januar 1947 (ab 1949 Trizone)
– Gründung des Frankfurter Wirtschaftsrates als „Vorparlament" (März 1946)
– Londoner Sechs-Mächtekonferenz im Frühjahr 1948
– Währungsreform (Juni 1948) und Berlin-Blockade (Juni 1948 bis Mai 1949)
– Frankfurter Dokumente (1948)
– Verfassungskonvent von Herrenchiemsee (August 1948)
– Zusammentreten des Parlamentarischen Rates 1948
– Verabschiedung und Inkrafttreten des Grundgesetzes (8. bzw. 23. Mai 1949)
– erste Bundestagswahlen im September 1949

Vorschlag für einen Unterrichtsverlauf

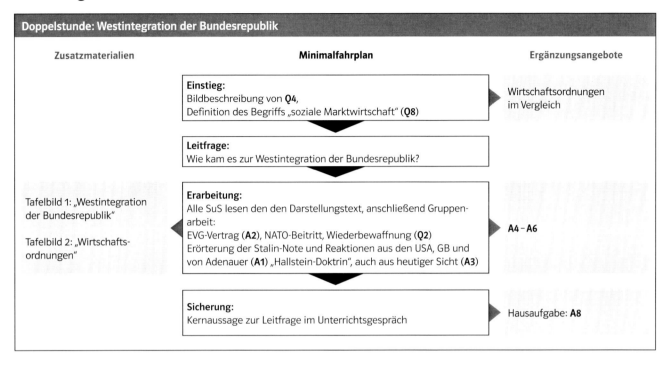

Doppelstunde: Westintegration der Bundesrepublik

Zusatzmaterialien	Minimalfahrplan	Ergänzungsangebote
	Einstieg: Bildbeschreibung von **Q4**, Definition des Begriffs „soziale Marktwirtschaft" (**Q8**)	Wirtschaftsordnungen im Vergleich
	Leitfrage: Wie kam es zur Westintegration der Bundesrepublik?	
Tafelbild 1: „Westintegration der Bundesrepublik" Tafelbild 2: „Wirtschaftsordnungen"	**Erarbeitung:** Alle SuS lesen den den Darstellungstext, anschließend Gruppenarbeit: EVG-Vertrag (**A2**), NATO-Beitritt, Wiederbewaffnung (**Q2**) Erörterung der Stalin-Note und Reaktionen aus den USA, GB und von Adenauer (**A1**) „Hallstein-Doktrin", auch aus heutiger Sicht (**A3**)	A4 – A6
	Sicherung: Kernaussage zur Leitfrage im Unterrichtsgespräch	Hausaufgabe: **A8**

Tafelbild 1

Westintegration der Bundesrepublik

Politik von Bundeskanzler Adenauer. Sicherheit der Bundesrepublik durch Eingliederung in eine westliche Staatengemeinschaft

- 1952 Deutschlandvertrag, Inkrafttreten 1955
- 1952 negative Reaktion auf Stalin-Note
- 1955 Eintritt in die NATO, Aufbau der Bundeswehr
- 1955 „Hallstein-Doktrin"

Tafelbild 2

Wirtschaftsordnungen

freie Marktwirtschaft

- unsoziale Einkommens- und Vermögensverteilung
- Unternehmenskonzentration, Kartelle
- Versagen des Arbeitsmarktes
- Umweltverschmutzung

Zentralverwaltungswirtschaft

- keine Produktionsfreiheit
- keine Konsumfreiheit
- keine freie Berufs- und Arbeitsplatzwahl
- kein Privateigentum an Produktionsmitteln

soziale Marktwirtschaft

- Eingriffe des Staates in das Wirtschaftsgeschehen zur Sicherung des Wettbewerbs und der Wahrung sozialer Gerechtigkeit
- Einschränkung der Eigentumsgarantie z. B. der Grundstücksenteignung zum Bau von Straßen
- Einschränkung des Wettbewerbs z. B. durch die Buchpreisbindung
- Einschränkung der Berufswahl z. B. benötigen Ärzte, Lehrer, Juristen u. a. eine staatliche Zulassung
- Einschränkungen der Entgeltbildung auf dem Arbeitsmarkt durch Tarifautonomie und Mindestlöhne
- Einschränkungen der Produktions- und Handelsfreiheitfreiheit durch Vorschriften beim Umwelt- und Verbraucherschutz

Die Tafelbilder als editierbare PowerPoint-Version finden Sie auf dem Digitalen Unterrichtsassistenten (978-3-12-416832-0).

252 – 261

Hintergrundinformationen

Q7

Erstmals Anwendung fand die Hallstein-Doktrin als Jugoslawien 1957 und Kuba 1963 diplomatische Beziehungen zur DDR aufnahmen und im Gegenzug die Bundesrepublik Deutschland darauf ihre diplomatischen Beziehungen abbrach. Aufgegeben wurde die Hallstein-Doktrin als Bundeskanzler Brandt in seiner Regierungserklärung im Oktober 1969 von „zwei Staaten einer Nation in Deutschland" sprach und damit die DDR de facto anerkannte. Die Aufnahme direkter Verhandlungen zwischen der Bundesrepublik Deutschland und der DDR zur vertraglichen Regelung der Beziehungen führte 1972 zum Abschluss des Grundlagenvertrags.

Schöpfer der Doktrin war nicht Walter Hallstein, sondern der damalige Leiter der Politischen Abteilung des Auswärtigen Amts, Wilhelm G. Grewe. Auf einer Botschafterkonferenz in Bonn wurde die „Hallstein-Doktrin" diskutiert. Anschließend erläuterte Ministerialdirektor Grewe am 11. Dezember 1955 die Grundsätze in einem Interview mit dem Nordwestdeutschen Rundfunk. Er wies darauf hin, dass die Bundesregierung eine Intensivierung der Beziehungen dritter Staaten zur DDR als „unfreundliche Handlung" empfinden werde, auf die man mit gestuften Maßnahmen bis hin zum Abbruch der diplomatischen Beziehungen reagieren könne. Eine Doppelvertretung Deutschlands bei dritten Staaten werde voraussichtlich den Abbruch der Beziehungen zur Folge haben. Eine Ausnahme bildeten die beiden deutschen Botschaften in Moskau. Die Aufnahme diplomatischer Beziehungen zur Sowjetunion als ehemaliger Besatzungsmacht und eine der „Vier Mächte" rechtfertigte die Bundesregierung mit dem Argument, diese könnten ein Mittel zur Überwindung der Spaltung und zur Wiederherstellung der Einheit Deutschlands sein.

Erwartungshorizonte

A Aufgabe der Einheit Deutschlands?

1. Arbeiten Sie anhand der Stalin-Note und der Position der westlichen Alliierten die taktischen Erwägungen beider Seiten heraus (Q6). [II]

- Während der Verhandlungen über den Deutschland- und den EVG-Vertrag, bietet Stalin in einer Note an die Westmächte (Q6a) Verhandlungen an über ein wiedervereinigtes neutrales Deutschland (ohne Militärbündnisse), die Bildung einer gesamtdeutschen Regierung, den Abschluss eines Friedensvertrages (ohne die Gebiete östlich von Oder und Neiße), die Aufstellung nationaler Streitkräfte, den Abzug aller Besatzungstruppen und die Auflösung aller Militärstützpunkte innerhalb eines Jahres. Das Bestehen demokratischer Parteien soll gewährleistet, die Produktion von Waffen für die eigenen Streitkräfte möglich sein.
- Die Westmächte halten die Vorschläge der UdSSR vor allem für ein taktisches Manöver, um die Westintegration der Bundesrepublik zu verhindern. Ein geeintes neutrales Deutschland sehen sie als Gefahr für ihre eigene Sicherheit (Q6c). Sie antworten auf die sowjetischen Vorschläge (Q6b) mit der Forderung nach freien Wahlen, aus denen eine gesamt-

deutsche Regierung hervorgehen solle, und lehnen eine Neutralisierung Deutschlands ab. Sie fordern stattdessen die Integration Deutschlands in eine (west-)europäische Gemeinschaft. Die Aufstellung nationaler deutscher Streitkräfte ohne Einbindung in eine Verteidigungsgemeinschaft lehnen sie ab. Die UdSSR stimmt in einer weiteren Note zwar der Forderung nach freien Wahlen zu, will aber zuvor eine gesamtdeutsche Regierung einsetzen. Außerdem hält sie an der Neutralität eines vereinigten Deutschlands fest.

2. Beschreiben Sie die unterschiedlichen außen- und deutschlandpolitischen Positionen der Adenauer-Regierung und der SPD-Opposition (Darstellungstext, Q5). [I]

- Position der Adenauer-Regierung: Rückgewinnung der westdeutschen Souveränität und Integration in ein westliches Bündnissystem sind oberste Ziele, Wiedervereinigung in Frieden und Freiheit, freies vereinigtes Europa statt kommunistischer Diktatur, Kampf gegen den Kommunismus, christlich-europäische Kultur anstatt Materialismus, Politik der Stärke durch überlegene westliche Wirtschaft und Rüstung.
- Position der SPD-Opposition, Q5: Gesamtdeutsche Wahlen sollten das Ziel sein, Westintegration der Bundesrepublik rückt Wiedervereinigung in weite Ferne, Deutschland soll weder „Vasall des Westens" noch „Satellit des Ostens" sein, sondern neutral zwischen den Blöcken stehen.

B Die BRD konsolidiert sich

3. Benennen Sie Ziele, die mit der „Hallstein-Doktrin" verfolgt werden sollten (Q7). [I]

- Die „Hallstein-Doktrin" besagte, die Bundesregierung betrachte es als einen „unfreundlichen Akt", wenn dritte Staaten die DDR völkerrechtlich anerkennen, mit ihr diplomatische Beziehungen aufnehmen oder aufrechterhalten.
- Anderthalb Jahrzehnte verhinderte die Hallstein-Doktrin die internationale völkerrechtliche Anerkennung der DDR. Obwohl sie von 1955 bis 1969 Leitlinie der Bonner Deutschlandpolitik war, wurde nie ein amtlicher Wortlaut veröffentlicht.
- Nachdem Bundeskanzler Adenauer bei seinem Moskau-Besuch im September 1955 die Aufnahme diplomatischer Beziehungen mit der Sowjetunion vereinbart hatte, sah sich die Bundesregierung zu einer Klarstellung gezwungen. Einzige Ausnahme bildete nun die Sowjetunion als eine der vier für Deutschland als Ganzes verantwortlichen Mächte.

4. Erklären Sie wichtige Prinzipien der sozialen Marktwirtschaft (Q8). [II]

- Die soziale Marktwirtschaft ist eine Leitidee, die Marktfreiheit mit dem sozialen Ausgleich verbindet. Sie garantiert den Bürgern ein hohes Maß an Freizügigkeit, d. h. sie dürfen beispielsweise ihren Wohn- und Arbeitsort frei wählen, ferner besteht das Recht auf Eigentum und das Erbrecht.
- Der Staat hat in beschränktem Umfang Eingriffsmöglichkeiten. Er garantiert zwar marktwirtschaftliche Prinzipen (etwa die Preisbildung durch Angebot und Nachfrage oder die leistungsbedingte Einkommensverteilung), greift aber immer dann ein, wenn Fehlentwicklungen, Auswüchse und Benachteiligungen drohen. Dazu gehören die staatliche Wettbewerbspolitik, die Sozialpolitik, die Konjunkturpolitik und die Umweltpolitik.

5. Erläutern Sie die Rolle einer funktionierenden Marktwirtschaft bei der Herausbildung einer westdeutschen Identität. Analysieren Sie vor diesem Hintergrund Q4. [II]
- Soziale Marktwirtschaft bedeutet neben der Möglichkeit der individuellen Entfaltung auch soziale Sicherheit. Dies hat wesentlich zur Herausbildung der westdeutschen Identität beigetragen.
- Die Beiträge zu den gesetzlichen Sozialversicherungen werden im Wesentlichen von Arbeitnehmern und Arbeitgebern je zur Hälfte aufgebracht. Nur die Beiträge zur Unfallversicherung trägt der Arbeitgeber allein. Die Versicherungsbeiträge zur Renten- und Pflegeversicherung werden nicht angespart, sondern die Arbeitnehmer zahlen mit ihren Beiträgen die Renten und Pflegekosten, der aus dem Erwerbsleben ausgeschiedenen oder pflegebedürftigen Menschen (Umlageverfahren, statt Kapitaldeckungsverfahren). Sie erwerben dabei Ansprüche auf ähnliche Leistungen der nachfolgenden Generation für sich selbst. Man spricht deshalb auch von einem Generationenvertrag.
- Das Plakat (Q4) zeigt in plastischen Bildern die Leistungen der sozialen Sicherungssysteme für Arbeiter und Angestellte (links) bzw. für Selbstständige (rechts). Arbeitnehmer sind gegen Krankheit und Unfall versichert und haben Anspruch auf Altersrente und Hilfe bei Arbeitslosigkeit. Selbstständige können sich gegen Krankheit, Unfall-, Sach- und Haftpflichtschäden versichern und mit Lebensversicherungen für das Alter vorsorgen. Abgerundet wird das System durch eine breite Palette von öffentlichen Leistungen sowie Leistungen von Wohlfahrtseinrichtungen – Arbeiterwohlfahrt, Innere Mission, Deutscher paritätischer Wohlfahrtsverband, Rotes Kreuz sowie Caritasverband. Diese kümmern sich gemeinsam mit dem Staat, wie in der unteren Zeile erkennbar, um (von links nach rechts) „Soforthilfe und Lastenausgleich", „Öffentliche Jugendhilfe", „Geschlossene Fürsorge", „Waisen", „Angehörige Kriegsgefangener und Vermisster", „Kriegsversehrte, Heimkehrer, Kriegsgefangene", „Vertriebene, „Zugewanderte und Evakuierte".

6. Beurteilen Sie den gegenwärtigen (2016) Wunsch Griechenlands nach einem „Schuldenschnitt" vor dem Hintergrund des Londoner Schuldenabkommens von 1953 (Darstellungstext). Informieren Sie sich im Internet über die „Zwangsanleihe", die Deutschland den Griechen 1942 auferlegte. [III] ○
- Ohne „Schuldenschnitt", wie ihn auch der IWF fordert, kann Griechenland kaum wieder zu einem normalen Haushalt zurückkehren. Trotzdem weigert sich vor allem Deutschland, weil es ähnliche Wünsche anderer hochverschuldeter vor allem südeuropäischer Euro-Länder befürchtet.
- Zwangsanleihe: Das Besatzungsregime durch die Achsenmächte Bulgarien, Italien wurde begleitet von wirtschaftlicher Ausbeutung. Griechenland musste nicht nur die Kosten der Besatzung tragen, die Besatzungsmächte zogen auch in großem Umfang Rohstoffe und Nahrungsmittel aus Griechenland ab. Eine Hungersnot in Griechenland war die Folge. Da der Abtransport aus Griechenland wert- und mengenmäßig ständig stieg, von deutscher Seite aber kaum Gegenlieferungen erfolgten, entstand auf den Verrechnungskonten, über die die Bezahlung der Güter formal erfolgte, ein Guthaben Griechenlands. Im Dezember 1942 wurde die griechische Regierung gezwungen, einer Regelung zuzustimmen, nach der dieses Guthaben als zinslose

Forderung behandelt wurde. Diese sollte nach Kriegsende zurückgezahlt werden. Nach einem Schlussbericht des Auswärtigen Amtes des Deutschen Reichs vom April 1945 betrug die Höhe dieser Anleihe 476 Millionen Reichsmark. Die Zwangsanleihe wird von deutscher Seite als Reparationsforderung angesehen und deshalb abgelehnt.

↩ 261

C Übergreifende Aufgaben

7. Vergleichen Sie, wie 1952 die Sowjetunion jeweils in der ost- und in der westdeutschen Propaganda dargestellt wurde (Q3). [II]
- Das vom „Amt für Information" der DDR verbreitete Plakat (Q3, links) verdeutlicht im Rahmen einer Kampagne zur Propagierung der „Stalin-Note" die verschärfte Blockkonfrontation. Ein Sowjet- und ein DDR-Bürger in freundschaftlicher Umarmung fordern den Abschluss eines gesamtdeutschen Friedensvertrags. Der sich abzeichnenden Westintegration der Bundesrepublik Deutschland war Stalin im Frühjahr 1952 mit einer überraschenden diplomatischen Offensive begegnet: Er bot den Westmächten Verhandlungen über ein wiedervereinigtes neutrales Gesamtdeutschland (ohne die ehemaligen Ostgebiete) an. In London, Paris und Washington wurde die Note Stalins jedoch als Stör- und Propagandamanöver angesehen und ohne intensive Verhandlungen darüber abgelehnt. Auch Bundeskanzler Adenauer, dessen Politik längst auf eine Westbindung der Bundesrepublik gesetzt hatte, schloss sich der Haltung der Westmächte an.
- Das westdeutsche Propagandaplakat (Q3, rechts), das von einem „Befreiungskomitee für die Opfer totalitärer Willkür" veröffentlicht wurde, beschwört die Gefahr herauf, dass Stalins Angebot ganz Deutschland unter kommunistische Vorherrschaft bringen könnte. Die eine Hand Stalins vereinnahmt die Waffen der Bundesrepublik, die andere auch die Konsumgüterversorgung.

8. Verfolgen Sie, wie heute die Rolle des russischen Präsidenten Wladimir Putin in den deutschen Medien dargestellt wird. Vergleichen Sie mit dem Russland-Bild vor 1989. [III] ●
Individuelle Schülerlösung. Seit Ausbruch der Krim-Krise fällt das Urteil von Journalisten über Putins Politik in den großen Medien tendenziell negativ aus: Putin sei gefährlich und unberechenbar. Völkerrechtswidrig wolle er sich die Halbinsel Krim, die zur Ukraine gehört, einverleiben. Gnadenlos verteidige er seine Einflusssphäre. Die mediale Darstellung ähnelt in groben Zügen dem Russland-Bild vor 1989 und spiegelt die Angst vor einem neuen Kalten Krieg..

264 – 273

8.4 Die Eingliederung der DDR in das östliche Bündnissystem

Vorschlag für einen Unterrichtsverlauf

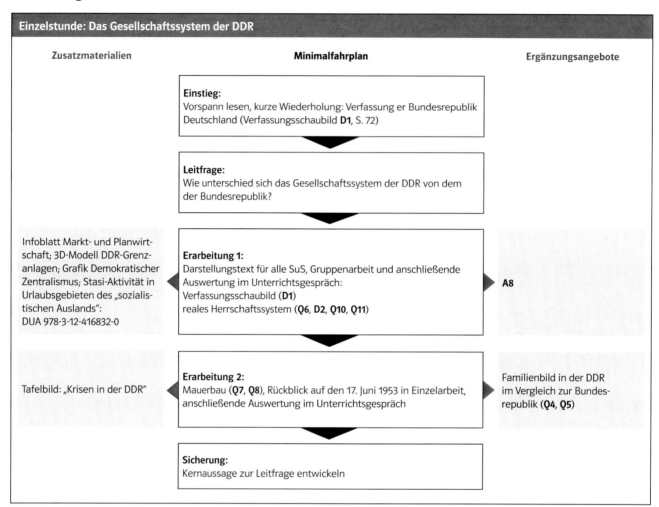

Zusatzmaterialien	Minimalfahrplan	Ergänzungsangebote

Einzelstunde: Das Gesellschaftssystem der DDR

Einstieg:
Vorspann lesen, kurze Wiederholung: Verfassung er Bundesrepublik Deutschland (Verfassungsschaubild D1, S. 72)

Leitfrage:
Wie unterschied sich das Gesellschaftssystem der DDR von dem der Bundesrepublik?

Infoblatt Markt- und Planwirtschaft; 3D-Modell DDR-Grenzanlagen; Grafik Demokratischer Zentralismus; Stasi-Aktivität in Urlaubsgebieten des „sozialistischen Auslands": DUA 978-3-12-416832-0

Erarbeitung 1:
Darstellungstext für alle SuS, Gruppenarbeit und anschließende Auswertung im Unterrichtsgespräch: Verfassungsschaubild (D1) reales Herrschaftssystem (Q6, D2, Q10, Q11)

A8

Tafelbild: „Krisen in der DDR"

Erarbeitung 2:
Mauerbau (Q7, Q8), Rückblick auf den 17. Juni 1953 in Einzelarbeit, anschließende Auswertung im Unterrichtsgespräch

Familienbild in der DDR im Vergleich zur Bundesrepublik (Q4, Q5)

Sicherung:
Kernaussage zur Leitfrage entwickeln

Tafelbild

Krisen in der DDR

Volksaufstand 17. Juni 1953	Mauerbau 13. August 1961
Ursachen: - niedriges Lohnniveau, Versorgungsengpässe - keine Mitbestimmung in den Betrieben - Beschneidung der demokratischen Grundrechte - Alleinherrschaft der SED	Verhinderung der Massenflucht von DDR-Bürgern in die Bundesrepublik, keine Reisefreiheit
Verlauf: Niederschlagung der Demonstrationen durch sowjetisches Militär, Todesurteile und zahlreiche Verhaftungen	Mauer nach Westberlin und die Zäune an der innerdeutschen Grenze machten eine Flucht fast unmöglich; Vertiefung der Spaltung

Versuche, die Teilung zu zementieren und die Alleinherrschaft der SED aufrechtzuerhalten

Das Tafelbild als editierbare PowerPoint-Version finden Sie auf dem Digitalen Unterrichtsassistenten (978-3-12-416832-0).

Hintergrundinformationen

D1

In der DDR ging die Macht von der SED aus. Ihr Führungsanspruch war seit 1968 verfassungsrechtlich verankert. Prinzipiell war die Volkskammer das oberste Staatsorgan. Dessen Mitglieder wählten das kollektive Staatsoberhaupt, den Staatsrat, und den Ministerrat, der de facto die Regierung darstellte. Außerdem wurden die Richter des Obersten Gerichts und der Generalstaatsanwalt von der Volkskammer gewählt. Formal besaß das Parlament die Kontrolle über alle drei Gewalten. Eine wirkliche Gewaltenteilung gab es demnach nicht. Alle vier, seit 1971 alle fünf Jahre, wurden 500 Abgeordnete in die Volkskammer gewählt. Obwohl die Wahlen nach der Verfassung allgemein, gleich und geheim sein sollten, stand jedoch bereits vor der Wahl die Zusammensetzung der Volksvertretung fest, da diese über eine Einheitsliste festgelegt wurde. Die Volkskammer tagte nur etwa vier Mal jährlich und entschied i. d. R. einstimmig. Der Ministerrat hatte 33 Mitglieder, davon die meisten aus der SED, seit 1971 nur noch je eines aus den Blockparteien. Im Mittelpunkt seiner Tätigkeit stand die Planung und Leitung der verstaatlichten Wirtschaft, für die zahlreiche Fachministerien zuständig waren. Das Staatsoberhaupt – seit 1960 der Staatsrat unter dem Vorsitzenden Walter Ulbricht, ab 1973 Willi Stoph, ab 1976 Erich Honecker – hatte seit 1974 rein repräsentative Aufgaben. Zuvor, bis 1960, war Wilhelm Pieck Präsident der DDR.

In der Realität lag die staatliche Macht weitgehend in den Händen der SED-Führung. Dem etwa 25-köpfigen Machtzentrum, dem Politbüro, stand ein Generalsekretär vor. Die Mitglieder des Politbüros wurden vom Zentralkomitee (ZK) gewählt, das seinerseits auf den Parteitagen nach vorgegebenen Listen bestimmt wurde. Das Sekretariat des ZK umfasste ca. 2 000 Funktionäre. Damit lag eine Doppelstruktur von Staat (Ministerrat u. a.) und Partei (Politbüro, ZK) vor, in der die Parteigliederungen den Vorrang hatten. Es gab weder Verwaltungsgerichte zum Vorgehen gegen staatliche Maßnahmen noch die Garantie für einen Rechtsweg bei gerichtlichen Entscheidungen. Mit dem Ministerium für Staatssicherheit, der Nationalen Volksarmee und der Polizei, die alle von der SED kontrolliert wurden, schuf die SED weitere Organe zur Überwachung und Kontrolle der Bürger.

Erwartungshorizonte

A Konflikt und Stabilisierung

1. Vergleichen Sie die beiden Plakate aus der Nachkriegszeit (Q4 und Q5). Formulieren Sie als westdeutscher Politiker der Regierung Adenauer eine kurze Wahlrede vor westdeutschen Frauen gegen das Frauenbild der DDR. [II] [III]
- Das CDU-Plakat verdeutlicht das frühere westdeutsche Familienbild, wie es vor allem die konservativen Unionsparteien goutierten. Aus damaliger bundesrepublikanischer Sicht war Frauenarbeit, zumindest körperlich schwere Frauenarbeit, verpönt.
- In der DDR mussten Frauen die Lücken in den Betrieben schließen und erwerbstätig sein, weil viele DDR-Bürger das Land verlassen hatten. Kinder wurden morgens zur Kita gebracht, inzwischen auch im Westen ein gewohntes Bild. Trotz der hohen Erwerbsquote schafften Frauen in der DDR allerdings selten den beruflichen Aufstieg.

2. Nennen Sie die Ursachen und Anlässe des Aufstands 1953 (Q1, Q6). [I]
- Q6: manipulierte Wahlen, keine konkurrierenden Parteien, politische Gefangene, durch Volkspolizei überwachte Zonengrenze, unzureichender Lebensstandard, Repressalien gegen Streikende.

3. Erörtern Sie, warum Chruschtschow 1958 versuchte, die Westmächte und die Bundesrepublik aus Westberlin zu drängen (Q7, D2). [II]
- Q7a: Westberlin ist eine durch die Militärbehörden der USA, Frankreichs und Großbritanniens kontrollierte Insel innerhalb der DDR. In der Bundesrepublik ist das Besatzungsregime teilweise aufgehoben, nicht aber in Westberlin. Westberlin ist ein Herd für Propaganda und Untergrundarbeit gegen die DDR und Osteuropa. Westberlin ist ein „krankhafter Auswuchs" des Kalten Krieges. Die „Berliner Frage" muss geregelt werden, gemeint ist damit die Umwandlung Westberlins in eine freie entmilitarisierte Stadt.
- Q7b: 1961 kamen Kennedy und Chruschtschow zu einem Gespräch in Wien zusammen. In einem Memorandum drohte der sowjetische Partei- und Regierungschef mit dem Abschluss eines Friedensvertrages mit der DDR. Dadurch wäre der freie Zugang der Westmächte nach Berlin in das Ermessen des SED-Regimes gestellt worden. Kennedy setzte dieser Drohung Ende Juli 1961 seine „three essentials" entgegen: Am freien Zugang nach Berlin, der Anwesenheit der Westmächte in der Stadt und der Freiheit der Bevölkerung Westberlins dürfe nicht gerüttelt werden. Da der Mauerbau am 13. August 1961 diese Punkte nicht verletzte, wurde er von den Westmächten ohne Gegenmaßnahmen hingenommen. Die UdSSR verzichtete auf den Friedensvertrag mit der DDR und hielt am Viermächtestatus von Berlin fest.

4. Unterscheiden Sie die dargestellten Personengruppen in Q8. Versetzen Sie sich in die Situation des Mitglieds einer Betriebskampfgruppe, eines Volkspolizisten oder eines Bauarbeiters. Welche Gedanken dürften ihnen jeweils durch den Kopf gegangen sein? [II]
- Im Wesentlichen sind drei Gruppen zu unterscheiden: Zuschauer und Polizisten in Westberlin; DDR-Bauarbeiter und DDR-Wachmannschaften.

🔲 273

- Die Wachmannschaften sind Mitglieder der Kasernierten Volkspolizei (mit Schirmmützen), von Betriebskampfgruppen (mit Feldmützen), teilweise auch von Soldaten der Nationalen Volksarmee und in Zivil von Mitarbeitern des Ministeriums für Staatssicherheit (Stasi).
- Die Reaktion der Westberliner waren Wut und Empörung.
- Mitglieder der Betriebskampfgruppen gehörten häufig der SED an, sodass es hier durchaus ambivalente Gefühle gab.

5. Beschreiben Sie den Staatsaufbau der DDR (D1). Vergleichen Sie mit der realen Machtausübung (Q11). [II]
- Die Volkskammer ist das oberste Staatsorgan.
- Dessen Mitglieder wählen das kollektive Staatsoberhaupt, den Staatsrat, und den Ministerrat, also die Regierung.
- Außerdem wurden die Richter des Obersten Gerichts und der Generalstaatsanwalt von der Volkskammer gewählt.
- Gewählt werden Kandidaten der Einheitsliste.
- In der Realität lag die staatliche Macht weitgehend in den Händen der SED-Führung.

B Ideologische Absicherung

6. Charakterisieren Sie die Möglichkeiten der ideologischen Beeinflussung von Kindern und Jugendlichen durch SED und Staat in der DDR (Q9). [II]
- Typisch für das DDR-Schulsystem war die Verquickung von schulischer und außerschulischer Erziehung. Die Mitgliedschaft bei der Pionierorganisation bis zum siebten Schuljahr und anschließend der FDJ als Parteiorganisationen erfasste schon frühzeitig die meisten Kinder und erzog, auch mittels attraktiver Freizeitangebote, zur „sozialistischen Persönlichkeit".
- Im Rahmen der Schule wurde auch die 1955 eingeführte Jugendweihe vorbereitet und durchgeführt. Im Sinne der Erziehung zur „Liebe zur Arbeit" war jede Schulklasse mit einer Patenbrigade in einem Betrieb verbunden. Diese kümmerte sich um „ihre Klasse", etwa durch Glückwunschkarten zum Weltkindertag.
- Q9: kommunistische Erziehung in der Polytechnischen Oberschule, Eintritt in die Pionierorganisation „Ernst-Thälmann" u. a. zur „Entwicklung der Liebe zur Sowjetunion"

7. Unterscheiden Sie die in Q10a und Q10b zum Ausdruck kommenden unterschiedlichen Sichtweisen bezüglich der Literatur der DDR. [II]
- Q10a: Theaterstücke, Filme und Literatur haben die Grundlagen des Sozialismus widerzuspiegeln. Kunst hat zur Heranbildung sozialistischen Denkens beizutragen.
- Q10b: Die Zensur führt allmählich zu einer Selbstzensur. Autoren verzichten auf Konflikte, verlernen es, kritische Fragen zu stellen, wahrheitsgetreu zu schreiben, das darzustellen, was als nicht „typisch" erscheint.

8. Erläutern Sie Ursachen für die wirtschaftlichen Probleme der DDR im Vergleich zur Bundesrepublik (D3). [II]
- Ursachen waren u. a. die bereits in der SBZ begonnenen Enteignung von Großunternehmen, Großgrundbesitzern und später auch noch der Kleinbetriebe. Der Großgrundbesitz wurde zunächst an Kleinbauern und Landarbeiter verteilt, die später in landwirtschaftliche Produktionsgenossenschaften (LPG) hineingezwungen wurden.

- Private Unternehmer konnten i. d. R. nur Handwerksbetriebe gründen, z. B. Bäckereien oder Reparaturbetriebe. Somit war nahezu die gesamte DDR ein einziger Monopolbetrieb unter Aufsicht einerseits von Ministerien und andererseits von Parteikadern.
- Die zähen staatlichen Lenkungsmechanismen waren spätestens seit den 1970er-Jahren nicht mehr in der Lage, bei den schnellen technologischen Veränderungen der westeuropäischen, amerikanischen und japanischen Konkurrenz z. B. im Bereich von Automatisierungstechnik und Mikroelektronik mitzuhalten. Statt High-Tech-Produkte produzierten die DDR-Kombinate oft schwer verkäufliche veraltete Erzeugnisse, die allenfalls noch in den RGW-Staaten Abnehmer fanden.
- Für den Handel mit dem Westen konnten die Volkseigenen Betriebe kaum mehr konkurrenzfähige Waren anbieten, dadurch fehlten notwendige Devisen für den Kauf wichtiger Investitionsgüter.

C Ungelöste Probleme

9. Fassen Sie die Kritik aus Q2 und Q12 zusammen und nehmen Sie eine Bewertung vor. [III]
- Q2: Forderung nach einem zivilen Ersatzdienst. Als in der DDR nach dem Bau der Mauer im Januar 1962 die Wehrpflicht eingeführt wurde, verweigerten viele junge Männer den Dienst mit der Waffe. Zwischen 1962 und 1964 gab es ca. 1500 Wehrdienstverweigerer. Vor allem die evangelische Kirche setzte sich für einen Wehrersatzdienst ein. Gespräche zwischen Kirche und Staat führten 1964 zur „Bausoldatenverordnung". Dort war geregelt, dass Bausoldaten Wehrpflichtige waren, die Uniform tragen mussten und in Kasernen untergebracht waren. Sie hatten einen 18-monatigen Ersatzdienst abzuleisten, eben solange wie der Wehrdienst. Bausoldaten wurden oft auch in der Küche oder z. B. den Heizungsanlagen der Kasernen eingesetzt. In den 1980er-Jahren stieg die Zahl der Wehrdienstverweigerer sprunghaft an, die meisten waren evangelische Christen. Das Foto zeigt junge Menschen, die für einen Ersatzdienst im sozialen Bereich demonstrieren.
- Q12: Unterschied in der Produktivität, Ausreiseanträge, Republikflucht, hohe Einschaltquoten des Westfernsehens, hoher Verbrauch an Arzneimitteln, Ehescheidungen, Selbstmorde, Alkoholmissbrauch, „Datschismus", Forderung nach Marktwirtschaft, nach höheren Löhnen, nach ökologischen Veränderungen.
- Im Januar 1978 schloss die DDR die Spiegel-Büros in der DDR nach der Veröffentlichung des zweiten Teils des 30 Seiten umfassenden fiktiven „Manifests des Bundes Demokratischer Kommunisten Deutschlands", eines Dokuments einer angeblichen Opposition innerhalb der SED. Die DDR wertete diese Veröffentlichungen als Einmischung in ihre inneren Angelegenheiten. Der Dissident Hermann von Berg hatte, wie sich erst Anfang der 1990er-Jahre bestätigte, einem Spiegel-Korrespondenten die beiden Teile des Manifests Ende 1977 diktiert. Die SED-Führung behauptete, dass es sich dabei um eine gemeinsame Aktion des Spiegels und des Bundesnachrichtendienstes handelte. In der Folge wurde allen Spiegel-Mitarbeitern bis 1985 die Einreise in die DDR verweigert. Von Berg wurde vom MfS in Untersuchungshaft genommen und drei Monate lang verhört. Er verlor seine Professur und verließ die DDR 1986.

8.5 Wandel der bundesdeutschen Ostpolitik

274–281

Vorschlag für einen Unterrichtsverlauf

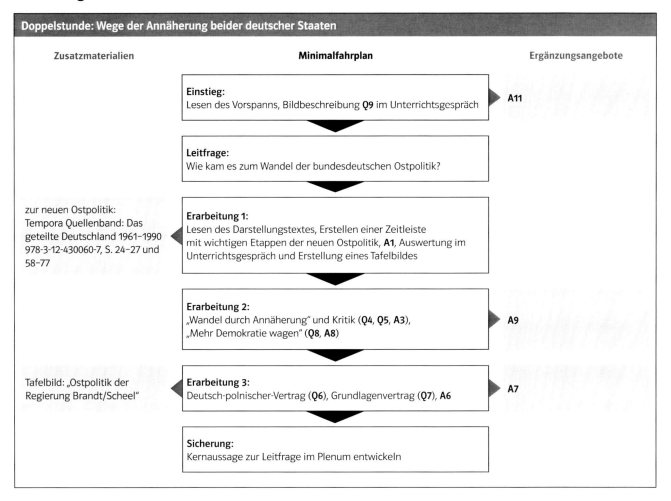

Doppelstunde: Wege der Annäherung beider deutscher Staaten		
Zusatzmaterialien	Minimalfahrplan	Ergänzungsangebote

Einstig:
Lesen des Vorspanns, Bildbeschreibung **Q9** im Unterrichtsgespräch — **A11**

Leitfrage:
Wie kam es zum Wandel der bundesdeutschen Ostpolitik?

zur neuen Ostpolitik:
Tempora Quellenband: Das geteilte Deutschland 1961–1990 978-3-12-430060-7, S. 24–27 und 58–77 —
Erarbeitung 1:
Lesen des Darstellungstextes, Erstellen einer Zeitleiste mit wichtigen Etappen der neuen Ostpolitik, **A1**, Auswertung im Unterrichtsgespräch und Erstellung eines Tafelbildes

Erarbeitung 2:
„Wandel durch Annäherung" und Kritik (**Q4**, **Q5**, **A3**), „Mehr Demokratie wagen" (**Q8**, **A8**) — **A9**

Tafelbild: „Ostpolitik der Regierung Brandt/Scheel" —
Erarbeitung 3:
Deutsch-polnischer-Vertrag (**Q6**), Grundlagenvertrag (**Q7**), **A6** — **A7**

Sicherung:
Kernaussage zur Leitfrage im Plenum entwickeln

Tafelbild

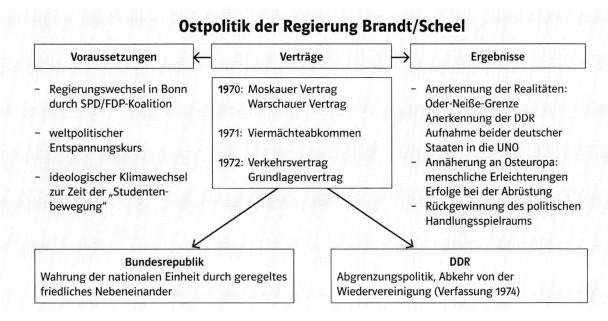

Ostpolitik der Regierung Brandt/Scheel

Voraussetzungen	Verträge	Ergebnisse
– Regierungswechsel in Bonn durch SPD/FDP-Koalition	1970: Moskauer Vertrag Warschauer Vertrag	– Anerkennung der Realitäten: Oder-Neiße-Grenze Anerkennung der DDR Aufnahme beider deutscher Staaten in die UNO
– weltpolitischer Entspannungskurs	1971: Viermächteabkommen	– Annäherung an Osteuropa: menschliche Erleichterungen Erfolge bei der Abrüstung
– ideologischer Klimawechsel zur Zeit der „Studentenbewegung"	1972: Verkehrsvertrag Grundlagenvertrag	– Rückgewinnung des politischen Handlungsspielraums

Bundesrepublik
Wahrung der nationalen Einheit durch geregeltes friedliches Nebeneinander

DDR
Abgrenzungspolitik, Abkehr von der Wiedervereinigung (Verfassung 1974)

Das Tafelbild als editierbare PowerPoint-Version finden Sie auf dem Digitalen Unterrichtsassistenten (978-3-12-416832-0).

⤴ 281 **Erwartungshorizonte**

A Die neue Ostpolitik unter Brandt

1. Nennen Sie die wichtigsten Etappen der neuen Ostpolitik und ordnen Sie sie auf einem Zeitstrahl ein (Darstellungstext). [I]
- Erste Akzente einer neuen Ostpolitik setzte die Große Koalition (1966–1969) unter Ministerpräsident Kiesinger und Außenminister Brandt.
- 1967/68 vereinbaren sie die Aufnahme diplomatischer Beziehungen mit Jugoslawien und Rumänien.
- Die sozialliberale Koalition Brandt/Scheel gab die Hallstein-Doktrin dann gemäß dem von Brandts deutschlandpolitischem Berater Egon Bahr bereits 1963 entwickelten Konzept „Wandel durch Annäherung" endgültig auf.
- Egon Bahr, Staatssekretär im Bundeskanzleramt, und der sowjetische Außenminister, Andrej Gromyko, nahmen Sondierungsgespräche über ein Gewaltverzichtsabkommen auf. Mit den Verträgen von Moskau (August 1970) und Warschau (Dezember 1970) akzeptierte die Bundesregierung den Status quo in Europa.
- Die UdSSR anerkannte im September 1971 im Viermächte-Abkommen über Berlin die Lage in der geteilten Stadt. Das Abkommen bildete auch den Rahmen für die weiteren deutsch-deutschen Verhandlungen.
- Mit dem Grundlagenvertrag vom Dezember 1972 nahmen die Bundesrepublik und die DDR offizielle Beziehungen zueinander auf. Die Bundesrepublik umging dabei aber die völkerrechtliche Anerkennung der DDR. Beide Staaten traten 1973 der UNO bei.

2. Erläutern Sie, welche Haltung Willy Brandt mit seiner Geste zum Ausdruck bringen wollte (Q2). [II]
- Es ist das offizielle Eingeständnis von Schuld und die Bitte um Vergebung, die das Foto berühmt machte.
- Zuvor wurde die Schuld immer den Nationalsozialisten angelastet, die meisten Deutschen sahen sich dabei nicht in der Verantwortung.

3. Erarbeiten Sie anhand der Rede Egon Bahrs (Q4) die außen- und innenpolitischen Aspekte der neuen Ostpolitik.
- Q4: Jede Politik, die auf einen Sturz des SED-Regimes und der sowjetischen Vorherrschaft ausgerichtet ist, erscheint aussichtslos. Eine Wiedervereinigung ist nur mit Zustimmung der Sowjetunion zu erreichen, nicht durch Verhandlungen mit Ostberlin. Die amerikanische Friedensstrategie, der sich auch die Bundesrepublik anschließen sollte, geht davon aus, dass die kommunistische Herrschaft nicht beseitigt, die DDR nicht „befreit", sondern verändert werden soll.
- Das Ost-West-Verhältnis muss entspannt werden. Eine Voraussetzung dazu ist die Akzeptanz von zwei deutschen Staaten, also eine Anerkennung der Realitäten. Verständigung und Abrüstung sollen an die Stelle des Kalten Krieges treten.

4. Analysieren Sie die Karikaturen Q1 und Q3. Ordnen Sie die Haltung des Karikaturisten politisch ein. [II]

Q1
- Beschreiben: Egon Bahr, als Don Quichotte dargestellt, kämpft gegen ein bereites Monument Leonid Breschnews
- Untersuchen: Der enge außenpolitische Mitarbeiter Willy Brandts, der in der Karikatur versucht als Don Quichotte die starre Haltung des Ostblocks aufzuweichen, war einer der Vordenker der „neuen Ostpolitik".
- Deuten: An den erfolgreichen Verhandlungen für den Moskauer Vertrag, dem Muster der folgenden Ostverträge, war er an zentraler Stelle beteiligt, wie auch später an den Verhandlungen mit Warschau über Rentenansprüche und Kredite. Der deutsche Verzicht auf Grenzveränderungen veränderte die russische Haltung.

Q3
- Beschreiben: Bundeskanzler Willy Brandt (links) und Egon Bahr (rechts) sehen vor der (Berliner) Mauer eine noch kleine Pflanze mit der Aufschrift „Grundvertrag".
- Untersuchen: Egon Bahr, Bundesminister für besondere Aufgaben, war Unterhändler bei den erfolgreichen deutsch-deutschen Vertragsverhandlungen. Er und Brandt hoffen, dass die Pflanze wächst und die Mauer verdrängt.
- Deuten: Brandt und Bahr sehen in dem 1972 abgeschlossenen Grundlagenvertrag einen Schritt zur Überwindung von Mauer und Stacheldraht. Fortschritte bei einer deutsch-deutschen Annäherung seien zunächst nur mit Zustimmung der Sowjetunion zu erreichen, nicht durch Verhandlungen mit Ostberlin. Der Karikaturist Wolfgang Hicks ist offenbar vom Vorgehen Bahrs überzeugt.

5. Stellen Sie die Argumente zusammen, die für und gegen eine neue Ostpolitik angeführt werden (Q1, Q3–Q5, D1).
- Q1: Hoffnung auf Überwindung der starren Haltung der Sowjetunion (vgl. Aufgabe 4)
- Q3: Hoffnung auf Überwindung der Mauer (vgl. Aufgabe 4)
- Q4: vgl. Aufgabe 3.
- Q5: Es gibt nur einen Souverän, der darüber befinden kann, ob es zwei Staaten geben soll, nämlich der Wähler. Keine Regierung darf in dieser Frage über das Volk hinweg entscheiden. Der „Pseudostaat" DDR sei nicht durch freie Wahlen legitimiert. Konzessionsbereitschaft führe nur zu weiteren Forderungen.
- D1 zeigt ein Ergebnis des „Wandels durch Annäherung". Ein Gewaltverzichtsvertrag mit der UdSSR, ein weiterer, der die Grenzanerkennung Polens beinhaltete und der „Grundlagenvertrag" von 1972 mit der DDR schufen zusammen mit anderen Verträgen geregelte Beziehungen zwischen den sozialistischen Staaten und der Bundesrepublik. Außerdem ermöglichten sie die gleichzeitige Aufnahme der DDR und Bundesrepublik in die UNO. Die Handelsbeziehungen zwischen den beiden deutschen Staaten wurden intensiviert, ebenso die menschlichen Kontakte. Zudem wurde das Provisorium in Berlin parallel dazu verlängert: Die Sowjetunion garantierte den Zugang zu Westberlin und akzeptierte eine enge politische Verbindung Westberlins mit Westdeutschland.

6. Ordnen Sie das deutsche Bemühen zur Bewältigung nationalsozialistischer Vergangenheit in die neue Ostpolitik der Bundesregierung ein (Q2, Q6). ◯
- Am 7. Dezember 1970 unterzeichnete Bundeskanzler Willy Brandt in Warschau einen Vertrag über die Normalisierung der Beziehungen zwischen der Bundesrepublik Deutschland und der Volksrepublik Polen.
- Durch eine unerwartete Geste (Q2) wird der Besuch Brandts zu einem Wendepunkt in der deutsch-polnischen Geschichte. Bei einer Kranzniederlegung am Mahnmal für die Opfer des Nationalsozialismus im ehemaligen Warschauer Ghetto kniete Brandt plötzlich nieder. Der Kniefall wurde in der ganzen Welt als Bitte um Vergebung für die Verbrechen, die im Zweiten Weltkrieg in deutschem Namen begangen wurden, verstanden. Konservative Kreise in der Bundesrepublik kritisierten jedoch heftig die Anerkennung der Oder-Neiße-Grenze und warfen Brandt vor, die deutschen Ostgebiete verraten zu haben. Ein knappes Jahr später erhielt Willy Brandt den Friedensnobelpreis.
- Im Warschauer Vertrag (Q6) wird zunächst auf das Leid Polens im Zweiten Weltkrieg eingegangen, die Oder-Neiße-Linie als Westgrenze Polens anerkannt und auf gegenseitige Gebietsansprüche verzichtet.

7. Beurteilen Sie rückwirkend die Stichhaltigkeit der in der Debatte um die neue Ostpolitik vorgebrachten Argumente. [III]
- Individuelle Schülerlösung. Trotz gegenwärtiger Unsicherheiten über die Zukunft der Europäischen Union und nationalistischer Tendenzen herrscht im Wesentlichen ein friedliches Miteinander zwischen west- und osteuropäischen Staaten.
- Von den Ostverträgen und der Entspannungspolitik profitieren die Menschen in Europa heute noch. Das zeigt der Integrationsgrad der EU, aber auch das Ausbleiben kriegerischer Konflikte zwischen den Staaten des Westens und Russland.

8. Erklären Sie den Zusammenhang der neuen Ostpolitik mit den innenpolitischen Zielen Brandts (Q8). [II] ◯
- mehr Transparenz im politischen Alltag z. B. durch Hearings und Kontakten zu Verbänden
- Herabsetzung des aktiven und passiven Wahlalters und der Volljährigkeit
- Ausbau der Mitbestimmung (u. a. in Betrieben und Unternehmen)
- mehr Freiheit und Mitverantwortung des Einzelnen
- Heranbildung eines kritischen, urteilsfähigen Bürgers
- Investitionen in das Schulsystem, Förderung von Bildung, Wissenschaft und Forschung
- Der außenpolitischen Entspannung entsprach ein erweitertes Demokratiemodell, das auch in Osteuropa Anerkennung und Beachtung fand.

B Die BRD-Politik aus Sicht der DDR

⊒ 281

9. Beschreiben Sie die Ostpolitik Brandts aus der Sicht der DDR (Q10). [II]
- Der Wunsch nach Annäherung wird als Versuch verstanden, sich in die inneren Angelegenheiten der DDR einzumischen.
- Die Bundesrepublik ist für die DDR imperialistisches Ausland.
- Die „Herrschaft der Arbeiterklasse" einerseits und der „Monopolkapitalismus und Imperialismus" andererseits bilden unvereinbare Gegensätze.
- Ziel ist die Verankerung der DDR in die „sozialistische Staatengemeinschaft" und eine friedliche Koexistenz dieser Staatengemeinschaft mit den NATO-Staaten.

10. Beschreiben Sie, wie sich die deutsch-deutschen Beziehungen während der Kanzlerschaften von Helmut Schmidt und Helmut Kohl entwickelten (Darstellungstext). [II]
- Nach dem Rücktritt Brandts wegen der Affäre um den DDR-Spion im Kanzleramt Günter Guillaume 1974 folgte die Phase der „kleinen Schritte" unter Helmut Schmidt.
- 1981 reiste Schmidt in die DDR. Bei den dreitägigen Gesprächen am Werbellinsee bei Berlin mit dem DDR-Staatsratsvorsitzenden Erich Honecker vereinbaren beide Seiten kleine Verbesserungen im deutsch-deutschen Verhältnis und die Fortschreibung der „Swing-Regelung" (zinsfreier Überziehungskredit) für den innerdeutschen Handel bis Mitte 1982. Schon 1979 war ein Energieabkommen zwischen der Bundesrepublik und der DDR unterzeichnet worden.
- Auch die Machtübernahme durch die konservativ-liberale Regierung unter Kanzler Helmut Kohl (CDU) 1982 führte zu keinem grundlegenden Kurswechsel. Mit dem Besuch Honeckers in der Bundesrepublik 1987 (Q9), während dem drei weitere Abkommen geschlossen wurden, fällt sogar einer der größten Prestigeerfolge der DDR in die Ära Kohl.

11. Schreiben Sie einen Kommentar zu der Szene des Staatsbesuches von Erich Honecker 1987 (Q9), einen aus Sicht der CDU, einen aus Sicht der SED. [II] [III]
- Auf Einladung der Bundesregierung besuchte der Generalsekretär der SED und DDR-Staatsratsvorsitzende Erich Honecker 1987 die Bundesrepublik. Er wurde mit militärischen Ehren empfangen: Zwei Fahnen wurden gehisst, zwei Hymnen gespielt. Während seines Aufenthaltes traf Honecker neben Bundeskanzler Kohl unter anderem auch mit Bundespräsident Richard von Weizsäcker zusammen.
- Aus Sicht der CDU wurde der Besuch widerstrebend akzeptiert, um Verbesserungen der der innerdeutschen Beziehungen, vor allem in den Bereichen Reise- und Besuchsverkehr, Familienzusammenführung und Umweltschutz zu erreichen. In seiner Tischrede wies Kohl gleich zu Beginn auf die gemeinsame Geschichte und das kulturelle Erbe hin, die alle Deutschen verbindet.
- Aus Sicht der DDR waren mit dem Staatsempfang in Bonn die Anerkennungsbemühungen des SED-Staates endgültig erreicht. In seiner Tischrede hob Honecker vor allem die Gegensätze zwischen der DDR und der Bundesrepublik hervor: unterschiedliche Weltanschauungen wie Sozialismus und Kapitalismus, Einbettung in unterschiedliche Militärblöcke.

⤵ 282–289 | **9 Friedliche Revolution und Wiedervereinigung**

Vorschlag für einen Unterrichtsverlauf

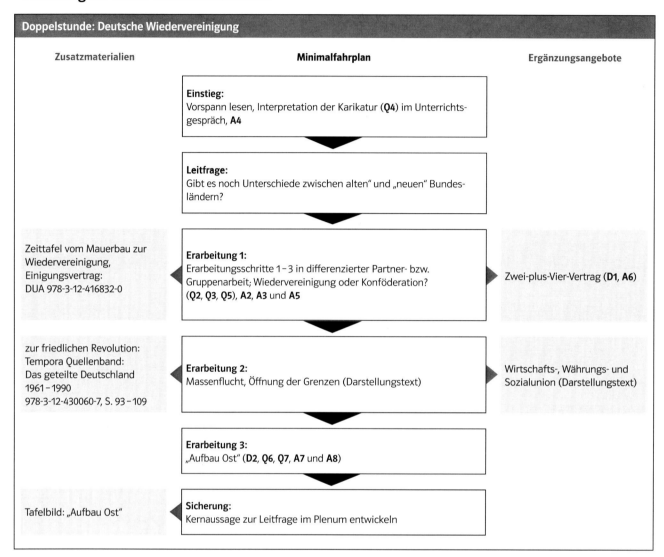

Doppelstunde: Deutsche Wiedervereinigung

Zusatzmaterialien	Minimalfahrplan	Ergänzungsangebote
	Einstieg: Vorspann lesen, Interpretation der Karikatur (**Q4**) im Unterrichtsgespräch, **A4**	
	Leitfrage: Gibt es noch Unterschiede zwischen alten" und „neuen" Bundesländern?	
Zeittafel vom Mauerbau zur Wiedervereinigung, Einigungsvertrag: DUA 978-3-12-416832-0	**Erarbeitung 1:** Erarbeitungsschritte 1–3 in differenzierter Partner- bzw. Gruppenarbeit; Wiedervereinigung oder Konföderation? (**Q2, Q3, Q5**), **A2, A3** und **A5**	Zwei-plus-Vier-Vertrag (**D1, A6**)
zur friedlichen Revolution: Tempora Quellenband: Das geteilte Deutschland 1961–1990 978-3-12-430060-7, S. 93–109	**Erarbeitung 2:** Massenflucht, Öffnung der Grenzen (Darstellungstext)	Wirtschafts-, Währungs- und Sozialunion (Darstellungstext)
	Erarbeitung 3: „Aufbau Ost" (**D2, Q6, Q7, A7** und **A8**)	
Tafelbild: „Aufbau Ost"	**Sicherung:** Kernaussage zur Leitfrage im Plenum entwickeln	

Tafelbild

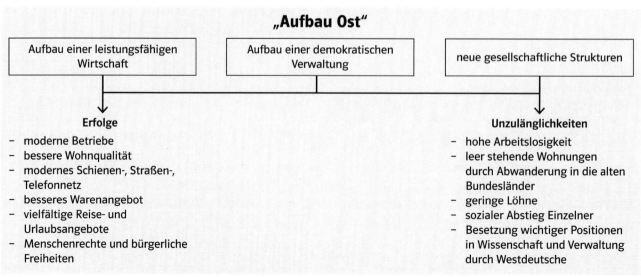

„Aufbau Ost"

Aufbau einer leistungsfähigen Wirtschaft	Aufbau einer demokratischen Verwaltung	neue gesellschaftliche Strukturen

Erfolge
- moderne Betriebe
- bessere Wohnqualität
- modernes Schienen-, Straßen-, Telefonnetz
- besseres Warenangebot
- vielfältige Reise- und Urlaubsangebote
- Menschenrechte und bürgerliche Freiheiten

Unzulänglichkeiten
- hohe Arbeitslosigkeit
- leer stehende Wohnungen durch Abwanderung in die alten Bundesländer
- geringe Löhne
- sozialer Abstieg Einzelner
- Besetzung wichtiger Positionen in Wissenschaft und Verwaltung durch Westdeutsche

Das Tafelbild als editierbare PowerPoint-Version finden Sie auf dem Digitalen Unterrichtsassistenten (978-3-12-416832-0).

Erwartungshorizonte

A Wiedervereinigung – oder nicht?

1. Beschreiben Sie spontan Ihre Eindrücke beim Betrachten des Bildes (Q1). [I]
– Eine große Menschenmenge, die demonstriert aber auch Angst vor dem Eingreifen der Staatsmacht hat.
– Plakate mit Losungen für eine Wiedervereinigung o. Ä. sind auf dem Bild nicht erkennbar. Bei späteren Montagsdemonstrationen in Leipzig wurden auch konträre Spruchbänder gezeigt: „Heim ins Reich – Nein danke"; „Deutschland, einig Vaterland"; „Wiedersehen – Ja, Wiedervereinigung – Nein"; „SDP – Mit uns ins Jahr 2000" (SDP politische Partei in der DDR, 1989 gegründet, 1990 mit der SPD in der Bundesrepublik vereinigt); „Wir wollen keine Kohlplantage werden"; „Wiedervereinigung Deutschlands. Wir, das Volk sind bereit für den Volksentscheid"; „Die deutsche Einheit – Hoffnung der NATO"; „Vom Stalinregen in die „große Traufe"? „Für ein vereintes Europa"; So mancher Bürger ist verwirrt, doch wer rechts geht, irrt"; „Für unser Land".

2. Nennen Sie Ursachen und Anlässe für die demokratische Revolution in der DDR (Q2). [I]
Zusätzlich zu Q2 zu nennende Gründe:
– schlechte Versorgungslage
– unzureichende Dienstleistungen
– eingeschränkte Reisemöglichkeiten
– schlechte Arbeitsbedingungen
– geringe Arbeitsentgelte
– Bürokratie
– mangelnde medizinische Versorgung
– steigender Krankenstand
– sinkende Lebenserwartung
– zu wenig Alten- und Pflegeheime
– Mangel an Medikamenten
– Wartelisten bei Operationen
– Mangel an Ärzten und Pflegern
– Q2a: Der Aufruf fordert zur demokratischen Erneuerung der DDR auf – „zur Etablierung einer sozialistischen Alternative zur Bunderepublik" (Z. 28 f.). Die Herrschaft einer Partei, fehlende Bürgerrechte und Freizügigkeit, Umweltprobleme usw. sollen überwunden werden.
– Q2b: Der Leserbrief spricht sich gegen eine Erneuerung der DDR aus. Die „traurige Realität" (Z. 6) des Sozialismus lasse keinen anderen Weg als die Wiedervereinigung oder Konföderation zu.

3. Erläutern Sie die Bedenken vieler DDR-Bürger gegen eine Vereinigung beider Teile Deutschlands (Q2, Q3). [II]
– Q2a: Alternativen sind entweder die Eigenständigkeit der DDR mit einer solidarischen Gesellschaft einschließlich antifaschistischen und humanitären Idealen oder die Vereinnahme durch die Bundesrepublik, verbunden mit einem „Ausverkauf moralischer Werte" (Z. 23).
– Q3: Beibehaltung des Kündigungsschutzes und der betrieblichen Mitbestimmung in der DDR, Ablehnung des politischen Einflusses der Großindustrie, Angst vor Verfassungsschutz, Umweltzerstörung, rechtsextremen Parteien, Mietwucher und Obdachlosigkeit.

↪ 289

4. Formulieren Sie einen Leserbrief, der sich mit der Aussage der Karikatur (Q4) auseinandersetzt. [II]
– Argumente gegen die Kernaussage der Karikatur: Die Wiedervereinigung, vor allem die Umgestaltung der maroden Wirtschaft und Infrastruktur kostet viel Geld, aber die Zusammenführung der Menschen aus beiden deutschen Teilen ist diese finanziellen Opfer wert. Das Erziehungs- und Bildungs- und Ausbildungssystem der DDR ist, sieht man von der überzogenen ideologischen Beeinflussung der Jugendlichen ab, nicht schlechter als das in der Bundesrepublik. In der DDR leben und arbeiten demnach hervorragend ausgebildete Akademiker, Wissenschaftler, Ingenieure und Facharbeiter. Langfristig ist die Wiedervereinigung auch in finanzieller Hinsicht für beide Teile überaus lohnend.

5. Erläutern Sie die Vorbehalte andere Staaten gegenüber der deutschen Wiedervereinigung (Q5). [II]
– Kommunistische Führer lehnen politische Einheit ab, wollen allenfalls stärkere Wirtschaftsbeziehungen, Bürgerbewegungen wünschen Identität der DDR als sozialistischen Staat zu erhalten
– Bundesrepublik: Bevölkerung hat Angst, von Übersiedlern überschwemmt zu werden
– Frankreich: Deutsche Einheit erschwert Fortschritte bei der Wirtschaftsintegration der EG, Deutschlands Gewicht innerhalb der europäischen Gemeinschaft werde zu groß
– Großbritannien: Deutschland würde zu einer europäischen Supermacht, das kontinentale Gleichgewicht wäre gestört
– Polen: Angst vor dem Drang nach Osten eines „Großdeutschlands" und der Rückforderung verlorener Gebiete (Schlesien, Ostpreußen)
– USA: Vereinigung beendet amerikanische Militärpräsenz in Westdeutschland und schwächt die NATO
– Sowjetunion: Angst vor deutschem Nationalismus, Furcht vor deutscher Einflussnahme in Osteuropa

6. Ordnen Sie die einzelnen Inhalte aus dem Zwei-plus-Vier-Vertrag den jeweiligen Interessen der Vertragspartner zu (D1). [I] ○
– Deutschland: Wiedervereinigung, Abzug sowjetischer Truppen aus der DDR, Beendigung der alliierten Vorbehaltsrechte in Berlin, volle Souveränität des vereinten Deutschlands
– ehemalige Alliierte: Anerkennung der bestehenden Grenzen, Beschränkung der deutschen Truppenstärke, Verzicht auf Atomwaffen
– Polen: Garantie der Oder-Neiße-Linie als Westgrenze Polens, Beschränkung der deutschen Rüstung
– Abzug sowjetischer Truppen

⊡ 289   **B   Ist die Einheit verwirklicht?**

7. Erläutern Sie die Aussage der Grafik D2. [II]
- Die dunkelgrauen Balken verdeutlichen, welche Erwartungen der früheren DDR-Bürger sich am wenigsten erfüllt haben, und hinter der Situation der DDR zurückbleiben: Angleichung der Lebensverhältnisse, Solidarität, soziale Gerechtigkeit, Arbeitsangebot und erwartete Einkommen erfahren die negativsten Werte (Stand 2009).

8. „Viele Menschen in den neuen Bundesländern haben die innere Einheit noch nicht vollzogen." Sammeln Sie Argumente für und gegen diese Behauptung (D2, Q6, Q7) und nehmen Sie Stellung dazu. [III]
Argumente für die Behauptung:
- gesellschaftliches Auseinanderklaffen am Beispiel des Gegensatzes zwischen renovierten Plattenbauten und neuen Einfamilienhäusern der Wende-Gewinner oder zwischen aufstrebenden Universitätsstädten und ausgedünnten Landstrichen
- Unterschiede zwischen Arm und Reich sind größer geworden
- Illusion von einer Gesellschaft der Gleichen wirkt fort, dass dies schon zu DDR-Zeiten ähnlich war, wird verdrängt
- 1,4 Millionen Menschen, die Flexiblen, die gut Gebildeten haben den Osten verlassen
- Betriebe schließen, Kneipen und Schulen ebenso
- viele Ostdeutsche kommen mit dem Parteienstreit der „Berliner Republik" nicht zurecht
- Arbeitslosigkeit wird als tägliche Demütigung empfunden
Argumente gegen die Behauptung:
- Demokratisierung, Freizügigkeit, wirtschaftlicher Aufschwung, Erneuerung von Industrieanlagen und Infrastruktur, höhere Einkommen und Renten

10 Leben im vereinten Europa

⤴ 290–295

10.1 Die Wurzeln der europäischen Einigung nach 1945

Vorschlag für einen Unterrichtsverlauf

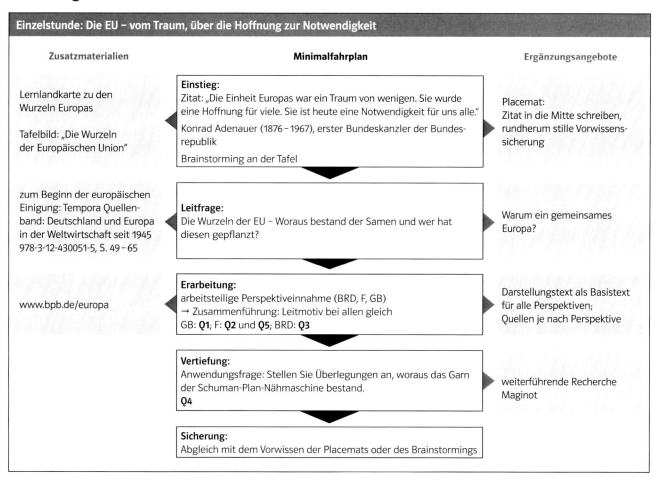

Einzelstunde: Die EU – vom Traum, über die Hoffnung zur Notwendigkeit

Zusatzmaterialien	Minimalfahrplan	Ergänzungsangebote
Lernlandkarte zu den Wurzeln Europas Tafelbild: „Die Wurzeln der Europäischen Union"	**Einstieg:** Zitat: „Die Einheit Europas war ein Traum von wenigen. Sie wurde eine Hoffnung für viele. Sie ist heute eine Notwendigkeit für uns alle." Konrad Adenauer (1876–1967), erster Bundeskanzler der Bundesrepublik Brainstorming an der Tafel	Placemat: Zitat in die Mitte schreiben, rundherum stille Vorwissenssicherung
zum Beginn der europäischen Einigung: Tempora Quellenband: Deutschland und Europa in der Weltwirtschaft seit 1945 978-3-12-430051-5, S. 49–65	**Leitfrage:** Die Wurzeln der EU – Woraus bestand der Samen und wer hat diesen gepflanzt?	Warum ein gemeinsames Europa?
www.bpb.de/europa	**Erarbeitung:** arbeitsteilige Perspektiveinnahme (BRD, F, GB) → Zusammenführung: Leitmotiv bei allen gleich GB: **Q1**; F: **Q2** und **Q5**; BRD: **Q3**	Darstellungstext als Basistext für alle Perspektiven; Quellen je nach Perspektive
	Vertiefung: Anwendungsfrage: Stellen Sie Überlegungen an, woraus das Garn der Schuman-Plan-Nähmaschine bestand. Q4	weiterführende Recherche Maginot
	Sicherung: Abgleich mit dem Vorwissen der Placemats oder des Brainstormings	

Tafelbild

Die Wurzeln der Europäischen Union

EU Staatenbund
Lissabon
Bundesstaat
Maastricht
Rom
Erster Weltkrieg Zweiter Weltkrieg
Idee der europäischen Integration
im 19./20. Jahrhundert

Das Tafelbild als editierbare PowerPoint-Version finden Sie auf dem Digitalen Unterrichtsassistenten (978-3-12-416832-0)

⤴ 295 **Erwartungshorizonte**

A Aus der Geschichte lernen

1. Wenn Sie von jemandem, der nicht aus Europa kommt, nach Ihrer Herkunft und Identität gefragt würden, auf welche Bezugsgröße würden Sie sich bei Ihrer Antwort stützen? Diskutieren Sie mit einem Mitschüler oder einer Mitschülerin anhand der folgenden Begriffe: Stuttgarter (bzw. Einwohner Ihrer Stadt), Badenerin, Schwabe, Baden-Württemberger, Deutsche, Europäer, …). Stellen Sie Streitpunkte und Ergebnis in der Klasse vor. [I] [II] [III] ○
- Auseinandersetzung mit den Merkmalen des europäischen Selbstverständnisses
- Versuch einer Abgrenzung → Problematisierung von Vorurteilen, Selbstverständlichkeiten und Überschneidungen
- Vertiefung: Inwiefern verändert, erwirbt und verliert man möglicherweise diese Merkmale im Laufe des Lebens?
- Beispiel: Eigenschaften die den Schwaben im Klischee nachgesagt werden:
  - pingelig
  - stolz
  - vergeben keine Komplimente
  - fleißig
  - Küche: der eigene Kartoffelsalat, Maultaschen etc.
  - das „Schwäbische"/Sprache

2. Erläutern Sie, warum die europäische Idee erst durch die beiden Weltkriege realpolitische Schubkraft erhielt. [II]
- Erst durch die Weltkriege entstanden die beiden Supermächte USA und Sowjetunion. Ebenso resultierte daraus der Kalte Krieg. Eine weitere Bedrohung stellte die Ausbreitung der sozialistischen Idee dar.
- Nationalismus wird als Mit-Ursache der Weltkriege erkannt.
- Die Weltkriege und der entstandene Kalte Krieg führten zu der Einsicht, dass das Beharren auf traditionellem Konkurrenzdenken innerhalb von Staaten nicht zu Frieden, Sicherheit und Wohlstand führt. Diese Erkenntnis hat Deutschland im Laufe der Geschichte zweimal bewiesen.
- Der Prozess des sukzessiven Abgebens nationalstaatlicher Souveränitätsrechte begann.
- Resultat ist die Intensivierung der europäischen Integrationsbemühungen.

3. Recherchieren Sie nach Informationen zur Schlacht von Verdun im Ersten Weltkrieg. Beurteilen Sie vor dem Hintergrund dieser Informationen die Symbolkraft der in Q6 dargestellten Gesten und Prozesse in der französischen und deutschen Öffentlichkeit. [I] [III]
- Umarmung von Elysee 1963 (Charles de Gaulle und Konrad Adenauer)
  - Fundament für einen regen deutsch-französischen Austausch: Dieser Austausch fand im Besonderen in der Gesellschaft durch Partnerschaften, Schulaustausche etc. statt.
  - Bedeutung des geschichtlichen Hintergrunds der deutsch-französischen Geschichte: Die deutsch-französische Geschichte ist von Konflikten, Feindschaften und Konkurrenz geprägt (Vertiefungsmöglichkeit für die SuS).

- Handschlag von Verdun 1984 (Francois Mitterrand und Helmut Kohl)
  - Symbolcharakter für die Franzosen und Deutschen (kollektives Gedächtnis)
  - Bedeutung des Ortes: Schlacht von Verdun 1916 – Eine verlustreiche und grausame Schlacht des Ersten Weltkriegs, in welcher die französischen Soldaten ausbluten sollten. Ein Exempel für die Ergebnislosigkeit von Stellungskriegen.
- Die beiden Gesten lassen Analogien zum Kniefall Willy Brandts von 1970 zu, ebenso sind sie Meilensteine auf dem Weg der deutsch-französischen Versöhnung nach den Weltkriegen.

4. Vergleichen Sie Churchills Rede (Q1) mit dem wirklichen Verlauf der europäischen Einigung (Darstellungstext). Welche Elemente der Vision Churchills haben Sie erfüllt, welche nicht? [III]
→ Tabelle 1, S. 121

B Der Schuman-Plan

5. Arbeiten Sie anhand der Materialien Q2 – Q5 die zentralen Motive und Folgen des Schuman-Plans heraus. [II]
- Robert Schuman (1886 in Luxemburg geboren; gestorben 1963): 1947–1948 Ministerpräsident Frankreichs
- Schuman-Plan (bekanntgegeben 1950)
  - Ziel: Zusammenlegung der deutschen und französischen Stahl- und Kohleindustrie
  - Der Schuman-Plan ist der Ausgangspunkt für die spätere Montanunion bzw. Europäische Gemeinschaft für Kohle und Stahl (EGKS).
  - Kohle und Stahl sind Hauptbestandteile der Rüstungsindustrie. Deshalb haben diese Grundstoffindustrien in der Nachkriegszeit einen besonderen Stellenwert.
  - Durch die gemeinsame Verwaltung stiegen die ökonomischen Abhängigkeiten. Ebenso sollte eine militärische Auseinandersetzung zwischen den beiden Staaten unmöglich werden, Feindseligkeit und Ängste zwischen Franzosen und Deutschen abgebaut und ein gemeinsamer ökonomischer Aufschwung Europas auf den Weg gebracht werden.
  - Folgen: Frieden, ökonomischer Aufschwung, Wiederaufbau, Einigung Europas, Integration weiterer Staaten

6. Erörtern Sie, welche politischen und gesellschaftlichen Widerstände ein solcher Plan im Jahr 1950 hervorrufen musste. [II]
- Widerstände der Sowjetunion (Steigerung der Macht innerhalb Europas als Bedrohung); siehe spätere Entwicklung und Teilung Europas
- Deutsche können sich durch die gemeinsame Verwaltung/Behörde kontrolliert fühlen
- Außenstehende Länder wollten dem Verursacherland zweier Weltkriege die Produktion von Rüstungsindustrien aberkennen.
- Der Zeitpunkt des Plans liegt unmittelbar nach dem Zweiten Weltkrieg und kann als zu früh angesehen werden.
- Einige Franzosen befürchteten eine erneute Dominanz Deutschlands.
- Mangelnde Integration Großbritanniens, doch Großbritannien lehnte die vertragliche Abtretung von Souveränitätsrechten ab.

- Supranationalität als Novum – Bedenken, Kritik
- Der frühere französische Verteidigungsminister André Maginot schuf eine Verteidigungslinie/Maginot-Linie entlang der Grenzen zu Luxemburg, Belgien, Italien und

Deutschland. Dies geschah im Zeitraum 1930–1940. Nur zehn Jahre später beginnt Robert Schuman mit einer Politik, die hätte nicht gegensätzlicher sein können. Dies hat innerhalb Frankreichs Befürworter und Gegner hervorgerufen.

↗ 295

Tabelle 1

Rede Winston Churchills vom 16. September 1946 bzgl. der europäischen Nachkriegsbewegung	Tatsächlicher Verlauf der europäischen Einigung
Hinführung: - Ursache für beide Weltkriege ist Deutschlands Verlangen nach der führenden Weltrolle - Deutschland sollte sich in der Zukunft nicht bewaffnen dürfen - Vergeltung muss in der europäischen Zukunft ein Ende haben	
- Zukunftsmodell: die *Vereinigten Staaten Europas* (möglicher Bezug zu den Vereinigten Staaten Amerikas)	Nicht erfüllt - Die Europäische Union ist ein politischer und wirtschaftlicher Zusammenschluss von europäischen Staaten. (Weitere Bereiche wie Kultur etc. spielen zudem eine Rolle.) - Die Souveränität der einzelnen Staaten besteht weiterhin. - Die EU ist aufgrund viele pragmatischer Entscheidungen und daraus resultierender Verträge entstanden.
- Er spricht von einer *europäischen Völkerfamilie*.	- Inwiefern eine europäische Identität und damit eine Europäische Völkerfamilie besteht, ist individuell mithilfe von Kriterien zu erörtern.
- Ursprung dieser Völkerfamilie muss die Partnerschaft von Deutschland und Frankreich sein	Erfüllt - Die ökonomische Kooperation Deutschlands und Frankreichs lässt sich als Kern der europäischen Einigungsgeschichte beschreiben.
- Frankreich soll die moralische und kulturelle Führerrolle in der Zukunft Europas innehaben	Erfüllt - Speziell in der Anfangsphase – zu den Zeiten Schumans – hat Frankreich diese Rolle eingenommen. - Siehe auch Aufgabe 5 (nächste Aufgabe).
- Frankreich als Kern Europas	Nicht erfüllt - Nimmt man das demokratischste Organ der EU – das Parlament – in den Fokus, so ist die Bundesrepublik Deutschland der Kern der EU.
- Die materielle Stärke der einzelnen Staaten rückt in den Hintergrund.	Nicht erfüllt - Dadurch, dass kein Europäischer Staatenbund besteht und nach wie vor die einzelnen Staaten ihre Souveränitäten besitzen, ist das Streben nach materieller Stärke weiterhin bestehend (s. Kap. 3).
- Die Größe der Staaten ist für die Mitwirkung und Bedeutung nicht ausschlaggebend.	Nicht erfüllt - Um diese Annahme Churchills mit der tatsächlichen Entwicklung zu vergleichen, müssen die Organe separat betrachtet werden. - Bsp. das Parlament: Die Abgeordnetenzahl im Parlament hängt unter anderem von der Größe des Landes ab. So hat die Bundesrepublik Deutschland aktuell 96 Abgeordnete im EU-Parlament, Frankreich 72 und Zypern nur sechs. - Dies wird in einzelnen Verträgen geregelt.
- Die Alliierten sind dabei in der unterstützenden Rolle von Freunden und Förderern.	Nicht erfüllt - Durch die Entstehung des Kalten Krieges und den daraus folgenden geopolitischen Veränderungen ist diese Annahme Churchills nur begrenzt eingetreten. Die frühere Sowjetunion und das heutige Russland sind nur eingeschränkt Freunde und Förderer der EU gewesen. - Großbritannien hat nach neusten Entwicklungen (Brexit) eine einschränkende Wirkung. - Die neue Rolle der USA nach den jüngsten Präsidentschaftswahlen (Präsident D. Trump) kann noch nicht abschließend eingeschätzt werden. - Frankreich ist und bleibt vorerst Förderer, Freund und Mitglied der EU.

296 – 301 10.2 Auf dem Weg zur Europäischen Union – Primat der Wirtschaft oder der Politik?

Vorschlag für einen Unterrichtsverlauf

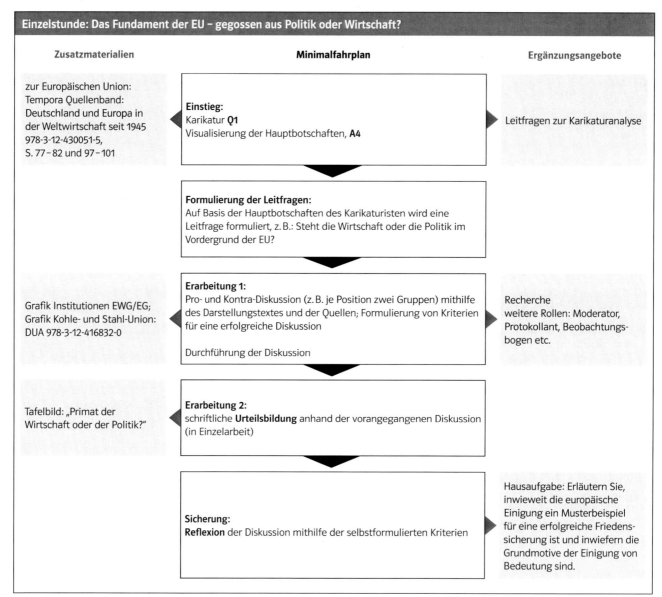

Einzelstunde: Das Fundament der EU – gegossen aus Politik oder Wirtschaft?

Zusatzmaterialien	Minimalfahrplan	Ergänzungsangebote
zur Europäischen Union: Tempora Quellenband: Deutschland und Europa in der Weltwirtschaft seit 1945 978-3-12-430051-5, S. 77 – 82 und 97 – 101	**Einstieg:** Karikatur **Q1** Visualisierung der Hauptbotschaften, **A4**	Leitfragen zur Karikaturanalyse
	Formulierung der Leitfragen: Auf Basis der Hauptbotschaften des Karikaturisten wird eine Leitfrage formuliert, z. B.: Steht die Wirtschaft oder die Politik im Vordergrund der EU?	
Grafik Institutionen EWG/EG; Grafik Kohle- und Stahl-Union: DUA 978-3-12-416832-0	**Erarbeitung 1:** Pro- und Kontra-Diskussion (z. B. je Position zwei Gruppen) mithilfe des Darstellungstextes und der Quellen; Formulierung von Kriterien für eine erfolgreiche Diskussion Durchführung der Diskussion	Recherche weitere Rollen: Moderator, Protokollant, Beobachtungs- bogen etc.
Tafelbild: „Primat der Wirtschaft oder der Politik?"	**Erarbeitung 2:** schriftliche **Urteilsbildung** anhand der vorangegangenen Diskussion (in Einzelarbeit)	
	Sicherung: **Reflexion** der Diskussion mithilfe der selbstformulierten Kriterien	Hausaufgabe: Erläutern Sie, inwieweit die europäische Einigung ein Musterbeispiel für eine erfolgreiche Friedens- sicherung ist und inwiefern die Grundmotive der Einigung von Bedeutung sind.

Primat der Wirtschaft oder der Politik?

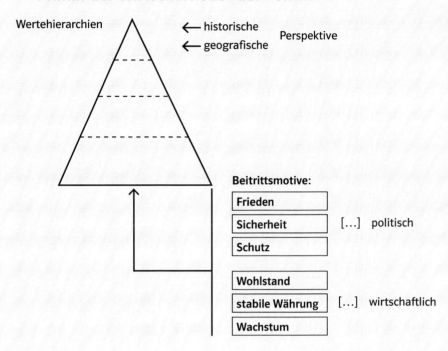

Wertehierarchien ⟵ historische Perspektive
⟵ geografische

Beitrittsmotive:

| Frieden |
| Sicherheit | [...] politisch
| Schutz |

| Wohlstand |
| stabile Währung | [...] wirtschaftlich
| Wachstum |

Das Tafelbild als editierbare PowerPoint-Version finden Sie auf dem Digitalen Unterrichtsassistenten (978-3-12-416832-0).

Didaktischer Kommentar

- dynamisches Tafelbild
- Karteikarten können in der Wertepyramide verortet werden
- Wechsel der Motive möglich
- historische Perspektive, z. B. Gründungsmitglieder, Osterweiterung
- geografische Perspektive, z. B. Ost-, Mitteleuropa

⊡ 301   **Erwartungshorizonte**

Aufgaben zum Verfassertext

1. Erläutern Sie die besondere Bedeutung einer französisch-deutschen Kooperation in der Kohle- und Stahlproduktion nach dem Weltkrieg mit Blick auf wirtschaftliche, sicherheitspolitische und psychologische Aspekte (Darstellungstext). [II]
→ Tabelle 1

2. Diskutieren Sie in Ihrem Kurs, inwieweit die europäische Einigungsgeschichte als Musterbeispiel einer internationalen Friedenssicherung gelten kann. [III]
- Am Anfang dieser Einigungsgeschichte steht die Einsicht, dass das Beharren auf traditionellem Konkurrenzdenken von Staaten nicht zu Frieden, Sicherheit und Wohlstand führt.
- Vorbildcharakter gegenüber den anderen europäischen Staaten insofern, als dass aus einst schwer verfeindeten Ländern Partner und später auch Freunde werden können.
- Als Instrument der Einigung wird zu Beginn die Wirtschaft gewählt. Der Erfolg dieses Weges ließ sich objektiv in der Wirtschafts- und Wohlstandsstärke messen.
- Diesem Erfolg schlossen sich nicht nur viele weitere Länder, sondern auch andere Gesellschaftsbereiche wie jener der Politik oder der Kultur an.
- Die ökonomische Kooperation Deutschlands und Frankreichs lässt sich als Kern der europäischen Einigungsgeschichte beschreiben.
- Der heutige Stand sieht so aus, dass nicht nur ein objektiver wirtschaftlicher, sondern ebenso ein friedenspolitischer Erfolg zu verbuchen ist. In Europa besteht seit dem Zweiten Weltkrieg Frieden. Um den Kern der deutsch-französischen Zusammenarbeit wurde die europäische Integration geschmiedet, den die deutsch-französische Kooperation auch in schwierigen Krisenzeiten immer wieder vorantrieb.

3. Stellen Sie dar, aus welchen Motiven heraus die Notwendigkeit einer europäischen Verfassung ins Spiel gebracht wurde. [II]
- Ein Hauptmotiv stellte die Notwendigkeit von visionären Entwürfen für die Zukunft der EU dar. Dieses Bestreben gewann rund um den Vertrag von Nizza und das Gipfeltreffen in Laeken im Dezember 2001 an Bedeutung.
- Ein Konvent von 105 Vollmitgliedern wurde ins Leben gerufen.
- Weitere wesentliche Motive:
  • Die EU sollte zu einer Rechtspersönlichkeit werden.
  • Eine klare Differenzierung und Abgrenzung zwischen den nationalstaatlichen und europäischen Kompetenzen.
  • Eine Vereinfachung und Transparenz des Gesetzgebungsverfahrens.
  • …

A Drei Schritt vorwärts, zwei zurück?

4. Interpretieren Sie die Karikatur Q1. [II]
- Beschreiben: Eine Gruppe von Menschen schaut sich einen Dinosaurier an. Auf dem großen Bauch steht „EG", auf dem oberen Rücken „wirtschaftlich". Der kleine Kopf ist beschriftet mit dem Wort „politisch".
- Untersuchen: Die Bezeichnung EG (Europäische Gemeinschaft) verdeutlicht, dass sich die Zeichnung nicht auf die Gegenwart, sondern auf den Zeitraum des Bestehens der Europäischen Gemeinschaft bezieht (1967 – 1987 bzw. 1993). Bezug zur Leitfrage: Primat der Wirtschaft oder der Politik?
- Deuten: Es bietet sich eine zeitliche Differenzierung der Karikatur an. Inwiefern trifft die Botschaft, dass die Wirtschaft den Großteil des Tieres einnimmt zu Beginn bzw. zum Wechsel hin zur EU zu? Außerdem kann die Wahl des Tieres analysiert werden. Der Karikaturist hätte ebenso eine Giraffe wählen können.
- Botschaften und darauf resultierende Leitfragen werden visualisiert.
  • Beispiel: Der Körper und damit das bürokratische Wesen des Tieres sind besonders groß und aufgeblasen. Hingegen der Kopf und der damit denkende Teil des Tieres sind verhältnismäßig klein. Die Regierungsfähigkeit steht in keinem Verhältnis zum Aufwand (provokante Botschaft).

Tabelle 1

Bedeutung der französisch-deutschen Kooperation	- konfliktbehaftete Vergangenheit der beiden europäischen Länder - Vorbildcharakter für weniger konflikthafte Vergangenheiten anderer Länder - Kooperation besteht in der Abgabe von partiellen nationalstaatlichen Souveränitätsrechten – erstmalig in der europäischen Geschichte; es werden notwendige Abhängigkeiten geschaffen.
Bedeutung der Industrierohstoffe von Kohle und Stahl	- notwendige Rohstoffe für den Wiederaufbau in der Nachkriegszeit (Wirtschaft) - zentraler Rohstoff in der Rüstungsindustrie (Sicherheit) - Zusammenarbeit, positive Abhängigkeit, Schaffung von gemeinsamen Behörden, dadurch Schutz und Schaffung von Gemeinsamkeiten von einst verfeindeten Ländern (psychologischer Aspekt)
Bedeutung des Zeitpunktes	- Nach dem Ende des Zweiten Weltkrieges und dem keimenden Kalten Krieg wurden politische Positionierungen von Ländern gefordert. - Die Europäer waren des Krieges müde und begrüßten Frieden und Sicherheit.
Bedeutung der geografischen Lage	- Im Hinblick auf den Ost-West-Konflikt führte die Montanunion zu einer weiteren Integration Deutschlands in die westliche Staatenwelt, was dem Frontstaat Bundesrepublik in den Augen der Zeitgenossen mehr Sicherheit vor einer sowjetischen Expansion bot.

- Es besteht die Möglichkeit einer Punktabfrage. Die SuS setzen auf einer DIN-A3-Kopie einen Punkt in den Dinosaurier. Es ergibt sich ein Klassenbild darüber, ob die Klasse den Primaten in der Wirtschaft oder in der Politik sieht.

5. Stellen Sie anhand von Q2 dar, inwieweit ein politischer Pragmatismus für den europäischen Einigungsprozess kennzeichnend ist. [II]

- Pragmatik bedeutet laut Duden Orientierung auf das Nützliche; Sinn für Tatsachen; Sachbezogenheit.
- Wie bereits im Darstellungstext und in Q1 deutlich wurde, bestand die Einigungsgeschichte der EU aus verschiedenen Leitbildern und Zielperspektiven.
- Aufgrund dieses Merkmals des europäischen Charakters lässt sich kein klarer Bauplan der EU erkennen. Anstelle dieses klaren Bauplans stehen eine Vielzahl pragmatischer Entscheidungen, welche sich in den vielen Verträgen niederschlugen.
- Darüber hinaus fand weniger die Abgabe von nationalen Souveränitätsrechten – wie man es bei einer supranationalen Institution erwarten würde –, sondern eher Formen von klassischen Regierungszusammenarbeiten statt. Daraus resultieren Unklarheiten bzgl. der Kompetenzverteilungen.
- Verstärkt wurde diese Problematik durch das stetige Anwachsen der EU. Dies nicht nur geografisch, sondern auch bzgl. der Richtlinien, Verordnungen und Gesetze. Die Entscheidungsverfahren wurden schwerfällig und träge. Mit der Schwerfälligkeit wuchs der Reformdruck.
- Fazit: Die vielen Kompromisslösungen und wenig transparenten Strukturen sind auf die, von pragmatischen Entscheidungen geprägte europäische Einigungsgeschichte, zurückzuführen.

6. Diskutieren Sie in Ihrer Lerngruppe, ob der von den europäischen Regierungen gezeigte Pragmatismus eher Schwächungen oder Fortschritte im europäischen Einigungsprozess bewirkte. [III]
→ Tabelle 2

7. Erörtern Sie den Vertrag von Maastricht im Kontext der Gesamtentwicklung des europäischen Einigungsprozesses. Inwieweit hatten die Kritiker dieses Vertragswerks Recht, wenn sie von einer „Zwischenlösung" sprechen (Q3)? [II] ○
Die Europäische Union entstand mit dem Vertrag von Maastricht.
- Vorbereitet wurde die EU durch die Einheitliche Europäische Akte (EEA).
  • 1987 in Kraft getreten
  • In der EEA wurden die Römischen Verträge modifiziert und ergänzt.

- Veränderungen: Entscheidungen mit qualifizierter Mehrheit (Voraussetzung für die Vollendung des europäischen Binnenmarktes)
- Vertrag von Maastricht: Umbenennung der damaligen zwölf Mitgliedsstaaten (Belgien, Deutschland, Italien, Luxemburg, Niederlande, Dänemark, Frankreich, Griechenland, Irland, Vereintes Königreich, Portugal, Spanien), Einführung der gemeinsamen Währung „Euro" (1999 als Buch-, ab 2002 als Bargeld), Vollendung der Wirtschafts- und Währungsunion, 1993 in Kraft getreten
- Derzeit größte Herausforderung: Auflösung des Ostblocks
  • Durch den Beitritt der ostdeutschen Länder zum Geltungsbereich des Grundgesetzes (GG) wurde die ehemalige DDR Teil der EU. (Neue, wirtschaftlich instabile, noch nicht mit der Demokratie vertraute Staaten drängten in die sich gründende EU.)
- Der Großteil der Kritiker spricht von einer Zwischenlösung, da auch mit dem Vertrag von Maastricht weiterhin eine europäische Verfassung anzustreben sei.
- Die eigentlichen Probleme der EU seien mit dem Vertrag von Maastricht nicht gelöst worden. Es sind weitere tiefgreifende Veränderungen im Rahmen einer Verfassung nötig, um die Probleme vom Grund her zu lösen.
- Auch die Kritikpunkte Intransparenz und mangelnde Demokratie können nicht durch weitere Vertragslösungen in Form von Kompromissen beseitigt werden.
- Langfristiges Ziel der Kritiker ist die Verfassung und damit eine gesteigerte Effizienz und Effektivität der EU.

8. Diskutieren Sie in Ihrem Kurs, inwieweit der europäische Einigungsprozess eher von wirtschaftlichen oder eher von politischen Motiven vorangetrieben wurde. [II]
→ Tabelle 3, S. 126

B Immer weiter erweitern?

9. Beschreiben Sie unter Rückgriff auf D1 und Q4 die tragenden Motive der Erweiterung der Europäischen Union nach Ost- und Mitteleuropa. Stellen Sie dar, in welcher Spannung dabei politische und wirtschaftliche Ziele stehen? [I] [II]
Motive:
- die künstliche Ost-West-Teilung überwinden
- Europa ohne Teilung (Geografie und Politik näher zusammenbringen)
- weiteren Staaten den Weg der Demokratie und Marktwirtschaft ermöglichen
- Vergrößerung des europäischen Marktes
- Friedensordnung für ganz Europa
- der sozialistischen Idee Einhalt gebieten

Tabelle 2

Schwächung	Fortschritt
- Der Pragmatismus und dessen oben beschriebene Folgen führten zu einem Dschungel aus Bürokratie (bürokratisches Verflechtungssystem). - Intransparenz (z. B. die vielen Namen der einzelnen Verträge) - Unklarheiten der Kompetenzen und daraus resultierende Konflikte (speziell zw. den Nationalstaaten und dem Europäischen Parlament und der Europäischen Kommission)	- Der grundlegende europäische Integrationsprozess ist als Fortschritt zu betrachten. - Die vielen kleinen Schritte brachten die nötige Flexibilität für den Integrationsprozess. Es bestanden viele verschiedene Ausgangslagen. Es wurden die Schritte gegangen, für die die Länder bereit waren. - Der Pragmatismus ermöglichte das Bestreiten dieses Neulandes. Die EU ist das erste politische Gebilde dieser Art.

🔗 **301** Tabelle 3

Wirtschaftliche Motive	Politische Motive
- Es ist einzugestehen, dass der ökonomische Integrationsprozess immer leichter und schneller als die politische Harmonisierung auf den Weg gebracht werden konnte. - Deutlich wird dies beim Euro und beim Binnenmarkt. Beide wirtschaftlichen Projekte konnten im Vergleich zu den entsprechenden wirtschaftspolitischen Rahmenbedingungen beinahe mühelos implementiert und objektiv gemessen werden. - Vertiefung: aktuelle Diskussionen über die Zukunft des Euro (siehe z. B. Griechenland) – Inwiefern steht die Wirtschaft in der Zukunft der EU im Vordergrund?	- Trotz des großen Stellenwerts der Ökonomie war die europäische Einigung mit dem Hauptziel der Friedenssicherung ausgestattet. - Wohlstand, Frieden sowie Demokratie waren demnach die zentralen Versprechen und Motive der europäischen Einigungsbewegung.
- Die Geschichte des europäischen Einigungs- und Integrationsprozesses zeigt, dass die wirtschaftlichen und (sicherheits-)politischen Motive Hand in Hand gingen. Die Antwort lässt sich auf einer Zeitachse im Gegensatz zum Gesamtprozess deutlicher differenzieren. - Die Ziele und Wege ließen sich im Laufe des Integrationsprozesses nicht streng trennen.	

Spannungen zwischen politischen und wirtschaftlichen Zielen:
- Speziell an die Zielländer der Erweiterung werden ökonomische Versprechen in die Zukunft gegeben. Es bleibt jedoch unklar, inwieweit sich dies realisieren lässt.
- Nach über einem Jahrzehnt der Osterweiterung (2004) wird klar, dass nicht die osteuropäischen Länder zu einer wirtschaftlichen Herausforderung der EU wurden, sondern die südeuropäischen Länder.

10. Bewerten Sie die sogenannten „Kopenhagen-Kriterien" zur Beitrittsfähigkeit zur Europäischen Union (D2). Inwieweit schlagen sich die Grundmotive des Erweiterungsprozesses dort nieder? [III]
- Kopenhagen-Kriterien: politisches, wirtschaftliches und gemeinschaftsorientiertes Kriterium
- Die Hauptanliegen der Kriterien beziehen sich auf den Kern des europäischen Integrationsprozesses: Frieden, Demokratie, Rechtsstaatlichkeit, Wohlstand und Fortschritt.
- Die Erfüllung der Kriterien bezweckt, dass alle Mitgliedsländer ein Fundament aus gleichen Werten unter sich haben. Ebenso zeigen sie, dass sie die marktwirtschaftliche Ordnung umsetzen. Nur so kann der Prozess von der EU-Ebene auf die Ebene der Nationalstaaten stattfinden. Damit will die EU trotz regionaler Unterschiede sicherstellen, dass sie in grundlegenden Fragen ein Höchstmaß an Übereinstimmung aufweist.
- Der Charakter der EU als Wertegemeinschaft soll durch die Kopenhagener Kriterien betont werden.
- Auch wenn der Bauplan der EU wenig konsequent war, so ist die Verfolgung der oben genannten Grundmotive während des gesamten europäischen Einigungsprozesses kontinuierlich zu beobachten. In den Kopenhagener Kriterien schlagen sich die Grundmotive des Erweiterungsprozesses deutlich nieder, nämlich die Sicherstellung des Friedens, die Verbreitung von Demokratie und Rechtsstaatlichkeit in den neuen Demokratien Osteuropas und die Förderung des ökonomischen Wohlstands auf dem Kontinent. Die Geburtsstunde der Kopenhagener Kriterien liegt im Jahr 1993.

11. Diskutieren Sie in Ihrem Kurs die Frage nach der Aufnahmefähigkeit der Gemeinschaft auch mit Blick auf weitere Erweiterungsvorhaben. [III] ◯
Herausforderungen:
- Eine grundsätzliche Herausforderung bei Erweiterungsvorhaben ist die Problematik der nationalen Egoismen. Alle Länder haben einen großen nationalen Ballast, welcher bei EU-Beitrittsverhandlungen verkleinert und verändert werden muss.
- Je größer die europäische Gemeinschaft wird, desto herausfordernder ist es eine europäische Identität zu kreieren bzw. sie weiterhin bestehenzulassen.
- Geografische Problematik: Die Grenzen des Kontinents Europas verlaufen nicht grundsätzlich an Ländergrenzen.
- Kernthemen rund um die Möglichkeit einer zweiten Osterweiterung: Korruption wirtschaftliche Entwicklung
Chancen:
- Speziell in osteuropäischen Regionen bestehen vielfältige zwischenmenschliche Kontakte und Beziehungen, auf welche die anstehenden politischen Veränderungen aufbauen können (Schulpartnerschaften, Kultur, Sport etc.).
- Es sollten nicht nur die Kosten, die bei einer Mitgliedschaft der Balkan-Staaten entstünden, ins Auge gefasst werden, sondern auch die, die anfallen würden, wenn die Staaten in Chaos und Stagnation fielen.
Fazit:
- Einerseits den Erweiterungsprozess nicht aufgeben, andererseits ihn aber mit Vorsicht weiterführen und dabei die Integrationsfähigkeit der Europäischen Union nicht überfordern: Das ist auch die Linie des Europäischen Parlaments, das über die künftige Erweiterungspolitik sagt, sie solle „ein Gleichgewicht darstellen [...] zwischen den geostrategischen Interessen der Union, den Folgen der politischen Entwicklungen außerhalb ihrer Grenzen und der Integrationsfähigkeit der Union, die auch ihre Fähigkeit mit einschließt, zukünftige interne und externe Herausforderungen zu bewältigen und ihr Vorhaben der politischen Integration zu verwirklichen" (Entschließung des Europäischen Parlaments vom 10. Juli 2008).

10.3 Wirtschafts- und Währungsunion –
Was bringt der europäische Binnenmarkt?

302–307

Vorschlag für einen Unterrichtsverlauf

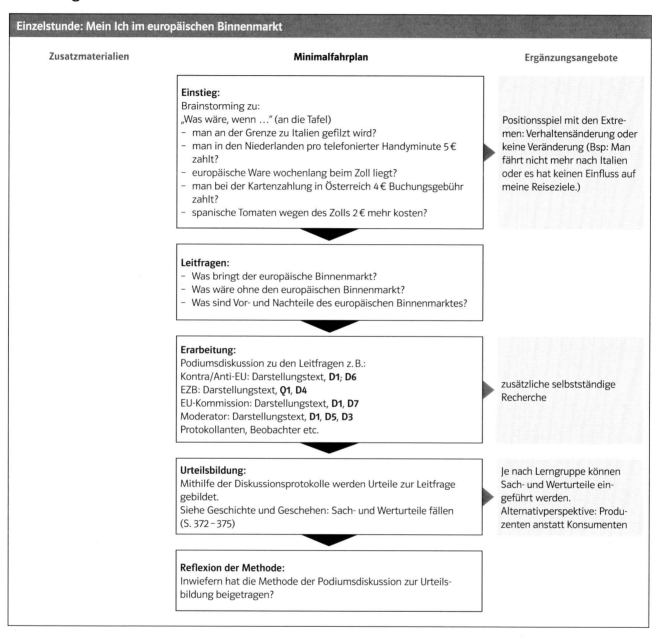

Einzelstunde: Mein Ich im europäischen Binnenmarkt

Zusatzmaterialien	Minimalfahrplan	Ergänzungsangebote

Einstieg:
Brainstorming zu:
„Was wäre, wenn …" (an die Tafel)
- man an der Grenze zu Italien gefilzt wird?
- man in den Niederlanden pro telefonierter Handyminute 5 € zahlt?
- europäische Ware wochenlang beim Zoll liegt?
- man bei der Kartenzahlung in Österreich 4 € Buchungsgebühr zahlt?
- spanische Tomaten wegen des Zolls 2 € mehr kosten?

Ergänzungsangebot: Positionsspiel mit den Extremen: Verhaltensänderung oder keine Veränderung (Bsp: Man fährt nicht mehr nach Italien oder es hat keinen Einfluss auf meine Reiseziele.)

Leitfragen:
- Was bringt der europäische Binnenmarkt?
- Was wäre ohne den europäischen Binnenmarkt?
- Was sind Vor- und Nachteile des europäischen Binnenmarktes?

Erarbeitung:
Podiumsdiskussion zu den Leitfragen z. B.:
Kontra/Anti-EU: Darstellungstext, **D1**; **D6**
EZB: Darstellungstext, **Q1**, **D4**
EU-Kommission: Darstellungstext, **D1**, **D7**
Moderator: Darstellungstext, **D1**, **D5**, **D3**
Protokollanten, Beobachter etc.

Ergänzungsangebot: zusätzliche selbstständige Recherche

Urteilsbildung:
Mithilfe der Diskussionsprotokolle werden Urteile zur Leitfrage gebildet.
Siehe Geschichte und Geschehen: Sach- und Werturteile fällen (S. 372 – 375)

Ergänzungsangebot: Je nach Lerngruppe können Sach- und Werturteile eingeführt werden. Alternativperspektive: Produzenten anstatt Konsumenten

Reflexion der Methode:
Inwiefern hat die Methode der Podiumsdiskussion zur Urteilsbildung beigetragen?

Tafelbild

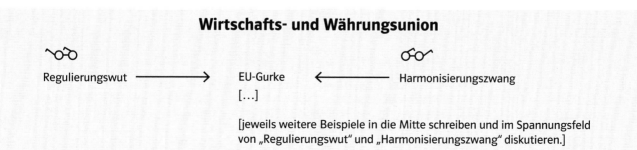

Wirtschafts- und Währungsunion

Regulierungswut ⟶ EU-Gurke ⟵ Harmonisierungszwang
[…]

[jeweils weitere Beispiele in die Mitte schreiben und im Spannungsfeld von „Regulierungswut" und „Harmonisierungszwang" diskutieren.]

Das Tafelbild als editierbare PowerPoint-Version finden Sie auf dem Digitalen Unterrichtsassistenten (978-3-12-416832-0).

⤴ 307
Erwartungshorizonte

Übergreifende Arbeitsvorschläge

1. Beschreiben Sie an geeigneten Beispielen, wo Sie persönlich als EU-Bürgerin oder EU-Bürger von den Freiheiten des europäischen Binnenmarktes profitieren. [I]
Individuelle Schülerlösungen wie z. B.
- keine Grenzkontrollen – freier Reiseverkehr
- größeres Marktangebot
- geringe Telekommunikationskosten (Roaminggebühren etc.)
- Rechtssicherheit beim Konsum innerhalb der EU (Rechtssicherheit im Verbraucherschutz)
- räumliche Flexibilität (Studium, Ausbildung etc.)

A Welchen Sinn haben Binnenmarkt und gemeinsame Währung?

2. Erläutern Sie, wie sich die „vier Grundfreiheiten" im Binnenmarkt (D1) praktisch ausgestalten (D2). [II]
→ Tabelle 1

3. D2 ist positiv-zustimmend formuliert. Stellen Sie thesenhaft dar, welche Bevölkerungsgruppen durch die genannten Freiheiten Nachteile erleiden oder befürchten könnten. [II]
- Regionale Unternehmer: Regionale kleine Unternehmen haben aufgrund der vergrößerten Konkurrenz weniger Chancen mit ihren Angeboten mitzuhalten.
  - Betriebsschließungen durch vergrößerten Wettbewerb
- Umwelt/alle Bevölkerungsgruppen: Europaweit findet ein vergrößertes Verkehrsaufkommen statt.
  - Verstärkte Umweltbelastung
- Staat: wegfallende Maut- und Zolleinnahmen
  - verkleinerter Staatshaushalt
- Menschen deren Berufsabschlüssen in anderen EU-Mitgliedsstaaten nicht anerkannt werden, haben nicht die Möglichkeit, die Freiheiten zu nutzen.
- Verbraucher ohne komplexes Hintergrundwissen zum Finanzdienstleistungsmarkt sind auf kostenpflichtige Hilfe angewiesen.
- Menschen/speziell alte Menschen sind mit der Komplexität an Marktmöglichkeiten überfordert und sind auf das bestehende regionale Netzwerk angewiesen.

Tabelle 1

Vier Grundfreiheiten	Praktische Ausgestaltung
a) freier Personenverkehr	- im Berufsleben die Möglichkeit der Grenzgänger - Arbeitgeber haben die Möglichkeit, EU-Bürgerinnen und Bürger einzustellen, aber auch den Betriebsstandort frei zu wählen. - Maßnahmen zur Stärkung und Harmonisierung der Kontrollen an den Außengrenzen: Bei der Einreise in den Schengen-Raum müssen Unionsbürger lediglich einen Personalausweis oder einen Reisepass vorzeigen. - Polizeiliche und justizielle Zusammenarbeit: die Polizeikräfte unterstützen einander bei der Aufdeckung und der Verhütung von Straftaten und sind berechtigt, flüchtige Straftäter auch im Staatsgebiet eines benachbarten Schengen-Staates zu verfolgen. Außerdem sind eine schnelle Auslieferung und die gegenseitige Anerkennung von Strafurteilen vorgesehen.
b) Dienstleistungsverkehr	- Bedeutung: Rund 70 % der Umsätze innerhalb der EU machen die Dienstleistungen aus. - Gewerbetreibenden, Kaufleuten, Selbstständigen in Handwerk oder freien Berufen aus einem EU-Land ist es erlaubt, in jedem Staat des Binnenmarktes ihre Leistungen anzubieten, auch ohne sich dort niederzulassen. - Problematik der praktischen Ausgestaltung: Die Umsetzung des freien Dienstleistungsverkehrs ist deutlich herausfordernder und komplizierter als die des freien Warenverkehrs. - Ausgeschlossen sind die Dienstleistungsbereiche eines Nationalstaates, welche ausschließlichen dem öffentlichen Sektor angehören (häufig die medizinische Versorgung).
c) Warenverkehr	- Harmonisierung der Mehrwert- und der Verbrauchssteuer - Neuordnung der Märkte durch das Wachstum des Internethandels - Stärkung des Verbraucherschutzes - Beseitigung von zollbezogenen Handelshemmnissen (Beseitigung von unfairen Wettbewerbsvorteilen)
d) Kapital- und Zahlungsverkehr	- Wertpapiere wie z. B. Aktien können innerhalb des Binnenmarktes frei gehandelt werden. - Die Höhe der Transfers ist nicht nach oben gedeckelt. - Gelder können zwischen den Mitgliedsländern ohne Limit transferiert werden. Besonderheit: - Rolle der Drittstaaten - ausgewählte Staaten, welche per Vertrag den Zugang zum europäischen Binnenmarkt haben

4. Erläutern Sie die Bedeutung der Konvergenzkriterien für eine gemeinsame Währung (Darstellungstext S. 303, D3). [II]
- Botschaft an die Öffentlichkeit: Die nationalen Regierungen sind bemüht, den Euro stabil und stark zu halten.
  - Folge: Die Öffentlichkeit akzeptiert den Euro.
- Innereuropäisches Wirtschaftsziel: Die Angleichung der Leistungsfähigkeiten zwischen den verschiedenen Wirtschaftsräumen.
  - Folge: ökonomische Stabilität und Geldwertstabilität
- Botschaft an außenstehende Volkswirtschaften: Volkswirtschaften ohne eine entsprechende Wirtschaftskraft und Haushaltsdisziplin haben dadurch nicht die Möglichkeit, in die Eurozone einzutreten.
- Auch die Mitgliedstaaten der Eurozone müssen fortwährend ein „Konvergenzprogramm" vorlegen, um die Gefahr der hohen Staatsverschuldung und der Instabilität vorzubeugen. (weiterführende Vertiefung: Stabilitätspakt)

5. Erklären Sie die zentralen Aufgaben der Europäischen Zentralbank (D4). [II] ○
- Die EZB besitzt die Schlüsselrolle im europäischen Finanzmarkt, weil sie die Geldmenge steuert.
- Indirekt lenkt sie dadurch die Preise für Kredite, welche von privaten Geldinstituten vergeben werden. Dabei gilt, je günstiger die Kredite sind, desto mehr Abnehmer gibt es.
  - Folge: Die Wirtschaft wird angekurbelt.
- Die Banken in den Ländern können sich bei der EZB kurzfristig gegen Leihgaben wie z. B. Aktien Geld leihen. Dabei orientieren sich die Geschäftsbanken bei ihren Zinsforderungen an dem Leitzins („Repo-Satz") der EZB. Damit lenkt die EZB das Volumen und den Preis der Kreditvergabe von Geschäftsbanken an private Investoren.
- Die EZB ist ein EU-Organ (mit eigener Rechtspersönlichkeit).
- Ziel der EZB ist es nicht, primär Gewinne zu verzeichnen. Dennoch werden Gewinne erzielt. Diese werden auf dem internationalen Markt gewinnbringend angelegt.
- Durch die institutionelle und nationale Unabhängigkeit der EZB soll die Einflussnahme von Regierungen auf sie verhindert werden. Denn die EZB soll nicht die Fehlbeträge/Defizite im Haushalt eines Mitgliedslandes finanzieren oder z. B. wirtschaftspolitische Konjunkturprogramme mit einem niedrigen Leitzins decken.
  - Trotzdem erwarb die EZB während der Eurokrise auf dem Sekundärmarkt – also nicht direkt von den Staaten, sondern von deren nationalen Privatbanken – Staatsanleihen (unter anderem von Griechenland, Spanien, Italien), um eine erneute Staatsverschuldung zu moderaten Konditionen in den Krisenländern zu ermöglichen.
  - Staatsanleihen sind verzinsliche Wertpapiere, die von einem Staat (hier jedoch auf dem Sekundärmarkt) herausgegeben werden, um am internationalen Kapitalmarkt Geld aufzunehmen, das er für den Staatsbetrieb und Investitionen benötigt.

6. Diskutieren Sie angesichts der Handelsbilanz Deutschlands (D5) für das Jahr 2015 und eigener Recherchen die Frage, inwieweit Deutschland von dem europäischen Binnenmarkt profitiert.
- Im Jahr 2015 betrug der Wert der Ausfuhren 1195 Milliarden Euro; der Wert der Einfuhren summierte sich auf 948 Milliarden Euro. Das bedeutet im Vergleich zu 2014 einen Zuwachs um 5,5 % bei den Warenexporten als auch einen Zuwachs von 3,5 % bei den Importen.

- Der Hauptanteil des deutschen Exports entfiel mit 58 % auch 2015 auf den Handel mit den EU-Mitgliedstaaten. Nachdem bei der wirtschaftlichen Entwicklung in den Ländern der Eurozone der Tiefpunkt erreicht ist, zog die Dynamik hier wieder an – wenn auch nur leicht.
- Deutschland weist seit Jahren einen positiven Saldo in der Handelsbilanz auf und rangiert in den weltweiten Ranglisten stets in den Top drei.
- Dabei profitiert die deutsche Volkswirtschaft in besonderer Weise von ihren Verbindungen auf dem europäischen Binnenmarkt. Sowohl auf der Seite des Imports als auch auf Seiten des Exports finden sich unter den ersten 15 Staaten, mit denen Handel betrieben wird, nur fünf, die nicht zum europäischen Binnenmarkt gehören.
- Sonderrollen innerhalb der fünf nicht zum europäischen Binnenmarkt gehörigen Staaten:
  - Türkei, Schweiz, Norwegen
  - besondere Handelsabkommen (Möglichkeit der fachlichen Vertiefung: EFTA [Europäische Freihandelsassoziation])

Fazit: Der europäische Binnenmarkt hat insofern eine besondere Rolle bzgl. des deutschen Exportüberschusses, weil fast zwei Drittel der deutschen Exporte innerhalb des europäischen Binnenmarktes abgesetzt werden.

B Ein „Geburtsfehler" der Union?

7. Stellen Sie arbeitsteilig dar, inwiefern in den Bereichen Steuerpolitik (D6), Wirtschaftspolitik (D7) und Sozialpolitik (Q2) „Geburtsfehler" des gemeinsamen Währungsraums liegen könnten. [II]
→ Tabelle 2, S. 130

Schwierigkeit der Reformen:
- notwendige Reform/Ziele: keine erfolgreiche Währungsunion ohne Wirtschaftsunion, die soziale Sicherheit als öffentliches Gut innerhalb der EU
- Viele nationale Parlamente sorgen sich darüber, ihr wichtigstes Recht – das Budgetrecht – zu verlieren.
- Für die Zukunft besteht die Herausforderung, wie diese Sanktionen gegen Fehlverhalten durchgesetzt werden können, wenn es sich bei den betroffenen Volkswirtschaften um große Staaten wie Frankreich oder Deutschland handelt.

Bisherige Errungenschaft/Erfolg:
- Die Kommission kann sich in der Eurokrise (ab 2010) wieder als Motor der Europäischen Integration beweisen.
- Den Forderungen des ehemaligen Kommisionspräsidenten José Manuel Barroso nach einer Wirtschaftsunion wurde durch den Fiskalpakt vom November 2011 in Ansätzen nachgekommen.
- Die Mitgliedstaaten haben sich auf die teilweise Abgabe von Souveränitätsrechten in Haushaltsfragen und die gemeinsame Verankerung von Schuldenbremsen in den nationalen Verfassungen verständigt.
- Dies kann ein erster Schritt sein, den „Geburtsfehler" bei der Einführung des Euros zu korrigieren.

8. Beschreiben Sie, welche unterschiedlichen Interessen die Behebung dieser „Geburtsfehler" erschweren. [II]
→ Tabelle 3, S. 130

🔲 **307**   Tabelle 2

Geburtsfehler des EU-Wirtschaftsraums in der...		
... Wirtschaftspolitik	**... Steuerpolitik**	**... Sozialpolitik**
– fehlende Bereitschaft, Souveränität nach Brüssel abzugeben – fehlende Kontrollen und Sanktionen für Fehlverhalten (Schlagwort: Konvergenzkriterien) – mangelhafte Durchsetzung des Stabilitätspaktes – nur noch ein „Papiertiger" – mangelnde gemeinsame Finanzpolitik	– fehlende Bereitschaft, Souveränität nach Brüssel abzugeben – keine gemeinsame Steuerpolitik – divergente Steuersätze – Da die Länder im Wettbewerb um die Gunst der Unternehmer stehen, findet ein Steuerdumping statt. – Nachteile haben hier besonders die Personen- und Unternehmensgruppen, welche nicht die Möglichkeit der Standortwahl haben (z. B. Staatsaufgaben wie die soziale Absicherung).	– fehlende Bereitschaft, Souveränität nach Brüssel abzugeben – differenzierte Klärung des Begriffs und des Rechtsstatus der Unionsbürger – Die soziale Sicherheit liegt nach wie vor in nationalen Händen, dadurch entstehen verschiedene Leistungsansprüche innerhalb der EU. – Die EU ist nur teilweise mit einem Sozialstaat zu vergleichen.

Tabelle 3

Geburtsfehler	Welche Interessen erschweren die Behebung dieser Geburtsfehler?
fehlende Bereitschaft, Souveränität nach Brüssel/zur EU abzugeben	– Die Interessen der einzelnen Regierenden divergieren. Abgabe von Souveränität bedeutet Machtverlust. – Der Aspekt der Ungewissheit lässt viele Politiker und Bürger misstrauisch werden. Das Konstrukt der EU ist einmalig. Viele haben Angst und Vorurteile gegenüber dem ungewissen Neuen. – Würde man mehr Demokratie und Gerechtigkeit durch z. B. ein Zwei-Kammer-System einführen, so würden die großen Länder an Macht verlieren.
„Steuerdumping"	– Unternehmen wollen möglichst wenig Steuern zahlen. – Die Staaten benötigen die Unternehmen in ihren Ländern, damit überhaupt Steuern eingenommen werden können. – Dieses Phänomen lässt sich als Teufelskreislauf beschreiben.
mangelhafte Durchsetzung des Stabilitätspaktes	– Die einzelnen Staaten befürchten die tatsächliche Verhängung von Strafen. – Die einzelnen Staaten wollen ihre Etatentwürfe nicht vorlegen und prüfen lassen. Dies hätte zur Folge, dass möglicherweise Pläne geändert werden müssen. – Die Mitgliedstaaten haben bei Einführung des Euro ihre volle Souveränität bei der Aufstellung ihrer Haushalte und der sozialen Leistungen behalten. Statt der geforderten Vergemeinschaftung dieser Politik wurde lediglich ein Stabilitätspakt mit den sogenannten Maastricht-Kriterien geschlossen. Dieser erwies sich am Ende als zu schwach und wurde darüber hinaus noch Stück für Stück aufgeweicht. Damit haben sich die Mitgliedstaaten einige Krisen selbst zuzuschreiben.

10.4 Perspektiven der Europäischen Union

⤵ 308–311

Vorschlag für einen Unterrichtsverlauf

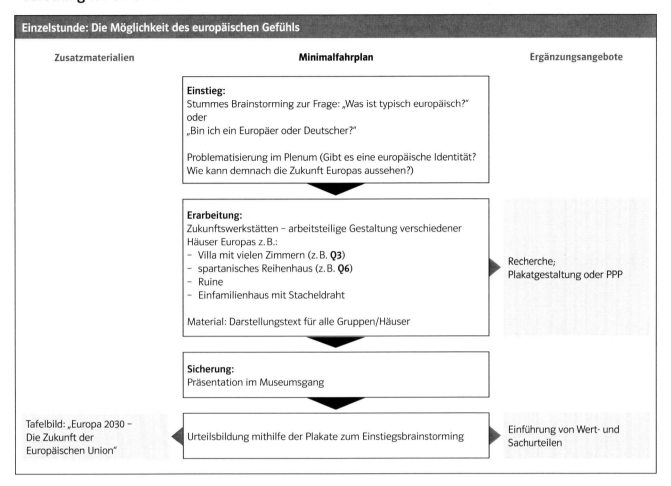

Einzelstunde: Die Möglichkeit des europäischen Gefühls

Zusatzmaterialien	Minimalfahrplan	Ergänzungsangebote
	Einstieg: Stummes Brainstorming zur Frage: „Was ist typisch europäisch?" oder „Bin ich ein Europäer oder Deutscher?" Problematisierung im Plenum (Gibt es eine europäische Identität? Wie kann demnach die Zukunft Europas aussehen?)	
	Erarbeitung: Zukunftswerkstätten – arbeitsteilige Gestaltung verschiedener Häuser Europas z.B.: – Villa mit vielen Zimmern (z.B. **Q3**) – spartanisches Reihenhaus (z.B. **Q6**) – Ruine – Einfamilienhaus mit Stacheldraht Material: Darstellungstext für alle Gruppen/Häuser	Recherche; Plakatgestaltung oder PPP
	Sicherung: Präsentation im Museumsgang	
Tafelbild: „Europa 2030 – Die Zukunft der Europäischen Union"	Urteilsbildung mithilfe der Plakate zum Einstiegsbrainstorming	Einführung von Wert- und Sachurteilen

Tafelbild

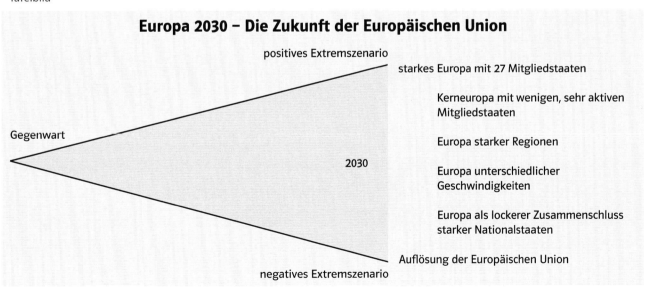

Europa 2030 – Die Zukunft der Europäischen Union

positives Extremszenario

starkes Europa mit 27 Mitgliedstaaten

Kerneuropa mit wenigen, sehr aktiven Mitgliedstaaten

Gegenwart

Europa starker Regionen

2030

Europa unterschiedlicher Geschwindigkeiten

Europa als lockerer Zusammenschluss starker Nationalstaaten

Auflösung der Europäischen Union

negatives Extremszenario

Das Tafelbild als editierbare PowerPoint-Version finden Sie auf dem Digitalen Unterrichtsassistenten (978-3-12-416832-0).

⊡ 311 ## Erwartungshorizonte

Aufgaben zum Verfassertext

1. Vergleichen Sie Nationaldenkmäler mit europäischen Symbolen im öffentlichen Raum (vgl. Q1). Beziehen Sie sich nach Möglichkeit auf Symbole in Ihrem Lebensumfeld. Recherchieren Sie Hintergrundinformationen und erläutern Sie die identitätsstiftenden Mechanismen, die in diesen Denkmälern und Symbolen zum Ausdruck gebracht werden. [I] [II]

– Vergleich darüber anstellen, wie viele Nationaldenkmäler es in der Umgebung im Gegensatz zu Europadenkmälern gibt.

– Nationaldenkmäler vermitteln: Patriotismus, Stolz, historisch bedeutende Daten, erhalten gezielt Erinnerungen und Kultur, gedenken Personen/Ereignissen

– Beispiele für deutsche Nationaldenkmäler: Neue Wache in Berlin, Kriegerdenkmäler in vielen Kommunen, Siegessäule in Berlin, Wilhelmshöhe in Kassel, Kriegsbergturm im Stuttgarter Stadtteil Relenberg

– Europadenkmäler in Deutschland:
  • insgesamt sehr selten
  • nahe dem Dreiländereck Belgien – Deutschland – Luxemburg
  • einige Europaschulen präsentieren die Idee Europas in Form von Kunst/Skulpturen/Denkmälern
  • Inwiefern besteht demnach die Herausforderung der Bildung einer europäischen Identität?
  • Europa befindet sich im theoretischen Alltag der deutschen Gesellschaft häufig, doch die offensichtlichen Identifikationsmöglichkeiten sind sehr gering. Die Bedeutung und die Kontaktpunkte zur EU müssen transparenter werden z. B. in Form von Europadenkmälern.

– Möglichkeit der Vertiefung: Wie könnten Europadenkmäler aussehen?

A Was kann die Union zusammenhalten?

2. Interpretieren Sie die Karikatur Q2. [II] ○

– Beschreiben: Die Karikatur zeigt jeweils vier scheinbar typisch Deutsche und Franzosen. Dabei greift die Zeichnung gängige Klischees auf – wie etwa vom Bier trinkenden und Wurst essenden Bayern oder dem Wein trinkenden und Baguette essenden Franzosen. Die Zeichnungen von Deutschen und Franzosen haben in ihrer Gegenüberstellung je die gleiche Motivlage (etwa kaiserliche Pickelhaube – napoleonischer Hut; Germanischer Helm mit Hörnern – Phrygische Mütze; Bayrischer Hut – Baskenmütze; blonde Frau – dunkelhaarige Frau).

– Untersuchen: Die Karikatur verdeutlicht, dass die symbolträchtigen Unterschiede der früheren Erzfeinde Deutschland und Frankreich eine klare Verbindung und damit Einigkeit herstellt. Was bei den Franzosen der Wein ist, ist bei den Deutschen das Bier (genutzte Vorurteile gegenüber Nationalitäten).
  • Beispielbotschaft: Die im Laufe der Zeit manifestierte Feindschaft Frankreichs und Deutschlands ist nicht auf tatsächliche Differenzen zurückzuführen, sondern lediglich auf Mundpropaganda, Vorurteile oder z. B. Missverständnisse.

– Deuten: Die grundlegende Hauptverbindung der europäischen Länder sind die Werte.

– Werte: Freiheit, Gerechtigkeit, Demokratie, Rechtsstaatlichkeiten, Achtung der Menschenrechte

3. Stellen Sie thesenartig dar, ob und inwiefern es Ihrer Ansicht nach europäische Werte gibt (Q3, Q4). [II]

– Die offiziellen europäischen Werte sind:
  • Freiheit,
  • Gerechtigkeit,
  • Demokratie,
  • Rechtsstaatlichkeit und
  • Achtung der Menschenrechte.

– Das Eurobarometer ergab im Herbst 2010 zur Frage, welche Werte am besten die EU repräsentieren, die folgenden Antworten:
  • Je 38 % der Befragten gaben die Werte „Menschenrechte" und „Demokratie" an.
  • 35 Prozent entschieden sich für den Wert „Frieden".
  • „Rechtsstaatlichkeit" (25 %)
  • „Solidarität" (20 %)
  • „Respekt gegenüber anderen Kulturen" (18 %)
  • „Respekt gegenüber menschlichem Leben" (14 %)
  • Die Werte „Gleichheit", „Freiheit des Einzelnen", „Toleranz", „Selbstverwirklichung" und „Religion" gehörten für deutlich weniger als ein Siebtel der Bevölkerung der EU-Staaten zu den drei Werten, die am besten die EU repräsentieren.

Quelle: Bundeszentrale für politische Bildung: www.bpb.de/nachschlagen/zahlen-und-fakten/europa/70652/europaeische-werte

– Eine Schwierigkeit bzgl. der europäischen Werte besteht insofern, dass diese Werte nicht nur für europäische Staaten gelten, sondern auch für viele weitere auf der Welt verteilte Staaten. So stellt sich die Frage, ob die Einhaltung dieser Werte allein genügt, um Mitglied der EU zu werden.

– Überspitzt man diesen Gedanken, so lässt sich sagen, dass die EU damit grenzenlos ist. Es ist zwar durchaus wünschenswert, einen grenzenlosen Werteraum dieser Art zu schaffen, doch realitätsnah ist dies nicht. So muss laut Kocka das Kriterium der demokratischen Handlungsfähigkeit hinzugezogen werden.

– Die SuS sollten an dieser Stelle festhalten, inwiefern sich in der Bundesrepublik die demokratische Handlungsfähigkeit feststellen lässt. Z. B. Beschreibung des Wahlprozesses, Ablauf von z. B. Strafzetteln oder größeren Straftaten.

4. Erörtern Sie, inwieweit diese für den politischen Prozess in Europa nutzbar gemacht werden können. [III]

– Grundsätzlich gibt es die beiden Extreme, dass die EU eine reine Wertegemeinschaft sei oder ein kalter Wirtschaftsbund.

– Der Blick in die Geschichte zeigt, dass die EU zwar offiziell zu Beginn ein Wirtschaftsbund für Kohle und Stahl war, doch der eigentliche Kern war das Bestreben eines Friedenzustandes.

– Im Vertrag von Maastricht, mit dem 1992 offiziell die Europäische Union gegründet wurde, buchstabierte der EU-Vertrag die Grundsätze der Union dann in Artikel 6 aus: „Die Union beruht auf den Grundsätzen der Freiheit, der Demokratie, der Achtung der Menschenrechte und Grundfreiheiten sowie der Rechtsstaatlichkeit; diese Grundsätze sind allen Mitgliedstaaten gemein."

– Kehrt man den eben genannten Satz um, so folgt, dass alle Staaten, welche diese Grundsätze nicht leben, nichts in der EU verloren haben. Doch ein objektives Maß der Grundsätze festzulegen, fällt schwer.

– Als Zwischenfazit lässt sich festhalten, dass es ein Ob bzgl. der Wertgemeinschaft nicht gibt.

- Es ist jedoch schwierig, dass häufig generell über die europäischen Werte gesprochen wird. Doch geht es ins Detail, bleibt ein grauer wenig präziser Schleier zurück.
- Nimmt man den politischen Prozess in den Blick, so muss man sich also nicht fragen, ob sich Gesellschaften mit den Werten identifizieren, sondern wie sie jeweils diese interpretieren und auslegen. Denn das sind die Gedanken, die eine aktive Zivilgesellschaft ausmachen und weiter auseinander oder zueinander bringen können.
- Der Schriftsteller Peter Prange gibt zu bedenken: „Europa bedeutet größte Vielfalt auf engstem Raum. Diese Erfahrung bestätigt uns nicht nur jede Urlaubsreise, sondern auch ein Blick in unsere Seelen: Alles, was uns verbindet, sind unsere Gegensätze. Sie machen unsere Einmaligkeit aus, die uns von andern Kulturen unterscheidet."
- Abschließend ist zu sagen, dass die Bundeskanzlerin Angela Merkel den Kern des politischen Prozesses innerhalb der EU vor dem Europaparlament wie folgt formuliert hat: „Europas Seele ist die Toleranz". Darin wird deutlich, dass es im Kern nicht um die absolute Gleichheit aller Werte und Grundhaltungen geht, sondern darum, den europäischen Gedanken der Toleranz zu akzeptieren und diesen weiterhin der EU einzuhauchen.
- Weitergehende Fragen bestehen insofern, dass man sich fragen muss, ob es eine Hierarchisierung der Werte gibt – wenn ja, welche? Oder wie verhalten sich die Grundwerte Freiheit und Gleichheit zueinander?

5. Erklären Sie, inwiefern di Fabio (Q5) ein teilweise positives Fazit aus den jüngeren Krisen der EU ziehen kann. [II]
- Udo di Fabio: ehemaliger Verfassungsrichter am Verfassungsgericht in Karlsruhe
- Das Interview wurde 2016 geführt – zu der Zeit nahm die „Flüchtlingsdiskussion" innerhalb der Medien einen großen Raum ein.

- Di Fabio stellt fest, dass in der angespannten Situation der „Flüchtlingsdebatte" das Gerüst EU nicht zusammengefallen ist.
- Denn, obwohl die EU keinen gemeinschaftlichen Kurs fand und viele verschiedene Strategien einsetzte, konnte sie in dieser Uneinigkeit lernen.
- Der Lernprozess besteht darin, auch im Streit miteinander zu reden und diesen auszuhalten.
- Die EU konnte im Nachhinein feststellen, dass es im Rahmen des Dissens gemeinsame Erfolge wie z. B. die Sicherung der Grenzen im Mittelmeerraum gibt.

6. Erläutern Sie mit eigenen Worten die Idee einer differenzierten Integration der Europäischen Union (Q6). Nehmen Sie begründet Stellung zu der Frage, ob ein Europa der unterschiedlichen Geschwindigkeiten ein Ausweg aus dem Dilemma zwischen Erweiterung und Vertiefung der Gemeinschaft sein kann.
[II] → Tabelle 1
Problematik zu Szenario III:
- Es besteht die Gefahr, dass sich Staaten nur der Vorteile bedienen (sich die Rosinen rauspicken) und hingegen die möglichen Bereiche mit Verantwortung und Verpflichtungen ablehnen.
- Eine weitere Gefahr besteht darin, dass sich die wohlhabenden Staaten untereinander begünstigen und Kooperationen bevorzugen, hingegen die finanzschwachen Länder als 2. Wahl betrachten.
- Fazit: Die Idee der differenzierten Integration birgt vielerlei Gefahren in sich. Neben den politischen und wirtschaftlichen Risiken, besteht die Gefahr, dass sich die EU mehr noch einem „Bürokratie-Monster" annähert. EU-Mitgliedstaaten müssen im Rahmen der Gemeinschaft nicht nur in den Genuss der Vorteile, sondern auch in den der Verantwortung kommen.

Tabelle 1

Die Idee eines Europas verschiedener Geschwindigkeiten entspricht dem Konzept der differenzierten Grade an Integration. Bernd Oswald (Q6) skizziert dabei drei unterschiedliche Szenarien:

Szenario I	Szenario II	Szenario III
Kooperation ohne Strukturen:	Struktur nach Themen:	Struktur nach Mitgliedstaaten:
Zusammenarbeit findet je nach nationalem Interesse in verschiedenen Koalitionen auf unterschiedlichen Politikfeldern statt. Durch diese Kooperationen bilden sich die verschiedensten Staatenzusammenschlüsse frei.	Rund um einen föderalen Kern arbeiten einzelne Staatengruppen auf spezifischen Themenfeldern zusammen. Die EU-Politik bleibt in Teilen erhalten.	Es entwickelt sich ein Kern an europäischen Staaten, die in allen Bereichen den Zusammenschluss suchen und andere Staaten, die nur an einigen Projekten teilnehmen. Das Konzept der differenzierten Integration bietet einen möglichen Ausweg aus dem Dilemma zwischen Erweiterung und Integration. Herausfordernd ist das hohe Maß an nötiger Flexibilität, zudem neigt es zur Intransparenz der Entscheidungsprozesse und -ebenen. Durch Schnittmengen besteht die Gefahr des Aufbaus von ineffizienten und teuren bürokratischen europaweiten Doppelstrukturen.

⤴ 315 **Auf einen Blick**

Erwartungshorizonte

1. Diskutieren Sie die Sinnhaftigkeit des Begriffes „Stunde Null" anhand des in Grafik A dargestellten Geflechts von Einflussgrößen.

- Die Sinnhaftigkeit des Begriffes „Stunde Null" ist insofern infrage zu stellen, da nicht alle Einflussgrößen seinerzeit auf null gesetzt worden sind. Beispielsweise die Infrastruktur oder die Industrieanlagen standen keineswegs am Anfang bzw. auf null, sondern mussten nur repariert oder in Kraft gesetzt werden.
- Hingegen andere Einflussgrößen wie der der Mentalität oder der politischen Strukturierung standen tatsächlich an dem Punkt null.
- Der Begriff „Stunde Null" muss somit differenziert betrachtet werden. Der Zeitpunkt nach dem Zweiten Weltkrieg kann nicht pauschal als „Stunde Null" beschrieben werden, sondern muss in Abhängigkeit der Einflussgrößen abgestuft werden.
- Bezieht man den Begriff lediglich auf die bedingungslose politische Kapitulation (9. Mai 1945) lässt er sich in seiner Sinnhaftigkeit nicht anzweifeln.
- In der Grafik A werden viele gesellschaftliche Bereiche angesprochen, diese erfordern die oben angesprochen Differenzierung. Im Allgemeinen ist die „Stunde Null" jedoch von den vier „D"s geprägt (Denazifizierung, Demilitarisierung, Dezentralisierung, Demokratisierung). In diesen vier Bereichen ist der Begriff „Stunde Null" zu unterstützen.

2. Erläutern Sie für einen Teil der „Fieberkurve", welche Ereignisse die Wendepunkte des Verlaufs markieren.
→ Tabelle 1

3. Übertragen Sie Grafik C auf ein eigenes Blatt und ergänzen Sie Problemfelder und Konflikte in der bundesdeutschen Gesellschaft und Politik. Versuchen Sie eine Gewichtung von Problemen und Erfolgen.

- Zeitraum: 1949 – 1966 in der Bundesrepublik
- In der Grafik C werden Gründe für die innere soziale Integration und Stabilität der westdeutschen Demokratie nach 1949 genannt und in Bezug zu einander gestellt.
- Doch neben den Gründen für Integration und Stabilität existierten auch Problemfelder und Konflikte in der bundesdeutschen Gesellschaft und Politik:
  • die Frage, ob es einen Schlussstrich geben oder Verantwortung z.B. in Form von Prozessen übernommen werden sollte;
  • die mangelnde Aufbereitung von Schuld und Scham;
  • die Entwicklung einer nationalen Identität unter den Bedingungen einer Zweistaatlichkeit in Deutschland erschwerte den Integrationsprozess;
  • die „soziale Durchlüftung" durchrüttelte die alteingesessenen Milieus und deren Trott;
  • nicht alle Menschen gehörten zu den Gewinnern des Wirtschaftswunders; die meisten Menschen kamen nicht unmittelbar in den Genuss von Urlauben im Süden oder Luxusgütern wie Autos;
  • es folgte die Wirtschaftskrise, in welcher sich die mangelnden Investitionen in die Forschung und die „Überindustrialisierung" rächten.

Das Vorhaben und die Vorteile der sozialen Marktwirtschaft konnten den Problemfeldern trotzen.

4. Übertragen Sie die Grafik D auf ein eigenes Blatt und ergänzen Sie Erfolge der realsozialistischen Politik in der DDR (aus Sicht der DDR-Führung, der Bevölkerung oder auch aus ihrer eigenen Sicht). Versuchen Sie eine Gewichtung von Problemen und Erfolgen.

- Zeitraum: 1949 – 1966 in der DDR
- In der Grafik D werden schwierige Startbedingungen und Krisenphänome der Deutschen Demokratischen Republik nach 1949 genannt und in Bezug zueinander gestellt.
- Doch neben den schwierigen Startbedingungen und Krisenphänomenen existierten auch Erfolge der realsozialistischen Politik der DDR:

Tabelle 1

1945	Nach dem Kriegsende hat die Sowjetunion sogenannte „Satellitenstaaten" ins Leben gerufen. Diese waren offiziell souverän, doch indirekt waren sie vertraglich sehr eng und mit hoher Abhängigkeit an die UdSSR gebunden.
	Hingegen unterstützten die USA junge Demokratien. Jedoch auch diktatorisch ausgerichtete antikommunistische Staaten mithilfe des Marshallplans.
	Dieses Anwerben von Bündnispartner verschärfte die globale Situation. Beide Pole strebten die Stärkung ihres eignen Systems an.
1949	Entstehung der NATO
1955	Entstehung des Warschauer Pakts: – ein Militärbündnis der UdSSR – 1955 – 1991 – acht Mitgliedstaaten
1962	Die Welt steht kurz vor einem Atomkrieg. US-Raketen werden in der Türkei positioniert. Als Reaktion stellt die Sowjetunion auf dem kommunistischen Kuba Raketen in Richtung USA auf. Die Krise konnte durch Verhandlungen entschärft werden.

- Staatliche Subventionen an Kindertageseinrichtungen, Krippen und Wohnungen sowie die spezielle Unterstützung junger Ehepaare sorgten für einen Aufschwung in den 1960er-Jahren,
  - Sozialausgaben in der DDR waren ausgesprochen hoch.
  - Gleichstellung von Mann und Frau z. B. bzgl. Arbeitsbedingungen.
- alternative Erarbeitungsform: arbeitsteilige Perspektivenübernahme

5. Erläutern Sie die Gründe für die Entwicklung einer „Neuen Ostpolitik" (Grafik E).
- Zeichen der neuen Ostpolitik waren:
  - Annäherung statt Konfrontation
  - Offenheit statt Dogmatismus
- Gründe für die Entwicklung der Neuen Ostpolitik
  - siehe Ausgangslage der Grafik E
  - Es vollzog sich ein Generationenwechsel, welcher von einer Einsicht geprägt war, dass auch Deutschland selbst eine Mitverantwortung für die Teilung trägt. Diese Einsicht machte die Bundesrepublik für die „Neue Ostpolitik" bereit.
  - Es folgte die Einsicht, dass nicht erst die Mauer fallen muss, um dann für Entspannung zu sorgen, sondern dass es auch genau andersherum laufen kann. Eben dafür sorgte die erste sozialliberale Koalition.
  - Erstmalig eine sozialdemokratische Regierung in der BRD.
  - Das Kabinett Brandt verstand sich als Reformbündnis, das Deutschland grundlegend verändern wollte.
  - 1970 reist Brandt in die DDR, das tat bisher kein anderer deutscher Bundeskanzler.
  - Die Ostpolitik bezog sich nicht nur auf die DDR, sondern auch auf andere osteuropäische Länder und die UdSSR. (Es werden erste Verträge mit den Oststaaten unterzeichnet.)
  - Im Rahmen der „Neuen Ostpolitik" ist das berühmte Bild des Kniefalls von Willy Brandt entstanden.

- Bedeutsam sind ebenso parallele weltpolitische Schauplätze, welche ebenso auf Entspannung und Annäherung setzten (Ende der Kubakrise) und damit als Vorbild bzw. Trend dienten.

6. Zeigen Sie anhand von Grafik F auf, inwiefern die Ereignisse in der DDR 1989 Teil einer „Revolution in Osteuropa" waren.
- Die Geschehnisse in der DDR 1989 lassen sich als exemplarisch für die gesamte Revolution in Osteuropa bezeichnen. Denn die Vorgänge der Demokratisierung, der Anschluss an das Grundgesetz der BRD, der Anschluss an die NATO (North Atlantic Treaty Organization „Organisation des Nordatlantikvertrags" bzw. Nordatlantikpakt-Organisation) und EU spielten sich nicht nur in der DDR ab, sondern auch in anderen osteuropäischen Ländern. Diese Veränderungen spielten sich nicht alle zeitgleich ab, doch die Entwicklungstendenzen sind analog.
- Speziell in der ehemaligen DDR konnte durch den raschen Anschluss an die BRD die offensichtlichen Veränderungen dokumentiert werden. Versorgungslücken und andere nicht zu lösende Herausforderungen der DDR wurden durch den Mauerfall und die damit einhergehenden Veränderungen beseitigt. Der Kontrast der Systeme wurde in aller Deutlichkeit sichtbar.
- Es hat sich gezeigt, dass nicht nur Taten auf der Politikerebene Veränderungen bewirken können, sondern auch die Aktivität einer Zivilgesellschaft nachhaltig ist. So kam es auch in den östlichen Ländern zu Aufständen, mit dem Bestreben, sich in „Richtung" Westen zu verändern.
- Die Ereignisse in der DDR 1989 nahmen auch aus geografischen Gründen eine besondere Rolle ein. Die DDR lag fast ausschließlich in der Nachbarschaft von westlichen Ländern. Polen und die Tschechische Republik traten zwar erst 2004 der EU bei, doch auch deren westliche Orientierung war bereits in den Anfängen.

7. Vervollständigen Sie das Schaubild G bis zur Gegenwart, berücksichtigen Sie auch Rückschläge der Europäischen Integration.
→ Tabelle 2

Tabelle 2

Schlüsselereignisse der Europäischen Integration	
1949	Gründung des Europarats
1950	Schuman-Plan zur Zusammenlegung der nationalen Kohle-, Eisen- und Stahlindustrien Deutschlands und Frankreichs in einen gemeinsamen Markt (EGKS)
1951	Deutschland, Frankreich, Belgien, Niederlande, Luxemburg und Italien gründen die EGKS
1955	Das Ministerkomitee des Europarats legt sein Emblem fest: eine blaue Fahne mit zwölf goldenen Sternen.
1957	Die Römischen Verträge werden verabschiedet.
1958	In Kraft setzen der Römischen Verträge: Gründung der Europäischen Wirtschaftsgemeinschaft EWG und der Europäischen Atomgemeinschaft (Euratom)
1979	Es finden die ersten direkten Europawahlen statt, bei denen die Bürgerinnen und Bürger die EU über die Zusammensetzung des Europaparlaments abstimmen.
1987	Einheitliche Europäische Akte (EEA)
1992	Maastrichter Verträge: die Geburtsstunde der EU
1995	Österreich, Finnland und Schweden treten der EU bei.
1999	Vertrag von Amsterdam: Reformen der EU und die Osterweiterung
2002	Einführung des Euro
2009	Vertrag von Lissabon: Die Grundlagen für eine effektive Regierungsarbeit werden geschaffen (Dieser Vertrag stellt die Alternative zum EU-Vertrag dar.). Der Vertrag von Lissabon kann je nach Blickwinkel als Rückschlag betrachtet werden.

11 Globale Sicherheitspolitik im 21. Jahrhundert

318 – 321

11.1 Neue Konflikttypen und ein neuer Kriegsbegriff

Vorschlag für einen Unterrichtsverlauf

Einzelstunde: Neue Konflikttypen des 21. Jahrhunderts – brauchen wir einen neuen „Kriegsbegriff"?		
Zusatzmaterialien	**Minimalfahrplan**	**Ergänzungsangebote**

Einstieg:
Assoziationsübung KRIEG – Mind-Map zu den charakteristischen Vorstellungen traditioneller Staatenkriege (Ein Krieg wird erklärt, nach bestimmten Regeln von den Armeen zweier oder mehrerer Staaten geführt und endet in einem Waffenstillstand und Friedensvertrag.)
und/oder
Bildbetrachtung **M2** – Vergleich der Söldnergruppe mit der Bundeswehr

Problematisierung:
Wer hat das militärische Gewalt- und Kriegsmonopol?

Vergleich des Fotos **M2** mit einem klassischen Kriegsgemälde des 19. Jahrhunderts (z. B. Georg Bleibtreu, Schlacht von Königgrätz 1866)

Leitfrage:
Neue Konflikttypen des 21. Jahrhunderts – brauchen wir einen neuen „Kriegsbegriff"?

Tafelbild: „Neue Konflikttypen und ein neuer Kriegsbegriff (Mind-Map)"

Erarbeitung:
arbeitsteilige Gruppenarbeit zu einer „Phänomenologie" der Konflikte des 21. Jahrhunderts unter den Gesichtspunkten:
Kriegsursachen, Kriegstypen, Privatisierung, Kommerzialisierung

Museumsgang zur Präsentation der Ergebnisse

Auswertungsperspektive: Kriegsmonopol und Formen der Kriegsführung vom Nationalstaat auf nichtstaatliche Akteure verlagert → Passt der Begriff „Krieg" noch zu diesen Konfliktstrukturen?

Vertiefung:
Diskussion der Perspektiven der Befriedung solcher Konflikte

Ausblick auf die folgenden Buchkapitel:
Islamistisch motivierter Terrorismus – Nahost-Konflikt
(Israel – Palästinenser) – Syrien-Krieg

Neue Konflikttypen und ein neuer Kriegsbegriff (Mind-Map)

Das Tafelbild als editierbare PowerPoint-Version finden Sie auf dem Digitalen Unterrichtsassistenten (978-3-12-416832-0).

Didaktische Hinweise

Der Begriff „Krieg" ist in unseren Köpfen mit bestimmten Assoziationen verbunden. Diese überkommenen Vorstellungen sind bei den SuS zu erschüttern, denn sie treffen auf eine Vielzahl militärisch ausgetragener Konflikte der Gegenwart nicht mehr zu. Das militärische Gewalt-, Kriegsmonopol und die Formen der Kriegsführung haben sich vom Nationalstaat auf nichtstaatliche Akteure verlagert. Die weiteren Materialien bieten dann die Gelegenheit, die Konfliktphänomene des 21. Jahrhunderts auf einer theoretischen Ebene zu vertiefen und zu strukturieren. Durch die Bearbeitung dieser Themenseiten sollen die SuS nicht nur dazu befähigt werden, gegenwärtige Konfliktszenarien kriteriengeleitet zu analysieren, sondern auch die Perspektiven der Befriedung solcher Konflikte sachgerecht zu diskutieren.

Erwartungshorizonte

A Die neuen Kriege

1. Beschreiben Sie das Foto M2. Vergleichen Sie die abgebildeten Soldaten mit ihren Vorstellungen eines Bundeswehrsoldaten. [II]
Das Foto M2 zeigt eine für viele heutige Krisenregionen typische Söldnergruppe:

- Die Gruppe nutzt ein ziviles Fahrzeug (Pick-up mit einer Ladefläche), das für schweres, unwegsames Gelände kaum geeignet wäre. Das Fahrzeug kann kaum in nennenswertem Umfang militärische Güter transportieren, sondern eher eine Gruppe von Kämpfern von einer Ortschaft in die nächste. Die jungen Männer besetzen das komplette Fahrzeug (Ladefläche, Motorhaube, Türen usw.).
- Die Soldaten sind sehr jung. Sie tragen keine einheitliche Uniform und nur gelegentlich Helme und sonstige Gerätschaften, die für den Kampfeinsatz dienen könnten. Einige Kämpfer tragen sogar keine Uniform.
- Die Kämpfer sind mit leichten Waffen, z. B. Maschinengewehre, Panzerabwehrwaffen, ausgestattet.
- Insgesamt macht die Gruppe einen undisziplinierten und unkoordinierten Eindruck. Hinweise auf eine Hierarchie innerhalb der Gruppe oder auf einen Kommandanten sind nicht zu erkennen.

Es bestehen erhebliche Unterschiede zu dem Bild, das wir von Bundeswehrsoldaten haben. Folgende Aspekte können dabei benannt werden:
- Eine einheitliche Uniform, die die Soldaten von Zivilisten und gegnerischen Kämpfern abgrenzen lässt. An der Uniform ist zudem eine Hierarchie innerhalb einer Gruppe zu erkennen.
- Bundeswehrsoldaten werden zudem zu geordnetem, disziplinierten Verhalten ausgebildet.
- Die Soldaten hätten nicht nur Waffen, sondern auch einheitliche Schutzausrüstungen, z. B. Helme, kugelsichere Westen.
- Militärische Fahrzeuge weisen im Gegensatz zu zivilen Fahrzeugen ein hohes Maß an Spezialisierung auf, z. B. Geländetauglichkeit, Tarnfarbe.

321

2. Arbeiten Sie in tabellarischer Form die zentralen Merkmale von Staatenbildungs-, Staaten- und Staatenzerfallskriegen heraus (Darstellungstext, M3). [II]
→ Tabelle 1

3. Recherchieren Sie arbeitsteilig möglichst viele verschiedene militärische Konflikte auf der Welt. Tragen Sie die Konflikte auf einer Weltkarte ein und stellen Sie in Anlehnung an die Auflistung der Kriegsursachen (M1) das Ursachengeflecht des Konflikts kurz dar. [II] ○
- Das Heidelberger Institut für Internationale Konfliktforschung veröffentlicht jährlich ein sogenanntes „Konfliktbarometer", das über die jeweils aktuellen Konflikte, Krisen und Kriege informiert.

4. Erläutern Sie die Konsequenzen der beschriebenen Phänomene der Privatisierung und Kommerzialisierung militärischer Konflikte für die Kriegsführung sowie die Aussichten auf die Befriedung militärischer Auseinandersetzungen. [II]
Mit Blick auf die Art und Weise der Kriegsführung sowie die Aussichten auf die Befriedung von Konflikten lassen sich folgende Aspekte benennen:
- Die Kriegsführung ist verhältnismäßig „kostengünstig", da kaum schwere Waffen zum Einsatz kommen.
- Als Söldner werden nicht selten Kinder- und Jugendsoldaten eingesetzt – für diese Heranwachsenden stellt der Status als Kämpfer eine gesellschaftliche Aufstiegsmöglichkeit dar – nicht selten wird der Konflikt durch diese Söldnergruppen brutalisierter.
- Die Zivilbevölkerung wird stärker in die Kampfhandlungen involviert.
- Es kommt häufig zu weitreichenden und dauerhaften sowie großräumigen Verwüstungen.
- Die Kampfhandlungen sind häufig lang andauernd, der „Krieg ernährt den Krieg", da die Warlords und Söldner vom Krieg wirtschaftlich profitieren.
- Ein Friedensschluss wird dadurch erheblich erschwert.

5. Der Westafrikaexperte Peter Lock sagt: „Für junge Männer ist ,Soldat sein' die beste Option gesellschaftlicher Partizipation, zudem sind die Überlebenschancen als Kämpfer [...] wahrscheinlich ungleich größer als im Chaos der vom Krieg paralysierten ,Zivilgesellschaft' [...]." (zitiert nach: Herfried Münkler, Die neuen Kriege, 2. Auflage, Hamburg 2005, S. 137.) Diskutieren Sie diese Aussage in Ihrem Kurs mit Rücksicht auf Aufgabe 1. Wie beurteilen Sie die langfristigen gesellschaftlichen Folgen der Militarisierung der Jugendlichen und Kinder sowie, damit verbunden, die Aussichten auf Frieden? [III]
- Die Aussage klingt zunächst extrem zynisch. Bedenkt man aber weniger die Folgen für die Dauer der Kriegsführung, die Brutalisierung des Kriegs, die materiellen und seelischen Folgen für Opfer und Täter, so hat die Aussage einen realistischen Kern. Denn die Jugendlichen gehören als Söldner womöglich eher zur Gruppe der Täter und nicht zu der der Opfer. In einer Krisenregion, die nicht unter lang andauernden Kämpfen leidet, stellt der Kampf als Söldner für viele Jugendliche in der Tat eine Gelegenheit dar, gesellschaftlichen Status sowie ein wirtschaftliches Einkommen zu erlangen.
- Allerdings bleibt mit Blick auf die Aussage Peter Locks kritisch anzufragen, ob der Begriff der „gesellschaftlichen Partizipation" der jungen Soldaten nicht problematisch ist, da die Aktionen der Söldner im Töten und der Destabilisierung der Gesellschaft liegen.

Tabelle 1

	Akteure	Dauer	Friedensschluss
Staatenbildungskriege	verschiedene Ethnien oder Staaten	zeitlich begrenzt	nach politischer Einigung
Staatenkriege	zwei oder mehrere Staaten	zeitlich begrenzt	nach Entscheidungsschlacht oder wenn Ressourcen erschöpft sind
Staatenzerfallskriege	Bürgerkriegsparteien – ethnische Gruppen – Warlords – z.T. äußere Staaten und Bündnispartner	im Prinzip „endlos", solange eigene oder externe Ressourcen zur Verfügung stehen	sehr schwierig, da nichtstaatliche Akteure vom Krieg „leben", d.h. wirtschaftliche Gewinne erzielen

Vorschlag für einen Unterrichtsverlauf

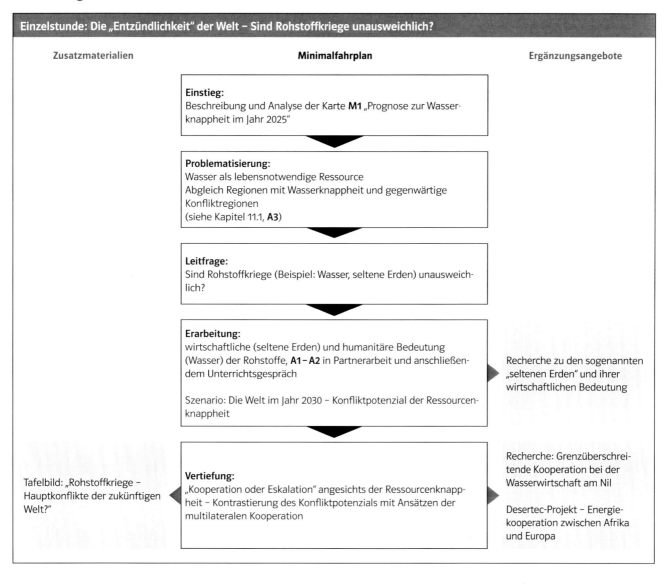

Einzelstunde: Die „Entzündlichkeit" der Welt – Sind Rohstoffkriege unausweichlich?

Zusatzmaterialien	Minimalfahrplan	Ergänzungsangebote

Einstig:
Beschreibung und Analyse der Karte **M1** „Prognose zur Wasserknappheit im Jahr 2025"

Problematisierung:
Wasser als lebensnotwendige Ressource
Abgleich Regionen mit Wasserknappheit und gegenwärtige Konfliktregionen
(siehe Kapitel 11.1, **A3**)

Leitfrage:
Sind Rohstoffkriege (Beispiel: Wasser, seltene Erden) unausweichlich?

Erarbeitung:
wirtschaftliche (seltene Erden) und humanitäre Bedeutung (Wasser) der Rohstoffe, **A1 – A2** in Partnerarbeit und anschließendem Unterrichtsgespräch

Szenario: Die Welt im Jahr 2030 – Konfliktpotenzial der Ressourcenknappheit

Recherche zu den sogenannten „seltenen Erden" und ihrer wirtschaftlichen Bedeutung

Tafelbild: „Rohstoffkriege – Hauptkonflikte der zukünftigen Welt?"

Vertiefung:
„Kooperation oder Eskalation" angesichts der Ressourcenknappheit – Kontrastierung des Konfliktpotenzials mit Ansätzen der multilateralen Kooperation

Recherche: Grenzüberschreitende Kooperation bei der Wasserwirtschaft am Nil

Desertec-Projekt – Energiekooperation zwischen Afrika und Europa

Tafelbild

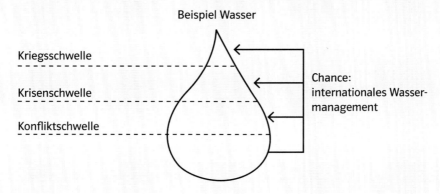

Rohstoffkriege – Hauptkonflikte der zukünftigen Welt?

Beispiel Wasser

Kriegsschwelle

Krisenschwelle

Konfliktschwelle

Chance:
internationales Wassermanagement

Das Tafelbild als editierbare PowerPoint-Version finden Sie auf dem Digitalen Unterrichtsassistenten (978-3-12-416832-0).

🔖 325 **Erwartungshorizonte**

A Sind Ressourcenkonflikte unausweichlich?

1. Analysieren Sie die Situation der weltweiten Wasserversorgung (Darstellungstext, M1). [II]

- Trinkwasser wird vor allem durch ein anhaltendes Bevölkerungswachstum und die Auswirkungen des weltweiten Klimawandels zu einem knappen Rohstoff. Die Situation wird sich vielen Experten zufolge, bis zum Jahr 2025 so zuspitzen, dass das Trinkwasser für die dann ca. 8,5 Milliarden Menschen auf der Welt nicht mehr ausreicht. Selbst massive Baumaßnahmen (z. B. Brunnen, Staudämme) könnten diese Entwicklung nicht mehr aufhalten.
- Der Wassermangel wird in erster Linie Menschen betreffen, die in ohnehin schon wasserarmen Regionen dieser Erde leben. Die Karte M1 verdeutlicht – aufgrund prognostischer Daten –, dass dies vor allem im nördlichen Afrika, in der Sahelzone, auf der arabischen Halbinsel sowie im südostasiatischen Raum der Fall sein wird. In diesen Trockengebieten der Erde wird künftig das Wasser nicht mehr zum Menschen kommen, sondern die Menschen werden sich aufmachen, um zum lebensnotwendigen Wasser zu gelangen.
- Die dadurch entstehenden Migrationsströme erhöhen das Konfliktpotenzial in diesen Regionen. Das Wasser von 261 Flüssen der Erde wird von zwei oder mehreren Anrainerstaaten genutzt. Sicherheitsexperten halten daher auch militärische Auseinandersetzung um Wasser für nicht unwahrscheinlich.
- Dieses Szenario wird dadurch verschärft, dass es in den vermutlich am härtesten vom Wassermangel betroffenen Gebieten bereits jetzt schon erhebliche Konflikte, Krisen oder militärische Auseinandersetzungen gibt.
- Als Beispiel sei hier auf den – auch in diesem Buch behandelten – Nahen Osten verwiesen. Die Streitigkeiten um die knappe Ressource Wasser haben das Potenzial, die schon bestehenden politischen und militärischen Konflikte zu verschärfen.

2. Der Rohstoffbedarf macht die Welt „entzündlich". Erläutern Sie, inwieweit die globale Rohstoffknappheit als internationales Sicherheitsrisiko eingeschätzt werden kann. Inwieweit kommt dem Trinkwasser hierbei eine besondere Rolle zu? [II]

- Das Bild von der „Entzündlichkeit der Welt" kann an der Einschätzung festgemacht werden, dass es schon in naher Zukunft nicht mehr die zentrale Frage sein wird, ob es genügend Ressourcen auf der Welt geben wird, sondern an wen und wofür sie verteilt werden. Der Text M3 macht zudem darauf aufmerksam, dass die Konflikte um immer knapper werdende Ressourcen alle bereits bestehenden Ungerechtigkeiten zwischen den wohlhabenden Industrienationen und den ärmeren Ländern dieser Erde potenzieren werden. So werden die ärmeren Regionen dieser Welt nicht nur im Kampf um den Zugang zu wichtigen Rohstoffen wie z. B. Öl das Nachsehen haben. Diese Regionen werden zusätzlich auch die Konsequenzen des weltweiten Klimawandels am härtesten zu spüren bekommen. In dieser globalen Gesamtlage steigt das Konfliktpotenzial innerhalb einiger Regionen dieser Erde. In diesem Sinne macht die Rohstoffknappheit die Welt „entzündlich".

- Ein Krieg um Wasser wird von zahlreichen Experten seit mehr als zwei Jahrzehnten prognostiziert. Denn bei Wasser handelt es sich um einen (über-)lebenswichtigen Rohstoff, der durch keinen anderen Rohstoff ersetzt werden kann. Allerdings ist es bislang noch nicht zu einem Krieg um die knappe Ressource Wasser gekommen – hier müssen vermutlich noch weitere Krisenfaktoren hinzutreten. Die meisten Menschen, die unter Wasserknappheit leiden, sind nicht in der Lage, sich militärisch dagegen zur Wehr zu setzen. Zwischen rivalisierenden Warlords oder Anrainerstaaten von Flüssen könnte der Zugang zu Trinkwasser allerdings durchaus zu militärisch ausgetragenen Konflikten führen.
- Maßnahmen zu einer friedlichen globalen Wasserwirtschaft – wie beispielsweise die Einführung eines ökologisch, humanitär wie politisch durchaus sinnvollen „Wasserpfennigs" – dürften aber kaum eine Aussicht auf eine politische Umsetzung haben, solange nicht vitale ökonomische Interessen der Industrienationen durch die Wasserknappheit der Entwicklungsländer betroffen sind.

3. Analysieren Sie die unterschiedlichen Handlungsmöglichkeiten, die Einzelstaaten, Unternehmen oder Institutionen wie die Europäische Union oder die Vereinten Nationen mit Blick auf einen friedlichen Umgang mit der Rohstoffknappheit in der Welt haben. [III] ○

- Nachdem die überwiegende Zahl der Materialien dieses Kapitels einen eher negativen Blick auf die Entwicklungen der Ressourcennachfrage und möglicher Konflikte um knappe Ressourcen gelenkt hat, eröffnet der Text M4 nun eine andere Perspektive.
- Die Autoren Solveig Richter und Jörn Richert verkennen nicht den Problemdruck oder das Konfliktpotenzial mit Blick auf die Rohstoffknappheit in der Welt, jedoch betrachten sie die Situation eher als Herausforderung und weisen auf das internationale Kooperationspotenzial hin.
- Zum einen arbeiten sie in ihrem Beitrag heraus, dass Rohstoffinteressen bei einigen Konflikten in der Welt wohl eine Rolle gespielt, aber niemals die entscheidende Konfliktursache dargestellt haben. Vor allem aber stellen sie heraus, dass sich Rohstoffkonflikte in aller Regel gar nicht militärisch, sondern vornehmlich wirtschaftlich lösen lassen.
- Alle Akteure, wie z. B. Einzelstaaten, Unternehmen, Institutionen können mit Blick auf die Verteilung von Rohstoffen nach wirtschaftlichen – und damit friedlichen – Wegen des Interessenausgleichs suchen. Globale Rohstoffinteressen müssten somit nicht notwendig in gewaltsamen Konflikten enden, sondern könnten auch zu einer internationalen Kultur des Interessenausgleichs und der friedlichen Konfliktlösung beitragen.

B Übergreifende Arbeitsvorschläge

4. Halten Sie ein Referat über das weltweite Konfliktpotenzial eines anderen Rohstoffes. [III]
individuelle Schülerlösung

Vorschlag für einen Unterrichtsverlauf

Doppelstunde: Islamistisch motivierter Terrorismus des 21. Jahrhunderts – Wie umgehen mit einem Angriff aus gewollter Asymmetrie?

Zusatzmaterialien	Minimalfahrplan	Ergänzungsangebote
	Einstieg: Zeitzeugenbefragung zum 11. September 2001 (siehe **A1**) und/oder Recherche schwerer Terroranschläge seit dem 11. September 2001 → Analyse nach: Regionen (Europa, USA, Naher Osten, Asien, Russland usw.) – Ziel-/Opfergruppe – ausübende Terrorgruppe und ihre Motive	
	Leitfrage: Islamistisch motivierter Terrorismus des 21. Jahrhunderts – Wie umgehen mit einem Angriff aus gewollter Asymmetrie?	
BpB, Themenheft: 11. September 2001, Bonn 2011.	**Erarbeitung:** „Phänomenologie" des Terrorismus im 21. Jahrhundert (arbeitsteilige Gruppenarbeit, Gruppenpuzzle) → leitende Aspekte: Ideologie – Ursachen – Ziele – Mittel (gewollte Asymmetrie) – Terror als Methode – Abgrenzung zu überkommen Terrorgruppen (RAF, IRA, ETA) Darstellungstext, **M2**, **M3**	Auseinandersetzung mit Samuel Huntingtons These eines „Clash of Civilizations" → Feindbilder und ihre Funktion
	Sicherung: Vermittlung und Auswertung im Gruppenpuzzle	
Tafelbild: „Terrorismusphänomene des 21. Jahrhunderts"	**Vertiefung 1:** Einordnung des islamistisch motivierten Terrorismus in die internationalen Sicherheitsbedrohungen des 21. Jahrhunderts → leitende Fragestellung: Ist der Terrorismus als Sicherheitsbedrohung des 21. Jahrhunderts überbewertet?	Karikatur **M5** „Da schaukelt sich etwas auf"
	Vertiefung 2: Ist ein „Krieg gegen den Terrorismus" die angemessene Antwort auf einen asymmetrischen terroristischen Angriff? Darstellungstext, **M4**	

326–331   Tafelbild

Terrorismusphänomene des 21. Jahrhunderts

	„klassischer Terrorismus"	„islamistisch motivierter Terrorismus"
Motive **Ziele** **Mittel**		

⬆   ⬆

Bekämpfung

→ Polizei vs. Militär
→ global vs. regional
→ Prävention vs. Reaktion

Das Tafelbild als editierbare PowerPoint-Version finden Sie auf dem Digitalen Unterrichtsassistenten (978-3-12-416832-0).

Didaktische Hinweise

- In die Tabellenspalten des Tafelbildes können die Arbeitsergebnisse der Aufgaben 2 und 3 eingetragen werden. Die Ergebnisse können dann mit Blick auf die Bekämpfung dieser Terrorismusphänomene unter der Kriterien Polizei vs. Militär, globale vs. regional, Prävention vs. Reaktion diskutiert werden.
- Die Themenseiten ordnen das Phänomen des globalen agierenden islamistisch motivierten Terrorismus bewusst in den Kontext moderner Konfliktszenarien ein. Leitendes

Kriterium ist dabei der Aspekt der „Asymmetrie" dieser gewaltsamen Konflikte, die von der angreifenden Seite bewusst gewählt wird. Neben einer Beschreibung des globalen Terrorismus zu Beginn des 21. Jahrhunderts, gehen die Materialien der Frage nach den Ursachen des Terrorphänomens nach. Ein weiterer Schwerpunkt liegt auf der Analyse und Bewertung der amerikanischen Reaktion auf die Terrorangriffe. Die SuS erhalten so die Gelegenheit, in der Frage, ob Krieg die angemessene Antwort auf einen asymmetrischen terroristischen Angriff ist, einen reflektierten eigenen Standpunkt zu entwickeln.

Erwartungshorizonte

A Ursachen des islamistischen Terrorismus

1. Befragen Sie in Ihrem persönlichen Lebensumfeld Zeitzeugen der Ereignisse des 11. September 2001. Wo und wie haben diese Zeitzeugen von diesem Ereignis erfahren? Wie haben sie die Terroranschläge unmittelbar eingeschätzt? Was denken sie mit einem zeitlichen Abstand heute von diesen Ereignissen? [II]

Der 11. September 2001 ist vielen Zeitzeugen nach wie vor nachhaltig im Gedächtnis. Dies hängt damit zusammen, dass die Terroranschläge dieses Tages zum einen von einer so gravierend neuen Qualität waren und zum anderen in besonderer Dichte medial übermittelt und aufgearbeitet wurden. Vielen Zeitzeugen ist daher heute noch sehr präsent, was sie an diesem Tag gemacht haben und auf welchem Weg die Nachricht von den Terroranschlägen auf sie zukam. Interessant und aufschlussreich ist eine Befragung der gleichen Zeitzeugen zu anderen Daten der neueren Geschichte. Hierdurch tritt in der Regel schnell zutage, wie lebhaft die Erinnerungen an den 11. September 2001 – im Vergleich zu anderen Ereignissen – sind. Dies bietet Gesprächsanlässe zur Wahrnehmung und Beurteilung der Terroranschläge durch die Zeitzeugen. Interessante und aufschlussreiche Gesprächsaspekte könnten dabei sein:

- Ob sich durch die Anschläge das Bild von Muslimen und/oder dem Islam verändert hat? Haben sich Ressentiments verschärft? Wie wurde die Reaktion der bei uns lebenden Muslime wahrgenommen?
- Welche Erklärungsmuster für den islamistisch motivierten Terrorismus in der Welt und die Anschläge gegen Bürgerinnen und Bürger westlicher Staaten sind erkennbar?
- Wie hat sich die politische Kultur in unserem Land infolge der Terroranschläge verändert? Wie wird das Spannungsverhältnis zwischen der Freiheit in einem demokratischen Staat und der Einschränkung von Freiheitsrechten aufgrund des Sicherheitsbedürfnisses der Bürgerinnen und Bürger bewertet?
- Wie ist die mediale Berichterstattung des 11. Septembers 2001 in Erinnerung geblieben? Wie denken die Zeitzeugen über eine schnelle (Echtzeit-)Berichterstattung und eine distanzierte journalistische Einordnung terroristischer Anschläge?

2. Beschreiben Sie die charakteristischen Merkmale des globalen islamisch motivierten Terrorismus im 21. Jahrhundert (M2, M3). [II]

Der globale islamistische motivierte Terrorismus ist ein Phänomen, das im 21. Jahrhundert zu einer prägenden Herausforderung der internationalen Sicherheitspolitik geworden ist. Für diese Form des Terrorismus sind folgende Aspekte von charakteristischer Bedeutung:

- Die Terroristen sind nichtstaatliche Akteure asymmetrischer Gewaltakte.
- Die Terrorgruppen verfügen nur über begrenzte personelle und finanzielle Ressourcen. Sie agieren oft in globalen Netzwerken oder sind weitgehend autarke Terrorzellen, die mit einer global bedeutsamen ideologischen Gruppierung (z. B. der sogenannte „Islamische Staat") sympathisieren.

- Die Terrorgruppen bedienen sich aller Möglichkeiten, die mit der globalen medialen Vernetzung verbunden sind, z. B. die rasche weltweite Kommunikation oder globale Rekrutierung von Anhängern über internationale Netzwerke.
- Die Terrorangriffe erfolgen gegen Ziele mit hohem Symbolgehalt. Ziel dieser Anschläge ist eine psychologische Kriegsführung, d. h. große Teile der Bevölkerung, Regierungen und Regime sollen schockiert oder eingeschüchtert werden. Ziel ist es nicht, fremde Territorien zu erobern oder dauerhaft zu kontrollieren.
- Aufgrund der (pseudo-)religiösen Motivation avancieren einzelne Terroristen bisweilen zu ideologisch verklärten Anführern oder Politikern.
- Der islamistisch motivierte Terrorismus instrumentalisiert eine radikale Auslegung des Islam für politische Zwecke. Er möchte einen Konfliktkeil zwischen der islamisch geprägten Welt und den westlichen Wohlstandsgesellschaften treiben.
- Die Konfliktlinien des islamistisch motivierten Terrorismus verlaufen aber auch innerhalb der islamisch geprägten Welt. Durch die radikale und fundamentalistische Auslegung des Islam werden vor allem auch Menschen muslimischen Glaubens zu Gegnern der Terroristen, da diese als nicht rechtgläubig angesehen werden. Im Vergleich zu den Opfern terroristischer Anschläge in der westlichen Welt übersteigen die Opferzahlen solcher Anschläge innerhalb der muslimischen Welt diese um ein Vielfaches.

3. Recherchieren Sie Hintergrundinformationen zu früheren Terrorphänomenen (z. B. RAF, ETA, IRA) und setzten sie diese vergleichend in Bezug zum globalen islamistisch motivierten Terrorismus (Ursachen, Ziele und Erscheinungsformen). [II]

Der globale islamistische motivierte Terrorismus ist ein prägendes sicherheitspolitisches Phänomen des 21. Jahrhunderts. Im Vergleich zu den überkommenen Terrorgruppen in Europa, wie z. B. die IRA (Irish Republican Army) in Irland oder die ETA (Euskadi Ta Askatasuna) in Spanien, lassen sich folgende Unterschiede herausarbeiten:

- Von den Terroranschlägen der IRA, ETA waren nur begrenzte Regionen in einzelnen europäischen Staaten betroffen, während etwa der islamistisch motivierte Terror weltweit agiert und auch Anschläge selbst in islamischen Ländern durchführt.
- Diese europäischen Terrorgruppen haben konkrete politische Ziele verfolgt. Ihre Anschläge richteten sich demnach gegen Personen und Institutionen der europäischen Staaten oder gegen Wirtschaftsvertreter. Der islamistisch motivierte Terrorismus zielt mit seinen Anschlägen in der Regel auf (willkürlich ausgewählte) Personen der Zivilbevölkerung.
- Hinter der ETA oder der IRA stand (und steht) eine relativ große Personengruppe, die ähnliche politische Ziele wie die Terrorgruppe vertritt und mit dieser nicht selten sympathisiert. In der Regel gibt es einen sogenannten „politischen Arm" dieser Gruppen, der die gleichen politischen Ziele offen verfolgt, sich aber – mehr oder weniger deutlich – von Gewalt als Mittel zur Erreichung dieser Ziele abgrenzt. Diese bisweilen offen und unverhohlen politisch und logistisch unterstützt. Dass die islamistisch motivierten Terrorgruppen einen ähnlich breiten Rückhalt in der muslimischen Welt besitzen, muss bezweifelt werden.

331 **4. Erörtern Sie zusammenfassend, wie das Phänomen des globalen islamistisch motivierten Terrorismus erklärt werden kann.** [III]

Der Orientalist Gernot Rotter versucht in seinem Beitrag (M3) eine Erklärung der Ursachen des islamistisch motivierten Terrorismus in der Welt. Dabei führt er folgende Aspekte an:

– Rotter spricht von einer „kulturellen Verunsicherung" in der arabischen Welt. Das frühere zivilisatorische Gewicht, bis hin zu einer kulturellen Überlegenheit der muslimischen Welt beispielsweise im Mittelalter, sei in der gegenwärtigen Wahrnehmung vieler Muslime ins Gegenteil verkehrt.

– Islamistische Demagogen witterten hinter dieser Entwicklung eine „Verschwörung" des Westens gegenüber dem Islam mit dem Ziel, die islamische Welt zu vernichten. Diese Gruppen werfen allerdings auch manchen Muslimen einen „Verrat" an ursprünglichen islamischen Idealen vor.

– Der islamischen Welt wird durch Islamisten unter Rückbezug auf vorgeblich grundlegende islamische Werte ein dekadenter Westen gegenübergestellt, der von Wertelosigkeit, Materialismus, Alkohol- und Drogenkonsum sowie einem Zerfall der Familien geprägt ist.

– Mit Blick auf den Nahost-Konflikt konstatiert Gernot Rotter die Wahrnehmung und den Vorwurf einer Doppelmoral des Westens in der muslimischen Welt. Dieser Vorwurf wird beispielsweise daran festgemacht, dass Israel zahlreiche UN-Resolutionen mit Rückendeckung der USA missachten konnte, bei islamisch geprägten Staaten die USA allerdings mit einem anderen Maßstab verfahren würden.

Der Erklärungsansatz Gernot Rotters stellt teilweise plakative Gegensätze der westlichen und islamischen Welt in den Mittelpunkt. Sicher kann mit Blick auf das Phänomen des islamistisch motivierten Terrorismus ein solcher Erklärungsansatz nur eine partielle Gültigkeit haben. Wenn Gernot Rotter die kulturellen Differenzen erläutert, ist damit noch nicht der Schritt hin zu terroristischen Gewalthandlungen gegenüber dem Westen erklärt. Hierzu bedarf es eines viel differenzierteren Blickes, der ebenso sozialpsychologische oder biografische Aspekte der Tätergruppen oder Einzeltäter in den Blick nimmt.

Einen solchen Ansatz verfolgt der Text M6, der die Frage in den Mittelpunkt rückt, warum sich junge Menschen – auch innerhalb unseres Kulturkreises – radikalisieren. Neben den oben bereits angesprochenen kulturellen Differenzen werden hier auch biografische Aspekte wie Diskriminierungs- und Entfremdungserfahrungen, die zu einer Radikalisierung sowie der Entwicklung eine Gewaltbereitschaft führen können, angesprochen.

B   Was tun gegen den Terrorismus?

5. Interpretieren Sie die Karikatur M5 und bewerten Sie die Aussageabsicht des Zeichners. [III] ○

– Beschreiben: Die Abbildung M5 zeigt – in Anspielung an ein sogenanntes „Perpetuum mobile" – fünf schwingende Kugeln, von denen die drei in der Mitte die Gestalt von Polizeikräften mit Schutzhelmen haben. Die beiden äußeren Kugeln sind mit den Aufschriften „Salafisten" und „Rechtsextreme" versehen. Diese beiden Kugeln stellen ebenfalls Gesichter dar und zeigen aggressive Gesichtszüge. Die rechts abgebildete Kugel hat zudem eine Frisur und einen Bart, der an Adolf Hitler erinnert, die linke Kugel hat einen

für Salafisten typischen Bart. Zudem befindet sich die linke Kugel in einer schwingenden Bewegung auf die drei mittleren Polizeikugeln zu.

– Untersuchen: In Kenntnis eines solchen „Perpetuum mobiles" ergeben sich beim Betrachter zwei Erwartungen: Erstens ist zu erwarten, dass nach dem Aufprall der linken Kugel auf die mittleren Kugeln, die rechte Kugel eine ausschlagende Bewegung vollzieht, da die Bewegungsenergie über die drei ruhenden mittleren Kugeln weitergeleitet wird. Zweites wird sich dieser Prozess in der umgekehrten Richtung ebenfalls vollziehen. Es ist zu erwarten, dass diese wechselseitigen Ausschlagbewegungen eine ganze Zeit anhalten oder sich sogar verstärken, je mehr (Bewegung) von der einen oder anderen Seite in dieses System gegeben wird. Starr werden jeweils die drei Kugeln in der Mitte verharren.

– Deuten: Der Karikaturist möchte auf die beiden extremistischen Strömungen am Rande unserer Gesellschaft (Salafismus und Rechtsextremismus) sowie auf die Rolle des Rechtsstaats gegenüber diesen Strömungen aufmerksam machen. Nach Auffassung des Zeichners schaukeln sich diese beiden Bewegungen gegenseitig auf. Eine Aktion der einen Seite führt zu einer Gegenreaktion der anderen Seite. Dieser Zustand wird sich fortsetzen, solange die eine oder andere Seite Energie in dieses System investiert. Der Rechtsstaat verharrt in einer passiven Position, er gerät „zwischen die Fronten". Durch die bloße Reaktion der Polizei wird allerdings die Energie der einen Seite auf die andere weitergeleitet. Die Karikatur möchte den Betrachter dazu anregen, über die Rolle des Rechtsstaats angesichts der demokratiefeindlichen Strömungen am Rande der Gesellschaft nachzudenken. Auch in der Lerngruppe kann die Frage diskutiert werden, ob der Staat angesichts dieser Bedrohungen nicht eine aktivere Rolle (z. B. auch in der Prävention gegenüber einer Radikalisierung junger Menschen) spielen könnte?

6. Diskutieren Sie anhand der Materialien M4 und M6, ob ein Krieg gegen den globalen islamistisch motivierten Terrorismus erfolgreich sein kann. [III]

Eine wirkungsvolle Strategie gegen den Terrorismus ist sicher nicht leicht zu finden, falsche politische Entscheidungen, Signale oder Handlungen können kontraproduktiv sein und den Terrorismus noch verstärken. Die Verfasser der „Berliner Erklärung" nehmen – ohne dass der damalige amerikanische Präsident George W. Bush selbst explizit erwähnt wird – die von Bush nach den Anschlägen des 11. September 2001 entwickelte „Strategie" eines „Krieges gegen den Terrorismus" in den Blick. Sie bewerten diesen Ansatz Präsident Bushs klar als untauglich und weisen ihn als unbrauchbar bis fatal zurück. Diese „Strategie" würde nur zu einer Konflikteskalation beitragen. Folgende Argumente werden für diese Position angeführt:

– Die Unterzeichner der „Berliner Erklärung" weisen die einseitige amerikanische Vorstellung eines „gerechten Krieges" zurück. Eine „legitime Gewaltanwendung" können es nur mit einem internationalen Mandat geben, gerade dann, wenn es Ziel ist, eine „privatisierte Gewalt" in der Welt zu bekämpfen. Die Unterzeichner argumentieren damit gegen einen amerikanischen Unilateralismus, der nur Gegengewalt provoziert. Sie setzen diesem Ansatz eine multilaterale Zusammenarbeit entgegen.

- Die Unterzeichner der „Berliner Erklärung" setzen sich ein für die Durchsetzung des internationalen Rechts, für die Universalität der Menschenrechte sowie eine Stärkung des Internationalen Strafgerichtshofs und die Einrichtung von Schutzstreitkräften der Vereinten Nationen ein.
- Der Kampf gegen den globalen islamistisch motivierten Terrorismus sollte begleitet werden von einer Bekämpfung der weltweiten Armut, dem Einsatz für eine gerechtere Weltwirtschaftsordnung sowie gegen die globalen Umweltzerstörungen.
- Die Unterzeichner erklären deutlich, dass der Terrorismus auf diese Weise nicht gänzlich ausgerottet, aber seine Ausbreitung deutlich eingedämmt werden könne.

7. Kritische Stimmen sagen, dass der islamistische Terrorismus viel zu viel öffentliche Wahrnehmung und politische sowie militärische Reaktionen ausgelöst habe. Dies sei der tatsächlichen Bedrohungslage nicht angemessen und verstellte den Blick auf wichtigere weltweite Herausforderungen zu Beginn des 21. Jahrhunderts. Nehmen Sie zu dieser Position begründet Stellung. [III] ○

Kritischen Äußerungen dieser Art ist durchaus etwas abzugewinnen. Aus zwei Blickwinkeln kann diese Kritik argumentativ untermauert werden:

- Zum einen ist die Wahrnehmung der tatsächlichen Bedrohungs- und Herausforderungslage im Vergleich zu anderen globalen Problemen sicher eine verzerrte. Hier sind beispielsweise die Bedrohungen durch den weltweiten Klimawandel oder der Hunger in der Welt zu nennen, dem Jahr für Jahr viel mehr Menschen zum Opfer fallen, als durch terroristische Anschläge.

⊐ 331

- Zum anderen werden militärische und wirtschaftliche Ressourcen verstärkt in die Bekämpfung des in seiner Wirkmächtigkeit überschätzten Terrorismusphänomens gelenkt. Andere globale Herausforderungen werden hingegen bagatellisiert oder gar ignoriert. Im Vergleich zur Terrorismusfrage begegnen die westlichen Wohlstandsstaaten anderen globalen Problemen, wie Umweltzerstörung, Armut, Hunger usw., mit einer bemerkenswerten Gleichgültigkeit. Nicht selten wird die überbewertete Terrorismusbedrohung für innenpolitische Ziele oder auch wirtschaftliche Interessen instrumentalisiert.
- Verstärkt wird diese Argumentation zudem durch die Feststellung, dass der globale islamistisch motivierte Terrorismus wohl kaum mit militärischen Mitteln allein niedergerungen werden kann.

🔲 332–339
11.4 Konflikt um Israel

Vorschlag für einen Unterrichtsverlauf

Doppelstunde: Der Konflikt um Israel – welche Aussicht gibt es auf einen Frieden im Nahen Osten?

Zusatzmaterialien	Minimalfahrplan	Ergänzungsangebote
Film/Filmanalyse: „Yehuda Schauls Entscheidung: Das Schweigen brechen!" mit gutem Begleitmaterial der Servicestelle Friedensbildung des Landes Baden-Württemberg	**Einstieg:** Beschreibung und Deutung des Wappens der Hamas (**M1**) **Problematisierung, Ableitung von Arbeitsfragen:** Welches Selbstbild, welcher politische Anspruch der Hamas wird deutlich? Auf welche Streitpunkte, Konfliktlinien zwischen Israel und den Palästinensern wird in diesem Wappen angespielt? Welches sind die regionalen und internationalen Dimensionen dieses Konflikts?	
	Leitfrage: Der Konflikt um Israel – welche Aussicht gibt es auf einen Frieden im Nahen Osten?	
	Erarbeitung: Durchführung einer Konfliktanalyse in arbeitsteiliger Gruppenarbeit anhand der Kriterien: Konfliktparteien – Ursachen des Konflikts – Anlass für konkrete Konfrontationen – historische, ideologische, religiöse, soziale, ethnische Aspekte des Konflikts – interne und externe Machtinteressen – Einschätzungen der Rechtslage – verfügbare Machtmittel – Reaktionen der Weltöffentlichkeit – mögliche Lösungsansätze Darstellungstext, **M2**, **M3**, **M4** Vermittlung der Ergebnisse in einem Museumsgang	Recherche zu Einzelaspekten der Konfliktanalyse im Internet
Tafelbild: „Der Konflikt um Israel"	**Auswertung/Vertiefung:** Leitende Fragestellung: Welche Aussicht gibt es auf einen Frieden im Nahen Osten? Darstellung und Bewertung der Ansätze ziviler Konfliktbearbeitung in Israel und Palästina, **M5**	

Tafelbild

Der Konflikt um Israel

Streitfrage Grenzverlauf · Streitfrage Jerusalem · Konflikt um Israel · Streitfrage Rückkehr der Flüchtlinge · Streitfrage Siedlungspolitik · **?** Ansätze zur Lösung

Das Tafelbild als editierbare PowerPoint-Version finden Sie auf dem Digitalen Unterrichtsassistenten (978-3-12-416832-0).

Erwartungshorizonte

A Konfliktlinien und Lösungsansätze

1. Skizzieren Sie auf Basis des Darstellungstextes die internationale Dimension des Nahostkonfliktes. [I] ○

Der Nahostkonflikt ist von internationaler Dimension und reicht weit in die Geschichte zurück. Dabei ist zu beachten, dass sich die jüdisch-christliche Geschichte nicht auf „Konflikt" reduzieren lässt!

- In der Antike wurden große Teile der jüdischen Bevölkerung durch die römische Besatzungsmacht aus dem Gebiet des heutigen Israel vertrieben. In der Folge siedelten sich Juden in ganz Europa an – die sogenannte „jüdische Diaspora".
- Aus der Zeit des Mittelalters bis in die heutige Zeit sind für Europa antisemitische, d. h. judenfeindliche Übergriffe bis hin zu judenfeindlichen Pogromen überliefert. So entwickelte sich im 19. Jahrhundert die zionistische Bewegung, die für einen jüdischen Staat im Land Israel eintrat, das inzwischen allerdings von Arabern besiedelt war.
- In den 1930er-Jahren kam es durch die verstärkten antisemitischen Tendenzen in Europa zu einer verstärkten Auswanderung jüdischer Bevölkerungsgruppen in den Nahen Osten. Großbritannien – als Schutzmacht in dieser Region – versuchte die Migrationsströme zu steuern.
- Durch den Holocaust, also die systematische Verfolgung und Ermordung von ca. sechs Millionen Juden durch die Nationalsozialisten in Deutschland, bekam die zionistische Bewegung einen erheblichen Zuwachs an Unterstützung. Nach dem Ende des Zweiten Weltkriegs sprachen sich die Vereinten Nationen für die Gründung eines palästinensischen sowie jüdischen Staates im Nahen Osten aus.
- Nach dem Rückzug Großbritanniens als Schutzmacht, riefen die jüdischen Siedler den Staat Israel aus, der sich gegenüber den arabischen Nachbarstaaten in mehreren kriegerischen Auseinandersetzungen durchsetzen musste. Diese Kriege belasten bis heute die Region: Zahlreiche arabische Staaten haben das Existenzrecht Israels bis heute nicht anerkannt. Ebenso belastet eine durch die Kämpfe ausgelöste Flüchtlingsproblematik das Verhältnis vieler Nachbarstaaten in dieser Region.

Neben diesen historisch geprägten internationalen Aspekten hat der Nahostkonflikt auch aktuelle internationale Dimensionen. Diese lassen sich zum einen an der Rolle der Vereinten Nationen festmachen. Der Weltsicherheitsrat hat sich in zahlreichen Resolutionen mit einzelnen Aspekten des Nahostkonflikts befasst. Zum anderen sind die Vereinigten Staaten von Amerika sowohl als Schutzmacht Israels als auch in der Vermittlerrolle eines Friedensprozesses aufgetreten. Das bislang positivste Ergebnis der internationalen Friedensbemühungen für den Nahen Osten ist das Abkommen von Oslo (1993), das zur Schaffung der palästinensischen Autonomiegebiete im Westjordanland und dem Gaza-Streifen führte. Ein nicht unwesentlicher internationaler Aspekt des Nahostkonflikts ist zudem die Frage der Waffenlieferungen an Israel und seine Nachbarstaaten sowie die Frage des bis heute nicht offiziell bestätigten Besitzes von Atomwaffen durch Israel.

In allen internationalen Friedensbemühungen kommt der Regierung der Bundesrepublik Deutschland aufgrund der historischen Belastung durch den Holocaust eine besondere Verantwortung gegenüber Israel zu.

⊟ 339

2. Informieren Sie sich arbeitsteilig über die wichtigsten politisch-gesellschaftlichen Kräfte im Nahost-Konflikt (jüdische Siedler im Westjordanland und ihre politischen Organisationen; Hamas, Fatah, Hisbollah) und stellen Sie sich diese kurz gegenseitig vor. [I]

- Jüdische Orthodoxe: (griechisch *orthós*, „richtig" und *dóxa*, „Lehre" – Orthodoxie bedeutet „der rechten Lehre angehörend") Bezeichnung für Mitglieder einer der Hauptströmungen des heutigen Judentums neben beispielsweise dem liberalen Judentum. Das orthodoxe Judentum wird in die zwei Richtungen des modern-orthodoxen Judentums und des ultraorthodoxen Judentums unterteilt. Die Bezeichnung „orthodoxes Judentum" entstand im 19. Jahrhundert als Abgrenzung zum damals neu entstehenden Reformjudentum. Jüdische Orthodoxe vertreten eine strenge Auslegung der religiösen Vorschriften des Alten Testaments (z. B. Sabbat-, Speise- und Kleidungsvorschriften).
- Jüdische Siedler (im Westjordanland): Seit dem Ende des Sechs-Tage-Krieges 1967 haben jüdische Siedler im Westjordanland und z.T. auch in Ost-Jerusalem Wohnanlagen errichtet. Derzeit leben rund 400 000 israelische Siedler in ca. 200 bewachten Siedlungen inmitten von ca. 2,8 Millionen Palästinensern. Überwiegend gehören die Siedler zu orthodoxen jüdischen Gruppen, die eine Besiedlung des Landes mit biblischen Ansprüchen legitimieren. Hinzu kommen Sicherheitsaspekte.

  In den bestehenden Siedlungen und dem Bau weiterer israelischer Siedlungen in besetzten Gebieten besteht ein Haupthindernis auf dem Weg zu einem Nahost-Frieden. International wird der Siedlungsbau in den Palästinensergebieten als völkerrechtswidrig kritisiert. Das Völkerrecht verbietet es einem Staat, Teile der eigenen Zivilbevölkerung in ein besetztes Territorium umzusiedeln. Israel vertritt mit Blick auf seine Siedlungspolitik allerdings die Auffassung, dass das im Sechs-Tage-Krieg 1967 eroberte Westjordanland zuvor kein unabhängiger Staat gewesen ist. Auch die Besetzung des Ostteils Jerusalems im Jahr 1967 betrachtet Israel als Vereinigung der Stadt Jerusalem, was von der internationalen Staatengemeinschaft nicht anerkannt wird.
- Hamas: (arabisch „Eifer") ist eine im Jahr 1987 gegründete sunnitisch-islamische Palästinenser-Organisation. Sie besteht aus einer militärischen Gruppe, einem Hilfswerk sowie einer politischen Partei. In ihrer Gründungscharta proklamiert sie das Ziel, den Staat Israel mit militärischen Mitteln zu beseitigen und einen islamischen Staat unter Einschluss Israels zu errichten. Dazu verübt der militärische Arm der Hamas seit Jahren Angriffe und Selbstmordattentate gegen israelische Soldaten und Zivilisten. Von der Europäischen Union, den Vereinigten Staaten von Amerika, Israel und vielen weiteren Staaten, darunter auch einige arabisch-muslimische Staaten, wird die Hamas als terroristische Vereinigung eingestuft. Einige andere Staaten und Organisationen teilen diese Sichtweise nicht. Seit ihrem Wahlsieg 2006 und einem bürgerkriegsähnlichen Kampf mit anderen palästinensischen Gruppen um den Gazastreifen im Jahr 2007, stellt die Hamas die Regierung des Gazastreifens.
- Fatah: (arabisch „Eroberung", „Sieg") ist eine politische Partei in den Palästinensischen Autonomiegebieten. In ihrem Gründungsmanifest aus dem Jahr 1964 gibt sie als Ziele ihrer Organisation die komplette Befreiung Palästinas, die Gründung eines unabhängigen demokratischen Staates mit vollständiger Souveränität über die palästinensischen Ge-

339

biete und Jerusalem als Hauptstadt sowie die „Ausrottung der ökonomischen, politischen, militärischen und kulturellen Existenz des Zionismus" an. In der Vergangenheit setzte die Fatah auch militärische und terroristische Mittel zur Erreichung ihrer Ziele ein. Im Jahr 1993 erkannte die Fatah im Rahmen des Oslo-Friedensprozesses das Existenzrecht Israels an. Ihr damaliger Vorsitzender Jassir Arafat bekannte sich zum Friedensprozess und schwor dem Terrorismus als politischem Mittel ab. Die Fatah ist heute die stärkste Organisation unter den palästinensischen Befreiungsgruppen. Im Mai 2011 unterschrieb die Fatah gemeinsam mit der Hamas ein Versöhnungsabkommen, durch das beide Gruppen für die Palästinensischen Autonomiegebiete eine gemeinsame Übergangsregierung anstreben.

- Hisbollah: (arabisch „Partei Gottes") ist eine schiitische Partei mit einem militärischen Arm im Libanon. Der politische Arm der Hisbollah ist seit 1992 auch in der libanesischen Nationalversammlung sowie mit Ministern in der Regierung vertreten. An der Spitze stehen geistliche Gelehrte und es bestehen enge Verbindungen zur ebenfalls schiitisch geprägten Islamischen Republik Iran. Die Hisbollah entstand 1985 aus dem Zusammenschluss verschiedener im Untergrund operierender paramilitärischer schiitischer Gruppen. Obwohl einige westliche Staaten und seit 2016 auch die Arabische Liga die Hisbollah als Terrororganisation einstufen, ist sie innerhalb der libanesischen Gesellschaft ein bedeutender politischer, sozialer und militärischer Machtfaktor. Eines der Hauptziele der Hisbollah ist die politische und militärische Vernichtung Israels, das sie als Besatzungsmacht in dieser Region sehen.

3. Erläutern Sie die Symbolik des Hamas-Emblems bezogen auf ihre Haltung zum Staat Israel (M1). Ziehen Sie gegebenenfalls die Charta der Hamas hinzu. [III] ●
- Beschreibung: Das Hamas-Symbol zeigt zwei gekreuzte Schwerter, den Felsendom in Jerusalem, von zwei palästinensischen Nationalflaggen umrahmt sowie eine Landkarte. Diese Landkarte zeigt das Gebiet des heutigen Israel, das Westjordanland und den Gaza-Streifen als einheitliches Territorium.
- Politische Aussage: Das Symbol der Hamas beinhaltet eine klare politische Botschaft in Richtung Israel. Es macht deutlich, dass von der Hamas das gesamte abgebildete Territorium als palästinensisches Gebiet beansprucht wird. Der Felsendom als muslimisches Heiligtum innerhalb der Stadt Jerusalem unterstreicht diesen Anspruch zudem als religiös legitimiert. Durch die Darstellung und Verwendung dieses Symbols wird in eindeutiger Weise Israel das Existenzrecht als jüdischer Staat abgesprochen; zudem wird nahegelegt, dass für Juden in einem islamischen Palästina kein Platz wäre.

4. Erklären Sie die EU-Politik bezogen auf den Nahost-Konflikt (M3). [II]
Der Text M3 macht auf die historisch-gewachsene Verantwortung der Europäer für den Nahost-Konflikt aufmerksam. Als Beispiele einer zentralen europäischen Einflussnahme in dieser Region zählt der Text die Kolonialzeit, die beiden Weltkriege des 20. Jahrhunderts und ihre Folgen für die regionale Mächtekonstellation, die Zeit des britischen Protektorats, den Holo-

caust, die Rolle der Europäer bei der Staatsgründung Israels sowie die europäische Beteiligung an den Anstrengungen des Kalten Krieges auf. Aufgrund dieser geschichtlichen Aspekte habe Europa die Verantwortung, sich an einer Befriedung des Nahen Osten zu beteiligen. Wie die Vereinigten Staaten von Amerika haben auch die europäischen Staaten sich über viele Jahrzehnte bemüht, auf die Friedensprozesse im Nahen Osten positiv einzuwirken – stets unter Berücksichtigung der historischen Belastungen und Verantwortungen der einzelnen europäischen Länder. Im Wesentlichen lassen sich folgende Grundpositionen und Schlüsselereignisse der Nahostpolitik der Europäischen Union herausarbeiten:
- Die Grundposition der Europäischen Union ist das Anstreben einer Zwei-Staaten-Lösung, die sowohl das Existenzrecht und die Sicherheit des Staates Israel sowie das Selbstbestimmungsrecht der Palästinenser berücksichtigt. Mit Blick auf den territorialen Zuschnitt dieser beiden Staaten hält die Europäische Union an den Grenzen von 1967 (mit der Möglichkeit leichter Grenzveränderungen) sowie Jerusalem als einer gemeinsamen Hauptstadt fest.
- Die Europäische Union spielt mit Blick auf die Friedensbemühungen im Nahost-Konflikt sicher eine weniger zentrale Rolle als die Vereinigten Staaten von Amerika, dennoch lassen sich wichtige politische Schritte herausarbeiten: So hat die Europäische Union schnell die palästinensische Autonomiebehörde für das Westjordanland und den Gaza-Streifen anerkannt und den Aufbau einer Verwaltung und Infrastruktur aktiv sowie finanziell unterstützt. Seit 2002 ist die Europäische Union als Mitglied des sogenannten „Nahost-Quartetts" (EU, Russland, UNO, USA) in exponierter Rolle in den Friedensprozess involviert. So haben die Europäer im Rahmen dieser Verhandlungen an der Erarbeitung der sogenannten „Roadmap" (Zeitplan zur Erreichung eines Friedens im Nahen Osten) mitgewirkt.
- Nicht zu unterschätzen sind auch die Einflüsse durch den sogenannten „Barcelona-Prozess" auf die Entwicklungen im Nahen Osten: Diese 1995 vereinbarte Partnerschaft hat die schrittweise Verbesserung der Zusammenarbeit der Europäischen Union mit den Staaten im südlichen Mittelmeerraum, darunter mit Israel im Blick. Angestrebt wird neben einer engeren sozialen und politischen Zusammenarbeit auch eine gemeinsame Freihandelszone. In diesem Ansatz spiegelt sich der eigene Integrations- und Friedensprozess der Europäischen Union wieder (siehe Kapitel 10: Die Wurzeln der Europäischen Union).

5. Setzen Sie sich mit den Aussagen von Alexandra Senfft (M4) auseinander:
a) Erläutern Sie zunächst die Bedeutung des Begriffes Narration. [I]
- Der Begriff „Narration" leitet sich vom Lateinischen „narratio" ab und kann mit „Erzählung" übersetzt werden. Bezeichnet wird also die Wiedergabe eines Geschehens in mündlicher oder schriftlicher Form.
- Im Unterschied zu anderen Darstellungsformen werden in einer Narration die Geschehnisse nicht sachlich neutral, sondern in perspektivischen und wertenden Bezügen dargeboten. Eine Narration enthält also stets direkte oder indirekte Interpretationen der Geschehnisse, bietet Erklärungen sowie Identifikations- und Sinnangebote.

b) Fassen Sie den Aufsatzauszug von Alexandra Senfft mit eigenen Worten in seinen wichtigsten Aussagen zusammen.

Die Publizistin Alexandra Senfft stellt in ihrem Textauszug heraus:

- Es sei ein Grundmuster in gewaltsam ausgetragenen Konflikten, dass die beteiligten Gruppen sich selbst und ihre Motive glorifizierten sowie ihre Gegner moralisch, politisch und kulturell herabwürdigten.
- Im lang andauernden Nahost-Konflikt hätten sich diese Denkmuster in der Politik, in den Medien, der Kultur sowie dem Bildungssystem inzwischen verfestigt und seien ein „schädliches Hindernis" (Z. 12) mit Blick auf eine mögliche Beendigung des Konflikts. – Als Beispiel dieser Entwicklung führt Senfft den Versuch zur Entwicklung eines gemeinsamen Geschichtsbuchs für israelische und palästinensische Schülerinnen und Schüler an.
- Die Verfestigung des Wahrnehmungsmusters (Opfer – Täter) führe zu einer Unfähigkeit, sich auf die Sichtweise des Anderen einzulassen. Ein solcher Perspektivwechsel sei nämlich mit der Angst verbunden, die eigene Identität zu verlieren und damit den Anspruch, im Konflikt „Recht" zu haben. Die Beteiligten könnten Fragen nach der Verantwortung für die eigenen Taten ausweichen.
- Ein weiteres Problem seien die kaum vorhandenen Kontakte zwischen Palästinensern und Israelis im Alltag. Man begegne sich ausschließlich im Modus von „Besatzern und Besetzten" (Z. 63). So ließen sich die verfestigten Denkmuster nicht aufbrechen und die „Phantasien" über den jeweils anderen noch „destruktivere Folgen" entfalten (Z. 57).
- Zahlreiche Personen und Organisationen seien daher bemüht, alltägliche Kontakte zwischen Palästinensern und Israelis zu organisieren und zu begleiten. Diese Initiativen wertet Senfft ausdrücklich positiv.

c) Bewerten Sie die Aussage von Senfft, dass es sich beim Nahost-Konflikt in einem hohen Maße um eine Identitätsfrage von Israelis und Palästinensern handelt. [III]

- Die Publizistin Alexandra Senfft stellt in ihren Ausführungen vor allem die kulturelle Dimension des Nahost-Konflikts in den Mittelpunkt ihrer Analyse. Dabei wird deutlich, wie sehr die Konfliktstruktur auf israelischer wie palästinensischer Seite mit der Identitätsfrage der jeweiligen Bevölkerungsgruppen verwoben ist.
- Als zentrale Aspekte dieser Identitätsfragen seien hier genannt: die religiöse Dimension (Judentum – Islam), das sich z. B. im Selbstverständnis Israels als jüdischem Staat niederschlägt – die bis in die biblische Zeit zurückreichenden historischen Wurzeln dieses Konfliktes – die jeweilige (Selbst-)Wahrnehmung von Täter- und/oder Opferrollen – die über Jahrzehnte ausgedehnte Dauer des Konflikts, die inzwischen die Wahrnehmungen von Konfliktursachen und Konfliktverläufen über Generationen tradiert. In diesem Zusammenhang ist die These Alexandra Senffts von einer „Kultur des Konflikts" mit zahlreichen tradierten Narrativen auf beiden Seiten von zentraler Bedeutung.

⤴ 339

d) Setzen Sie sich auf Basis von M4 mit der Frage auseinander, warum das Verschwinden von „ganz normalen Begegnungen" (Z. 60) zu einem wachsenden Problem werden kann. [III]

- Die Autorin Alexandra Senfft beklagt das Verschwinden ganz normaler, alltäglicher Begegnungen zwischen palästinensischen und jüdischen Bevölkerungsgruppen durch die Struktur des Nahost-Konflikts.
- Mit Blick auf ihre zentrale These von einer „Kultur des Konflikts" mit zahlreichen tradierten Narrativen auf beiden Seiten ist dies verständlich. Denn durch den Mangel an alltäglichen Begegnungen können sich diese Narrative, Stereotype und Vorurteile gegenüber der jeweils anderen Bevölkerungsgruppe nur verfestigen.
- Die ganz normalen, alltäglichen Kontakte könnten hingegen für ein Korrektiv dieser Narrative sorgen, etwa durch die Wahrnehmung, dass die jeweils andere Bevölkerungsgruppe ähnliche Bedürfnisse oder Herausforderungen zu bewältigen hat (z. B. Einkommen, Kindererziehung, Gesundheit).

6. Erörtern Sie ausgehend von Ihren Ergebnissen zu Aufgabe 5 Möglichkeiten und Grenzen von Projekten, wie sie in M5 vorgestellt werden. [II] [III]

- Die Politikwissenschaftlerin Heike Kratt stellt in ihrem Beitrag M5 mit zivilen Friedensdiensten eine Möglichkeit vor, auf den israelisch-palästinensischen Konflikt einzuwirken.
- Dabei werden in friedenpolitischen Bildungsmaßnahmen vor allem palästinensische und israelische Jugendliche und junge Erwachsene zusammengebracht. Es werden Aspekte des Nahost-Konflikts diskutiert sowie realistische und friedliche Handlungsalternativen entwickelt.
- Die Autorin Heike Kratt stellt allerdings auch heraus, dass diese Bildungsmaßnahmen in der palästinensischen und israelischen Öffentlichkeit nicht unumstritten sind. Hier muss auch eine kritische Betrachtung dieses Ansatzes ansetzten: Sicher kann es von hohem Nutzen sein, durch diese Bildungsmaßnahmen vor allem für die junge, nachwachsende Generation für eine Begegnung und Verständigung zu sorgen. Derartige Dialogprojekte sind aber höchst anspruchsvoll, wenn sie z. B. die von Alexandra Senfft angesprochenen Narrative überwinden und nicht verfestigen wollen. Es bleibt zudem zu vermuten, dass sich auf beiden Seiten die ohnehin schon gemäßigten und dialogbereiten Gruppen zu diesen Veranstaltungen zusammenfinden – die eigentlichen Zielgruppen also kaum erreicht werden. Zudem könnten diese Dialogansätze als unzulässige politische Einflussname des Auslandes von beiden Konfliktseiten diskreditiert werden. Nicht zuletzt werden diese Dialoganstrengungen häufig durch aktuelle politische Entwicklungen konterkariert oder durch neue Konfliktlinien verschärft. Die Organisatoren dieses zivilen Friedensdienstes stellten jedoch zu Recht die Frage, wie eine Alternative zu ihrem Dialogansatz aussähe.

340–343

11.5 Syrien – Beispiel eines Staatenzerfallskrieges („failed state")

Vorschlag für einen Unterrichtsverlauf

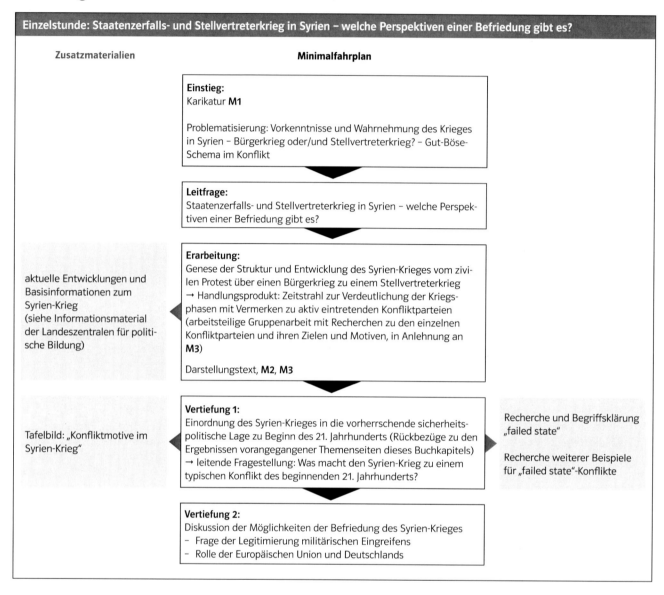

Einzelstunde: Staatenzerfalls- und Stellvertreterkrieg in Syrien – welche Perspektiven einer Befriedung gibt es?

Zusatzmaterialien | Minimalfahrplan

Einstieg:
Karikatur **M1**

Problematisierung: Vorkenntnisse und Wahrnehmung des Krieges in Syrien – Bürgerkrieg oder/und Stellvertreterkrieg? – Gut-Böse-Schema im Konflikt

Leitfrage:
Staatenzerfalls- und Stellvertreterkrieg in Syrien – welche Perspektiven einer Befriedung gibt es?

Erarbeitung:
Genese der Struktur und Entwicklung des Syrien-Krieges vom zivilen Protest über einen Bürgerkrieg zu einem Stellvertreterkrieg
→ Handlungsprodukt: Zeitstrahl zur Verdeutlichung der Kriegsphasen mit Vermerken zu aktiv eintretenden Konfliktparteien (arbeitsteilige Gruppenarbeit mit Recherchen zu den einzelnen Konfliktparteien und ihren Zielen und Motiven, in Anlehnung an **M3**)

Darstellungstext, **M2**, **M3**

aktuelle Entwicklungen und Basisinformationen zum Syrien-Krieg (siehe Informationsmaterial der Landeszentralen für politische Bildung)

Vertiefung 1:
Einordnung des Syrien-Krieges in die vorherrschende sicherheitspolitische Lage zu Beginn des 21. Jahrhunderts (Rückbezüge zu den Ergebnissen vorangegangener Themenseiten dieses Buchkapitels)
→ leitende Fragestellung: Was macht den Syrien-Krieg zu einem typischen Konflikt des beginnenden 21. Jahrhunderts?

Tafelbild: „Konfliktmotive im Syrien-Krieg"

Recherche und Begriffsklärung „failed state"

Recherche weiterer Beispiele für „failed state"-Konflikte

Vertiefung 2:
Diskussion der Möglichkeiten der Befriedung des Syrien-Krieges
– Frage der Legitimierung militärischen Eingreifens
– Rolle der Europäischen Union und Deutschlands

Tafelbild

Konfliktmotive im Syrien-Krieg

regionaler Einfluss   religiöse Ziele

Machtfrage in Syrien

ethnische Ziele

Einordnen der einzelnen Konfliktparteien in die Motivfelder (Material M3)

Das Tafelbild als editierbare PowerPoint-Version finden Sie auf dem Digitalen Unterrichtsassistenten (978-3-12-416832-0).

Erwartungshorizonte

A Konfliktlinien im Syrien-Krieg

1. Beschreiben Sie die Entwicklung in Syrien von einer zivilen Protestbewegung zu einem Bürgerkrieg. Rechercieren Sie dazu die aktuellen Entwicklungen in diesem Konflikt. [II]
Der Syrien-Konflikt hat sich in den Jahren von 2011 bis zur Gegenwart von einer zivilen Protestbewegung über einen Bürgerkrieg bis hin zu einem Stellvertreterkrieg auswärtiger Mächte entwickelt. Die zentralen Stationen dieser Entwicklung waren:
- Zivile Proteste gegen die Herrschaft der Familie Assad, die seit 1971 das Land in diktatorischem Stil regiert hat. Große Teile der syrischen Bevölkerung waren mit der politischen und wirtschaftlichen Lage des Landes, die durch die Assad-Regierung verantwortet war unzufrieden. Hinzu kam, dass die Familie Assad, die zur alawitischen Minderheit im Land gehört, ihr Machtsystem durch Bevorzugung bestimmter Bevölkerungsgruppen erhalten hat. Als die Regierung mit Gewalt gegen die zivilen Proteste vorging, entwickelte sich der Konflikt zu einem bewaffneten Bürgerkrieg, bei dem die gewaltsame Absetzung des Assad-Regimes angezielt wird.
- Während zu Beginn des Bürgerkriegs die Konfliktlinien noch überschaubar waren, hat sich der Konflikt zu einer schwer überschaubaren Gemengelage entwickelt. Zum einen ist die syrische Opposition in viele Teilgruppen zersplittert, die jeweils eigene Teilziele verfolgen. Zum anderen haben sich verstärkt ausländische Mächte mit eigenen Interessen in den Konflikt eingemischt.
- Während sich die ausländischen Mächte zunächst auf Waffenlieferungen oder eine finanzielle Unterstützung für die einzelnen Kriegsparteien beschränkten, kam es zunehmend auch zu einer direkten militärischen Intervention in den Konflikt, sodass inzwischen mit Blick auf Syrien von einem Stellvertreterkrieg für geopolitischen Interessen geredet werden kann. Bei den in diesem Sinne involvierten Mächten sind in erster Linie Russland, die USA, die Türkei, Saudi-Arabien, Katar, der Irak und Iran zu nennen. Hierbei zeichnen sich zwei Allianzen ab: Die westlichen Mächte und sunnitisch geprägte Staaten in der Region unterstützen die Rebellen – Russland und schiitisch geprägte Gruppen in der Region unterstützen das Assad-Regime.
- Beide Allianzen kämpfen gegen den sogenannten „Islamischen Staat", der im Zuge des syrischen Bürgerkriegs einen islamischen Gottesstaat (Kalifat) in dieser Region aufbauen möchte. Die IS-Kämpfer sind besonders gefährlich, weil sie terroristische Methoden gegen die Zivilbevölkerung einsetzen.
- Insgesamt hat sich der Syrien-Krieg mehr und mehr brutalisiert. Die Vereinten Nationen werfen allen kämpfenden Gruppen vor, Menschenrechte zu verletzten und brutal gegen die Zivilbevölkerung vorzugehen. Angriffe auf Krankenhäuser und Hilfskonvois zeigen wie barbarisch der Krieg inzwischen geworden ist. Die Truppen des Assad-Regimes haben nachweislich mehrfach Giftgas gegen die Zivilbevölkerung in den von den Rebellen kontrollierten Gebieten eingesetzt.

⤴ 343

- Es ist leider davon auszugehen, dass der Syrien-Krieg – wie für Staatenzerfallskriege typisch – lange Zeit andauern könnte. Die aktuellen Entwicklungen dieses Krieges müssten von den SuS in einer Internetrecherche ermittelt und vor dem Hintergrund der im Kapitel dargestellten Konfliktstrukturen beurteilt werden.

2. Erläutern Sie, warum die Rede vom Syrien-Krieg als einem „Stellvertreterkrieg" berechtigt ist (M2, M3). [II]
Die Materialien M2 und M3 machen darauf aufmerksam, dass angesichts der Konfliktstruktur in Syrien die Rede von einem „Stellvertreterkrieg" als gerechtfertigt erscheint. Dies lässt sich wie folgt begründen:
- In Syrien überlagern sich drei Konflikte: ein Bürgerkrieg gegen das Regime des Machthabers Assad – einer zwischen den Ethnien und religiösen Gruppen Syriens (Sunniten, Alawiten, Christen und Schiiten) – militärische Interventionen durch ausländische Kräfte aus geopolitischen Interessen (Russland, USA, Türkei, Saudi-Arabien, Katar, Irak, Iran usw.).
- Es sind inzwischen diese geopolitischen Interessen der ausländischen Kräfte und Staaten, die den Kriegsverlauf maßgeblich beeinflussen (siehe Überschrift M2 „Syrer kämpfen und sterben – doch den Krieg führen andere"). Nach Auffassung der Autoren der Materialien wird dieses geostrategische Kräftemessen den Ausgang des Bürgerkriegs bestimmen (z. B. die Frage, ob Assad im Amt bleiben kann, wie es Russland fordert, aber die USA ausschließt).
- Neben der Interessensfrage, ob Syrien Einflussgebiet Russlands oder der westlichen Staatengemeinschaft bleibt/wird, geraten zwei weitere geopolitische Interessen in den Blick, die stellvertretend auf syrischem Boden ausgetragen werden: Dies ist zum einen die Frage nach einer sunnitischen oder schiitischen Vorherrschaft in dieser Region und zum anderen die Frage nach der Zukunft kurdischer Bevölkerungsgruppen gegebenenfalls in einem unabhängigen Kurdenstaat.

3. „Im Syrienkonflikt verschwimmen die Kategorien von Gut und Böse." – Nehmen Sie begründet Stellung zu dieser Aussage. [III]
- Die völlig unübersichtliche Konfliktlage im Syrien-Krieg, die vielfältigen Partikularinteressen der einzelnen kämpfenden Gruppen sowie die Brutalisierung der Kämpfe mit massiven Übergriffen auf die Zivilbevölkerung machen es schwer, von außen eine ethische Bewertung der Kriegsziele und eingesetzten Gewalt vorzunehmen.
- Auch die Interventionen der außersyrischen Mächte sind keinesfalls von humanitären Zielen motiviert. Vielmehr geht es direkt oder indirekt um die Machtfrage in Syrien, die Sicherung eigener Einflussmöglichkeiten in dieser Region sowie die Frage, welche der regionalen Mächte eine Vormachtstellung in dieser Region erreichen kann.
- Auch hier verschwimmen die Kategorien von „gut" und „böse" in der Einschätzung und Bewertung von Kampfzielen sowie der eingesetzten Gewalt. Internationale Politik in Krisenregionen orientiert sich in der Regel primär an Interessen und leider eher sekundär an ethischen Maßstäben.

343 **B Was kann der Westen unternehmen?**

4. Beurteilen Sie anhand von M4 die Erfolgschancen eines militärischen Einsatzes gegen den IS und/oder gegen Präsident Assad. [III] ○
- Der Einsatz militärischer Gewalt gegen den sogenannten Islamischen Staat (IS) ist in Deutschland und Europa politisch umstritten. Ein solcher Einsatz muss nach den Kriterien der Motive und Ziele, der Legitimierung, der Erfolgsaussichten sowie hinsichtlich der Frage nach Alternativen kritisch betrachtet und beurteilt werden:
- Motive und Ziele: Die Brutalität des sogenannten Islamischen Staats kann nicht als alleiniges Motiv für den Einsatz gelten. Mit Blick auf die Zahl der Opfer sowie der verübten Grausamkeiten steht das Assad-Regime der Terrorgruppe in Nichts nach. Mit dem sogenannten Islamischen Staat – als diffuse und ideologisch verblendete Gruppe – lässt sich nicht verhandeln. Der Handlungsspielraum dieser Gruppe muss mit militärischen Mitteln eingegrenzt werden. Militärisch ist der islamistisch motivierte Terror allerdings nur einzugrenzen, nicht zu besiegen. Ein Militäreinsatz wird angesichts der Struktur und Vorgehensweise dieser Terrorgruppen nicht verhindern, dass weitere Terroristen ausgebildet werden, und dass es weiter zu Terroranschlägen in der Region oder auch in Europa kommen kann.
- Legitimierung: Für einen Militäreinsatz in Syrien gibt es kein Mandat der Vereinten Nationen. Mit Blick auf die Konfliktstruktur ist angesichts der Rolle der Vetomächte im Sicherheitsrat der Vereinten Nationen ein solches Mandat so gut wie ausgeschlossen. Zwar bietet der Artikel 51 der Charta der Vereinten Nationen eine mögliche Legitimation, denn er eröffnet jedem UN-Mitglied bei einem bewaffneten Angriff das Recht zur individuellen oder kollektiven Selbstverteidigung, bis der Sicherheitsrat die zur Wahrung des Weltfriedens erforderlichen Maßnahmen getroffen hat. Ein so legitimierter Militäreinsatz steht völkerrechtlich jedoch auf sehr „schwachen Füßen".

- Erfolgsaussichten: Ein militärischer Sieg gegen den sogenannten Islamischen Staat erscheint unmöglich. Vielmehr ist aus der Erfahrung in anderen Krisenregionen zu befürchten, dass die Terrorgruppen sich zurückziehen, um aus dem Untergrund Terroranschläge in der Region oder auch in Europa zu verüben. Zudem könnte der Einsatz militärischer Gewalt, bei dem nicht auszuschließen ist, dass auch muslimische Zivilisten zu Schaden kommen, jenes Feindbild vom Westen, das Terroristen für ihre Rekrutierung brauchen, verstärken.
- Alternativen: Die finanziellen Mittel, die für einen Militäreinsatz in Syrien ausgegeben werden, könnten für zivile und humanitäre Projekte in der Region oder für Präventionsprogramme gegen islamischen Extremismus in Europa genutzt werden. Dies würde die barbarische Gewalt in dieser Region allerdings in keiner Weise verhindern oder eindämmen. Es drängt sich die Frage auf, ob ein militärisches Eingreifen zum Schutz der Zivilbevölkerung nicht auf humanitären Motiven geboten ist (z. B. Einrichten und Überwachen von Flugverbotszonen zum Schutz der Zivilbevölkerung am Boden).

11.6 Interventionen der UNO oder NATO – Globale Friedensstifter?

344–349

Vorschlag für einen Unterrichtsverlauf

Doppelstunde: Globale Friedensstifter? Die Möglichkeiten und Grenzen der Vereinten Nationen und der NATO

Zusatzmaterialien	Minimalfahrplan	Ergänzungsangebote
	Einstieg: Karikatur **M1** „Darf ich Sie zum Auslöffeln einladen?" **Problematisierung:** Strukturen aktueller Konflikte („internationale Konfliktsuppe") – Auftrag der Bundeswehr (Grundgesetz) – auswärtige Einsätze der Bundeswehr – Legitimierung militärischen Eingreifens durch UNO-Mandate	Assoziationsübung „Was bedeutet Frieden?" – Einen ganzheitlichen Friedensbegriff denken
	Leitfrage: Globale Friedensstifter? Die Möglichkeiten und Grenzen der Vereinten Nationen und der NATO	
	Erarbeitung: arbeitsteilige Erarbeitung grundlegender Aspekte der Institutionen UNO und NATO: Gründungsziele und Aufgaben – Strukturen – Herausforderungen und Neuausrichtungen angesichts der historischen Veränderungen nach dem Ende des Zweiten Weltkrieges und dem Ende des Kalten Krieges – Reformansätze Darstellungstext, **M3**	Rückgriff auf Informationen vorangegangener Buchkapitel Zweiter Weltkrieg – Kalter Krieg
	Vertiefung 1: Debatte über die strategische Neuausrichtung über die NATO und Bundeswehr angesichts der aktuellen Auslandseinsätze → Ist die Bundeswehr noch eine Verteidigungsarmee? **M7, M8**	Antrittsrede des Bundespräsidenten Joachim Gauck bei der Bundeswehr (12. Juni 2012)
Tafelbild: „Die UNO – ein globaler Friedensstifter?"	**Vertiefung 2:** Erarbeitung und Bewertung der Zukunftsszenarien für die Vereinten Nationen → Wie müssen sich die Vereinten Nationen reformieren, um ihrem Gründungsauftrag im 21. Jahrhundert gerecht zu werden? **M3, M4, M5**	aktuelle Friedenseinsätze der UNO

344-349 Tafelbild

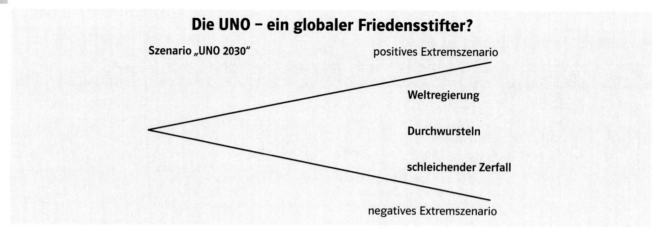

Das Tafelbild als editierbare PowerPoint-Version finden Sie auf dem Digitalen Unterrichtsassistenten (978-3-12-416832-0).

Didaktische Hinweise

– Angesichts der sicherheitspolitischen Lage zu Beginn des 21. Jahrhunderts erscheinen die Vereinten Nationen und die NATO als die friedensstiftenden globalen Institutionen. Mit Blick auf die UNO entspräche dies zwar ihren Gründungszielen, doch spiegeln die gegenwärtigen Strukturen der UNO die politischen Verhältnisse in der Welt in keiner Weise mehr wieder. Sind die Vereinten Nationen also so etwas wie ein „zahnloser Tiger" und scheitern alle möglichen Reformversuche nicht an der Spannung zwischen dem politisch Sinnvollen und dem politisch Durchsetzbaren?

– Die Materialen dieser Themenseiten ermöglichen zunächst die Zielsetzungen, Aufgaben und Strukturen der Vereinten Nationen aufzuarbeiten. Die Einschätzungen der Politologen Varwick und Gareis sowie die Karikatur von Horst Haitzinger werfen einen kritischen Blick auf den gegenwärtigen Zustand der Vereinten Nationen und der NATO.
– In Auseinandersetzung mit drei Szenarien zur Zukunft der UNO können die SuS das Erlernte direkt anwenden und zu einer differenzierten eigenen Einschätzung gelangen.

Erwartungshorizonte

A Die Sicherheitspolitik der UNO

1. Beschreiben Sie mit eigenen Worten die Strukturen und Aufgaben des Sicherheitsrates der Vereinten Nationen (Darstellungstext, M2). [I]
- Der Sicherheitsrat ist das mächtigste Gremium der Vereinten Nationen. Er setzt sich aus fünf ständigen Mitgliedern und zehn wechselnden Mitgliedern, die nach einem Regionalschlüssel für zwei Jahre gewählt werden, zusammen.
- In ihrer Gründungscharta sehen die Vereinten Nationen unter bestimmten Bedingungen den Einsatz von Gewalt als legitimes Mittel der Politik vor. Der Weltsicherheitsrat kann unter bestimmten Bedingungen derartige Zwangsmaßnahmen (z. B. Sanktionen oder militärische Interventionen) gegen ein Land ergreifen, sofern alle ständigen Mitglieder zustimmen. Allerdings haben die ständigen Mitglieder (USA, Russland, China, England, Frankreich) ein Vetorecht. Zahlreiche Resolutionsentwürfe (Beschlussentwürfe), etwa gegen die Siedlungspolitik Israels oder den Chemiewaffeneinsatz im Syrien-Krieg, können daher nicht im Sicherheitsrat verabschiedet werden, wenn ein ständiges Mitglied sie je nach Interessenlagen und Koalitionen blockiert.

2. Beurteilen Sie, inwieweit sich in den Strukturen überkommene Machtverhältnisse der Zeit nach dem Ende des Zweiten Weltkrieges widerspiegeln. Wie schätzen Sie die Handlungsfähigkeit dieses Gremiums ein? [II]
- In seiner Zusammensetzung spiegelt der UN-Sicherheitsrat die machtpolitischen Verhältnisse am Ende des Zweiten Weltkriegs wider. Eine Reform dieses Gremiums ist längst überfällig, aber politisch kaum durchsetzbar.
- Da die UNO keine Maßnahmen ergreifen kann, wenn die Interessen eines ständigen Mitglieds im Sicherheitsrat (oder eines engen Verbündeten etwa der USA oder China) berührt sind und dieses Mitglied sein Veto einlegt, wird dieses Gremium häufig als „zahnloser Tiger" bezeichnet. Hinzu kommt, dass die UNO über keine eigenen militärischen Kräfte verfügt und bei beschlossenen Zwangs- oder Hilfsmaßnahmen immer auf die finanzielle, militärische und logistische Hilfe ihrer Mitgliedstaaten angewiesen ist.
- Diese Kritik an der vermeintlichen Machtlosigkeit der UNO verkennt allerdings, dass die UNO bislang auch eine große Zahl von erfolgreichen Missionen durchgeführt hat. Zudem hat sie politische, soziale und kulturelle Ziele formuliert, die geeignet sind, große „humanitäre Katastrophen" zu vermeiden oder zu lindern. Die UNO stellt – auch und vor allem im Interesse der ärmeren und ärmsten Staaten – eine politisch nicht einflusslose Weltöffentlichkeit her. Zahlreiche Initiativen und Unterorganisationen der UNO setzten vielfältige und sinnvolle regionale und nationale Aktionen um. Dies gilt vor allem in den Bereichen des Schutzes der Menschenrechte, der Hungerbekämpfung, des Gesundheitsschutzes, der Umwelt- und Klimapolitik oder auch der Alphabetisierung und Bildungspolitik.

⤴ 349

3. Erläutern Sie die in den Materialien angesprochene Kritik an den Strukturen der Vereinten Nationen. Diskutieren Sie in Ihrem Kurs, welche Reformvorschläge geeignet und politisch durchsetzbar erscheinen (M4, M5). [II]
- In den Strukturen der Vereinten Nationen sind die machtpolitischen Verhältnisse der Gründungszeit nach dem Ende des Zweiten Weltkriegs 1945 festgeschrieben. Die damaligen Siegermächte des Zweiten Weltkriegs (Vereinigte Staaten von Amerika, Großbritannien, Frankreich, Sowjetunion/Russland und China) sind mit einem ständigen Sitz im Weltsicherheitsrat und einem Vetorecht ausgestattet.
- Seit Ende des Zweiten Weltkriegs hat sich das weltpolitische Machtgefüge allerdings erheblich verschoben. Nimmt man die gegenwärtige wirtschaftliche oder geopolitische Entwicklung in den Blick, so müssten Indien, Brasilien, Japan und Deutschland ein entsprechendes Gewicht im Weltsicherheitsrat haben. Ebenso drängt sich die Frage auf, warum kein afrikanisches Land oder ein islamisch geprägtes Land mit einem derartigen Einfluss bei den Vereinten Nationen vertreten ist.
- Die gegenwärtigen Strukturen der Vereinten Nationen erscheinen anachronistisch und bringen einen erheblichen Reformdruck mit sich, wenn die Vereinten Nationen nicht in die weltpolitische Bedeutungslosigkeit abgleiten sollen. Zugleich hemmen die überkommenen Strukturen eine Modernisierung der Vereinten Nationen. Die jetzigen Vetomächte werden wohl kaum auf dieses Recht als Machtinstrument verzichten wollen. Würde man jedoch weitere ständige Mitglieder in den Sicherheitsrat der Vereinten Nationen mit einem Vetorecht aufnehmen, würde dies die Handlungsfähigkeit dieses Gremiums weiter erheblich einschränken. Bis heute scheitern viele gute Reformvorschläge und -ansätze an den überkommenen Strukturen der Vereinten Nationen.

4. Diskutieren Sie in Ihrem Kurs, welches der im M5 dargelegten Zukunftsszenarien für Sie die höchste Eintrittswahrscheinlichkeit hat. [II]
- Auch wenn das zweite der drei von den Politologen Johannes Varwick und Sven Bernhard Gareis entwickelten Szenarien zur Zukunft der Vereinten Nationen als die wünschenswerteste Variante erscheint („Weltregierung"), ist sie dennoch die unwahrscheinlichste. Die mächtigen und einflussreichen ständigen Mitglieder des Sicherheitsrates dürften kaum bereit sein, politische Kompetenzen an weitere Staaten oder die UN-Vollversammlung abzugeben. Vor allem werden sie ihr machtvollstes Instrument, ihren Veto-Status im Sicherheitsrat, nicht verlieren wollen.
- Mit Blick auf die beiden anderen Szenarien kann kritisch angemerkt werden, dass die Rede von einem „schleichenden Zerfall" der UNO (erstes Szenario) fast genauso alt ist wie die UNO selbst. Diesem Szenario ist also entgegenzuhalten, dass die UNO schon so manche Krise überstanden und auch bewältigt hat. In ihrer Geschichte gab es ebenso Phasen der Stärke wie auch Phasen relativer Schwäche und Einflusslosigkeit.
- Nah an der Realität dürfte daher das dritte Szenario („Durchwursteln") sein. Angesichts der oben angeführten Argumentation muss dies nicht ausschließlich negativ bewertet werden, denn damit würde man die bisherigen Leistungen der UNO relativieren. Vielmehr ist mit einer Beharrlichkeit an einer Stabilisierung sowie an möglichen Reformen der UNO zu arbeiten.

349

5. Diskutieren Sie in Ihrem Kurs unter Bezug auf das Material über die Notwendigkeit völkerrechtlich legitimierter Gewalt. [III]
- Oberstes Ziel der UNO ist die Friedenswahrung sowie die Eindämmung zwischenstaatlicher oder innerstaatlicher Gewalt. Allerdings gibt es Situationen, in denen die UNO unter bestimmten Bedingungen und zur Abwehr eskalierender Gewalthandlungen selbst Gewaltmaßnahmen legitim ergreifen kann oder ergreifen muss. In diesem Zusammenhang spricht man von einer völkerrechtlich legitimierten Gewaltanwendung, die vor der Weltöffentlichkeit verantwortet werden muss, und sich daher klar von einer willkürlichen militärischen Gewaltanwendung abgrenzt. Als letztes Mittel dient eine völkerrechtlich legitimierte Gewalt dem Frieden, denn sie soll einen besseren, d. h. friedvolleren Zustand herstellen. Solche Gewalthandlungen durch die UNO sind daher streng reglementiert. Angesichts der Zusammensetzung des Weltsicherheitsrats und der Möglichkeit der ständigen Mitglieder, Beschlüsse durch ein Veto zu blockieren, hat die UNO bislang in nur weniger Fällen Gewaltanwendungen legitimiert (z. B. Koreakrieg, erster Irakkrieg).

B Neue Aufgaben für Bundeswehr und NATO?

6. Erläutern Sie, wie sich die NATO angesichts der veränderten sicherheitspolitischen Lage nach dem Ende des Kalten Krieges und zu Beginn des 21. Jahrhunderts strategisch neu ausgerichtet hat (M6, M7). [II]
- Nach dem Ende des Kalten Krieges hat die sicherheitspolitische Lage in der Welt erheblich verändert. Wie zu Beginn dieses Kapitels thematisiert, traten neue Formen und Ursachen internationaler und nationaler Konflikte in den Vordergrund: Staatszerfallsprozesse, ein weltweit operierender islamistisch motivierter Terrorismus, Bürgerkriege, Kämpfe um seltene Ressourcen usw. Im Vergleich zur bipolaren Situation des Kalten Krieges haben sich die sicherheitspolitischen Herausforderungen erheblich ausdifferenziert – die Frage, ob die Welt zur Zeit des Kalten Krieges nicht sogar sicherer war als gegenwärtig, wird intensiv diskutiert.
- Die NATO hat auf diese veränderten sicherheitspolitischen Herausforderungen zu Beginn des 21. Jahrhunderts reagiert. Die Entwicklung, die die NATO ab dem Ende des 20. Jahrhunderts begonnen hat, lässt sich mit einer Umwandlung von einem reinen Defensivbündnis hin zu einer Interventionsallianz beschreiben.
- Kurz nach dem Zusammenbruch der Sowjetunion und des Warschauer Pakts begann die NATO einen Erweiterungsprozess in Mittel-, Ost- und Südosteuropa. Viele der neuen NATO-Mitglieder betrachteten das Bündnis als Sicherheits- und Stabilitätsgarantie vor einer Einflussnahme Russlands. Diese Erweiterung war nicht unumstritten, da sie die sicherheitspolitischen Bedürfnisse Russlands außer Acht und eine neue Konfrontationslinie mit Russland entstehen ließ.
- Ein Schlüsselereignis im Umwandlungsprozess der NATO war der militärische Einsatz im Kosovo, bei dem die NATO erstmals in ihrer Geschichte ohne eine klare völkerrechtliche Grundlage, sondern mit einer sogenannten „Selbstmandatierung", gegen einen souveränen Staat vorging. Bis heute ist dieser Einsatz politisch umstritten. Er hat das strategische Konzept einer Interventionsallianz mit globaler Reichweite auf die sicherheitspolitische Tagesordnung gebracht. Eine Rolle der NATO als sogenannte „Weltpolizei" ist seither heftig umstritten.

7. Recherchieren Sie ausgehend von der Abbildung M1 exemplarisch Hintergrundinformationen zu Auslandseinsätzen der Bundeswehr. Diskutieren Sie in Ihrem Kurs, inwieweit diese Einsätze Ihrem Rechtsempfinden nach mit dem im Grundgesetz verankerten Verteidigungsauftrag der Bundeswehr in Einklang stehen. [III]
- Die Abbildung M1 wirft einen kritischen Blick auf die Auslandseinsätze der Bundeswehr. Zu sehen ist ein Koch, der auf seiner Kochschürze Button mit den Aufschriften „Afghanistan", „Kongo" und „Nahost" hat. Im Vordergrund ist in einem übergroßen Teller eine stinkende, dunkle Suppe mit Raketen und Totenköpfen zu sehen. Im Hintergrund steht eine geöffnete Suppendose mit der Aufschrift „Internationale Konfliktsuppe". Der Koch lädt zwei durch das Fenster der Küche zu sehende Bundeswehrsoldaten ein, die Konfliktsuppe „auszulöffeln". Die Karikatur wirft die Frage auf, ob die internationalen Einsätze der Bundeswehr nicht dem im Grundgesetz verankerten reinen Verteidigungsauftrag der Bundeswehr widersprechen.
- Zur Diskussion dieser Streitfrage kann vor allem der Text M8 sowie der umstrittene NATO-Einsatz im ehemaligen Jugoslawien, der ohne UN-Mandat erfolgte, herangezogen werden. Das Bundesverfassungsgericht billigte diesen Einsatz nach einer längeren politischen Debatte über die Auslandseinsätze der Bundeswehr unter Bezug auf Art. 24, Abs. 2 GG. Dieser Artikel ermächtigt den Bund, sich in ein System wechselseitiger kollektiver Sicherheit (also etwa der NATO) einzuordnen. Zudem erlaubt die Satzung der UNO (Art. 51) nicht nur die individuelle, sondern auch die kollektive Selbstverteidigung gegen einen Angriff. Zwar handelt es sich bei Auslandseinsätzen der Bundeswehr nicht um einen Akt der Verteidigung im engeren und unmittelbaren Sinne, aber – nach Auffassung des Gerichts – um Einsätze, die der kollektiven Sicherheit dienen. Da die Bundeswehr eine Parlamentsarmee ist (anders als die Armeen der USA oder Frankreichs, deren Oberbefehlshaber die Präsidenten sind), muss jeder Auslandseinsatz der Bundeswehr durch ein Mandat des Parlaments legitimiert werden.

Literatur- und Medientipps
- Bundeszentrale für politische Bildung (Hrsg.): Themenheft Wehrpflicht und Zivildienst. Aus Politik und Zeitgeschichte 48/2011.
- Johannes Varwick/Martin Schmid: Perspektiven für die deutsche NATO-Politik. In: Aus Politik und Zeitgeschichte 10/2012, S. 23 – 26.

8. Diskutieren Sie in Ihrem Kurs, welche Auswirkungen die veränderte Einsatzstruktur der Bundeswehr auf die öffentliche Wahrnehmung und das Selbstverständnis von Bundeswehrsoldaten haben kann. [III] ○

– Bei der Diskussion dieser Fragestellung sind eine Binnen- und eine Außenperspektive auf die Bundeswehr zu unterscheiden.

– Von Seiten des Auslandes sowie der Bündnispartner der Bundesrepublik Deutschland wird mehr und mehr ein gesteigertes Engagement der Bundeswehr in den Krisenregionen dieser Welt eingefordert. Die Bundeswehr müsse mit ihren Einsätzen im Ausland den Status der Wirtschaftsmacht Deutschlands in der Welt widerspiegeln. Nur wenige Staaten hegen bei diesen Forderungen Zweifel mit Blick auf die historischen Belastungen, die mit dem Einsatz deutscher Soldaten außerhalb der Bundesrepublik verbunden sind. Es besteht ein grundsätzliches Vertrauen in die Bundeswehr als Parlamentsarmee.

– In der Binnenperspektive sind vor allem die Spannungen zwischen den Auslandseinsätzen und dem grundsätzlich auf die Landesverteidigung ausgerichteten Auftrag der Bundeswehr diskutiert und verfassungsgerichtlich geklärt worden. Durch viele auch humanitäre Einsätze der Bundeswehr im Ausland wie im Inland (z. B. Oderhochwasser 1997) hat sich das Ansehen der Soldaten in der Bundesrepublik Deutschland sehr positiv entwickelt. Der Wegfall der allgemeinen Wehrpflicht im Jahr 2011 hat die Bundeswehr aus ihrer Verwurzelung in der Bevölkerung gelöst. Wie sich dies langfristig auf das Ansehen der Bundeswehr auswirkt, wird sich noch zeigen müssen, allerdings hat die Bundeswehr durch ihre veränderte Struktur ein deutlich erkennbares Rekrutierungsproblem bekommen.

350–353

12 Politisches, ökonomisches und ökologisches Handeln in der „Einen Welt"

12.1 Unterentwicklung – von Menschen gemacht?

Vorschlag für einen Unterrichtsverlauf

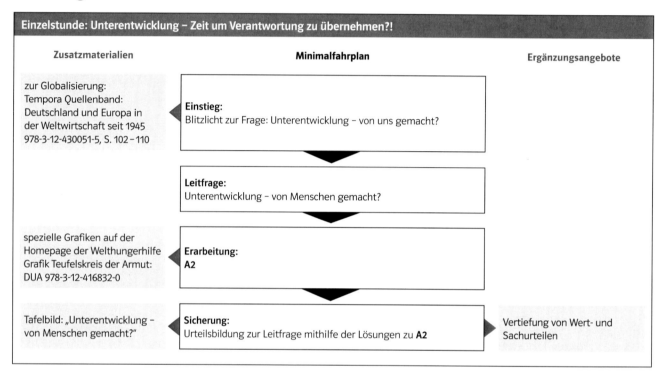

Zusatzmaterialien	Minimalfahrplan	Ergänzungsangebote

Einzelstunde: Unterentwicklung – Zeit um Verantwortung zu übernehmen?!

zur Globalisierung:
Tempora Quellenband:
Deutschland und Europa in der Weltwirtschaft seit 1945
978-3-12-430051-5, S. 102–110

Einstieg:
Blitzlicht zur Frage: Unterentwicklung – von uns gemacht?

Leitfrage:
Unterentwicklung – von Menschen gemacht?

spezielle Grafiken auf der Homepage der Welthungerhilfe
Grafik Teufelskreis der Armut:
DUA 978-3-12-416832-0

Erarbeitung:
A2

Tafelbild: „Unterentwicklung – von Menschen gemacht?"

Sicherung:
Urteilsbildung zur Leitfrage mithilfe der Lösungen zu A2

Vertiefung von Wert- und Sachurteilen

Tafelbild

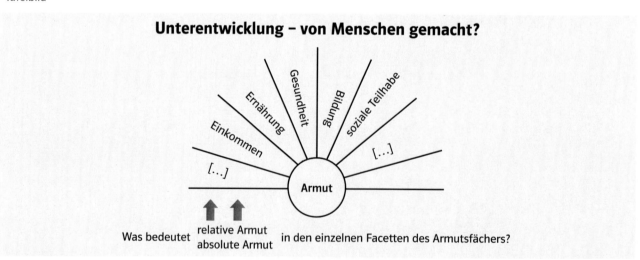

Unterentwicklung – von Menschen gemacht?

Ernährung · Gesundheit · Bildung · soziale Teilhabe · Einkommen · [...] · [...]

Armut

Was bedeutet relative Armut / absolute Armut in den einzelnen Facetten des Armutsfächers?

Das Tafelbild als editierbare PowerPoint-Version finden Sie auf dem Digitalen Unterrichtsassistenten (978-3-12-416832-0).

Erwartungshorizonte

A Macht die Weltwirtschaftsordnung arm?

1. Interpretieren Sie die Karikatur M1. Informieren Sie sich dafür über Kritik am Bio-Sprit. [II]
– Beschreiben: Die Karikatur „Grünes Gewissen" von Thomas Plaßmann aus dem Jahr 2011 zeigt zwei Personen an einer Tankstelle. Ein hellheutiger Erwachsener tankt sein Auto mit Bio-Sprit. Der Tankschlauch führt von dem Auto in die Essensschale eines dunkelhäutigen Junges. Über den alternativen Tanksäulen hängen zwei Schilder mit den Aufschriften „Diesel" und „Super". Die Umgebung der Tankstelle wirkt westlich.
– Untersuchen: Die dritte Generation des Biosprits – welche in der Bundesrepublik Deutschland den höchsten Bekanntheitsgrad hat – ist das sogenannte E10. Dieser wird seit 2011 auf dem deutschen Markt an Tankstellen angeboten. Er ist in der Regel günstiger als das traditionelle Super-Benzin.
– Deuten: Autor: Der Konsum des Biosprits ist fragwürdig, weil er Menschen in der sogenannten „Dritten Welt" Lebensgrundlagen nimmt.
Begründung: Der Anbau der Pflanzen, welche den Rohstoff des „Biosprits" bilden, wird auf Kosten der Natur durchgeführt. Es werden viele Wälder gerodet (häufig Brandrodung), um mehr Anbauflächen zu haben. Doch diese bilden eigentlich die Lunge der Erde (Absorbierer von CO_2). Es wird weniger CO_2 gebunden, als eigentlich nötig wäre.

Darüber hinaus sind negative Folgen für den Bereich „Hunger" festzustellen. Die betroffenen Pflanzen könnten ebenso gut in Nahrung für den Menschen gehen und nicht in den Tank der Autos in den Industriestaaten. Die erhöhte Konkurrenz um diese Rohstoffe (Getreide, Zuckerrüben etc.) lässt die Preise steigen. Demnach können sich die Menschen in den Anbauländern, welche meist unterentwickelt sind, diese Rohstoffe nicht mehr leisten.

2. Arbeiten Sie anhand der Materialien die zentralen Probleme der Welternährung tabellarisch oder in einer Mindmap heraus. [I]
→ Tabelle 1

3. Beurteilen Sie, inwieweit die emotionale Sprache eines langjährigen Diplomaten wie Jean Ziegler (M4) angesichts der Entwicklung des Hungers in der Welt nachvollziehbar ist. [III]
– Zur Person: Jean Ziegler (geboren 19. April 1934 in Thun) ist ein Schweizer Soziologe, Politiker und Autor. Er gilt als einer der bekanntesten Globalisierungskritiker. Er war Genfer Abgeordneter im Nationalrat für die Sozialdemokratische Partei. Von 2000 bis 2008 war er UN-Sonderberichterstatter für das Recht auf Nahrung – anfangs im Auftrag der Menschenrechtskommission, dann des Menschenrechtsrats – darüber hinaus Mitglied der UN-Task Force für humanitäre Hilfe im Irak. 2008 bis 2012 gehörte Ziegler dem Beratenden Ausschuss des Menschenrechtsrats der UN an, im September 2013 wurde er erneut in dieses Gremium gewählt.
– Einleitungssatz: Der Zeitungsartikel „Hunger ist kein Naturgesetz – Wer verhungert, wird ermordet" von Jean Ziegler

Tabelle 1

Probleme der Welternährung	
Wechselwirkung zwischen Armut und Hunger	In Armut lebende Menschen haben selten Zugang zu Wasser, Land oder anderen Gütern und leiden deshalb häufig auch an Hunger.
Schuldenprobleme der Länder	Die Schulden der Länder, haben illegale Migration, Drogen- und Waffenhandel oder Krankheiten als Folgen zu verantworten. Als weitere langfristige Folge, ist die Gefährdung der Umwelt zu nennen. Diese Phänomene lassen sich speziell im Nord-Süd-Gefälle feststellen.
Entwicklungshilfe (neg. Sinne)	Entwicklungshilfe trägt nicht immer zur positiven Entwicklung bei. Eine häufige Form der Hilfe sind Kredite. Doch diese werden zu viel zu hohen Zinsen an die unterentwickelten Länder vergeben (keine „Hilfe zur Selbsthilfe"). Viele Industrieländer der UN-Vollversammlung halten ihre Versprechen bzgl. Entwicklungshilfe nicht ein.
Strukturprobleme	Innerhalb der unterentwickelten Länder herrscht häufig Korruption, Machtmissbrauch und die daraus resultierende Funktionsunfähigkeit des Staates.
Kriege und Konflikte	Einer der offensichtlichsten Probleme ist der Krieg. Doch speziell über schwelende lang andauernde Konflikte, wird in den Industriestaaten nicht mehr berichtet. Nur selten kommen Hilfsorganisationen in Kriegsgebieten an.
Klimawandel	Der Klimawandel ist ein weltweites und grenzüberschreitendes Problem. Überwiegend wird es in den Industrieländern verursacht. Hingegen treten die Folgen nicht bei den Verursachern auf, sondern meist in den Entwicklungsländern durch ein verändertes Klima.
Globalisierung	Der weltweite Handel trägt dazu bei, dass die billigen Produkte aus den USA und Europa die internationalen Märkte überschwemmen. Viele internationale Märkte können diesem Preisdruck nicht standhalten und werden kleiner bzw. verschwinden gänzlich.
Kolonialismus	Insbesondere in den früheren Kolonien herrscht Armut. Dies ist darauf zurückzuführen, dass die früheren Kulturen zerstört wurden und eine Art von Vakuum hinterlassen haben.
Geografie	Die unterentwickelten Länder lassen sich auf bestimmte Regionen der Erde fokussieren (Süd-, Südostasien und Afrika).

353

veröffentlicht am 24. Dezember 2009 auf www.abendblatt.de, handelt von der Verantwortung und den Verursachern des weltweiten Hungerzustandes.
- Der Artikel Zieglers ist insgesamt als nachvollziehbar einzustufen. Dies ist sowohl auf die offiziellen Fakten, wie auch auf seine Wortwahl zurückzuführen.
- Seine Sprache ist von emotionalen Worten geprägt:
  • „Wer verhungert – wird ermordet" – Er fordert damit indirekt Mordprozesse ein, denn seiner Meinung nach sind die Verursacher des Hungers nicht nur verantwortlich, sondern auch schuldig.
  • „Aber für Hunderttausend Familien ist diese Krise tödlich." – Damit sagt er aus, dass es den finanzschwachen Familien in z. B. Europa im Verhältnis zu den Hungernden in z. B. Kenia ziemlich gut geht. Denn sie müssen nicht sterben.
  • „Alle fünf Sekunden verhungert ein Kind unter zehn Jahren". D. h. während man diesen Artikel liest, stirbt bereits eine „Handvoll" Kinder.

- Durch seine Vita werden seine Berichterstattungen und Beispiele authentisch.
- Die Differenz zwischen den Vereinbarungen der Millenniumsziele der Vereinten Nationen und den aktuellen Voraussagen bzw. aktuellen Zahlen der hungernden Menschen, geben Ziegler wenige Möglichkeiten, positive Aussagen zu treffen.
- Zeitpunkt der Veröffentlichung: Speziell an Weihnachten sind Menschen bereit für die Schicksale anderer Menschen. Dies ist sowohl auf christliche-religiöse Werte, wie auch auf die der Empathie und Solidarität zurückzuführen. In dieser Zeit kann den wohlhabenden Menschen deutlich gemacht werden, dass die extreme Armut und der daraus resultierende Hunger vermeidbare Zustände sind. Doch diese Vermeidbarkeit liegt in der Verantwortung der wohlhabenden Menschen.
- Zur Intensivierung seiner Aufforderung bedient sich Ziegler der bewusst herausfordernden und diskussionswürdigen Aussage, dass, weltweit vorrangig in Entwicklungsländern,

Tabelle 2

	Staatliche Akteure	Überstaatliche Akteure	Nichtstaatliche Akteure/NGO/ Nichtregierungs-Organisationen
Beispiele	alle Staaten der Erde	UNO, NATO, EU, WTO, IWF	Amnesty International, Greenpeace
Chancen	Die Staaten selbst besitzen die höchste Souveränität. Damit sind sie entscheidungsfähig. Innerhalb ihres Staats setzen sie ihre Gesetze durch. Staatliche Themen wie die soziale Gerechtigkeit innerhalb der Grenzen sind stark beeinflussbar (siehe die soziale Marktwirtschaft in der Bundesrepublik Deutschland).	Die UNO (1945) speziell mit ihrem Sicherheitsrat und den Unterorganisationen wie z. B. UNICEF spielen im Bereich Weltfrieden eine Hauptrolle. Die UNO bietet ein Forum, in welchem 193 Länder der Erde friedlich miteinander diskutieren können. Das sind fast alle Länder der Erde. Je nach Definition fehlen 13 Staaten.	Impulsgeber in den Bereichen Umwelt, Menschenrechte und Entwicklung Gerade bei der Verletzung von Menschenrechten spielen die NGOs mit ihrer medienwirksamen Öffentlichkeitsarbeit eine bedeutende Rolle. Es existieren lokale, regionale, multilaterale und internationale NGOs.
Grenzen	Überregionale Problembereiche wie den Klimawandel, Hunger, Krieg oder Migration können einzelne Staaten nicht verändern. Einzelne Staaten verfolgen in der Regel ihre eigenen Interessen und Ziele. Staaten sind selten dazu bereit, Souveränität an überstaatliche Akteure abzugeben. Staaten schließen untereinander multi- und bilaterale Bündnisse, welche ggf. gegeneinander oder gegen die überstaatlichen Akteure arbeiten. Transparenz der Interessen und Vorhaben ist nicht gegeben. Staaten verändern mit Regierungswechseln ihre Prioritäten und damit auch die Politik.	Themen wie Umweltprobleme sind nachrangig. Die UNO ist auf die Gelder der Länder angewiesen. Die Entscheidungsfähigkeiten ist fragwürdig. Die Zukunft der UNO ist unklar. Die UNO hat sich Fehlschläge (z. B. der Einsatz in Bosnien) geleistet.	NGOs haben keine staatliche Entscheidungskompetenz. Sie haben einen Mangel an Legitimation. Die Unabhängigkeit ist nur begrenzt vorhanden. In Krisengebieten sind sie häufig von den Warlords o. Ä. abhängig oder bringen die staatlichen Hilfen durcheinander.

die vielen Millionen an Hunger sterbenden Menschen durch das Fehlen und die falsche Verteilung von ausreichend Nahrungsmitteln ermordet werden. Analog zur Problematik des Klimawandels, muss man sich die Frage stellen, warum die Folgen nicht auch die Verursacher tragen, sondern in diesen beiden Fällen (Klima und Hunger) die geografische Differenz liegt. D.h. in beiden Fällen von „Klima" und „Hunger" sind die Verursacher nur selten direkt von den Folgen betroffen. In der Regel sind Länder in der sogenannten „Dritten Welt" diejenigen, welche die Folgen ertragen. Hingegen profitieren die Verursacher und sehen und spüren die Folgen nicht. Jeder Schüler und jede Schülerin sollte sich persönlich dazu positionieren, inwiefern er/sie diese Aussage als berechtigt ansieht oder nicht.

Übergreifende Arbeitsaufträge

4. Diskutieren Sie im Kurs, welche staatlichen, nichtstaatlichen oder überstaatlichen Akteure geeignet wären, die in diesem Unterkapitel genannten Probleme zumindest teilweise zu lösen.
→ Tabelle 2, S. 160

354–359

12.2 Klimawandel – kann lokales Handeln globale Veränderungen bewirken?

Vorschlag für einen Unterrichtsverlauf

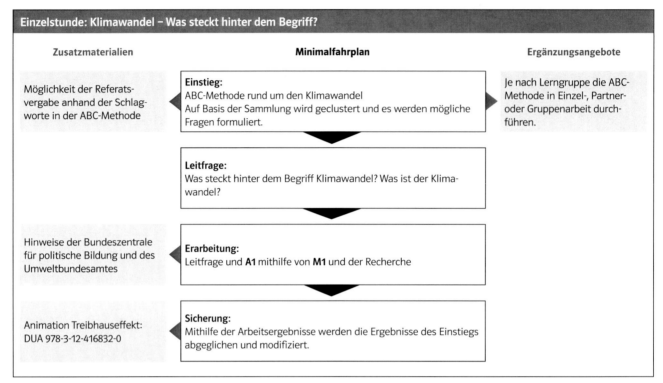

Einzelstunde: Klimawandel – Was steckt hinter dem Begriff?

Zusatzmaterialien	Minimalfahrplan	Ergänzungsangebote
Möglichkeit der Referatsvergabe anhand der Schlagworte in der ABC-Methode	**Einstieg:** ABC-Methode rund um den Klimawandel. Auf Basis der Sammlung wird geclustert und es werden mögliche Fragen formuliert.	Je nach Lerngruppe die ABC-Methode in Einzel-, Partner- oder Gruppenarbeit durchführen.
	Leitfrage: Was steckt hinter dem Begriff Klimawandel? Was ist der Klimawandel?	
Hinweise der Bundeszentrale für politische Bildung und des Umweltbundesamtes	**Erarbeitung:** Leitfrage und **A1** mithilfe von **M1** und der Recherche	
Animation Treibhauseffekt: DUA 978-3-12-416832-0	**Sicherung:** Mithilfe der Arbeitsergebnisse werden die Ergebnisse des Einstiegs abgeglichen und modifiziert.	

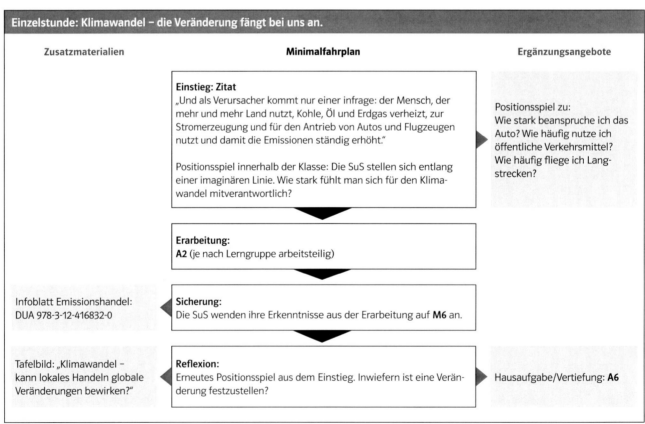

Einzelstunde: Klimawandel – die Veränderung fängt bei uns an.

Zusatzmaterialien	Minimalfahrplan	Ergänzungsangebote
	Einstieg: Zitat „Und als Verursacher kommt nur einer infrage: der Mensch, der mehr und mehr Land nutzt, Kohle, Öl und Erdgas verheizt, zur Stromerzeugung und für den Antrieb von Autos und Flugzeugen nutzt und damit die Emissionen ständig erhöht." Positionsspiel innerhalb der Klasse: Die SuS stellen sich entlang einer imaginären Linie. Wie stark fühlt man sich für den Klimawandel mitverantwortlich?	Positionsspiel zu: Wie stark beanspruche ich das Auto? Wie häufig nutze ich öffentliche Verkehrsmittel? Wie häufig fliege ich Langstrecken?
	Erarbeitung: **A2** (je nach Lerngruppe arbeitsteilig)	
Infoblatt Emissionshandel: DUA 978-3-12-416832-0	**Sicherung:** Die SuS wenden ihre Erkenntnisse aus der Erarbeitung auf **M6** an.	
Tafelbild: „Klimawandel – kann lokales Handeln globale Veränderungen bewirken?"	**Reflexion:** Erneutes Positionsspiel aus dem Einstieg. Inwiefern ist eine Veränderung festzustellen?	Hausaufgabe/Vertiefung: **A6**

🔲 354–359

Klimawandel – kann lokales Handeln globale Veränderungen bewirken?

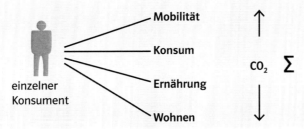

Das Tafelbild als editierbare PowerPoint-Version finden Sie auf dem Digitalen Unterrichtsassistenten (978-3-12-416832-0).

Erwartungshorizonte

A Klimawandel – eine der größten politischen Herausforderungen der Menschheit

1. Erklären Sie die Abbildung M1. Recherchieren Sie Informationen zum sogenannten „Treibhauseffekt" und der Rolle der klimaschädlichen Gase (CO_2, Methan, …) in diesem Zusammenhang. [I]
→ Tabelle 1, S. 164

2. Erläutern Sie anhand der Materialen (M2 – M5) den Einfluss des Menschen auf den Klimawandel. [II]
Der Mensch als Hauptverursacher des anthropogenen Klimawandels:
- Nutzung von Kohle, Öl, Erdgas – speziell die Verbrennung fossiler Brennstoffe
- Stromerzeugung
- Betrieb von Kraftfahrzeugen, Flugzeugen, Schiffen etc.
- Fleischkonsum
- Der Mensch wird sich zunehmend schwieriger an die neuen Klimaherausforderungen anpassen können (siehe Umwelt-Migranten).
- Ein besonderes Augenmerk liegt auf der Herausforderung der globalpolitischen Zusammenarbeit (siehe US-Präsident Donald Trump, welcher den von Menschen erzeugten Klimawandel nicht anerkennt – Kann dort eine Zusammenarbeit bestehen?).

3. Erarbeiten Sie in Kleingruppen die in M7 aufgezählten Maßnahmen gegen den Klimawandel. Stellen Sie thesenhaft dar, welche Interessen den einzelnen Maßnahmen jeweils entgegenstehen. Unterscheiden Sie dabei nach unterschiedlichen Akteursgruppen (z. B. Beschäftigte in der Industrie, Regierungen von Entwicklungsländern). [II] ○
→ Tabelle 2, S. 165

4. Entwickeln Sie mit Blick auf die Klimaveränderung ein Szenario für die nächsten 50 Jahre, das folgende Aspekte berücksichtigt: Wie wird sich die Weltbevölkerung entwickeln? Welchen Lebensstandard wird sie erreichen? Wie hoch wird der Energieverbrauch sein? Welche Energieträger werden dafür Verwendung finden? [III]
→ Tabelle 3, S. 166

- Die Prognosen zur Weltbevölkerung werden oftmals unterteilt in niedrige, mittlere, hohe und konstante Varianten. Siehe dazu: Stiftung Weltbevölkerung, und: Drei Prognosen zur Bevölkerungsentwicklung. Le Monde diplomatique, Berlin 2007.
- Siehe zum Energiehunger: Der Energiehunger wird zunehmen, Le Monde diplomatique. Berlin 2009, und: Erdöl. Steigende Nachfrage, Le Monde diplomatique. Berlin 2009 sowie: Szenarios des künftigen Energieverbrauchs, Le Monde diplomatique, Berlin 2008.
- Gute Übersichten zu den Energieträgern bieten u. a. folgende grafische Darstellungen aus dem Le Monde diplomatique Kartenarchiv: Energiemix der Zukunft, Atomstrom verliert seit Ende der 1970er-Jahre weltweit an Bedeutung,
- Vertiefend zur Reduktion des CO_2-Ausstoßes: CO_2 reduzieren in Deutschland: Individuelles Verhalten wirkt!, Le Monde diplomatique, Berlin 2008.

5. Diskutieren Sie in Ihrer Lerngruppe die Möglichkeiten eines politischen Gegensteuerns mit Blick auf den Klimawandel. [III]
- Von Bedeutung ist die Grundhaltung der Politiker. Diese hat einen großen Einfluss auf die Bevölkerung (Bsp. US-Präsident Donald Trump).
- bereits bestehende Gegensteuerungsmaßnahmen: Millenniumsziele der UN, Beschlüsse der Weltklimagipfel, Einzelprojekte auf Bundes-, Landes- und Kommunalebene
- Generell ist es zu befürworten, wenn Entscheidungen des politischen Gegensteuerns möglichst bürgernah auf kommunalen niedrigschwelligen Ebenen stattfinden (Bsp.: Sicherung von Müllverbrennungsanlagen, Bildung von Solarenergiefeldern).
- Je höher die Ebene der Entscheidung ist, desto herausfordernder wird die Durchsetzung. Beispiele dafür sind die Bemühungen der EU. Für die Entscheidungen auf hohen Ebenen spricht das Argument, dass über diese deutlich mehr Menschen erreicht werden. In diesem Gedanken wäre es ein besonders großer Erfolg, wenn die Entscheidungen der UN-Ebene (z. B. das Kyoto-Protokoll) durchgesetzt, kontrolliert und evaluiert werden würden.
- Nicht außer Acht zu lassen ist, dass die politischen Entscheidungen im starken Zusammenhang zur Wirtschaft stehen. Spricht man über die Nutzung fossiler und erneuerbarer Energie, so ist stets die Perspektive der Wirtschaftsunternehmen mit einzubeziehen (s. Grundgedanken des Nachhaltigkeitsdreiecks).

359 Tabelle 1

Klimawandel	Spricht man heute von Klimawandel, so ist nicht der natürliche Wandel des Klimas aus früheren Zeiten gemeint. Wechsel zwischen Warm- und Kaltzeiten gab es immer. Wenn man heute von Klimawandel spricht, sind Veränderungen gemeint, welche zusätzlich durch den Menschen verursacht werden. Inzwischen gibt es in der Wissenschaft kaum noch Zweifel daran, dass der Mensch zum Treibhauseffekt und Klimawandel entscheidend beiträgt. Hierbei sind besonders die Extreme des Klimawandels gemeint: Dürreperioden, Überschwemmungen, generelle starke Unwetter (siehe M1).
Treibhauseffekt	**Natürlicher Treibhauseffekt:** Die Sonne schickt kurzwellige Strahlen auf die Erde. → Die Erdoberfläche strahlt sie als langwellige Strahlen zurück. → Treffen die langwelligen Strahlen auf dem Rückweg auf die Erdatmosphäre (wie ein Glasdach der Erde), werden sie zurückreflektiert. Diese natürliche Schutzschicht der Erde besteht u. a. aus Kohlendioxid CO_2. Die Schutzschicht lässt nur einen geringen Teil der langwelligen Strahlen hindurch. Der Rest fällt auf die Erde zurück und erwärmt diese. Ohne diesen natürlichen Treibhauseffekt läge die Durchschnittstemperatur auf der Erde bei minus 18° C. Ein Leben auf der Erde wäre unmöglich. Seit Beginn der Industrialisierung nimmt der Gehalt an Treibhausgasen wie CO_2 zu. Die Atmosphäre heizt sich zunehmend auf. **Treibhauseffekt (im Rahmen des Klimawandels):** – Verschiedene Gase sind für das Klima und den Treibhauseffekt relevant – der Mensch verursacht mehr klimaschädliche Gase, als die natürliche Schutzschicht vorsieht. – Produziert werden diese Gase in der Massentierhaltung (Landwirtschaft), durch Autos und Lkws, Flugzeuge, Industrie, Verbrennung fossiler Energieträger etc. – M1 verdeutlicht, dass der anthropogene Treibhauseffekt durch den veränderten Lebensstil der Gesellschaft vorangetrieben wurde (besonders der Lebensstil der Industriegesellschaften).
Klimaschädliche Gase	**Kohlendioxid CO_2:** – entsteht speziell bei der Verbrennung fossiler Energieträger – CO_2 = Summenformel – Das Gas Kohlenstoffdioxid ist farblos, in Wasser löslich, nicht brennbar, geruchlos und ungiftig. – Es ist neben Stickstoff, Sauerstoff und sogenannten Edelgasen ein natürlicher Bestandteil der Luft und ist eines der bedeutendsten Treibhausgase. – Rolle als Treibhausgas: Es absorbiert einen Teil der von der Erde in das Weltall abgegebenen Wärme und strahlt diese zurück auf die Erde. Durch diesen natürlichen Treibhauseffekt entsteht auf der Erde das uns bekannte gemäßigte Klima, welches uns Menschen, Tiere und Pflanzen leben lässt. – Die Lunge der Erde (Regenwald etc.) ist mittlerweile zu klein, um die Mengen CO_2 abzubauen bzw. umzuwandeln. **Methan CH_4:** – entsteht speziell in den Mägen der Wiederkäuer, in Klärwerken und auf Mülldeponien – CH_4 = Summenformel – Methan gehört ebenfalls zu den Treibhausgasen.

– Die Abmachungen müssen einen stärkeren Charakter aufweisen. Nur dadurch können die CO_2-Emission und der daraus resultierende Anstieg der Temperaturen reguliert und eingedämmt werden. Stärke im Sinne von Kontrolle etc.
– Um die nachfolgenden Generationen zu schützen (Brundtland-Bericht), muss in die Forschung im Bereich Nachhaltigkeit von Energienutzung investiert werden. Dafür müssen die Politiker, die Wirtschaft und die Bevölkerung selbst umdenken.

– Die Natur kann sich erst auf lange Sicht über ihre eigene Ausbeutung äußern bzw. sich wehren, indem sie zunehmend Umweltkatastrophen etc. herbeiführt. Es ist notwendig, dass ein Umdenken in den Köpfen der Investoren entsteht, dass Gewinn nicht länger mit schrecklicher Ausbeutung der Natur einhergehen kann, sondern nachhaltig gestaltet wird. (Möglichkeit der Vertiefung: Das soziologische Verhältnis zwischen Kultur und Natur.)
– Die These also ist, dass die Förderung alternativer Energien vorangetrieben wird, solange sie sich für Investoren aus der Wirtschaft als erfolgs- und damit gewinnversprechend erweist.

Tabelle 2

🔲 359

Maßnahme gegen den Klimawandel	Entgegenstehende Interessen
Senkung des PKW-Kraftstoffverbrauchs (Energieeffizienz)	- Autohersteller: Die hochmotorisierten teuren Pkws werden weniger verkauft. - Staat: Es werden weniger Steuern eingenommen. - Verbraucher: Es gibt weniger „Spaß-Autos" auf dem Markt. - Kraftstoffhersteller: Die Einnahmen sinken, durch den verminderten Verbrauch.
Reduzierung der PKW-Jahresfahrleistung (Energieeffizienz)	- Autohersteller: Durch die geringere Laufleistung werden weniger Pkws verkauft – die Umsätze sinken. - Kraftstoffhersteller: Durch den verminderten Verbrauch, sinken die Einnahmen. - Autoteilehersteller: Die Verschleißteile am Pkw müssen seltener ausgetauscht werden. - Arbeitnehmer von Autoherstellern: Die Arbeitsplätze sind aufgrund der verminderten Aufträge gefährdet. - Staat: Es werden weniger Steuern eingenommen. - Verbraucher: Es findet eine Einschränkung in den Bereichen Urlaubs- und Freizeitfahrten statt.
Reduzierung des Stromverbrauchs (Energieeffizienz)	- Energielieferanten: Der Umsatz sinkt, durch den verminderten Verbrauch. - Verbraucher: Es finden Einschränkungen und Veränderungen im Bereich der Alltagsgestaltung statt. Es muss im Bereich Restaurierung und Instandhaltung investiert werden.
Erhöhung des Wirkungsgrades von Kohlekraftwerken (Energieeffizienz)	- Inhaber der Kohlekraftwerke: Investitionen in bauliche Veränderungen sind notwendig.
Kohlekraftwerke durch Gaskraftwerke ersetzen (Energieeffizienz)	- Inhaber der Kohlekraftwerke: Es muss entweder die Sparte gewechselt werden oder die Schließung ist zu befürchten.
Verdreifachung der Stromerzeugung durch Atomenergie (Nutzung nicht-fossiler Energiequellen)	- Atomgegner: Die Endlagerung der Abfallprodukte ist ungeklärt. - Kraftwerke fossiler Energiequellen: Schließungen der Werke und Entlassungen der Arbeitnehmer stehen an.
Vervierzigfachung der Stromerzeugung durch Windenergie (Nutzung nicht-fossiler Energiequellen)	- Kraftwerke fossiler Energiequellen: Schließungen der Werke und Entlassungen der Arbeitnehmer stehen an. - Anwohner der Windenergieanlagen: Schatten- und Lärmbelästigung entstehen.
Versiebenhundertfachung der Stromerzeugung durch Sonnenenergie (Nutzung nicht-fossiler Energiequellen)	- Kraftwerke fossiler Energiequellen: Schließungen der Werke und Entlassungen der Arbeitnehmer stehen an.
Verachtzigfachung der Nutzung von Windenergie, um Wasserstoff als Treibstoff für Autos zu erzeugen (Nutzung nicht-fossiler Energiequellen)	- Kraftwerke fossiler Energiequellen: Schließungen der Werke und Entlassungen der Arbeitnehmer stehen an. - Autohersteller: Die Investitionen in die bisherige Technik sind überflüssig. Die Verkaufszahlen der traditionellen Autos sinken.
Autos mit Ethanol betreiben (Nutzung nicht-fossiler Energiequellen)	- Autohersteller: Die Investitionen in die bisherige Technik sind überflüssig. Die Verkaufszahlen der traditionellen Autos sinken.
Beendung der Brandrodung von Wäldern (Forst- und Landwirtschaft)	- Industriesparten (Kraftfutter für Tiere, Produktion von Palmöl etc.): Durch nachhaltige Landwirtschaft kann weniger Profit erworben werden.
bodenschonende Bewirtschaftung von Ackerland (Forst- und Landwirtschaft)	- Landwirte: Durch die Einhaltung von z. B. der Fruchtfolge kann nicht durchgehend auf lukrative Rohstoffe wie z. B. Mais gesetzt werden. - Staat/Behörden: Vermehrte Bürokratie und Personalaufwendungen durch notwendige Kontrolle. - Landwirte in Entwicklungsländern: Durch die einzuhaltenden Regeln kann noch weniger mit der Konkurrenz aus den Industriestaaten mitgehalten werden.

359 Tabelle 3

Wie wird sich die Weltbevölkerung entwickeln?	- durchweg stark ansteigen - unterschiedliche Prognosen möglich - Industriestaaten wie z. B. Deutschland werden eher einen Geburtenrückgang erleben. - Entwicklungs- und Schwellenländer wie z. B. Nigeria oder Indien erfahren ein starkes Bevölkerungswachstum. - Die Weltbevölkerung steigt bis zu einer Anzahl von 10 Milliarden Menschen an. - Die Lebenserwartung wird durch eine gute medizinische Versorgung weiterhin steigen.
Welchen Lebensstandard wird sie erreichen?	- Der Lebensstandard steigt im Durchschnitt. - Die Schere zwischen niedrigem und hohem Lebensstandard geht zunehmend weiter auf. Einige Regionen profitieren vom Fortschritt mehr als andere. Darüber hinaus tragen die Folgen von z. B. Umweltverschmutzung nicht die Verursacher selbst. - Technischer Fortschritt kann für eine effizientere Nutzung der Erde (Ackerflächen etc.) sorgen. - Der gesundheitliche Standard steigt mithilfe der weiterentwickelten und erforschten Medizin. - Weitere Anhaltspunkte bieten die Millenniumsziele der UN.
Wie hoch wird der Energie-verbrauch sein?	- Mit dem durchschnittlich ansteigenden Lebensstandard steigt auch der Energie-hunger der Bevölkerung (mehr Autos, Flugverkehr, genereller Konsum etc.).
Welche Energieträger werden dafür Verwendung finden?	- Die fossilen Energieträger werden so lange genutzt, bis sich die Nutzung nicht mehr rentiert. Innerhalb der nächsten 50 Jahre wird dieser Punkt noch nicht erreicht sein. - Der Marktanteil der erneuerbaren Energie wird dennoch in dieser Zeit bereits angestiegen sein.

6. Überprüfen Sie Ihre eigene CO_2-Bilanz unter einer der folgenden Internetadressen: co2-rechner.wwf.de oder greenpeace.klima.aktiv.com. Welche Maßnahmen können Sie in Ihrem direkten Lebensumfeld (Familie, Schule, Stadt oder Gemeinde, …) ergreifen, um den CO_2-Ausstoß zu reduzieren? [I] [II] [III]

- im Inland Bahn fahren statt mit dem Flugzeug fliegen – öffentliche Verkehrsmittel nutzen, Mitfahrgelegenheiten bilden
- mehr Radfahren, besonders auf kurzen Strecken
- spritfressende Autos abmelden
- vorausschauende Fahrweise mit Kraftfahrzeugen
- überall Energiesparlampen benutzen
- Stand-by-Geräte vollständig vom Stromnetz nehmen, wenn sie nicht gebraucht werden

- Heizungen nicht unnötig erhöhen
- alte Kühlschränke ersetzen
- Gebäude zu Niedrigenergiehäusern machen – energiesparende Renovierungen durchführen z. B. Dreifachverglasung
- Neubauten in Passivhausbauweise errichten
- moderne Heizungspumpen einbauen
- zu Ökostrom wechseln
- weniger Fleisch essen
- saisonale und regionale Nahrungsmittel kaufen
- möglichst wenig verarbeitete Lebensmittel kaufen
- Recyclingpapier verwenden

12.3 Migration in globaler Perspektive – Ursachen und Folgen

360–365

Vorschlag für einen Unterrichtsverlauf

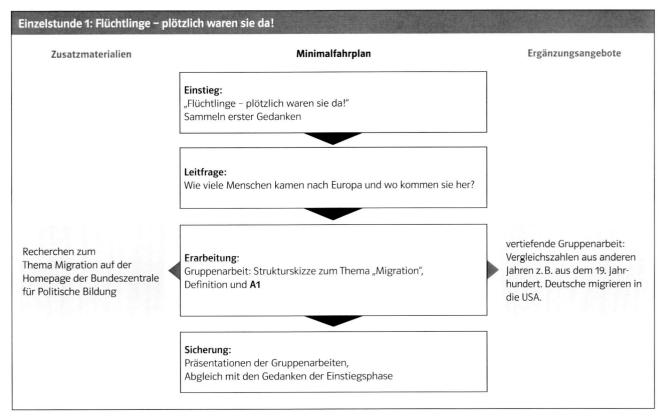

Einzelstunde 1: Flüchtlinge – plötzlich waren sie da!

Zusatzmaterialien | Minimalfahrplan | Ergänzungsangebote

Einstieg:
„Flüchtlinge – plötzlich waren sie da!"
Sammeln erster Gedanken

Leitfrage:
Wie viele Menschen kamen nach Europa und wo kommen sie her?

Recherchen zum Thema Migration auf der Homepage der Bundeszentrale für Politische Bildung

Erarbeitung:
Gruppenarbeit: Strukturskizze zum Thema „Migration",
Definition und **A1**

vertiefende Gruppenarbeit: Vergleichszahlen aus anderen Jahren z. B. aus dem 19. Jahrhundert. Deutsche migrieren in die USA.

Sicherung:
Präsentationen der Gruppenarbeiten,
Abgleich mit den Gedanken der Einstiegsphase

Einzelstunde 2: Warum kommen Menschen nach Europa?

Zusatzmaterialien | Minimalfahrplan | Ergänzungsangebote

Einstieg:
Impuls „Kinder – Hunger – Seele – Nahrung – Tod – Folter"
Inwiefern stehen diese Begriffe im Zusammenhang?
Sammeln erster Gedanken

Leitfrage:
Was sind die Gründe für Migration?

Tafelbild: „Push- und Pull-Faktoren"

Erarbeitung:
Migrationsursachen, **A4**

Sicherung:
Unterrichtsgespräch zur Frage „Inwiefern haben ‚wir' etwas mit den Migrationsgründen zu tun?"

360–365

Einzelstunde 3: Die Isolation Europas – eine sinnvolle Strategie?

Zusatzmaterialien	Minimalfahrplan	Ergänzungsangebote

Einstieg:
Karikatur aus **M8**
1. Schritt: Beschreibung der Bildelemente
2. Schritt: Untersuchen der Bildelemente und der Gesamtaussage
3. Schritt: Deutung (den dritten Schritt evtl. in den Schluss der Stunde auslagern)

Leitfrage:
Wie soll die EU mit den Migrationsbewegungen umgehen?

Erarbeitung:
Festung Europa, **A5**

Sicherung:
Schritt 3 der Karikaturanalyse des Einstiegs mithilfe der Ergebnisse aus der Erarbeitungsphase

Je nach Lerngruppe können zu Beginn des Unterrichts Kriterien für die Urteilsbildung des dritten Schrittes der Karikaturanalyse formuliert werden.

Tafelbild

Push-Faktoren		Pull-Faktoren
Krieg, Bürgerkriege, Konflikte		politische, wirtschaftliche Stabilität
Armut		Bedarf an Arbeitskräften
Überbevölkerung und Erwerbslosigkeit		Verdienstmöglichkeiten
Umwelt- und Naturkatastrophen		Bildungsmöglichkeiten/-chancen
Verlust der traditionellen Weltanschauung und Lebensstile		

Das Tafelbild als editierbare PowerPoint-Version finden Sie auf dem Digitalen Unterrichtsassistenten (978-3-12-416832-0).

Erwartungshorizonte

A Migration nach Europa

1. Recherchieren Sie aktuelle Zahlen zur Zuwanderung nach Europa und zu den Herkunftsländern der Migranten. Stellen Sie Ihre Ergebnisse in einer Tabelle dar. [I] ○
- Weltweit waren im Jahr 2010 mehr als 210 Millionen Menschen Migranten – sie lebten also in einem anderen Land als sie geboren wurden.
- Zu einer kräftigen Zunahme der Asylwanderungen kam es im Laufe des Jahres 2015. Dies führte wiederum dazu, dass die deutschen Behörden mit den Registrierungen kaum hinterherkamen.
- Die Zeitspanne zwischen Grenzübertritt und Registrierung wurde zunehmend größer.
- Im Juni 2015 dürften nach internen Statistiken der Bundesregierung (nach dem sogenannten EASY-System) ca. 50 000 Menschen über die Grenzen gekommen sein, im August waren es mehr als 100 000 und im September gut 160 000. Die Zahl der registrierten Asylanträge war allerdings deutlich geringer; im September wurden beispielsweise lediglich 43 000 Anträge erfasst. (Durch die recht chaotische Entwicklung sind die vorliegenden Daten nur mit Vorsicht zu behandeln – zumal die einschlägigen Quellen die Zahl der Asylbewerber nur durch die Zahl der gestellten Anträge auf Asyl nachweisen. Für differenzierte Analysen über ankommende Flüchtlinge sind allenfalls die statistischen Angaben bis zur Jahresmitte 2015 verwendbar. Zuverlässig sind indes die Informationen über abgeschlossene Asylverfahren.)
- Im Internet finden sich zahlreiche Statistiken und grafische Darstellungen zu aktuellen Zuwanderungszahlen nach Europa (siehe insbesondere die Internetseiten des Bundesamtes für Migration und Flüchtlinge als auch des Statistischen Bundesamtes).

2. Erklären Sie die Begriffe Push- und Pull-Faktoren (M4). [II]
- Push-Faktoren = Schubfaktoren; fünf allgemeine Ursachenbündel für die Migration aus dem Herkunftsland; bedeutende Aspekte im Herkunftsland
- Pull-Faktoren = Faktoren, welche Menschen in die Zielländer ziehen; bedeutende Aspekte im Zielland
- Sie bilden gemeinsam die Ursachen für Migration.
→ Tabelle 1

3. Diskutieren Sie in Ihrem Kurs in einer Pro- und Kontra-Diskussion die Frage, ob es ein Menschenrecht auf grenzüberschreitende Mobilität gibt. [III] ↗ 365
Zur Methode Pro- und Kontra-Diskussion:
- Die Thematik (= siehe Arbeitsvorschlag) wird genau benannt. Es muss sich dabei um eine Problematik (Aussage) handeln, zu der eine zustimmende Meinung (pro) und ablehnende Gegenmeinung (kontra) möglich ist. Die Klasse wird in zwei Gruppen aufgeteilt – die Pro-Gruppe und die Kontra-Gruppe.
- Außerdem wird ein(e) Diskussionsleiter(in)/Moderator(in) bestimmt (gewählt). Diese(r) hat zudem die Möglichkeit, die beiden Gruppen zu „bespitzeln", um auf die Diskussion vorbereitet zu sein.
- Jede Gruppe sammelt zunächst die Argumente, die sie vortragen möchte. (Außerdem ist es ratsam, sich im Voraus mit möglichen Argumenten der Gegenseite zu beschäftigen, um sie besser entkräften zu können.)
- Die Gruppen sitzen sich in zwei Reihen gegenüber.
- Diskussionsrunde 1:
  • Ein Vertreter der Pro-Gruppe trägt das erste Argument (These, Meinung) – begründet – vor.
  • Ein Vertreter der Kontra-Gruppe gibt das erste Argument der Pro-Gruppe kurz mit eigenen Worten wieder. Hierdurch soll gewährleistet werden, dass das Argument auch richtig aufgefasst wurde. Erst jetzt wird auf das Pro-Argument reagiert. Die Erwiderung muss sich inhaltlich genau auf das Pro-Argument beziehen. Sie soll das Pro-Argument möglichst widerlegen.
  • Hierauf kann zunächst die Pro-Gruppe antworten, darauf wieder die Kontra-Gruppe. Wichtig ist nur, dass es sich in diesem Stadium der Diskussion lediglich um das erste Argument der Pro-Gruppe dreht.
- Diskussionsrunde II:
  • Sind die Argumente und Gegenargumente zum ersten Beitrag ausgetauscht, trägt nun ein weiterer Vertreter der Kontra-Gruppe ein neues Kontra-Argument vor.
  • Die Pro-und-Kontra-Diskussion wird nun analog fortgeführt.
- Regeln:
  • Alle bleiben in ihren Rollen.
  • Charakter der Beiträge: kurz, präzise, deutlich
  • Alle bleiben beim Thema.
  • Alle lassen sich ausreden.
  • Die Rolle des Diskussionsleiters muss klar sein – nur Leiter oder auch Moderator?
→ Tabelle 2, S. 170

Tabelle 1

Push-Faktoren (im Herkunftsland)	Pull-Faktoren (im Zielland)
- Krieg, Bürgerkriege, Konflikte	- politische und wirtschaftliche Stabilität und Sicherheit
- Armut	- Bedarf an Arbeitskräften
- Überbevölkerung und Erwerbslosigkeit (ohne Hoffnung auf Veränderung)	- höhere Verdienstmöglichkeiten
- Umwelt- und Naturkatastrophen (ohne Schutzmöglichkeiten)	- chancengebende Bildungs- und Forschungsmöglichkeiten
- Erosion/Abtragung/Verlust der traditionellen Weltanschauung und Lebensstile	

365 Tabelle 2

Pro	Kontra
– Einreiseverbote sind nicht mehr möglich. – Die Freiheit (Menschenrecht) der Menschen beruht auch darauf, sich seinen Lebensort frei zu wählen. – Es würde keine Länder/Bevölkerungen erster, zweiter und dritter Klasse geben. – Kriegen würde die Substanz fehlen, da Menschen unmittelbar und ohne Hindernisse fliehen könnten. Ein Krieg ohne Menschen verliert für die direkten Kriegsparteien an Reiz. – Multikulturalität wäre keine Ausnahme mehr, sondern Alltag. Integration und Multikulturalität wären selbstverständlich. – Neue Kulturen und Traditionen entstehen. – Wissen, Bildung und Forschung wird international geteilt. – ...	– Überspitzt man den Gedanken der grenzüberschreitenden Mobilität, bedeutet das, dass es keine Ländergrenzen mehr geben muss. – Kriminelle Menschen fällt das Untertauchen leichter. – Bei welchem Grad an Straftaten zählt das Menschen- und bei welchen das Strafrecht? – Es würde saisonale Wanderungen geben (siehe Zugvögel). Menschen, die nicht durch z. B. einen Beruf an einen Ort gebunden sind, könnten im Winter und Sommer einen anderen Wohnort besitzen. – Zuständigkeiten bzgl. sozialer Leistungen, Wahlen etc. wären unklar, da die flexible Mobilität nicht nachvollziehbar und transparent wäre. – Kulturen und Traditionen erodieren. – Das bedeutende Gefühl der Heimat (Kultur, Freundschaften, Familie etc.) verliert an Bedeutung. – ...

B Migrationsursachen

4. Arbeiten Sie anhand der Materialien M5 bis M7 Migrationsgründe heraus und veranschaulichen Sie diese mithilfe einer Mindmap. [II]
Gründe/Ursachen:
- PoG (Bürger-)Krieg,
- PoG Verfolgung (politisch),
- PeG, ÖG, Hunger,
- PeG, ÖG Armut,
- PoG Gewalt,
- PeG Missbrauch als Kindersoldat (Misshandlung),
- ÖG Naturkatastrophen (ohne Schutzmöglichkeiten und Unterstützung),
- PeG Perspektivlosigkeit,
- PeG Arbeitssuche/Erwerbslosigkeit,
- PeG Karrierechancen,
- PeG (Aus-)Bildung,
- PeG Familienzusammenführung,
- PoG Unruhen/Revolutionen.

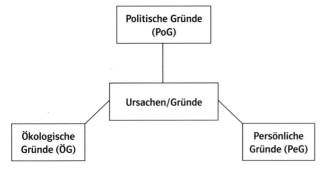

Möglichkeit der Anwendung: Einordnung in Push- und Pull-Faktoren.

C Wie sollte die EU mit den Migrationsbewegungen umgehen?

5. Erläutern Sie unter Rückgriff auf M1 und M8 das Bild von der „Festung Europa". [I]
- Festung ist ein allgemeiner Oberbegriff für einen durch Wehranlagen stark befestigten Ort. → Europa (besonders die EU) als schwer zu erreichender und nach außen abgesperrter Ort des Wohlstands mitten in einer Welt, welche von Armut, Hunger, Krieg etc. regiert wird (Afrika, Asien).
- Öffnet sich Europa, so überwiegend für die ökonomisch erwünschten Migranten.
- Flüchtlingsströme – wie die derzeitigen – gelten als abzuwehrende „Angriffe" und „Invasionsversuche". Ausgenommen sind die erwünschten Flüchtlinge und Migranten.
- Die Bewacher dieser Wehranlagen nennen sich Frontex. Sie „stehen" an den EU-Außengrenzen.
- Innerhalb dieser Festung besteht Durchlässigkeit und Toleranz (Schengen-Raum), doch nach außen hält die Mauer alles unerwünscht Fremde ab.
- EU-Anrainerstaaten (u. a. Libyen, Türkei, Ukraine) in wachsendem Maße „zweiter Festungsring" (Pufferzone) durch Kooperationsabkommen zum Auffangen der Wanderwellen schon vor der EU-Außengrenze. Diese Staaten werden wohl bedacht ausgewählt.
- Möglichkeit der Veranschaulichung: Das Bild einer Festung aus der Ritterzeit mit den europäischen Begriffen beschriften lassen.

6. Beurteilen Sie, ob die sogenannte „Drittstaatenregelung" (Darstellungstext, S. 360) eine zulässige Abschottung der Bundesrepublik Deutschland gegen unerwünschte Zuwanderung darstellt. [III] ○

- Nach der sogenannten Drittstaatenregelung (auch „Dublin-II-Verordnung" genannt) ist es nach EU-Recht Deutschland erlaubt, einen Asylbewerber bereits an der Grenze zurückzuweisen – wenn er aus einem sicheren Drittstaat eingereist ist.
- Zu den sicheren Drittstaaten zählen die Staaten der EU, Norwegen und die Schweiz. Weitere Länder können zu „sicheren Drittstaaten" erklärt werden. Mindestanforderung dafür ist, dass die Einhaltung der Genfer Flüchtlingskonvention und der Europäischen Menschenrechtskonvention sichergestellt ist.
- In der Praxis heißt das, dass in der Regel der EU-Staat für ein Asylverfahren zuständig ist, in den der Flüchtling als erstes eingereist ist.
- Jeder Staat hat die Möglichkeit eines Selbsteintrittsrechts. Damit erlaubt man im Einzelfall, dass ein Flüchtling einen Asylantrag in der Bundesrepublik stellen kann bzw. darf.
- Die Staaten, in denen es gegenwärtig am wahrscheinlichsten zu asylrelevanten Menschenrechtsverletzungen kommen kann, sind sowohl auf dem Landweg, wie auch auf dem Seeweg weit von Deutschland entfernt.
- Übrig bleibt der Flugweg – auf diesem Weg, kann man die hereinkommenden Flüchtlinge bestmöglich kontrollieren und unerwünschte umgehend zurückschicken.
- Vor diesen Aspekten träfe der Vorwurf der Abschottung bzw. der Festung Europas durchaus zu. Allerdings muss beachtet werden, dass sich die Drittstaatenregelung nur auf Asylsuchende mit politischem Hintergrund bezieht. Für alle anderen Einreisewilligen, wie diejenigen aus wirtschaftlichen Gründen, gelten die bisherigen Bewilligungsverfahren.
- Dennoch erlaubt die Drittstaatenregelung insgesamt eine enge Kontrolle der Flüchtlingsströme und kann zu Zwecken der Abschottung missbraucht werden.
- Darüber hinaus muss man sich die Frage stellen, inwiefern die Drittstaatenlösung die EU entsolidarisiert und den Ursprungswerten der EU entgegenwirkt.

7. Inwieweit kann eine gesteuerte Zuwanderung für Deutschland und die Europäische Union Vorteile bringen? Diskutieren Sie diese Frage in Ihrem Kurs (in Form einer Podiumsdiskussion). [III]
→ Tabelle 3

Tabelle 3

Zum Inhalt:

Vorteile/Chancen	Nachteile/Hindernisse
- Ausgleich des Geburtenrückgangs (Schlagwort Rentenversicherung) - Ankurbelung der Wirtschaft/Konjunktur durch gesteigerte Kaufkraft - Ausbau des europäischen Binnenmarktes - Ausgleich des Fachkräftemangels - Schaffung von Arbeitsplätzen durch Unternehmensgründer - Belebung der Multikulturalität - Wahrung der Menschenrechte - …	- ethnische Spannungen und Konflikte - Belastung der sozialen Sicherungssysteme - Gefahr von „Parallelgesellschaften" und einer „Zwei-Klassen-Gesellschaft" - Radikalisierung von Minderheiten aufgrund anhaltender Diskriminierung und Marginalisierung - Wohnraum - … - Diese Herausforderungen würden insbesondere bei mangelnder ökonomischer und gesellschaftlicher Integration wahr werden können.

366–369

12.4 Nachhaltigkeit in der „Einen Welt" – eine unlösbare Aufgabe?

Vorschlag für einen Unterrichtsverlauf

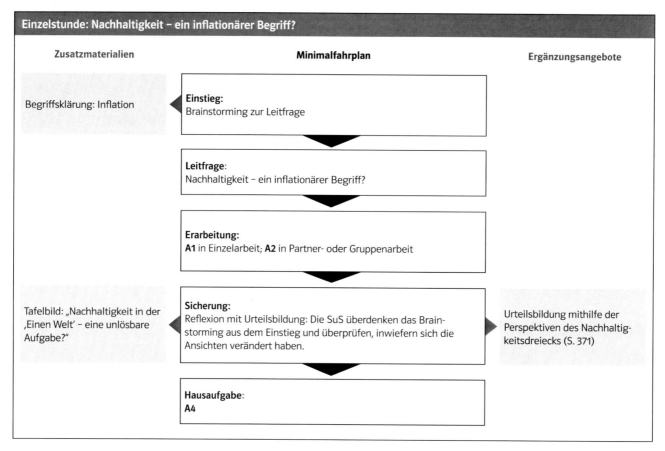

Einzelstunde: Nachhaltigkeit – ein inflationärer Begriff?

Zusatzmaterialien	Minimalfahrplan	Ergänzungsangebote
Begriffsklärung: Inflation	**Einstieg:** Brainstorming zur Leitfrage	
	Leitfrage: Nachhaltigkeit – ein inflationärer Begriff?	
	Erarbeitung: **A1** in Einzelarbeit; **A2** in Partner- oder Gruppenarbeit	
Tafelbild: „Nachhaltigkeit in der ‚Einen Welt' – eine unlösbare Aufgabe?"	**Sicherung:** Reflexion mit Urteilsbildung: Die SuS überdenken das Brainstorming aus dem Einstieg und überprüfen, inwiefern sich die Ansichten verändert haben.	Urteilsbildung mithilfe der Perspektiven des Nachhaltigkeitsdreiecks (S. 371)
	Hausaufgabe: **A4**	

Tafelbild

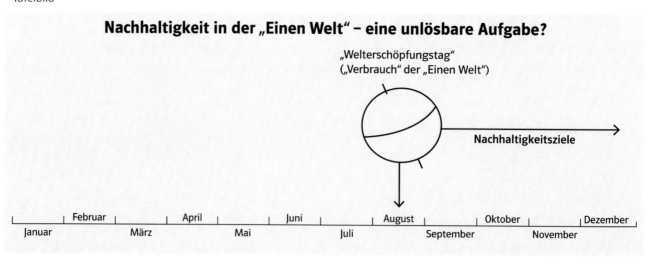

Nachhaltigkeit in der „Einen Welt" – eine unlösbare Aufgabe?

„Welterschöpfungstag"
(„Verbrauch" der „Einen Welt")

Nachhaltigkeitsziele

Januar | Februar | März | April | Mai | Juni | Juli | August | September | Oktober | November | Dezember

Das Tafelbild als editierbare PowerPoint-Version finden Sie auf dem Digitalen Unterrichtsassistenten (978-3-12-416832-0).

Erwartungshorizonte

A Die Nachhaltigkeitsziele der UN

1. Erläutern Sie die Bestandteile des Nachhaltigkeitsbegriffs (Darstellungstext, M1). [II]
Geburtsstunde des Begriffs:
- Gro Harlem Brundtland – erstmalige Definition des politischen Nachhaltigkeitsbegriffs
- Prinzip Nachhaltigkeit als Grundhaltung vom Handeln
- Orientierung an derzeitigen und kommenden Generationen
- Zitat aus dem Brundtland-Bericht: „Sustainable development meets the needs of the present without compromising the ability of future generations to meet their own needs."
- Nachhaltig ist eine Entwicklung, „die den Bedürfnissen der heutigen Generation entspricht, ohne die Möglichkeiten künftiger Generationen zu gefährden, ihre eigenen Bedürfnisse zu befriedigen und ihren Lebensstil zu wählen."
- Weltweite Bedürfnissicherung aller Menschen, durch die Dimensionen: Soziales/Gesellschaft, Wirtschaft/Ökonomie, Umwelt/Natur/Ökologie
  - Gesellschaft: Wohnsituationen, geschützte lokale Umweltzonen etc.
  - Ökonomie: diverse Kostenarten
  - Ökologie: Eindämmung des Klimawandels, Verringerung von Emissionen, Artenerhaltung etc.
  - betroffene Lebensbereiche: Konsum, Ernährung, Mobilität, Wohnen etc.

2. Erklären Sie, warum die UN in ihren Nachhaltigkeitszielen 2015 ausdrücklich nicht mehr nur die Entwicklungsländer thematisieren (M2). [II]
Die 17 nachhaltigen Entwicklungsziele der UN bis 2030 sind:
1. Armut in jeder Form und überall beenden
2. Den Hunger beenden, Ernährungssicherheit und eine bessere Ernährung erreichen und eine nachhaltige Landwirtschaft fördern
3. Ein gesundes Leben für alle Menschen jeden Alters gewährleisten und ihr Wohlergehen fördern
4. Inklusive, gerechte und hochwertige Bildung gewährleisten und Möglichkeiten des lebenslangen Lernens für alle fördern
5. Geschlechtergerechtigkeit und Selbstbestimmung für alle Frauen und Mädchen erreichen
6. Verfügbarkeit und nachhaltige Bewirtschaftung von Wasser und Sanitärversorgung für alle gewährleisten
7. Zugang zu bezahlbarer, verlässlicher, nachhaltiger und zeitgemäßer Energie für alle sichern
8. Dauerhaftes, inklusives und nachhaltiges Wirtschaftswachstum, produktive Vollbeschäftigung und menschenwürdige Arbeit für alle fördern
9. Eine belastbare Infrastruktur aufbauen, inklusive und nachhaltige Industrialisierung fördern und Innovationen unterstützen
10. Ungleichheit innerhalb von und zwischen Staaten verringern
11. Städte und Siedlungen inklusiv, sicher, widerstandsfähig und nachhaltig machen
12. Für nachhaltige Konsum- und Produktionsmuster sorgen

🔲 369

13. Umgehend Maßnahmen zur Bekämpfung des Klimawandels und seiner Auswirkungen ergreifen* (*in Anerkennung der Tatsache, dass die UNFCCC das zentrale internationale, zwischenstaatliche Forum zur Verhandlung der globalen Reaktion auf den Klimawandel ist)
14. Ozeane, Meere und Meeresressourcen im Sinne einer nachhaltigen Entwicklung erhalten und nachhaltig nutzen
15. Landökosysteme schützen, wiederherstellen und ihre nachhaltige Nutzung fördern, Wälder nachhaltig bewirtschaften, Wüstenbildung bekämpfen, Bodenverschlechterung stoppen und umkehren und den Biodiversitätsverlust stoppen
16. Friedliche und inklusive Gesellschaften im Sinne einer nachhaltigen Entwicklung fördern, allen Menschen Zugang zur Justiz ermöglichen und effektive, rechenschaftspflichtige und inklusive Institutionen auf allen Ebenen aufbauen
17. Umsetzungsmittel stärken und die globale Partnerschaft für nachhaltige Entwicklung wiederbeleben
- Speziell die Industriestaaten sind mit diesem Weltzukunftsvertrag angesprochen, da diese die verfügbaren materiellen Ressourcen ungebührlich bzw. über die Maßen verbrauchen. Nimmt man den Welterschöpfungstag in den Blick, so sind nicht die Entwicklungsländer die, die den Tag im Jahr weiter nach vorne treiben, sondern die Industrieländer. Beispielsweise deren Energiehunger, deren Fleischkonsum und deren generelle Konsumhaltung tragen dazu bei, dass dieser Tag zunehmend weiter nach vorn rutscht.
- Deutlich wird die veränderte Verantwortung z. B.: in Ziel 9: Eine Infrastruktur kann nur dann inklusiv und nachhaltig sein, wenn sie vorhanden ist. In vielen Entwicklungsländern besteht bisher keine durchgängige Infrastruktur.
- Einen besonderen Impuls gab dabei Papst Franziskus, welcher den Staats- und Regierungschefs der UN-Länder die klare Verantwortung aller angetragen hat.

B Die Auswirkungen lokalen Handelns

3. Arbeiten Sie die Aussagen mit Aufforderungscharakter von Andrew Morgan (M3) heraus. [I] ○
→ Tabelle 1, S. 174

4. Diskutieren Sie an Beispielen, wie sich lokales Handeln und das Handeln auf nationaler und globaler Ebene in der Nachhaltigkeitspolitik sinnvoll ergänzen können. [III]
→ Tabelle 2, S. 174
- Eine sinnvolle Ergänzung bedeutet, dass sich die drei Ebenen auf ein gleiches Ziel einigen und dies durch entsprechende Maßnahmen, Regeln oder Aufklärungsarbeit verfolgen. Diese drei Ebenen sind dabei aufeinander angewiesen. Wirklich nachhaltig erfolgreich können nur alle drei zusammen sein.
- An dieser Stelle sollte speziell die Rolle der SuS thematisiert werden. Sie selbst befinden sich derzeit auf der lokalen Ebene. Zu den verschiedenen Bereichen können die SuS den Ist- und Soll-Zustand ihres nachhaltigen Handelns abgleichen und konkrete Handlungsmaxime formulieren. Haben sie diese erstellt, werden die daraus resultierenden sinnvollen Maßnahmen der anderen Ebenen formuliert. Dabei sollten zwischen zukünftigen Idealfällen und aktuellen Maßnahmen unterschieden werden.
- Weitere Bereiche könnten die Textilindustrie, die Herstellung von IT-Geräten oder die des Bio-Sprits sein.

369 Tabelle 1

Aussage	Aufforderungscharakter
Ablegen von naiven Gedanken bzgl. der Textilindustrie	– sich über die tatsächlichen Produktionsbedingungen informieren
Gerechtigkeit in der Globalisierung durch Gewinnaufteilung	– Ähnlich wie im Sojaanbau ist es auch in der Textilindustrie: Die Unternehmer aus den westlichen Industrienationen verlegen die Produktion in die Entwicklungs- und Schwellenländer, um dort für weniger Lohn, geringere gesetzliche Vorgaben etc. zu produzieren – der Gewinn bleibt nicht in den Produktionsländern. – Die Annahme: „Diese Produktionen schaffen dort gute Arbeitsplätze, welche die Menschen dort brauchen" ablegen und versuchen, die Situationen durch verändertes Verhalten zu beeinflussen. – Die Schwarz-Weiß-Haltung ablegen, d.h. nicht zu denken, dass es entweder diese Art von Arbeit oder keine dort gibt. – Die politischen Regeln der Globalisierung durch eigenes Verhalten verändern.
verändert Konsumhaltung	– Materielle Dinge aufbrauchen, bis sie tatsächlich nicht mehr zu nutzen/zu tragen sind. – Second-Hand-Mode tragen. – Gebrauchte Möbel, Autos, Geräte etc. nutzen. – Weniger Fleisch konsumieren etc. (siehe Darstellungstext).
Verantwortung übernehmen, indem man den wahren Preis kennt.	– Keinen Sündenbock finden. – Die Verantwortung liegt nicht nur bei den Unternehmern und der Politik, sondern bei jedem selbst. Die Einsicht ist an dieser Stelle der erste Schritt in die richtige Richtung. – Den gesamten Produktionsprozess von materiellen Dingen (Textilien, Sprit, Büromaterialien, Handys etc.) im Blick haben. Sich nicht von „Green-Washing"-Strategien blenden lassen, sondern die Quellen hinterfragen.

Tabelle 2

Lokales Handeln	Nationales Handeln	Globales Handeln
Ernährung: – Bevorzugung pflanzlicher Lebensmittel (LM) – ökologisch erzeugte LM – regionale und saisonale LM – gering verarbeitete LM/geringer Convenience-Grad – fair gehandelte LM – ressourcenschonendes Haushalten (wenig Abfall, Reste etc.) – genussvolle und bekömmliche Speisen – Bsp. Solidarische Landwirtschaft (Solawi)	Ernährung: – Subventionspolitik verändern (speziell im Bereich der Grundnahrungsmittel wie z.B. Getreide, aber auch Fleisch und Fleischprodukte) – Preisdumping im LM-Bereich verhindern – Projekte zum lokalen Handeln unterstützen (analog zu z.B. erneuerbaren Energien) – Aufklärungsarbeit leisten	Ernährung: – Aufklärungsarbeit leisten – multinationale Unternehmen überwachen die Ausbeutung der Natur für den Anbau von Monokulturen und melden dies den einzelnen Nationen – Regeln für einen nachhaltigen Anbau (Fruchtfolge, keine Brandrodung etc.) – „Spielregeln" für die Globalisierung als Richtlinien/Gesetze installieren – UN kann die einzelnen betroffenen nachhaltigen Entwicklungsziele konkretisieren und stärken (z.B. Nr. 12).

Auf einen Blick

Erwartungshorizonte

1. Erläutern Sie, inwiefern der UN-Sicherheitsrat ein „Kind" der Situation nach dem Zweiten Weltkrieg ist.
- Die UNO wurde 1945 gegründet. Der UN-Sicherheitsrat ist das bedeutendste Organ der UNO.
- Die Zusammensetzung des Sicherheitsrates ist ein wesentlicher Kritikpunkt an den Vereinten Nationen. Die ständigen Mitglieder spiegeln noch heute das Mächteverhältnis nach Ende des Zweiten Weltkriegs wider: Die „großen Fünf" (Frankreich, China, USA, Großbritannien, Russland) besetzen die ständigen Sitze im Sicherheitsrat.
- Deutschland macht sich für eine Neugestaltung des Sicherheitsrates und einen ständigen Sitz für die Europäische Union in diesem Gremium stark, da die Besetzung des Sicherheitsrates als nicht mehr repräsentativ für die heutige Weltordnung angesehen wird.
- Tipp: Die Bundeszentrale für politische Bildung hält auf ihrer Homepage ausführliche Dossiers zur UNO bereit.

2. Zeigen Sie an einem Beispiel, inwiefern die politischen Veränderungen seit 1945 immer wieder zu Rufen nach einer Reform der UN-Institutionen geführt haben.
Es gibt drei Bestrebungen/Beweggründe für den Ruf nach Reformen:
- sich verändernde weltweite Konstellationen,
- die Funktionsfähigkeit der einzelnen Organe,
- das Gesamtsystem der UNO.
Bedeutende Eckdaten der Geschichte bzgl. der Rufe nach Reformen
- Ende des Ost-West-Konflikts 1989/90,
- damit einhergehendes Erstarken der Globalisierungstendenzen,
- die sich veränderte internationale Sicherheitslage (z. B. das Wachsen der Terrororganisationen und -netzwerke)
- die immer größer werdende Bedeutung des Klimaschutzes.
Zentrales Element von Reformforderungen bildet dabei die Modernisierung des Sicherheitsrates.
- Reformbedarf wird vor allem hinsichtlich der Mitgliedschaft in diesem Gremium und beim Vetorecht angemeldet.
- Kern ist der Razali-Vorschlag (nach dem malaysischen Diplomat Razali Ismail) mit den folgenden Elementen (diese basieren auf den oben genannten Aspekten):
  - Ständige Mitglieder: Erweiterung um fünf Staaten, wobei an zwei Industriestaaten und drei Entwicklungsländer von den drei Kontinenten Afrika, Asien und Lateinamerika/Karibik gedacht wird. Sind Letztere in diesem Kreis bisher noch gar nicht repräsentiert und fordern daher schon länger ihre Beachtung, so sollen aus dem Kreis der Industriestaaten Länder einbezogen werden, die seit 1945 in der Weltpolitik stark an Einfluss gewonnen haben, z. B. Deutschland und Japan.
  - Nichtständige Mitglieder: Die Zahl der nicht ständigen Sitze sollte von bislang 10 auf 14 erhöht werden, mit je einem neuen Sitz für Afrika, Asien, Lateinamerika und Osteuropa.
  - Vetorecht: Dieses Entscheidungen erschwerende und die Arbeit häufig träge machende Instrument sollte nicht auf die neuen ständigen Mitglieder ausgedehnt und von den alten sehr viel seltener angewendet werden.

3. Erklären Sie den Zusammenhang der drei Seiten des Nachhaltigkeitsdreiecks (C).
- Das Nachhaltigkeitsdreieck ist als Sinnbild zu verstehen.
- Es vereint die drei Ecken zu dem gemeinsamen Ziel der Nachhaltigkeit.
- Entgegen der geläufigen Meinung dreht sich Nachhaltigkeit nicht allein um die Perspektive der Ökologie.
- Nachhaltigkeit sieht ihre Aufgabe darin, alle drei Perspektiven zu vereinen.
- Rückt man einzelne Gedanken in das Nachhaltigkeitsdreieck, wird sichtbar, dass Sachverhalte sich häufig einer Ecke annähern, jedoch selten genau mittig liegen.
- Das Dreieck ist in der Regel gleichseitig konzipiert, um zu verdeutlichen, dass allen drei Seiten die gleiche Bedeutung zukommt. Diese Konzeption hat die Bundesregierung in der Nachhaltigkeitsstrategie 2002 bekräftigt und festgelegt, dass „die umwelt-, wirtschafts- und sozialpolitischen Ziele gleichermaßen berücksichtigt werden" müssen.
- Beispiel eines Landwirts, der sich auf die Milchproduktion spezialisiert hat:
  - Dieser Landwirt hat eine nachhaltige Milchproduktion vor.
  - Er missversteht den nachhaltigen Gedanken und gibt lediglich auf geringe Preise Acht, sodass jeder Mensch sich seine Milch leisten könnte und achtet darauf, dass er nur so viele Tiere hält, wie seine Weiden an Gülle vertragen können.
  - Nach einem Jahr muss er feststellen, dass sein Unternehmen ohne die Perspektive der Ökonomie scheitern wird.
  - Er muss sich mehr in Richtung Ökonomie bewegen.
- In der Regel bewegen sich Unternehmen jedoch hauptsächlich in der Ecke der Ökonomie und schreiben sich nur einzelne Projekte aus der sozialen oder ökologischen Ecke auf die Fahne, um dem Gedanken der Nachhaltigkeit ein Stück weit nachzukommen.